# La Magia del Software

## Historia, Fundamentos y Perspectiva

**Reynaldo Nuncio Limón**

# DEDICATORIA

A Sheree, mi esposa
Con mi amor de más de 50 años

# CONTENIDO

# EL AUTOR

Reynaldo Nuncio ha sido un apasionado del software desde hace más de 50 años. Durante ese medio siglo ha tenido la oportunidad de participar en diversas actividades relacionadas con la Informática y de ese andar por diferentes caminos ha logrado tener un panorama amplio y detallado del apasionante mundo del software.

Su primer contacto con las computadoras se dio en el año de 1966 cuando participó en un concurso convocado por la Comisión Federal de Electricidad para integrar el grupo de programadores que manejarían las primeras grandes computadoras que llegaron a México. Al cabo de algunos años ocupó en la CFE la jefatura del Centro de Procesamiento de Datos con sede en Guadalajara, Jalisco.

En 1974 estableció con César García, su amigo y socio, la empresa G-N Programación y Sistemas, una de las primeras empresas dedicadas a la Informática en México. Más adelante, en 1979, fundó y fue el Primer Presidente del Instituto Nacional de Informática y Comunicación, A.C., la primera organización de profesionales de la Informática en México. En 1984 ocupó la gerencia de la empresa Telemática de México, una de las primeras en vender microcomputadoras al estilo de las tiendas Computerland en USA.

Entre los años de 1985 y 86 escribió tres libros sobre computación. En 1987 organizó el Centro de Capacitación en Informática en la División de Educación Continua de la Universidad Autónoma de Guadalajara en donde fue maestro de computación por varios años.

A partir de 1997 funda varias empresas de Informática en Guadalajara y en una de ellas desarrolla el primer sistema para transmitir TV por Internet en México.

Nació en Texcoco, estado de México, obtuvo la licenciatura en Economía en la UNAM. Actualmente vive en la Ribera de Chapala con su esposa Sheree y se dedica a escribir sobre Informática.

# PREFACIO

La historia del software es una de las más fascinantes aventuras de la humanidad. Es la historia de cómo el ser humano se ha empeñado en darle inteligencia a una máquina para crear un ente inteligente a su imagen y semejanza.

Se han escrito excelentes libros que relatan la historia de la computadora desde la perspectiva que ofrece el hardware, pero al software no se le ha dado el crédito que merece, no obstante que el desarrollo de la computación y el grado de inteligencia que puede alcanzar una computadora dependen en mayor medida del software que del hardware. No importa que tan rápida o cuanta memoria pueda tener una computadora, ya que su verdadera capacidad no se mide en relación a sus componentes electrónicos sino al grado de sofisticación del conjunto de programas que pueda ejecutar y a los resultados que pueda ofrecer.

La investigación científica y el desarrollo tecnológico se han orientado hacia la producción de máquinas más rápidas y con mayor capacidad de memoria y no ha sido sino hasta la década de los años 90 cuando se acelera el desarrollo del software y demuestra su gran potencial. La tecnología empieza a permear desde las capas superiores de los científicos y expertos en la computación hasta llegar a la sociedad en su conjunto. Poco a poco el software penetra en todas las actividades del ser humano hasta llegar al punto de volverse imprescindible para el buen funcionamiento de las actividades de la sociedad y de la vida personal.

El propósito de este libro es relatar la historia del software haciendo énfasis en las personas y las ideas que lo han generado, estudiar los aspectos más relevantes de sus fundamentos y analizar a la luz de la Inteligencia Artificial la perspectiva que se contempla en el horizonte. Su contenido se enfoca en el estudiante de ciencias de la computación, en los profesionales de la Informática y en toda persona que sienta atracción por la magia del software.

# AGRADECIMIENTOS

La producción de un libro requiere, además de la generación de las ideas propias del autor, la incorporación de los conocimientos registrados en la memoria alterna de la humanidad: el libro; ya sea impreso o electrónico. Mi agradecimiento a los autores que han dejado plasmados sus conocimientos, ideas y pensamientos en los libros que cito en la Bibliografía, a los autores de blogs y artículos que insertan en la Red sin más afán que divulgar el conocimiento universal, a los autores del contenido que nutre a la Wikipedia, esa moderna fuente del saber a la que acudimos cada día para tomar de ella conceptos, definiciones y todo un caudal de conocimientos.

La primera versión de este libro fue escrita en 1986, época en la que no existía Internet y las bibliotecas eran la fuente del saber. Mi agradecimiento al sistema de bibliotecas del estado de Virginia en los Estados Unidos y en particular a la Universidad George Mason y a la Biblioteca Thomas Balch de la población de Leesburg por las facilidades que me otorgaron para consultar su acervo bibliográfico. Esta segunda versión fue escrita en 2016.

Gracias a mi esposa, mis hijos y mi familia por su apoyo. Un especial agradecimiento a mi hermano Oscar, quien me ha brindado su ayuda para la producción y difusión del libro. Gracias también a Mike Riley por el diseño de la portada y su valiosa ayuda para convertir el texto en un eBook.

# MEMORIAS

Podemos decir que la Máquina Analítica teje modelos algebraicos como los telares de Jacquard tejen flores y hojas

*Ada Lovelace*

La programación en el principio de los años cincuenta era un arte misterioso, una actividad privada que involucraba únicamente un programador, un problema, una computadora y tal vez una pequeña biblioteca de subrutinas y un primitivo lenguaje ensamblador

*John Backus*

La revolución de la computadora es la sucesión natural de la Revolución Industrial con la significativa diferencia de que antes fue la amplificación y sustitución de la fuerza de los músculos y ahora es la amplificación y emancipación del poder de la mente

*Christopher Evans*

# -1-

# LOS PIONEROS

La magia del software inicia en Londres a mediados del siglo XIX, época en la que Inglaterra vivía en un ambiente propicio para la investigación científica y el desarrollo de la industria. El estímulo del comercio colonial ofrecía a la producción algodonera beneficios extraordinarios, motivando a los industriales británicos a buscar y aplicar nuevos procedimientos técnicos que permitieran aumentar su capacidad productiva para competir con ventaja contra los productos artesanales.

La expansión iniciada en el sector textil influía a su vez en el progreso de la siderurgia, la laminación, la producción de carbón, el perfeccionamiento de las máquinas de vapor y el ferrocarril. **La Revolución Industrial se encontraba en su apogeo**, creando las condiciones propicias para fomentar la investigación y producir inventos cada vez más sofisticados.

Las crecientes y complejas operaciones bancarias y comerciales habían impulsado la invención de máquinas para calcular. Los logaritmos constituían el sistema más avanzado para realizar cálculos matemáticos. Sin embargo, las máquinas y los métodos de cálculo carecían de precisión.

En 1835, a través de un examen practicado en los libros de tablas de logaritmos se encontraron múltiples errores, los de astronomía tenían referencias equivocadas y aun el Almanaque Inglés de Navegación, la Biblia de la Marina, tenía tales errores que algunos barcos se perdieron en el mar al utilizarla como referencia. Era necesario e incluso urgente idear la forma de producir una máquina que pudiera efectuar cálculos matemáticos con mayor rapidez y precisión.

Para tener una idea del paralelismo en la historia. Podemos anotar que **México se encontraba iniciando su vida económica, política y social** después de haber consumado la Independencia en 1821. El país se encontraba todavía devastado por la guerra para lograr separarse del dominio de España y no existían las condiciones para la investigación científica y tecnológica. La Revolución Industrial que se inició en el Reino Unido a mediados del siglo XVIII generó en Europa el paso de una economía rural basada fundamentalmente en la agricultura y el comercio a una economía de carácter urbano, industrializada y mecanizada. En México se hacían esfuerzos por organizar la producción agrícola arrasada por las luchas internas y de la Revolución Industrial casi nada se sabía. En esas mismas condiciones se encontraban casi todos los países de la América Latina.

## Charles Babbage

En el contexto de la Inglaterra industriosa y progresista aparece en escena Charles Babbage, un joven inglés que planteó una solución para calcular e imprimir con precisión las tablas de logaritmos. En su libro "Passages from the life of a philosofer" él mismo relata cómo surgió la idea de la máquina logarítmica:

"…una tarde estaba sentado dentro del edificio de la Sociedad Analítica, en Cambridge, con la cabeza apoyada sobre una mesa como si estuviera durmiendo, con una tabla de logaritmos frente a mí. Otro miembro de la sociedad vino hacia mí y viéndome medio dormido me dijo: Bien Babbage, ¿en qué estas soñando? A lo que yo contesté: Estoy pensando que esas tablas, señalando a los logaritmos, pueden ser calculadas con una máquina".

Charles Babbage nació en Teignmouth, Inglaterra el 20 de diciembre de 1792. Hijo de un próspero banquero, creció rodeado de las facilidades necesarias para tener una buena educación. Asistió a la Universidad de Cambridge donde estudió matemáticas y astronomía y en 1816 fue designado miembro de la Royal Society of London, la máxima institución científica de su tiempo.

Babbage fue un gran genio y uno de los científicos e inventores de más talento en la historia de la humanidad. No sólo se dedicó a la investigación científica, sino también a la economía, la política, la ingeniería y la literatura. Su obra "On the economy of machinery and manufactures" es citada en repetidas ocasiones por Carlos Marx en "El Capital", así como por John Stuart Mill en "Principles of political economy". **Una de las principales virtudes de Babbage fue su tenacidad** inquebrantable, con la que enfrentó múltiples adversidades como la falta de recursos económicos para realizar sus proyectos, el fallecimiento de su esposa Georgina y de algunos de sus hijos, la deslealtad de algunos de sus colaboradores y la falta de maquinaria y herramienta para lograr la exactitud que requerían las piezas de sus máquinas. Sin embargo, siempre tuvo ánimo para seguir adelante.

El proyecto de la máquina para calcular e imprimir las tablas de logaritmos lo inició en 1823 y lo llamó Máquina Diferencial. Para sufragar los gastos necesarios utilizó los ahorros familiares, así como una aportación que le concedió el gobierno británico. Fabricar las piezas y armar la máquina no fue un trabajo sencillo, el proyecto requería de engranes, palancas y piezas fabricadas con precisión y en ese tiempo no existían las herramientas ni la técnica necesarias para hacerlas. Babbage no se desanimó; construyó un taller en su propia casa, contrató a varios artesanos y emprendió la tarea lleno de entusiasmo. Después de diez años la Máquina Diferencial quedó parcialmente terminada, pero aun así fue capaz de funcionar.

El éxito le valió recibir la medalla de oro de la Royal Society of London.

Aquí es importante hacer una pausa para recapacitar en el tiempo y el esfuerzo que le tomó a un inventor lograr la meta que se había trazado. Diez años venciendo obstáculos, diez años de carencias económicas y diez años de trabajo y esfuerzo continuo para alcanzar un resultado. La paciencia que actualmente tiene un inventor se ha reducido considerablemente. Un año o dos a lo sumo es el límite para soportar carencias, vencer obstáculos y alcanzar el éxito. Quienes están convencidos de un proyecto deben recordar a Babbage y tomar su tenacidad como ejemplo para alcanzar el éxito.

El año de 1827 fue particularmente triste para Babbage; en el mes de julio falleció su hijo menor y en agosto su esposa Georgina. Estos acontecimientos quebrantaron su salud y estado de ánimo. Herschel, su hijo mayor, le sugirió hacer un viaje para olvidar las penas y mejorar su estado de ánimo. Babbage se convenció de lo oportuno que sería realizar un viaje por varios países de Europa y procedió a hacer los preparativos para emprender el viaje. Visitó los Países Bajos, Alemania, Italia y Francia. A finales de 1828 regresó a Inglaterra y ya para entonces su espíritu se había revitalizado. Escribió un libro polémico: "On the decline of science" y una de sus mejores obras sobre economía: "On the economy of machinery and manufactures". Participó activamente en política y regresó a los círculos sociales de los que se había alejado. Con nuevos bríos se dedicó a trabajar en la terminación de la Máquina Diferencial; Babbage volvió a ser el mismo.

Durante su estancia en Francia tuvo la oportunidad de conocer el funcionamiento de los **telares de Joseph Marie Jacquard**. El mecanismo para tejer y hacer los patrones de la tela se operaba mediante tarjetas perforadas, un procedimiento nuevo y diferente a todo lo que se conocía. La posición de las perforaciones en las tarjetas indicaba los hilos que debían moverse y entrelazarse para formar el patrón de la tela. El tejido de una sola pieza se controlaba con una secuencia de tarjetas, las cuales formaban el programa del proceso. Si se requería volver a tejer el mismo patrón en una tela, se podía utilizar nuevamente el mismo programa en tarjetas perforadas. Se puede decir que el tejedor se comunicaba con la máquina mediante un alfabeto binario representado por las perforaciones o ausencia de perforaciones en las tarjetas.

Poco después de haber iniciado su trabajo con la Máquina Diferencial, Babbage se mostró insatisfecho con sus limitaciones. En el invierno de 1834 comenzó a pensar en la forma de resolver problemas de multiplicación y división, así como aumentar la velocidad para realizar las operaciones matemáticas. Finalmente, Babbage concibió la idea de construir una máquina más completa para resolver cualquier ecuación y ejecutar las más complejas operaciones del análisis matemático. Contempló la visión de una computadora y a partir de entonces la idea se convirtió en una obsesión que le acompañó hasta el día de su muerte.

La primera idea que tuvo fue cómo controlar las diversas operaciones de la máquina mediante el uso de cilindros rotatorios a los que llamó "barriles". Cada uno de estos barriles controlaría una sección de la máquina como el almacén de números y todos los barriles estarían controlados por un barril central. Durante 1835 y varios años después continuó trabajando intensamente en su máquina; investigó el diseño de los dispositivos de entrada y salida de datos en los que incluyó un mecanismo de impresión y un aparato para hacer gráficas con la información. Una de sus aportaciones más sobresalientes fue haber ideado un mecanismo para controlar la operación de la máquina a base de tarjetas perforadas, como las usadas en los telares de Jacquard.

Después de 12 años de trabajo intelectual los planos y las memorias de cálculo quedaron concluidos. Para entonces Babbage había consumido la fortuna familiar y no logró obtener respaldo financiero del gobierno británico para hacer realidad su proyecto. Benjamín Disraeli, primer ministro de Inglaterra, escribió en tono satírico que para lo único que podría servir la máquina de Babbage era para calcular las enormes cantidades de dinero que se habían gastado en su intento por construirla. Los años transcurrían y el tenaz inventor no cedió en sus empeños; revisó y enriqueció su proyecto con notas explicativas y llenó miles de hojas con todas sus anotaciones y cientos de planos y dibujos con los detalles de su invento. Poco antes de su muerte logró construir una sección de la máquina con la esperanza de recibir ayuda o de que alguien pudiera continuar su obra y escribió algunos programas para procesarlos en la Máquina Analítica que no logró ejecutar ya que en 1871 falleció sin haber podido materializar su proyecto.

## La Máquina Analítica

La idea central y más importante del proyecto de Babbage era construir una máquina que pudiera programarse para resolver cualquier problema matemático. Esto es lo que hace diferente a la Máquina Analítica de las calculadoras que existían en su época y es precisamente lo que la acerca conceptualmente a la idea de una computadora. De ahí el mérito de Babbage y su bien ganado prestigio como el padre de la computación. La estructura de la Máquina Analítica es semejante a la de una computadora actual. Los elementos que la integran son unidad de entrada, procesador central, unidad de control, memoria y unidad de salida. A continuación se describe cada uno de ellos de acuerdo con el proyecto de su autor.

**Unidad de entrada.** La idea fue tomada de los telares de Jacquard y adaptada para recibir información a fin de realizar operaciones matemáticas. Un barril con varillas móviles en su superficie podía girar para entrar en contacto con las tarjetas; las varillas se acomodaban a lo largo de la tarjeta y donde había perforaciones podían pasar de un lado a otro; donde no había perforación la varilla era empujada por la superficie de la tarjeta hacia adentro del barril. El patrón de perforaciones de la tarjeta indicaba la operación que debía ejecutarse. De esta forma, podían cambiarse las perforaciones de las tarjetas para preparar un programa diferente; es decir, un nuevo conjunto de instrucciones para realizar determinadas operaciones matemáticas. Un siglo después la tecnología de tarjetas perforadas serviría para darle instrucciones a las computadoras IBM.

**Procesador central.** Babbage dio el nombre de molino al concepto que actualmente se conoce como procesador central. Estaba formado por ejes verticales que sostenían varios engranes. Cada uno de estos representaba un dígito y tenía 40 engranes en cada eje, de tal manera que podía representar cantidades hasta de 40 dígitos; disponía de nueve ejes para ejecutar multiplicaciones y divisiones y dos que funcionaban como acumuladores para realizar sumas y restas. Uno de los aspectos más importantes de esta unidad es que tenía un mecanismo para realizar procesos repetitivos con la información, concepto que ahora se conoce como iteración y constituye una de las herramientas más importantes de la programación. La máquina también era capaz de tomar decisiones de acuerdo con los resultados de algunas operaciones. Por ejemplo, podía sumar dos números, comparar el resultado con otra cantidad y ejecutar un salto condicional a otra instrucción de acuerdo con el resultado.

**Unidad de control.** La idea fue tomada también de los telares de Jacquard y las instrucciones para realizar operaciones matemáticas se daban a la máquina en tarjetas perforadas. Babbage diseñó tres tipos de tarjetas: 1) tarjetas de operación que contenían las instrucciones que se deberían ejecutar; 2) tarjetas de variables para manejar las variables incluidas en una ecuación y 3) las tarjetas de números que contenían referencias de tablas matemáticas, ya sea de logaritmos o de funciones trigonométricas. La idea más importante fue haber separado el mecanismo que controla las operaciones del que las ejecuta. Sin embargo, la serie de instrucciones o programa no podía quedar almacenada dentro de la misma máquina, ya que cada vez era necesario alimentarla mediante las tarjetas perforadas.

**El almacén.** Este concepto fue creación de Babbage y representa el primer antecedente de la memoria de las computadoras actuales. De acuerdo con las palabras de su autor:

"El almacén puede ser considerado como un lugar de depósito en el cual los números y las cantidades dadas, de acuerdo con el problema a resolver son originalmente guardados, los resultados intermedios son provisionalmente almacenados y al final de la operación los resultados finales son encontrados".

Es importante mencionar que Babbage se refería al almacén siguiendo el concepto de granero o bodega pero no llegó a utilizar la palabra memoria o hacer alguna comparación entre la máquina y el cerebro humano.

**Unidad de salida.** La imaginación de Babbage, siempre adelantada a su tiempo, lo llevó a desarrollar un complejo mecanismo para la salida de los resultados. Diseñó un aparato para la impresión directa sobre papel y un mecanismo para hacer gráficas. De acuerdo con sus propias palabras, la máquina debería estar equipada con "spriting apparatus, copper plate punching apparatus and curve drawing apparatus". Es importante analizar las ideas de Babbage respecto a la Máquina Analítica porque de esta manera se puede comprender mejor el valor de una idea que se anticipó 100 años a su época. Sus conceptos quedaron ocultos con el polvo de los años y los científicos que un siglo después lograron construir y hacer funcionar una computadora, no tomaron conocimiento con detalle de estas ideas y sólo unos pocos se inspiraron en ellas para realizar sus proyectos.

Babbage consideró que la Máquina Analítica era de propósito general, característica fundamental de la computadora. La idea la expresó en estos términos: "...la Máquina Analítica es por lo tanto de máxima naturaleza general. Para cualquier fórmula que se quiera desarrollar, el proceso debe comunicarse a la máquina mediante dos grupos de tarjetas. Cuando éstas han sido colocadas la máquina se hace especial para esa fórmula en particular. El valor numérico de sus constantes debe ser registrado en las columnas de engranes y al poner la máquina en movimiento, calculará e imprimirá los resultados numéricos de la fórmula". Más adelante hace referencia a un concepto que puede ser considerado como antecedente del actual sistema operativo de la computadora: "...de esta forma la Máquina

Analítica posee su propia biblioteca. Cada conjunto de tarjetas que se hace podrá reproducir en el futuro los cálculos que fueron preparados la primera vez".

**El software de una computadora convierte a la máquina en un instrumento de posibilidades ilimitadas.** No es necesario tener diferentes tipos de máquinas para desarrollar varias aplicaciones; sino una sola computadora con diversos programas. Babbage expresa el concepto de la utilización infinita de la máquina con estas palabras: "Es imposible construir máquinas que ocupen un espacio ilimitado. Pero es posible construir una máquina finita y usarla en forma ilimitada. Es la sustitución de lo infinito del tiempo por lo infinito del espacio. He hecho uso de esta idea para limitar el tamaño de la máquina y todavía conservar su ilimitado poder…la idea que he utilizado se encuentra en el tejido de telas. Ésta se hace por un sistema de tarjetas perforadas".

Babbage llegó incluso a calcular la velocidad de procesamiento de información de la Máquina Analítica para la cual estimó las siguientes magnitudes:

- Sesenta sumas o restas ejecutadas e impresas en un minuto
- Una multiplicación de dos números de 50 dígitos cada uno en un minuto.
- Una división de un número con 100 dígitos entre otro de 50 en un minuto.

¿Era realmente una computadora la Máquina Analítica? Aun cuando no llegó a funcionar, conceptualmente estaba integrada por las mismas partes que integran una computadora en la actualidad: unidad de entrada, unidad de salida, unidad de control, procesador y almacén. Sin embargo, **no era capaz de almacenar un programa y ejecutarlo sin la intervención de un operario, característica fundamental en el concepto actual de la computadora.**

Debemos advertir que en la época que vivió Babbage no había la posibilidad de disponer de los elementos técnicos necesarios para lograr que una máquina almacenara un programa y lo ejecutara sin la intervención de un ser humano. Fue necesario que transcurrieran varias décadas para que, con el invento de la electricidad y la electrónica, se propiciaran las facilidades técnicas que permitieron a la computadora tener un programa almacenado. Imaginemos la evolución de la computadora cuando se descubran nuevas fuentes de energía y se desarrollen lenguajes de programación más avanzados. Nuestro concepto sobre la computadora tendrá que adaptarse a los cambios conforme se presenten en el transcurso del tiempo.

Lo importante es que el proyecto de Babbage se adelantó considerablemente a su época y la idea en que se sustentó tenía plena validez. Además de crear una máquina, el científico inglés pensó la forma de hacerla funcionar mediante un programa o conjunto de instrucciones que pudieran modificarse para lograr que la máquina no sólo sirviera para un propósito, sino que ejecutara y resolviera cualquier problema. Esa sigue siendo en esencia la idea fundamental de la computadora y el software.

Charles Babbage ha sido considerado por algunos como el padre de las computadoras modernas, pero sin duda también puede ser considerado el padre de las impresoras modernas. Más de 150 años después de sus planos y un trabajo minucioso del Museo de Ciencias de Londres, dieron como resultado la construcción de la Máquina Analítica y una impresora con ocho mil piezas.

### Ada Lovelace

Ada Byron, condesa de Lovelace, mujer joven, bella e inteligente, participó de manera importante en el proyecto de Charles Babbage. Hija del poeta Lord Byron, Ada nació en 1815 y de sus padres heredó las virtudes que caracterizaron su personalidad: de su madre el talento para las matemáticas y de su padre, la gracia para la poesía y la literatura.

El 5 de junio de 1833 Ada conoció a Babbage en una reunión social; él quedó gratamente impresionado de la belleza y aguda inteligencia de la joven. El día 21 de ese mismo mes Ada acudió a una de las fiestas que Babbage organizaba en su casa para mostrar a sus amigos el funcionamiento de la Máquina Diferencial. A pesar de su juventud, Ada tuvo interesantes comentarios sobre el funcionamiento de la máquina. A partir de entonces, surgió entre ellos una estrecha amistad que habría de durar hasta la muerte prematura de Ada en 1852.

En 1840 Babbage aceptó la invitación del matemático Giovani Pliana para asistir a una reunión científica en Turín, Italia a fin de exponer sus ideas sobre el proyecto de la Máquina Diferencial. A la conferencia también asistió Luigi Federico Menabrea, joven ingeniero militar quien escribió una descripción de la máquina a sugerencia del propio Babbage y que se publicó en 1842. El artículo fue traducido al inglés por Ada Lovelace, quien agregó notas y comentarios sobre las ideas y el funcionamiento de la Máquina Diferencial tan interesantes que superaron el documento original en cantidad y calidad. Ada incluyó un sofisticado programa para calcular los números de Bernoulli. El documento se publicó en 1843 y constituye la más valiosa aportación para difundir las posibilidades y limitaciones de la máquina y que muestra, de manera particular, las ideas de Babbage y Ada sobre la computadora y la forma de programarla, un concepto que habría de hacerse realidad 100 años después. De esta forma, **Ada Lovelace se convirtió en la primera mujer programadora en la historia del software.** Por esta razón, en 1979 su nombre fue dado al lenguaje de programación desarrollado por Jean Ichbiah bajo los auspicios del departamento de Defensa de los Estados Unidos de América. Con los elementos aportados por Charles Babbage y Ada Lovelace ya podemos establecer la definición de software.

De acuerdo con el Institute of Electrical and Electronics Engineers (IEEE) **definimos al software** como el conjunto de los programas de cómputo, procedimientos, reglas, documentación y datos asociados, que forman parte de las operaciones de un sistema de computación.

### Leonardo Torres y Quevedo

La Máquina Analítica de Babbage motivó la idea de construir una máquina de propósito general que pudiera procesar un programa; esto es, un conjunto de instrucciones almacenadas dentro de la misma máquina. En los 100 años que transcurrieron para que esa idea diera frutos, otros pioneros del software aportaron valiosas ideas que contribuyeron a crear las bases para que más tarde los pensamientos se concretaran y se hicieran realidad. Los pioneros del software no lograron construir una máquina o lograr que un programa se ejecutara; su contribución fue aportar ideas sobre el funcionamiento de la computadora y del software.

Leonardo Torres y Quevedo fue uno de esos pioneros. Nació en Santander, España, en 1852. Estudió ingeniería civil y dedicó toda su vida a la investigación científica y, de manera particular, al diseño de máquinas de calcular y de autómatas. Obtuvo prestigio y reconocimiento en Francia y España y fue designado presidente de la Academia de Ciencias de Madrid.

**El término automático fue acuñado por Torres y Quevedo,** quien lo utilizó en algunos de los tratados científicos que escribió. Un ensayo sobre autómatas expresa las siguientes ideas:

"El nombre autómata se da a menudo a las máquinas que imitan la apariencia de movimientos de un hombre o de un animal. En general, esto concierne a mecanismos que tienen su propio poder de movimiento...Hay otros tipos de autómatas de gran interés: los que imitan no solamente simples acciones, sino los actos del pensamiento de un hombre y los cuales algunas veces pueden reemplazarlo...Además, es esencial que el autómata sea capaz de discernir; que pueda a cada momento tener en cuenta la información que recibe, o aun la información que ha recibido anteriormente para controlar su operación. Es necesario que el autómata imite a los seres vivientes en la regulación de sus acciones de acuerdo con sus sensaciones y adapte su conducta al cambio de las circunstancias".

Consideró que debería agregarse a la teoría de las máquinas "una sección especial, la automática, que examinara los procedimientos que pueden aplicarse a la construcción de autómatas dotados de una vida de relación más o menos complicada".

Las ideas de Torres y Quevedo se aplicaron con amplitud en el diseño de mecanismos automáticos y sus conceptos sobre los autómatas pueden considerarse como los antecedentes del software para las máquinas que actualmente se construyen con la moderna tecnología de la robótica.

## Louis Couffignal

Louis Pierre Couffignal nació en  Monflanquin, Francia el 16 de marzo de 1902 y   falleció en 1966. **Se distinguió por su aportación para la utilización de sistemas binarios en la construcción de máquinas calculadoras.** El francés Couffignal se interesó en la Máquina Analítica de Charles Babbage por el deseo de reducir los múltiples errores que se presentaban en los cálculos matemáticos. En su país publicó en 1938 una monografía sobre la construcción de una máquina calculadora; en su escrito considera que: "...es posible construir una máquina de calcular que pueda, sin la intervención de un operario, ejecutar una secuencia de cálculos, almacenar resultados inmediatos, leer mecánicamente una tabla de funciones e imprimir todos los números almacenados en sus registros. Pensamos que en vista de su capacidad, la máquina puede ser considerada de una gran simplicidad".

Couffignal recibió su doctorado con la tesis Mechanical Analysis, publicó varios artículos sobre la utilización de las máquinas calculadoras para realizar cálculos sobre astronomía y estableció una estrecha relación con Norbert Wiener, el autor del conocido libro "Cybernetics" que estableció las bases de la Cibernética.

Con Couffignal se cierra el capítulo de los pioneros. Tiempo después vendría la Segunda Guerra Mundial y con ella los primeros intentos por construir calculadoras más rápidas y versátiles que habrían de concluir en la primera computadora y en la ejecución de los primeros programas.

# LAS MATEMÁTICAS Y LA LÓGICA EN EL SOFTWARE

La lógica y las matemáticas son las bases en que se sustenta el desarrollo del software. No sería posible escribir un programa si no se dispusiera de una herramienta para definir y ejecutar las operaciones involucradas en un algoritmo. Las aportaciones que sentaron las bases para construir la estructura matemática-lógica en que se sustenta el software se deben principalmente a Gottfried Wilhelm von Leibniz, George Boole y Bertrand Russell. Después de ellos dos notables matemáticos: Alan Turing y John Von Neumann definirían la estructura del software. Su aportación no fue haber escrito programas, sino haber sentado las bases para que el software se pudiera desarrollar.

> En matemáticas, lógica, Informática y ciencias de la computación, **un algoritmo** (del griego y latín, algorithmus y éste a su vez del matemático persa Al-Juarismi) es un conjunto prescrito de instrucciones o reglas bien definidas, ordenadas y finitas que permite realizar una actividad mediante pasos sucesivos que no generen dudas a quien deba realizar dicha actividad. Dados un estado inicial y una entrada, siguiendo los pasos sucesivos se llega a un estado final y se obtiene una solución. Los algoritmos son el objeto de estudio de la algoritmia.

Antes de Leibniz, el mayor avance de la lógica era la construcción de silogismos. **Un silogismo es un argumento que contiene tres proposiciones**: la mayor, la menor y la conclusión, en donde la conclusión es deducida de la mayor por medio de la menor (Si el hombre es mortal y Sócrates es hombre, por lo tanto, Sócrates es mortal). El algoritmo fue formulado por primera vez por Aristóteles en su obra Lógica, recopilada como El Organon, de sus libros conocidos como Primeros Analíticos (en griego Proto Analytika). Esta forma de razonamiento carece del rigor y la precisión que requiere la construcción de un algoritmo para ser procesado por una computadora. Fue necesario desarrollar un sistema basado en la lógica y las matemáticas con una filosofía diferente y un nuevo lenguaje de expresión que se pudiera adaptar al funcionamiento de la máquina. Los primeros matemáticos no pensaron en la computadora ni imaginaron que sus ideas habrían de servir más adelante para crear el lenguaje con el cual el hombre se comunica con la máquina. Sin embargo, su contribución ha sido fundamental para el desarrollo del software. En el campo de las matemáticas, las aportaciones más importantes en orden cronológico habían sido las siguientes:

- En el año 3,000 a.C. se inventa el Ábaco en el Lejano Oriente.
- Alrededor del año 1,600 se generaliza el uso de los números arábigos.
- En 1614 John Napier inventa el sistema de logaritmos.
- En 1637 René Descartes establece los fundamentos de la geometría analítica y del sistema cartesiano.
- En 1643 Pascal construye una calculadora e impulsa el desarrollo de las matemáticas.

### Gottfried Wilhelm von Leibniz

Leibniz aportó al desarrollo del software los fundamentos de la lógica simbólica y del sistema binario. Estos dos conceptos han sido las piedras angulares para desarrollar los lenguajes de programación, los sistemas operativos, las aplicaciones y todo el edificio grande y monumental del software que ahora conocemos. Es importante recordar aquí que las computadoras solamente pueden recibir instrucciones mediante el sistema

LAS MATEMÁTICAS Y LA LÓGICA EN EL SOFTWARE

binario; esto es, la combinación de ceros y unos. Podemos ver una aplicación sofisticada y compleja pero a nivel máquina se reduce solamente a dos estados; esto es, a un sistema binario que surgió en la mente de Leibniz.

Gottfried Wilhelm von Leibniz nació en Leipzig, Alemania, en 1646. A la edad de 15 años dominaba las lenguas clásicas y la filosofía escolástica; desde temprana edad sobresalió por sus conocimientos de matemáticas y física. Su espíritu siempre inquieto lo llevó a participar en la política, la diplomacia, la literatura, la investigación científica y la filosofía. Su pensamiento influyó en su época de manera decisiva, principalmente por su idea de sistematizar los conceptos fundamentales de las matemáticas y las ciencias naturales.

A esa misma edad de 15 años ingresó a la Universidad de Lepzig para estudiar Derecho y Filosofía. Más tarde estudió matemáticas en Génova con el profesor Erhard Weigel, quien le enseñó los principios de la geometría euclidiana y el álgebra elemental. En 1664 obtuvo el grado de maestría en artes y en 1666 el doctorado en leyes en la universidad de Altdorf. En 1672 conoció, estudió y luego mejoró la calculadora construida por Pascal. Fue al desarrollar esta actividad cuando nació en Leibniz un profundo interés por la lógica y las matemáticas, actividad que se convertiría en su pasión intelectual y que fructificó en importantes aportaciones para las matemáticas, para el desarrollo futuro del software y que dejó plasmadas en varias e importantes obras sobre la materia.

En su libro "On the secrets of geometry and analysis of indivisible and infinite quantities", Leibniz usa por primera vez el signo de integral y sienta las bases de la teoría de los determinantes. En 1702 escribe "A justification of the calculus of the infinite small" donde explica los algoritmos de diferenciación e integración, y en "Dissertation on the combinatorial art" su obra más importante, propone un sistema para expresar el razonamiento humano mediante una combinación ordenada de elementos que pueden ser números, sonidos o colores. Esta obra es considerada como el fundamento de la lógica matemática.

17

Los principios de la lógica de Leibniz pueden resumirse en los siguientes puntos:

- Cualquier concepto puede expresarse en un grupo de conceptos más simple; esto es, conceptos que no pueden ser reducidos más adelante. Este conjunto de elementos indivisibles forman el alfabeto del pensamiento.

- Los conceptos más complejos pueden derivarse de conceptos más simples solamente por medio de una operación de multiplicación lógica, la cual corresponde a la conjunción en el cálculo y a la intersección de conceptos en la lógica de clases.

- El conjunto de conceptos elementales debe satisfacer el criterio de consistencia.

- Cualquier declaración es un predicado en el sentido de que puede traducirse a una forma equivalente en la cual el predicado es una parte del sujeto.

- Cualquier proposición afirmativa es analítica en el sentido de que su predicado está contenido en el sujeto.

Leibniz advirtió que la desventaja de la lógica escolástica consistía en imponer los principios de la lógica aristotélica que no permitía generalizar sus conclusiones directamente mediante la aplicación de métodos generales de investigación, propios de la naturaleza de un algoritmo. Por lo tanto prefirió concentrar su atención en el aspecto deductivo de la investigación lógica, lo cual le permitió convertirse en el creador del algoritmo lógico.

Desafortunadamente, Leibniz no aplicó la teoría que desarrolló sobre la aritmética binaria en la construcción de su calculadora. De haberlo hecho, seguramente se habría reducido el tiempo que transcurrió entre su invento y el desarrollo de las modernas computadoras. Su concepción del sistema binario se orientó hacia un aspecto religioso en su intento de probar la existencia de Dios.

**El sistema binario es el principio que sustenta el diseño de las computadoras digitales.** Toda la información que se procesa, datos e instrucciones, se convierte en números binarios formados por los dígitos 0 y 1. Por ejemplo, la letra A se convierte en una cadena de ocho dígitos binarios (01000001) que pueden ser interpretados por la computadora. De esta forma, el lenguaje máquina requiere sólo dos de estos símbolos para su expresión, lo cual facilita su operación.

A partir de la introducción de los números arábigos y del sistema decimal, las personas se han acostumbrado a utilizar este lenguaje. Es un sistema que utiliza 10 dígitos: 0 1 2 3 4 5 6 7 8 9. Para contar dentro del sistema decimal empezamos con el 0 y seguimos hasta el 9. Después se agrega el número 1 al 0 y así seguimos añadiendo un 2 luego un 3 y continuamos. Sin embargo, se podría elegir un sistema octal con solamente 8 dígitos (0 1 2 3 4 5 6 7). Al llegar a 7 se agregaría el 1 al 0 para continuar de esta forma: 10 11 12 13 14 15 16 17 y luego 20 21 22 23 etcétera.

Leibniz pensó que un sistema que utilizara solamente dos dígitos sería más fácil. Y la historia le concedió la razón. Para una computadora es más fácil operar con dos dígitos que con 10. Una computadora electrónica implica la utilización de electricidad y ésta puede manejarse como presencia o ausencia del pulso eléctrico. Un pulso eléctrico representa el dígito 1 y su ausencia el 0. El sistema binario es el fundamento del lenguaje de la máquina. Quizá en un principio manejar el sistema binario representaba alguna dificultad para los programadores quienes tenían que ser diestros en convertir mentalmente los dígitos numéricos, las letras y los caracteres especiales a su representación en binario, pero con el avance de los lenguajes de programación, los compiladores y los sistemas operativos esta dificultad ha desaparecido porque el ser humano escribe las instrucciones en su idioma natural (español, inglés o chino) y la computadora se encarga de hacer la traducción al sistema binario. Esta facilidad ha hecho que con el tiempo los programadores lleguen a olvidar que el lenguaje máquina es binario.

## George Boole

Aun cuando Boole no pensó en la computadora cuando desarrolló la teoría del álgebra booleana, su contribución representa uno de los conceptos más importantes para el desarrollo del software. George Boole nació en 1815 en Lincoln, Inglaterra. La mayor parte de su vida profesional transcurrió como profesor de matemáticas en el Queen's College en Cork, Irlanda. Publicó un par de obras sobre el análisis matemático de la lógica y sobre el estudio de la lógica y la probabilidad. Su tesis fundamental era demostrar que la lógica no pertenece al terreno de la filosofía sino al de la matemática.

Boole estudió con detenimiento la obra Mechanics de Lagrange y se interesó en la forma en que podía reducir la expresión de problemas de física en conceptos matemáticos. Le surgió la idea de expresar el pensamiento humano mediante símbolos que pudieran operar de acuerdo con ciertas leyes dentro de un sistema autosuficiente. Estableció correspondencia con algunos colegas de la Universidad de Cambridge, quienes se sorprendieron gratamente por lo interesante de sus ideas y lo animaron a continuar el desarrollo de su teoría. Más adelante publicó algunos trabajos y en 1844 recibió la medalla de oro en reconocimiento a su aportación a las matemáticas.

Entre los trabajos publicados por Boole destacan los siguientes: "The Mathematical Analysis of Logic", "The Cambridge and Dublin Mathematical Journal", "A Treatise of Differential Equations", "A Treatise of the Calculus of Finite Differences" y su obra más importante, "An Investigation of the Laws of Thought", cuyos conceptos establecieron los fundamentos de la que se conocería más tarde como álgebra booleana.

Boole estableció una clara distinción entre el lenguaje común y el lenguaje simbólico que consistía en un conjunto de símbolos y las reglas para operarlos. Ambos son instrumentos del razonamiento humano y sólo difieren en el grado de exactitud y precisión. Boole estaba profundamente convencido de que estudiando las leyes de los símbolos (lenguaje simbólico) se podrían comprender mejor los fundamentos de las leyes del pensamiento. Desde esta perspectiva, las leyes del pensamiento corresponden o son reflejadas por las leyes de operación del lenguaje simbólico. Bertrand Russell diría más adelante que las matemáticas puras fueron descubiertas por Boole.

**El álgebra booleana es un sistema de símbolos y reglas** de procedimiento para ejecutar operaciones no solamente con números sino también con letras, objetos y conceptos en general. Así como en la aritmética se utilizan signos para representar operaciones entre dos números, siendo las más importantes la adición (+), la sustracción (-), la multiplicación (X) y la división (/), en álgebra booleana las operaciones más importantes son AND, OR y NOT (Y, O y NO). Con estos signos o conectores lógicos se puede sumar, restar, multiplicar y dividir o realizar otras operaciones como comparar números o conceptos. Los siguientes cuadros ilustran operaciones con conectores lógicos y sus resultados.

| AND | | | OR | | | NOT | |
|---|---|---|---|---|---|---|---|
| A | B | A*B | A<br>A+B | | B | A | -A |
| 0 | 0 | 0 | 0 | 0 | 0 | 0 | 1 |
| AND | | | OR | | | NOT | |
| 0 | 1 | 0 | 0 | 1 | 1 | 1 | 0 |
| 1 | 0 | 0 | 1 | 0 | 1 | | |
| 1 | 1 | 1 | 1 | 1 | 1 | | |

Boole rescató la lógica del terreno de la filosofía, donde se encontraba congelada y sin producir frutos, para entregarla al terreno de las matemáticas, donde empezó a florecer. Actualmente **el álgebra booleana es una de las herramientas más poderosas en la producción del software.** Sería difícil concebir un programa que no utilizara alguno de los conectores lógicos para desarrollar el algoritmo.

### Bertrand Russell

Russell tomó el álgebra booleana y la convirtió en un poderoso sistema intelectual que expresó en su obra cumbre "Principia Mathematica" Su aportación al desarrollo del software fue completa y vigorosa porque estableció una sólida base de lógica matemática en la que se apoya la teoría de sistemas. Ha sido uno de los hombres más controvertidos del siglo XX, pero también uno de los intelectuales más fecundos y versátiles. Nació en Trelleck, Gales, en 1872 y falleció en 1970. Estudió matemáticas en Cambridge y desarrolló una sólida cultura en filosofía, lógica y matemáticas. Fue un ardiente defensor de la paz y esto le costó haber sido encarcelado en más de una ocasión.

Su fértil labor de escritor le llevó a publicar un promedio de casi un libro por año a partir de 1900, en los que trató temas de teoría del conocimiento, teoría de las ideas políticas, sociología, moral, religión, pedagogía y muchos temas más. Sin embargo, entre su extensa producción destaca la relativa a la lógica matemática y teoría del conocimiento: "The Analysis of Mind" (1921), "Education and the Good Life" (1926), "Principles of Mathematics" (1938), "The Problems of Philosophy" (1959), "Mysticism and Logic (1959), "Authority and the individual (1968) y su obra maestra escrita en colaboración con A.N. Whitehead: "Principia Mathematica".

En la primera frase del prefacio de su libro "Principles of Mathematics", Russell establece con toda claridad su objetivo en torno a la lógica matemática y lo resume en tres puntos fundamentales:

1. Probar que todas las matemáticas tratan exclusivamente con conceptos definibles en términos de un reducido número de conceptos lógicos fundamentales.

2. Demostrar que todas las proposiciones son deducibles de un reducido número de principios lógicos fundamentales.

3. Explicar los conceptos fundamentales que las matemáticas aceptan como indefinibles.

Russell planeó escribir un segundo volumen con Whitehead de "Principles of Mathematics" en el que se estableciera la demostración de la primera tesis mediante un estricto razonamiento lógico. Este proyecto fue abandonado y en su lugar los dos autores escribieron "Principia Mathematica", la obra más completa del razonamiento lógico matemático y la que más ha influido en la construcción de la estructura del software.

## Alan Turing

Turing fue un hombre de personalidad controvertida; una mezcla de niño prodigio y profesor distraído. Normalmente vestía desaliñado ya que no le preocupaba su apariencia personal. Era normal verlo usar una corbata en vez de cinturón para sujetar los pantalones. Tenía una voz aguda y una sonrisa nerviosa. En general, sólo aceptaba platicar con personas de su mismo nivel intelectual, lo que lo llevó, obviamente, a tener pocos amigos. Era homosexual y en su época la homosexualidad se consideraba una falta a la moral y en algunas partes incluso era considerada como un delito. Probablemente no pudo soportar el conflicto interno que sufría y decidió suicidarse comiendo una manzana envenenada.

Nació en Inglaterra en 1912 y desde joven se distinguió por ser un brillante estudiante con especial facilidad para las matemáticas. En la Universidad de Cambridge obtuvo el doctorado y a la edad de 24 años publicó "On computable Numbers", uno de los documentos más interesantes sobre la teoría de las computadoras publicado en 1936, antes de que se construyera la primera computadora; en ese documento explica las características y las limitaciones de una máquina lógica. Su propósito no era construir una máquina y en sus ideas no se encuentra nada relativo a la parte física de la computadora. No escribió sobre los relevadores ni los circuitos electromecánicos, sólo sobre su estructura lógica. **La Máquina de Turing existe únicamente en papel como un conjunto de especificaciones, pero su influencia ha sido fundamental en el desarrollo de las computadoras y del software** y sigue siendo considerada como el prototipo de la máquina lógica.

De esta forma, Turing fue el primero en comprender la característica universal de la computadora digital alcanzando y aun superando las ideas de Charles Babbage expresadas 100 años atrás. La frase clave de Babbage al referirse a la Máquina Analítica fue que el universo de condiciones que permiten a una máquina hacer cálculos de una extensión ilimitada se encuentran precisamente en la Máquina Analítica. El concepto fundamental de Turing fue que la máquina debe manejar información mediante un programa que puede ser modificado para que ésta ejecute diversas funciones y éste es el concepto esencial de una computadora.

En septiembre de 1936 Turing realizó un viaje a los Estados Unidos para estudiar en el Departamento de Matemáticas de la Universidad de Princeton con maestros de la categoría de Einstein, Courant y von Neumann. En el verano de 1937 regresó a Inglaterra. Un nuevo viaje le llevó a Princeton en 1938 y durante ese tiempo tuvo oportunidad de establecer una cercana comunicación con von Neumann quien, intrigado por las ideas de Turing, le ofreció trabajo como su asistente en la universidad. Turing no aceptó y regresó a Inglaterra para incorporarse en el Departamento de Comunicaciones del Ministerio del Exterior.

Durante la Segunda Guerra Mundial, Turing fue concentrado en Bletchley Park, instalación secreta del gobierno británico situada al Norte de Londres para descifrar los códigos de transmisión de información del ejército alemán que eran codificados con un complejo mecanismo que se operaba con una máquina llamada Enigma. Para descifrar los miles de mensajes que se transmitían diariamente, un selecto grupo de científicos desarrolló una máquina llamada Colossus puesta en operación en diciembre de 1943. El diseño y operación del proyecto Colossus permanecieron en secreto aun después de terminada la guerra y sólo en los últimos años se ha podido conocer la naturaleza de los trabajos que se realizaron y las características de las máquinas que se utilizaron. Algunos estudiosos de la historia universal han afirmado que la participación de los científicos para descifrar los mensajes secretos del enemigo fue decisiva para que el ejército aliado ganara la Segunda Guerra Mundial.

Durante su estancia en Bletchley Park, Turing siempre fue apreciado por sus compañeros de trabajo. No se divulgó su tendencia homosexual y eso le permitió mantener un ambiente de relaciones cordiales y respetuosas. Por ese tiempo comenzó a desarrollar sus ideas sobre las máquinas inteligentes, concepto revolucionario para su época sobre todo porque aún no se construía la primera computadora con programa almacenado. El primer documento que expresa sus ideas sobre las máquinas pensantes fue escrito al final de la Segunda Guerra Mundial, pero no fue publicado sino hasta 1950.

Al término de la guerra el gobierno de los Estados Unidos invitó a un grupo de científicos ingleses a conocer los adelantos realizados en materia de computación, concretados principalmente en las máquinas ENIAC y MARK I. El primer científico que hizo el viaje fue J.R. Womersley, quien trabajaba en el Laboratorio Nacional de Física, uno de los centros de investigación más importantes de Inglaterra. Visitó la Escuela Moore de Ingeniería Eléctrica y recibió una copia del reporte sobre la computadora escrito por John von Neumann. A su regreso a Inglaterra, Womersley organizó de inmediato un selecto grupo de hombres de ciencia para desarrollar un proyecto para construir una computadora. Alan Turing fue invitado en primer lugar, quien de inmediato estudió a fondo el documento preparado por von Neumann y, tomando algunas ideas, procedió a desarrollar su propio plan para construir una computadora que recibió el nombre de ACE (Automatic Computing Engine). El proyecto era ambicioso: la máquina tendría 204,800 bits de memoria y una velocidad 10 veces mayor que la ENIAC. Turing concedió especial importancia al aspecto de la programación e incluso escribió algunos programas compuestos en un código parcialmente numérico, pero sufrió un gran retraso debido a la burocracia por lo que decidió abandonarlo para ir a la Universidad de Manchester, donde participó en la parte final del proyecto para construir la Manchester Mark I.

En 1950 se publicó el libro "Computing Machinery and Inteligence" que representa uno de los documentos más interesantes en la historia del software. En esta polémica obra, Turing establece su convicción de que las computadoras pueden llegar a tener la capacidad de imitar perfectamente la inteligencia humana y que esto sería posible en el año 2,000. El documento ha servido como manifiesto para un grupo de especialistas dedicados a realizar el proyecto de Turing, quienes tienen como objetivo construir una computadora inteligente mediante el desarrollo de un software altamente sofisticado que se basa en la ciencia de la Inteligencia Artificial.

## John von Neumann

Durante los primeros cien años, contados a partir de las ideas de Ada Lovelace y Charles Babbage hasta Alan Turing, el centro generador de las ideas de la computadora y el software se ubicó en Europa, principalmente en Inglaterra, Alemania, Francia y España. A partir de la Segunda Guerra Mundial el centro de gravedad se desplaza hacia los Estados Unidos de América, aunque también en Rusia y Japón florecen proyectos para impulsar el software. Es importante destacar que en América Latina no se sientan las bases para el desarrollo de las ciencias de la computación por lo que durante toda la segunda mitad del siglo XX esta región se convierte solamente en consumidora de equipos de computación y software y no es sino hasta el principio del siguiente siglo cuando empiezan a florecer en las universidades y centros de investigación de América Latina proyectos de investigación y producción de computadoras y software.

John Louis Neumann nació en Budapest, Hungría, el 28 de diciembre de 1903. Su padre fue un acaudalado banquero y hombre de negocios que tuvo el buen cuidado de que sus hijos recibieran una esmerada educación y tuvieran recursos económicos para iniciar sus actividades profesionales. Desde su infancia, Neumann demostró tener una aguda inteligencia, una extraordinaria facilidad para aprender idiomas y una excelente memoria; podía recordar páginas enteras de un libro o hacer traducciones instantáneas del alemán al inglés o de alguno de los otros tres idiomas que manejaba a la perfección. Su facilidad para memorizar anécdotas y su agradable sentido del humor para contarlas fueron siempre la llave que utilizó para cultivar buenas relaciones y abrir muchas puertas. Fue un hombre sociable que logró mantener cordiales relaciones con sus colegas y también dentro del mundo de la política y la diplomacia. Le agradaba la compañía de las personas y él mismo era un tipo amable y accesible.

Como consecuencia de la persecución establecida por el nazismo en Europa, un importante grupo de inmigrantes viajó a los Estados Unidos para iniciar una nueva vida en un país donde se podía vivir sin ser objeto de persecuciones y donde habrían de encontrar suelo fértil para sembrar sus ideas y hacerlas florecer. Von Neumann llegó a Estados Unidos en 1930 e inició sus actividades profesionales como profesor de Matemáticas en la Universidad de Princeton. Hacia 1941 su interés por esta ciencia se convirtió en la prioridad número uno de sus actividades. Y fue siempre afecto a resolver los problemas matemáticos no sólo con precisión sino con elegancia. En poco tiempo conquistó el reconocimiento de la comunidad universitaria; su fama se esparció primero en Estados Unidos y más tarde llegó a Europa, donde sus ideas sobre matemáticas y computación influyeron en forma determinante en el desarrollo de la Informática.

La forma en que von Neumann inició su relación con las computadoras es una anécdota interesante que ha comentado Herman Goldstine, quien a la sazón era uno de los principales desarrolladores de la computadora ENIAC y a quien el destino colocó en el camino de von Neumann:

"...Un día de verano en 1944 estaba esperando el tren a Filadelfia en la estación de Aberdeen cuando de pronto llegó von Neumann. Antes de esta ocasión había tenido oportunidad de recibir referencias de él y sabía de su fama de gran matemático. Por lo tanto, en un acto de temeridad me acerqué a él para presentarme e iniciar una conversación. Afortunadamente para mí, von Neumann era una persona amable y amistosa quien hacía lo mejor para que la gente se sintiera cómoda en su compañía. La conversación pronto se orientó hacia mi trabajo. Cuando von Neumann comprendió que yo estaba involucrado en el desarrollo de una computadora electrónica capaz de ejecutar 333 multiplicaciones por segundo, el tono de nuestra conversación cambió de una charla amena y tranquila hacia algo semejante a un examen para obtener el grado de doctor en matemáticas. Después de esto, ambos continuamos el viaje hacia filadelfia para que von Neumann conociera la ENIAC. En ese tiempo se estaban probando dos acumuladores de la máquina. Recuerdo todavía con agrado la reacción de Eckert cuando recibió la visita inesperada. (John Presper Eckert era el Director Técnico del proyecto para construir la ENIAC). Dijo que podría saber si von Neumann era realmente un genio por su primera pregunta. Si era sobre la estructura lógica de la máquina, podría creer en von Neumann, de otra manera, no. Por supuesto, ésta fue la primera pregunta de von Neumann".

A partir de entonces la amistad entre von Neumann y Herman Goldstine fue sólida y produjo excelentes resultados en el campo de la Informática. Neumann se integró al grupo de científicos que construyeron la ENIAC y sus ideas fueron el fundamento teórico para desarrollar la computación durante varias décadas. Su principal aportación fue haber concebido la idea del programa almacenado dentro de la computadora, concepto que transformó la idea de las máquinas calculadoras en verdaderas computadoras y sentó las bases para el nacimiento del software.

El pensamiento de von Neumann quedó expresado en varios documentos que en su mayoría no han sido publicados. Sus ideas sobre computación y en particular sobre el programa almacenado se encuentran en los artículos "First Draft of a Report on the EDVAC" (1945), "On the Principles of Large Scale Computing Machines" (1946), y "Preliminary Discussion of the Logical Design of an Electric Computing Instrument" (1947). De estos interesantes documentos seleccionamos algunas de sus principales ideas y aportaciones para el desarrollo del software:

1. Estableció con precisión la necesidad de que una computadora sea capaz de almacenar la información necesaria en un proceso de información, los resultados inmediatos del proceso y también las instrucciones que gobiernan la rutina a ser procesada. Estas instrucciones son

parte integral del dispositivo y constituyen parte de su diseño estructural. Para una máquina de propósito general, debe existir posibilidad de instruir al dispositivo para desarrollar cualquier proceso que pueda ser formulado en términos numéricos. Por lo tanto, debe haber algún órgano capaz de almacenar ese programa de órdenes, así como una unidad que pueda comprender esas instrucciones y ordenar su ejecución.

2.  Desarrolló con claridad la idea de manejar un solo tipo de memoria como almacén de números y almacén de instrucciones puesto que si las instrucciones de la máquina se reducen a un código numérico y si aquella puede de alguna forma distinguir el número de alguna instrucción, el mismo órgano de memoria puede ser usado para almacenar ambos conceptos.

3.  Observó con precisión que si la memoria para las instrucciones es solamente un almacén, entonces debe existir un órgano que pueda ejecutar automáticamente las instrucciones almacenadas en la memoria; a este órgano Neumann le dio el nombre de unidad de control.

4.  Consideró también la necesidad de un órgano aritmético con el cual se pudieran ejecutar algunas de las operaciones aritméticas elementales; por lo tanto, la computadora debería estar integrada de una unidad capaz de sumar, restar, multiplicar y dividir.

5.  Respecto a la programación o codificación, como llamó a esta actividad, estableció cuatro puntos de fundamental importancia:

6.  Simplicidad y consistencia de las soluciones de ingeniería necesarias para la codificación.

7.  Simplicidad, solidez y suficiencia de la codificación.

8.  Facilidad y rapidez del procedimiento humano para traducir expresiones matemáticas a la codificación y para encontrar y corregir errores, así como para realizar los cambios que pudieran presentarse en etapas posteriores.

9.  Eficiencia de la codificación para utilizar la máquina lo más cerca de su máxima velocidad.

10. Definió la programación como una secuencia de símbolos codificados que deberían ser colocados dentro de la memoria a fin de hacer que la máquina ejecutara una secuencia de operaciones establecidas y planeadas para resolver el problema en cuestión.

Es importante destacar que la mayor parte de las ideas de von Neumann se convirtieron en principios y procedimientos que todavía siguen vigentes. La estructura de la computadora es la misma que definió von Neumann y las reglas para la codificación o programación siguen siendo válidas. La gran diferencia entre el pensamiento de Charles Babbage y von Neumann es el concepto del programa almacenado dentro de la misma computadora. A partir de las ideas de von Neumann el desarrollo de la computadora recibió un fuerte impulso y en poco tiempo se empezaron a construir computadoras en los Estados Unidos, Europa y algunos países de Asia como Japón. El software estableció sus reglas de operación y empezó a florecer como una de las actividades intelectuales más importantes para el desarrollo de la ciencia y la tecnología.

# -3-

# BREVE HISTORIA DE LA COMPUTADORA

La historia del software se encuentra íntimamente ligada a la historia de la computadora. Cuerpo y alma, hardware y software, máquina y programa forman las dos caras de una misma moneda. Para comprender el desarrollo del software es necesario revisar la historia de la parte física que le da sustento y le permite funcionar y expresarse. Aquí repasaremos aunque sea en forma breve la historia de la computadora.

La Segunda Guerra Mundial dio un nuevo impulso al avance de la computación. Inglaterra y Estados Unidos, entre otros países, dedicaron el mejor esfuerzo intelectual de sus científicos para construir máquinas que pudieran hacer cálculos cada vez más rápidos y precisos. Dos actividades bélicas requerían procesar grandes volúmenes de información y obtener resultados exactos y oportunos: descifrar las claves de transmisión de los mensajes del enemigo y resolver los cálculos de balística de proyectiles cada vez más complicados. Al concluir la guerra el impulso a la investigación científica y el desarrollo de la computación se ha orientado a siete grandes áreas:

1. La "guerra fría" que impulsa a las grandes potencias militares a producir  armas cuya fuerza principal es la amenaza de destrucción a gran escala.

2. Los conflictos bélicos que se presentan en algunas partes del mundo y que requieren el proceso de información para manejar la estrategia militar.

3. La necesidad de procesar grandes volúmenes de información en las empresas y oficinas de gobierno.

4. El programa espacial para la conquista del espacio, que ha requerido de computadoras avanzadas para resolver los complejos cálculos para enviar naves, satélites y hombres más allá de la atmósfera de la Tierra.

5. La investigación científica y tecnológica

6. La oportunidad de utilizar la computadora en forma personal en la escuela, la oficina y el hogar

7. El crecimiento vertiginoso de la computación móvil.

Sin haber establecido un previo acuerdo, Inglaterra y Estados Unidos participaron entre 1940 y 1950 en una de las más interesantes competencias de los tiempos modernos. El campo de batalla fue el terreno de la tecnología y el objetivo construir la primera computadora. Después de 1950 Estados Unidos se convirtió en el país más importante en la producción de computadoras y software. La participación de Alemania sobresalió al principio de la década de los cuarenta pero su derrota en la Segunda Guerra Mundial retrasó considerablemente su desarrollo en materia de computación. Otros países registraron un inicio tardío en la construcción de computadoras y en la producción de software; sin embargo, más adelante entraron al campo de la Informática con vigor y calidad.

Es importante advertir que en la historia de la computadora no puede hablarse de la invención de una máquina y fijar con precisión la fecha y el nombre del inventor. **A la construcción de la primera computadora se llegó mediante un proceso evolutivo** en el que participaron varios países y en el que debe sumarse la aportación de valiosos hombres de ciencia quienes poco a poco llegaron al concepto de la máquina electrónica de propósito general, capaz de procesar información con un programa almacenado. En esta breve historia se presenta el nombre o modelo de la máquina, la fecha en que se concluyó su construcción y las características fundamentales que la distinguen. En los últimos años ha proliferado el número de máquinas, por lo que es imposible hacer referencia a cada una de ellas y sólo se presenta la serie o modelo que las caracteriza o bien se menciona la más sobresaliente de su clase como muestra de las características del grupo al que pertenece.

## Z1, calculadora con sistema binario de Konrad Zuse (1938)

Un joven estudiante de ingeniería civil de la Universidad Tecnológica de Berlín construyó la primera calculadora mecánica con sistema binario y logró construir modelos de máquinas más avanzadas. Sin embargo, la mayor parte de su obra quedó destruida durante el bombardeo del ejército aliado a la ciudad de Berlín en abril de 1945. Konrad Zuse inició la construcción de sus máquinas en 1934 a la edad de 20 años. En 1938 terminó la calculadora Z1 y entusiasmado por los resultados construyó el modelo Z3 que funcionaba con relevadores de teléfonos, manejaba aritmética de punto flotante y tenía capacidad de 64 palabras de memoria. El modelo Z4 era más complejo y potente; tenía palabras de 32 bits y una capacidad de memoria de 512 palabras. Desafortunadamente, Zuse se vio obligado a escapar del bombardeo y sólo pudo rescatar el modelo Z4 que escondió en una bodega de vino en una pequeña población en las montañas de Baviera, donde no tuvo oportunidad de hacerla funcionar a plenitud.

## Colossus, máquina criptográfica (1943)

Inglaterra puso en marcha un proyecto para construir una calculadora de alta velocidad para descifrar las claves utilizadas por el ejército alemán. El proyecto se asignó a un selecto grupo de científicos bajo el mando del brillante matemático Max Newman. Entre los hombres de ciencia que aportaron sus conocimientos al proyecto estaban los ingenieros T.H. Flowers y A.W. Coombs así como los matemáticos I.J. Goody y D. Michie. Al grupo se integró también Alan Turing, uno de los matemáticos que, de manera más importante, ha contribuido al desarrollo del software. La máquina, construida en el mayor secreto, logró descifrar las claves de transmisión de los mensajes del enemigo. En la Colossus, máquina calculadora de alta velocidad, se utilizaron válvulas electrónicas; un gran adelanto para su tiempo que le ha valido ser considerada como la primera computadora electrónica. Sin embargo, fue diseñada con un solo propósito: descifrar las claves de transmisión de información. Era una máquina criptográfica que funcionaba electrónicamente con una alta eficiencia y a una velocidad mayor de la que se conocía en ese tiempo, pero en su diseño no se consideró la posibilidad de ejecutar diversos procesos de información, característica fundamental de una computadora.

## ENIAC, primera computadora electrónica (1946)

En la escuela Moore de Ingeniería Eléctrica de la Universidad de Pennsylvania John W. Mauchly y J. Presper Eckert, científicos estadounidenses cuya influencia en la computación habría de manifestarse durante varias décadas, unieron sus esfuerzos para construir una computadora electrónica de propósito general. El proyecto se inició el 31 de mayo de 1943 y posteriormente, en agosto de 1944, se unió al grupo John von Neumann cuya aportación intelectual fue decisiva en el funcionamiento de la máquina. El objetivo primario de la computadora era resolver problemas de balística planteados durante la Segunda Guerra Mundial.; sin embargo, el conflicto bélico terminó y no pudo usarse para ese propósito, pero sí para realizar los complejos cálculos que requería el desarrollo de la bomba de hidrógeno. La computadora electrónica era una enorme máquina que medía casi tres metros de altura y 25 metros de largo; pesaba 30 toneladas, estaba integrada por 17,468 válvulas electrónicas, 70,000 resistores, 10,000 capacitores, 6,000 conmutadores y consumía 170,000 watts de potencia. No obstante, la primera versión de la ENIAC no tenía capacidad para almacenar programas y su memoria apenas registraba 20 cantidades de 10 dígitos cada una.

Durante 1947 y 1948, von Neumann desarrolló importantes cambios para mejorar el funcionamiento de la ENIAC y agregarle la capacidad de almacenar un programa y ejecutarlo. El 16 de septiembre de 1948 fue puesta en operación con los cambios realizados por von Neumann y ejecutó un programa almacenado escrito por Adele Goldstine, esposa de Herman Goldstine. La computadora ENIAC trabajó normalmente durante varios años y el día 2 de octubre de 1955 a las 11:45 de la mañana se desconectó su energía eléctrica y dejó de funcionar para siempre. La influencia de la computadora ENIAC fue decisiva durante dos décadas en el desarrollo de la computación. De acuerdo con la definición actual de la computadora, podemos afirmar que la ENIAC fue la primera máquina electrónica para procesar información con un programa almacenado.

### SSEC, computadora electromecánica (1948)

El proyecto fue desarrollado por IBM bajo la dirección de Frank Hamilton. La SSEC tenía 13,500 válvulas electrónicas y 24,400 relevadores electromecánicos. No era una computadora completamente electrónica como la ENIAC porque su memoria funcionaba principalmente a base de relevadores electromecánicos. Su construcción se basó en la teoría de las calculadoras fabricadas por IBM y la técnica empleada por Howard H. Aiken para construir la Mark I en la Universidad de Harvard. En su construcción no se consideró la teoría desarrollada por von Neumann.

### Manchester Mark I, computadora electrónica (1948)

Con el apoyo del gobierno británico, un grupo de científicos que habían trabajado en Bletchley Park con la máquina Colossus emprendió la tarea de construir una computadora electrónica que ejecutara un programa almacenado. El proyecto quedó bajo la dirección de Max Newman quien conocía a Alan Turing y había tenido oportunidad de leer una versión mecanografiada de "On Computable Numbers". En el proyecto participaron también de manera importante Tom Kilburn, especialista en electrónica y el matemático I.J. Good, de manera que es difícil establecer con precisión la paternidad de esta computadora electrónica. También resulta complicado establecer cuál de las dos computadoras, la ENIAC construida en los Estados Unidos o la Manchester Mark I construida en Inglaterra merece el honor de ser considerada la primera computadora electrónica con programa almacenado. La Manchester Mark I no era una máquina completa y totalmente terminada, sino un modelo o prototipo de la idea general que fue capaz de funcionar y correr un programa almacenado el día 21 de junio de 1948 en tanto que la ENIAC fue construida antes y estaba totalmente terminada cuando corrió un programa almacenado el 16 de septiembre del mismo año.

## EDSAC, computadora electrónica completa (1949)

Hemos comentado que después de concluir la Segunda Guerra Mundial, un grupo de científicos ingleses hizo un viaje a los Estados Unidos atendiendo una invitación del gobierno de ese país para conocer los avances registrados en materia de computación. Entre ellos estaban Alan Turing y Maurice Wilkes, quienes conocieron a von Neumann y tuvieron la oportunidad de compenetrarse sobre sus teorías sobre computación y, de manera particular, sobre el concepto de la computadora y el programa almacenado. De regreso a Inglaterra, Wilkes inició la construcción de una computadora basada en la teoría de von Neumann bajo los auspicios de la Universidad de Cambridge. Esta máquina se construyó con 4,000 válvulas electrónicas y una memoria para manejar 32 números de 17 dígitos binarios. El primer programa que ejecutó la EDSAC fue el cálculo de una tabla de números elevados al cuadrado y una tabla de números primos.

Resulta interesante advertir que, impulsados por la urgencia que planteaba la Segunda Guerra Mundial, varios científicos se dieron a la tarea de construir una máquina para procesar información con alta velocidad para descifrar códigos y efectuar cálculos de balística. Terminada la guerra esos mismos científicos siguieron trabajando y lograron llegar a la construcción de una y otra computadora en los Estados Unidos e Inglaterra. Aun cuando al principio trabajaron de manera separada, una vez terminado el conflicto bélico cruzaron información y se retroalimentaron las ideas. Quienes hicieron las principales aportaciones fueron von Neumann y Alan Turing. Dos piedras angulares que sentaron las bases de la computación y cuyos principios fueron la norma a seguir durante las siguientes dos décadas.

## MADM, computadora con registros índice (1949)

El prototipo de computadora construido en Inglaterra y bautizado con el nombre de Manchester Mark I fue concluido completamente y recibió el nombre de MADM (Manchester Automatic Digital Machine). Tenía la característica de funcionar electrónicamente e incluía dos importantes innovaciones: el uso de registros índice de memoria y el concepto de paginación que evolucionó más tarde para convertirse en el concepto de memoria virtual.

## BINAC, computadora electrónica hecha por una empresa (1949)

La construcción de las primeras computadoras se realizó bajo el amparo del gobierno o de universidades como Cambridge y Harvard, pero en 1949 Presper Eckert y John Mauchly, quienes participaron en la construcción de la ENIAC, se separaron de la Escuela Moore de Ingeniería Eléctrica y formaron su propia empresa para fabricar computadoras. El primer contrato de la Electronic Control Company se firmó con la Northrop Air Craft Company para construirle una computadora. En ese mismo año la terminaron y la facturaron con el nombre de BINAC (Binary Automatic Computer). De hecho era una máquina gemela; es decir, dos máquinas que funcionaban al mismo tiempo para comparar sus resultados y evitar errores. Esta precaución nos indica con toda claridad la alta probabilidad de falla que en un principio tenían las computadoras debido a que funcionaban con válvulas electrónicas (bulbos) que se fundían con facilidad. Quienes hayan tenido 40 años atrás la posibilidad de usar un radio para escuchar música o una televisión para ver su programa favorito, recordarán que una de las fallas más frecuentes se presentaba precisamente porque se fundía un bulbo y había que reemplazarlo. Cuando llegaron los transistores, éste problema se acabó.

## Whirlwind, computadora que funcionó en tiempo real (1951)

El concepto de tiempo real significa procesamiento inmediato y entrega de resultados prácticamente al momento en que se producen. En el mercado bursátil los precios de las acciones cambian constantemente. Hace algunos años las computadoras podían entregar los resultados con un retraso de 15 minutos. Actualmente los entregan al momento de que se produce la transacción. Esto es muy importante para quien compra o vende acciones porque en 15 minutos pueden suceder cambios importantes que pasarían desapercibidos. En las ciencias de la computación se dice que una computadora funciona en tiempo real si es capaz de recibir una señal de un objeto, procesar la información recibida y enviar de regreso la respuesta de tal manera que el objeto que envió la señal pueda modificar su conducta o su trayectoria. La Fuerza Aérea de los Estados Unidos utilizó la computadora Whirlwind para controlar las operaciones del sistema SAGE (Semi Automatic Ground Environment).

## Ferranti Mark I, computadora comercial en Inglaterra (1951)

Animado por el éxito que alcanzó la computadora Manchester Mark I, el gobierno inglés ordenó la construcción de otra computadora para apoyar su proyecto de desarrollo de la bomba atómica. El contrato fue asignado a la empresa Ferranti Ltd, que tenía experiencia como fabricante de armas y productos electrónicos. La computadora fue terminada en 1951 y la compañía Ferranti obtuvo la autorización del gobierno para construir otras máquinas y ponerlas a la venta. Logró facturar ocho máquinas que para ese tiempo era todo un triunfo comercial. Habría que mencionar que 60 años más tarde las empresas fabricantes de computadoras personales habrían de producir ocho millones de computadoras de un solo modelo, con una capacidad mil veces mayor y a un precio mil veces menor. Los primeros clientes de la Ferranti fueron la Universidad de Toronto en Canadá, la Universidad de Manchester y varias instituciones del gobierno de Inglaterra.

## UNIVAC, computadora comercial en los Estados Unidos (1951)

Después del éxito obtenido con su computadora BINAC que fue fabricada bajo un pedido especial, la empresa de Eckert y Mauchly siguió prosperando en los negocios y decidieron fabricar una computadora para ofrecerla en el mercado. Fabricaron la UNIVAC (Universal Automatic Computer) con un equipo de asesores de excelente calidad intelectual entre quienes destacaban Aiken, Stibits y von Neumann. El Departamento de los Censos de los Estados Unidos compró la primera para procesar los enormes volúmenes de información generados en el levantamiento de los censos. Esta computadora tenía 5,000 válvulas electrónicas y fue la primera en utilizar unidades de cinta magnética para el manejo de datos. En 1953 se le agregó la primera impresora de alta velocidad y se llegó a la fabulosa cantidad de 15 equipos facturados. La marca UNIVAC se hizo conocida.

## EDVAC, modelo de computadora (1952)

La importancia de la EDVAC radica más en la idea de su proyecto y en la influencia que tuvo en la construcción de la computadora que en su éxito comercial. Aun antes de que se concluyera la computadora ENIAC, Eckert, Mauchly y von Neumann proyectaron una máquina que almacenara un programa y tuviera un procesador central, así como una memoria para almacenar los datos y los programas. Este concepto revolucionó por completo la teoría de las computadoras y sirvió de modelo para construir la computadora moderna. La máquina no fue terminada sino hasta 1952 e instalada para su funcionamiento en el Instituto de Estudios Avanzados y posteriormente colocada para su exhibición en el Smithsonian Institute en Washington, D.C.

## IBM 701. La primera computadora de IBM (1953)

La compañía International Business Machines se dedicaba con éxito a la fabricación y venta de calculadoras. Hizo alguna incursión en la construcción de la computadora SSEC pero no incluyó en sus planes la producción de computadoras para su comercialización...hasta que llegó a su dirección Thomas Watson Jr.

En 1952 Watson fue nombrado Presidente del Consejo de Administración y la empresa IBM dio un giro de 180 grados en su actividad para ingresar con fuerza en la producción y venta de computadoras hasta llegar a convertirse en la compañía más importante en su ramo y una de las diez empresas más importantes del mundo. En realidad se conjuntaron dos factores para impulsar a IBM: Por una parte, el Departamento de la Defensa de los Estados Unidos necesitaba una computadora rápida y eficiente para resolver los problemas de proceso de información que se presentaron en la guerra con Corea y por la otra la entrada de Watson a la dirección de la International Business Machines. El Departamento de la Defensa le asignó el contrato de construcción a la IBM y a partir de entonces se escribió una nueva historia de la computadora. La máquina fue bautizada con el nombre de IBM 701 y tenía estas características: memoria más rápida y eficiente a base de válvulas electrostáticas de Williams, longitud de palabra de 36 bits, memoria secundaria en tambor magnético de 8,192 palabras, cinta magnética, lectora de tarjetas perforadas con velocidad de 150 tarjetas por minuto e impresora de 75 líneas por minuto, todo un equipo de computación. Una vez entregada la primera computadora al Departamento de la Defensa, IBM obtuvo la posibilidad de aumentar la producción. Logró vender 19 computadoras. Alentada por el éxito del modelo 701, la IBM decidió producir un modelo semejante pero orientado hacia las empresas para aumentar su mercado. Así fue como salió de la línea de producción el modelo IBM 702. El proceso de información cambió de nivel palabra a nivel carácter porque la información científica y también la militar requiere el proceso de datos numéricos que puedan manejarse en una palabra para obtener mayor precisión, pero la información en los negocios requiere que se manejen números y también caracteres para poder registrar el nombre de los clientes, su dirección o cualquier dato de tipo alfabético. El modelo 702 fue integrado con cinco unidades de cinta con capacidad de 250,000 dígitos cada una.

Después del modelo 702, IBM diseñó una computadora de menor tamaño para aplicaciones de tipo científico pensando en las universidades y centros de investigación. Salió al mercado en el año de 1953 con el nombre de IBM 650. Su principal ventaja era la velocidad de procesamiento: solamente dos milisegundos para una multiplicación pero tenía el inconveniente de que la entrada y salida de datos era exclusivamente mediante tarjetas perforadas. No obstante, desde un principio registró una importante demanda. En vista de los primeros resultados satisfactorios, la máquina fue dotada de unidades de cinta, un tambor magnético de mayor capacidad, registros índice en memoria y algunas otras mejoras. Se vendieron más de mil computadoras. Todo un gran éxito comercial.

## Segunda generación de computadoras (1959-63)

A partir de 1959 se inició la producción de computadoras en escala comercial. Se establecieron varias compañías para producir y vender equipo. Las marcas y las innovaciones técnicas se multiplicaron. Después de ese año no es posible hacer una reseña de cada una de las computadoras pues el tema rebasaría el ámbito de este capítulo. Sin embargo, es conveniente agruparlas para estudiar sus principales características. Las marcas y los modelos más importantes de este grupo son: Burroughs 5000, Burroughs Atlas, Gamma 60, CDC 1604, CDC 3600, Honeywell 800, IBM 1401, IBM 1620, IBM 7030, 7040, 7070,7080, 7090, 7094, PDP 1, Philco 2000 y Larc. Las principales características de esta segunda generación reflejan el intenso trabajo realizado para mejorar la parte física de la computadora, su velocidad de proceso y las característics de sus componentes:

- Memoria central a base de ferritas.
- Funcionamiento electrónico.
- Ejecución de programa almacenado.

- Procesamiento de los programas en "batch". Como en la peluquería: se respeta el orden de entrada y se atiende de uno por uno.
- posibilidad de interrumpir el programa en plena ejecución.
- Utilización de un sistema operativo sencillo pero suficiente.
- Tiempo de acceso: 1 a 20 microsegundos.
- Tiempo promedio de operaciones básicas (en microsegundos): adición: 24; multiplicación: 105; división: 312.
- Número de instrucciones: 150.
- Número de registros índice: 6.
- Posibilidad de utilizar punto flotante
- Precio promedio: dos millones de dólares.
- Es importante destacar que el mayor esfuerzo para mejorar a la computadora se centraba en el hardware. Todavía el software no era el punto de atención.

**Tercera generación (1964)**

IBM ya se encontraba posicionada como la gran empresa fabricante de computadoras cuando emprendió la construcción de la serie 360 de computadoras para abastecer un mercado creciente tanto en los Estados Unidos como en otros países que estaban ansiosos de subirse al tren de la tecnología. La serie IBM 360 fue el primer sistema de computadoras que se diseñó para producirse en serie y cubrir una amplia gama de aplicaciones. La idea central de IBM consistía en ofrecer una computadora que lo mismo pudiera satisfacer las necesidades del gobierno, de las universidades y de las empresas. El sistema 360 estaba equipado con un completo y versátil sistema operativo, con equipo periférico para la entrada y salida de datos, con una capacidad de memoria varias veces más amplia que la de las máquinas anteriores, con transistores que permitieron reducir su precio, tamaño y consumo de energía. Su memoria principal estaba construida a base de ferritas. Uno de los factores más importantes del éxito de esta computadora fue el desarrollo de una alta tecnología que permitió a la compañía IBM reducir en forma considerable el precio de la memoria de las máquinas al bajar el costo de cada ferrita de 33 centavos en el año 1955 a solamente 0.2 centavos en 1964. La computadora IBM 360 no fue obra de un investigador ni un producto desarrollado experimentalmente en una universidad; fue el resultado de la labor conjunta de todo un equipo de trabajo formado por profesionales de diferentes especialidades bajo la organización y dirección de una gran empresa.

Durante más de una década la serie de computadoras IBM 360 dominó el panorama de la industria de la computación. Surgieron otras marcas y se fueron integrando innovaciones en los equipos para hacer de las computadoras equipos más rápidos, más seguros, con menos fallas, menor consumo de energía y de manera importante, menor precio para llegar a un mercado creciente.

La llegada del transistor y del microprocesador para mejorar la memoria de la computadora provocó un salto cualitativo en la fabricación de computadoras. Fue desplazada la memoria a base de ferritas y se sustituyó por el Chip, cuyo efecto ha sido tan importante que hemos destinado un siguiente capítulo para su estudio. Hacia 1979 un chip de un octavo de pulgada de lado tenía una capacidad de 128 bits así que el salto fue enorme cuando IBM presentó en el mercado la computadora 4331 con un chip de 65,536 bits. A partir de entonces la tecnología de la computación se desarrolló a un ritmo acelerado. Las grandes computadoras se hicieron más rápidas, con más memoria y se vendieron a menor precio. La siguiente etapa en la evolución de la computadora se generó impulsada por tres factores: La computadora personal, Internet y la computación móvil. Iniciaremos con la revisión de la historia de la computadora personal.

### Altair 8800, primera computadora personal (1975)

La historia se repite, el transcurso del tiempo hace que un círculo se cierre y se abra otro. La primera computadora personal no fue producida por una gran empresa, sino como en un principio, por una sola persona dueña de los conocimientos necesarios y con un brillante ingenio. Esa persona fue Ed

Roberts, ingeniero en electrónica nacido en la Florida, Estados Unidos de América. Durante su servicio militar Roberts recibió un curso de electrónica que más tarde le permitió establecer una pequeña empresa para vender equipos de radiocontrol para aviones a escala. Un día Roberts decidió mejorar su línea de productos y para ello construyó una pequeña computadora. El diseño se basó en la utilización del microprocesador 8080 fabricado por Intel. Ensambló las partes y voilá, surgió la primera computadora personal. La máquina tenía 256 bytes de memoria y se programaba bit a bit con los switches del tablero de instrumentos que tenía en su parte frontal. Desafortunadamente Ed Roberts no tenía madera de empresario y no supo cómo hacer para convertir su invento en una próspera empresa como fue el caso de Apple que llegó para quedarse. Al decantar la historia de la primera computadora personal surgen dos factores que explican la efímera vida de la Altair de Ed Roberts: Por una parte, su carencia de dotes como empresario y por la otra, el no haber integrado software con el equipo, de tal manera que ofrecía una caja que podía funcionar como computadora, pero que carecía de sistema operativo y programas de aplicación para hacerla funcionar. De cualquier manera, su mérito consiste en haber sido la primera computadora personal y en haber prendido la chispa para que explotara la gran industria de la PC.

## Apple, (1977)

A partir de la Altair se formó una gran ola de entusiastas de la computación que empezaron a reunirse en algunas ciudades del estado de California para comentar sus experiencias entorno a la computación. Uno de esos grupos era el Homebrew Computer Club de Silicon Valley en California al cual asistía con entusiasmo un joven de nombre Steve Wozniack, quien en marzo de 1975 decidió construir su propia computadora. Por 20 dólares adquirió un microprocesador modelo 6502 fabricado por MOS Technology y trabajando en la cochera de su casa logró ensamblar la máquina en una pequeña caja de plástico que contenía todos los circuitos integrados y una memoria de 4Kb. Wozniack se asoció con Steve Jobs y ambos iniciaron una empresa para fabricar y vender computadoras. En 1977 la empresa Apple registró ventas por un total de 775,000 dólares y creció tan rápido que en 1981 obtuvo 335 millones de ventas, convirtiéndose en la empresa de más rápido crecimiento en la historia. Steve Jobs tuvo el buen cuidado de dotar a la Apple con un sistema operativo y de motivar la producción de software para hacerla funcionar y sacarle provecho. Apple es una de las historias más sorprendentes no sólo de una empresa de computación exitosa, sino del desarrollo empresarial en toda su amplitud. Apple ha seguido creciendo sin pausa y actualmente es una de las 10 empresas más importantes del mundo.

## IBM-PC, (1981)

En una pequeña caja de plástico de 37.3 cm. de largo, 31.2 de ancho, 6.9 de altura y un peso de 5.54 Kgs. se armó la computadora personal de la famosa empresa International Business Machines para salir a conquistar el mercado. Con una capacidad de memoria de 512 Kb y memoria adicional de 144 Kb en dos unidades de disco, la IBM-PC se presentó un poco tarde en un mercado donde ya existían varias marcas bien posicionadas y los entusiastas de la computación personal se preguntaban cuándo habría de llegar la IBM al mercado. Cuarenta años antes IBM había desarrollado su primera computadora y en ese tiempo se había convertido en la gran empresa fabricante de equipos de computación. Todo mundo esperaba su modelo personal.

Animada por el éxito registrado, IBM continuó desarrollando nuevas, más poderosas y más pequeñas computadoras. En 1986 lanzó al mercado el modelo IBM convertible, una pequeña computadora que abriría la puerta al modelo laptop. Resulta interesante comparar esta pequeña pero gran computadora con la ENIAC para valorar el gran avance en la tecnología de la computación en menos de cincuenta años. La ENIAC medía 25 metros de largo por 3 de altura, pesaba 30 toneladas, necesitaba 170,000 watts de potencia y su capacidad de memoria era de 200 bits. Si cuarenta años atrás se hubiera construido una computadora equivalente en capacidad a la IBM-PC se habría necesitado una estructura del tamaño de un edificio de mil pisos y su consumo de energía eléctrica sería el de una ciudad de 10,000 habitantes. En sólo cuarenta años el avance en el campo de la computación era sensacional. Sin embargo, más importante que el progreso en magnitudes físicas, el gran avance radicaba en haber logrado que las personas pudieran tener acceso en forma individual a una capacidad de acceso que antes estaba reservada solamente para el gobierno, las universidades o las grandes empresas. El poder de cómputo personal propiciado por Apple y más tarde por IBM causó toda una revolución.

## Microcomputadora, Laptop, Tablet

A partir de la computadora personal de IBM se inició una producción masiva de microcomputadoras de diferentes marcas y empresas fabricantes establecidas en casi todos los países. Millones de computadoras invadieron los hogares, las empresas y las oficinas del gobierno. En 1981 la compañía Epson introdujo al mercado un nuevo modelo de computadora para facilitar el trabajo de las personas que tenían la necesidad de transportarse con frecuencia y no deseaban perder la oportunidad de seguir trabajando con su computadora. Fue así como surgió la Epson HX-20 a partir de la cual se observaron los grandes beneficios para el trabajo de científicos, militares, empresarios y otros profesionales que vieron la ventaja de poder llevar con ellos su computadora con toda la información que necesitaban de un lugar a otro. En 1995, con la llegada de Windows 95, la venta de las portátiles se incrementó notablemente. En el tercer trimestre de 2008, las ventas de las portátiles superaron por primera vez las de los equipos de escritorio.

En 1987 Apple Computer presentó un video conceptual acerca del Knowledge Navigator, una tableta futurista que respondía ante comandos de voz. En 2001 la empresa finlandesa Nokia desarrolló un prototipo de tableta, la Nokia 510 Webtablet de dos kilos y medio de peso y una pantalla táctil de diez pulgadas; el mismo Steve Jobs estuvo interesado en conocer el dispositivo. De forma independiente Microsoft presentó en el mismo año Mira (después llamado Tablet PC), una línea de productos con pantallas sin teclado y laptops convertibles, aun cuando tuvo poco éxito, logró crear un nicho de mercado en hospitales y negocios móviles (por ejemplo, en puntos de venta). En 2010, la empresa Apple presentó el iPad, basado en su exitoso iPhone, y alcanzó el éxito comercial.

En los siguientes años han surgido nuevos modelos de computadoras personales, laptops, tablets y finalmente el teléfono inteligente, que más que un teléfono es un equipo de cómputo móvil que ha revolucionado no solamente la idea de la computación sino la forma en que el hombre se comunica e interactúa con sus semejantes. Una gran cascada de ideas ha seguido produciendo nuevos equipos de procesamiento de información y de comunicaciones. Cada año se presentan nuevos productos que sorprenden por su innovación, su capacidad técnica y su diseño. La tecnología ha entrado en una etapa de crecimiento continuo y de innovación permanente.

# — 4 —

# LOS PRIMEROS PASOS DEL SOFTWARE

El desarrollo del software se inició en la década de los cuarenta estrechamente ligado a la construcción de la computadora. Los programas escritos para las primeras máquinas tuvieron por objeto resolver problemas matemáticos y los primeros programadores fueron mujeres y hombres que participaron en la construcción de la máquina. Esto es así porque los constructores de las primeras computadoras eran precisamente matemáticos y científicos que veían en la computadora una herramienta para resolver de forma más rápida y exacta los problemas de su campo de investigación. Este fue un periodo romántico en el que sólo los iniciados en el misterioso arte de la computación tenían acceso a secretos celosamente guardados por los grandes maestros y transmitidos a un selecto grupo de discípulos. Esta tendencia persistió durante la década de los cuarenta y casi toda la siguiente. Sin embargo, la producción del software se fue separando de su tronco original para formar un nuevo árbol en el bosque del conocimiento. Revisaremos el desarrollo del software tomando en cuenta que es relativamente fácil mencionar los primeros pasos haciendo mención de los lenguajes de programación porque al acelerarse la producción del software se produjo una verdadera explosión de sistemas operativos, aplicaciones y lenguajes de programación cuya mención completa requeriría toda una enciclopedia.

## Lenguaje de programación Plankalkül de Konrad Zuse (1945)

Las computadoras electromecánicas construidas por Konrad Zuse en Alemania fueron destruidas durante el bombardeo del ejército aliado a la ciudad de Berlín en abril de 1945. Sólo la máquina Z4 pudo ser rescatada por Zuse, quien logró escapar con ella primero a la ciudad de Gottingen y después a Hinterstein, pequeño pueblo localizado en las montañas. Ahí desarrolló un lenguaje para la computadora al que denominó Plankalkül (Programa de cálculo). Escribió también algunos algoritmos para clasificar y un interesante programa para evaluar la construcción sintáctica de una fórmula mediante el análisis de la estructura de los paréntesis de la misma. Entre lo más interesante de su producción de software se encuentran 49 páginas con los manuscritos de algoritmos para jugar ajedrez. Como era difícil hacer funcionar la máquina bajo las difíciles condiciones de la guerra y se complicaba demasiado el obtener partes de repuesto para arreglar los desperfectos que con frecuencia se presentaban, la obra de Zuse fue producida y probada solamente en el escritorio. Desafortunadamente sus ideas no pudieron ser publicadas sino hasta 1972 por lo que no fue posible aprovechar mejor su trabajo como referencia para el diseño de otras computadoras. Es interesante especular sobre el rumbo que hubiera tomado la producción de software si la obra de Zuse hubiera sido conocida con oportunidad. Pero como el tiempo del hubiera no existe, aquí termina esta historia.

## Diagramas de flujo de Herman Goldstine y von Neumann (1946)

El diagrama de flujo es una herramienta necesaria para expresar un algoritmo y seguir un orden en las instrucciones de un programa. Antes de aprender a programar, el estudiante debía conocer toda una técnica desarrollada para manejar los diagramas de flujo. Las primeras aportaciones a la diagramación fueron de Herman Goldstine y von Neumann como parte de la técnica para hacer los programas de la computadora ENIAC. De acuerdo con estos científicos, la codificación debía iniciarse con el dibujo del diagrama de flujo en lo que consideraban la etapa dinámica o macroscópica de la programación. El diagrama de flujo consistía en una serie de rectángulos unidos por líneas y flechas en donde el principio y el final se indicaban con un pequeño círculo o un triángulo equilátero. Los rectángulos recibían el nombre de cajas y existían tres tipos principales: cajas de operación, cajas de sustitución y cajas de afirmación dentro de las cuales se escribían las operaciones que debían ejecutarse. Se incluían también figuras en forma de rombo para establecer las preguntas con las diferentes salidas según fuera la respuesta. Los diagramas de flujo evolucionaron agregando símbolos, figuras y conectores. Incluso se fabricaron plantillas con todas las figuras para facilitar el dibujo del diagrama. Cada programador debería tener una plantilla y saber manejarla con destreza. La técnica de Goldstine y von Neumann para hacer los diagramas de flujo se explica con detalle en el documento "Planning and coding problems for an Electronic computing instrument" escrito y publicado por el gobierno de los Estados Unidos.

### Primer programa procesado en la ENIAC (1946)

La demostración del funcionamiento de la computadora ENIAC se llevó a cabo en un ambiente de fiesta el día 15 de febrero de 1946 en la Escuela Moore de Ingeniería Eléctrica de la Universidad de Pennsylvania, ante la presencia de los miembros del equipo que había trabajado en su construcción: Presper Eckert, John Mauchly, Arthur Burks, John von Neumann, Herman Goldstine, Adele Goldstine, John Breinerd, Harold Pender y los directivos del Research Branch of Army Ordenance, dependencia del gobierno que patrocinó el proyecto. La preparación de los programas correspondió a Herman Goldstine y a su esposa Adele, quienes escribieron cinco programas para ejecutarlos en la computadora:

- 5,000 sumas para ejecutarse en un segundo
- 500 multiplicaciones para ejecutarse en un segundo
- Generación de números elevados al cuadrado y al cubo.
- Generación de una tabla de senos y cosenos.

- Ejecución de un problema especial denominado E-2 como ejemplo de un cálculo largo y complicado.

La ejecución de los programas fue impecable y, a partir de entonces, la fama de la computadora ENIAC se esparció por todo el mundo. Es importante considerar que estos programas no se encontraban almacenados en la máquina porque en ese tiempo la ENIAC no tenía la capacidad para hacerlo; era necesario introducirlos en la memoria por medio de switches que se operaban en el tablero de instrumentos de la máquina. Con la valiosa aportación de von Neumann la ENIAC mejoró su diseño y en 1948 tuvo la capacidad de ejecutar un programa almacenado.

### Primer programa almacenado corrido en computadora (1948)

Como hemos visto, la computadora ENIAC fue la primera en correr un programa aun cuando no se encontraba almacenado en la memoria de la máquina. Esta misma ENIAC corrió un programa almacenado dos años después, en septiembre de 1948; pero un poco antes, en junio de ese mismo año, el prototipo de la Manchester Mark I logró ejecutar un programa almacenado. Estos eran los tiempos en que los Estados Unidos e Inglaterra competían por lograr la supremacía en el campo de la computación. Correspondió a F.C. Williams diseñador de la Mark I preparar y ejecutar un programa de factorización. El propio Williams relata su experiencia:

"...el programa fue cuidadosamente insertado y el switch de arranque fue presionado. Inmediatamente las luces de la pantalla empezaron a bailar. En intentos anteriores el baile había sido de muerte porque no se obtenía ningún resultado y lo peor es que no se tenía ninguna pista de lo que funcionaba mal. Pero un día paró el baile y ahí, en el lugar esperado, estaba la respuesta esperada".

### Programa ejecutado en la computadora EDSAC (1949).

En la Universidad de Cambridge, Inglaterra, se ejecutó por primera vez un programa almacenado en la primera computadora completa y totalmente electrónica. La prueba de un programa en aquellos días debió ser una experiencia emocionante. Por otra parte, el primer programa que corre una persona en una computadora constituye un momento de plena emoción que se recuerda con gusto como el primer amor y cuando los resultados esperados aparecen, es algo así como alcanzar el éxtasis. Si a esta experiencia le agregamos el hecho de que también se prueba el funcionamiento de la primera computadora, el momento debió haber sido algo más que emocionante. Dejemos que Maurice Wilkes nos relate con sus palabras y temperamento inglés la vivencia del momento:

"En el otoño las principales partes de la máquina estaban trabajando separadamente y la lectora de cinta había sido conectada. En febrero de 1949 era posible leer instrucciones desde la cinta de entrada a la memoria y poco después fue conectada una teleimpresora de salida. Después siguió un periodo de varios meses durante los cuales se corrigieron errores lógicos en el diseño y se mejoraron algunos circuitos donde era necesario. Ese fue un periodo de ansiedad. El proceso de verificar el diseño de una computadora nueva ahora sí lo comprendemos. En aquél tiempo estábamos aprendiendo solos, improvisando nuevos métodos de prueba y nuestro procedimiento. En esos meses la mayor parte del trabajo quedó en manos de Renwich. Siento que él hizo un buen progreso. Finalmente, y casi de repente, el día 6 de mayo de 1949 la máquina leyó un programa en cinta para calcular una tabla de cuadrados e imprimió los resultados. David Wheeler inmediatamente se puso a escribir un programa para calcular números primos y un día o dos después este programa también corrió".

## Primer cargador primario (Boot strap) (1949)

El cargador primario es un conjunto de instrucciones que permiten ordenar la carga del sistema operativo en la memoria de la computadora para iniciar su ejecución. Maurice Wilkes relata la historia del primer cargador primario:

"David Wheeler contribuyó de manera importante en la construcción de la EDSAC como estudiante en el verano de 1948 y su primera contribución fue escribir las órdenes iniciales que fueron grabadas en una memoria mecánica de sólo lectura consistente en un grupo de uniselectores". A partir de entonces el Boot strap forma parte del software básico de la computadora.

## Short code, primer lenguaje de programación de alto nivel (1950)

La idea de un lenguaje de programación fue de John Mauchly quien la sugirió en 1949. El proyecto fue asignado a William F. Schmitt para desarrollarlo en la computadora BINAC construida por la empresa de Eckert y Mauchly para la Northrop Aircraft Company. A fines de 1950 el propio Schmitt, en colaboración con Robert Logan, recodificó el programa para ejecutarlo en la computadora UNIVAC y en 1952 se le agregó un manual de operación. Short code era un interpretador de fórmulas algebraicas que facilitaba la operación de ecuaciones matemáticas. A pesar de haber sido un gran adelanto en materia de software para su tiempo, el lenguaje no tuvo gran éxito. La causa puede encontrarse en el hecho de que pocos científicos tuvieron contacto con la computadora UNIVAC o a que el lenguaje no fue desarrollado por matemáticos en el ámbito de una universidad y no pudo recibir el apoyo de la comunidad universitaria, así como la aprobación de los maestros de la computación. Esta era la época en la que los gurús de la Informática se encontraban en las universidades y los centros de investigación. La computación no había permeado a las empresas y mucho menos a la sociedad.

En el mismo año que se dio a conocer el Short Code, en la Universidad de Michigan se logró un importante avance para simplificar la codificación. Arthur W. Burks, profesor en la universidad se dio a la tarea de desarrollar un proyecto a fin de investigar el proceso para convertir la expresión de un problema en el lenguaje ordinario de los negocios a un lenguaje que la máquina pudiera comprender y, de manera particular, para descomponer el proceso en una secuencia de pasos intermedios a fin de facilitar la codificación. Logró concluir su proyecto y produjo un lenguaje al que dio el nombre de Intermediate PL. Este proyecto corrió con la misma suerte que el Short code. No encontró las condiciones apropiadas para su difusión y expansión y se quedó corto en el cumplimiento de sus aspiraciones. Sin embargo, el proyecto originó la necesidad de disponer de un lenguaje para codificar no solamente las complicadas fórmulas matemáticas que manejaban los científicos, sino como medio para expresar el proceso de información en otras áreas. Fue uno de los primeros intentos por producir un lenguaje especialmente diseñado para procesar la información de las empresas.

## Manual de procedimientos para codificar de Rutishauser (1951)

Después de que Konrad Zuse logró llegar a la población de Hinterstein para escapar con todo y sus artefactos del bombardeo del ejército aliado a la ciudad de Berlín, las fuerzas francesas llegaron y ocuparon la población. Encontraron y confiscaron muchas cosas, pero no la máquina que Zuse había escondido en una bodega de vinos. Tiempo después, dos oficiales del servicio secreto inglés encontraron la extraña máquina, la revisaron con cuidado y al no encontrar nada peligroso en ella, la abandonaron. En el invierno de 1944-45, Heinz Rutishauser, soldado suizo que se encontraba de servicio en la frontera con Austria a 50 millas de Hinterstein no sospechó siquiera la existencia de Zuse ni de su extraña máquina. Paradójicamente, cinco años después esa misma máquina fue instalada en el Instituto Politécnico Federal de Suiza y Rutishauser entró en contacto con ella para programarla y escribir uno de los primeros manuales de procedimiento para codificar. El manual de Rutishauser describe una computadora hipotética y un lenguaje algebraico simple con diagramas de flujo para dos compiladores. Uno de éstos se refiere al uso de iteraciones y el otro al uso y aplicación de registros índice. El control de la estructura del programa es una de las aportaciones más importantes de Rutishauser al desarrollo de los lenguajes de programación.

Aquí es importante destacar el papel que juega la documentación en la Informática. Cuando se produce un nuevo lenguaje de programación, un sistema operativo o un programa de aplicación es absolutamente necesario documentarlo para que todo el esfuerzo creativo quede plasmado en un documento que pueda ser conocido por otras personas ya sea para utilizarlo o bien para corregirlo o simplemente para darle seguimiento. Los programas que se producen para su aplicación en las empresas deben ser documentados para el caso de que el programador original no se encuentre disponible y sea necesario realizar alguna intervención en el software. Si no existe documentación, resulta muy difícil o aun imposible que otra persona pueda corregirlo o repararlo. La documentación es un hábito que debe adoptar un buen programador de computadoras y en tanto mejor sea su documentación, tanto mejor será su software.

### Compilador de Corrado Bohm (1951)

Corrado Bohm, un joven italiano egresado de Matemáticas Aplicadas del Instituto Politécnico Federal de Suiza que dirigía el profesor Stiefel, desarrolló un método de traducción del programa para facilitar su compilación y ejecución en la computadora. Resulta que Rutishauser y Corrado Bohm estudiaron en la misma escuela y al mismo tiempo, por lo que puede suponerse que intercambiaron ideas para la realización de sus aportaciones a la Informática, pero el método seguido por Bohm difiere del de Rutishauser. El italiano describió un compilador completo y lo definió en su propio lenguaje, algo realmente adelantado para su época. Otro aspecto sobresaliente de su trabajo fue el haber introducido por primera vez el concepto de lenguaje universal capaz de ejecutar cualquier función computable.

## Compilador AUTOCODE (1952)

En la historia de la computación Inglaterra ocupa un destacado lugar por sus aportaciones tanto en la construcción de las primeras computadoras como en los primeros pasos del software. El primer compilador usado en una computadora lo escribió Alick E. Glenie y lo llamó AUTOCODE. Glenie fue un científico inglés que trabajó en varios proyectos de computación incluyendo el de la computadora Manchester Mark I al lado de Alan Turing. Es importante conocer las ideas de quienes hicieron aportaciones fundamentales al desarrollo del software; éste fue el pensamiento de Glennie:

"La dificultad de programar ha llegado a ser el primer obstáculo en el uso de las máquinas. Aiken ha expresado la opinión de que la solución de este problema puede encontrarse en la construcción de un código de máquina y por esta razón él ha construido uno. Sin embargo, ha sido notorio que no se requiere una máquina especial para la codificación, ya que la computadora por sí misma, siendo de propósito general, debe poder hacerlo. Esto puede lograrse únicamente mejorando la notación de la programación. Las notaciones actuales tienen varias desventajas: todas son incomprensibles para el principiante, todas son diferentes (una para cada máquina) y nunca son fáciles de leer. Es muy difícil descifrar programas, aun con notas explicativas o aun si usted mismo hizo el programa algunos meses atrás. Suponiendo que estas dificultades pudieran ser superadas, es obvio que la mejor notación para los programas es la notación matemática actual porque ésta es la más conocida…Usar una notación conocida para la programación tiene grandes ventajas en la eliminación de errores en los programas y en la simplicidad que permite".

Las ideas de Glennie no se publicaron y su trabajo fue poco conocido. Aun en la actualidad pocos autores reconocen su mérito en el desarrollo del software. Esta situación se debe en gran medida a que Glennie trabajaba para el ejército inglés y todos los documentos que ahí se manejaban eran considerados secreto militar y no podían difundirse con amplitud. La aportación de Glennie quedó fuera de tiempo y de contexto pero, sin duda, fue una valiosa colaboración.

## Compilador A-2 de Grace Hopper (1953)

Grace Murray Hopper, conocida como Amazing Grace, fue otra brillante mujer que participó de manera notable en el desarrollo del software. Nació en Nueva York el 9 de diciembre de 1906 y falleció en el Condado de Arlington el 1 de enero de 1992. Fue una científica de la computación y también una militar estadounidense con grado de contraalmirante, considerada una pionera en el mundo de las ciencias de la computación. Fue la primera programadora que utilizó la computadora Mark I y entre las décadas de los 50 y 60 desarrolló el primer compilador para un lenguaje de programación.

La definición de conceptos en una ciencia tan nueva y tan dinámica como la computación es algo difícil y fácilmente se puede escapar de las manos. Es como querer atrapar el agua de un río que nunca es el mismo porque siempre está en movimiento. Se pueden y se deben definir los conceptos que se usan, pero es necesario tener conciencia de las circunstancias y del momento en que se hace la definición porque en otras condiciones es posible que no se ajuste a la realidad. Este es el caso de la palabra "Compilador" cuya definición ha tenido que adecuarse varias veces en el transcurso de las últimas décadas. Antes de 1950 no se conocía este término y se usaban las palabras *short code, auto code, o automatic coding*. Para comprender mejor el origen y, sobre todo, las ideas que encierra el concepto compilador, es necesario hacer una breve referencia a los diferentes tipos de "ayudas" para la programación que existían en aquella época.

La primera herramienta que se desarrolló fue la creación de un conjunto de subrutinas de propósito general para desarrollar algunos procesos de tipo común como entrada y salida de datos, aritmética de punto flotante, clasificación de datos y algunas funciones de uso general. Más tarde surgió el concepto de rutinas ensambladas que consistía precisamente en la combinación de varias subrutinas y la asignación de memoria para su ejecución. Posteriormente el concepto evolucionó en las "rutinas interpretadoras" que consistían en un lenguaje artificial de máquina o seudocódigo para hacer más fácil la programación de ciertas funciones como la aritmética de punto flotante.

Hacia finales del año 1951 Grace Murray Hopper desarrolló la idea de que los seudocódigos no requerían ser interpretados, sino que podían traducirse o expandirse directamente a instrucciones de lenguaje máquina. Recordemos que por muy sencillo, complejo o elegante que sea un lenguaje de programación, tiene que convertirse en lenguaje máquina, esto es, en ceros y unos para que lo entienda la computadora y lo pueda ejecutar. Con esta idea en mente, Grace y sus compañeros de trabajo en UNIVAC se dieron a la tarea de escribir un programa que pudiera hacer la función de integración de rutinas y traducción a lenguaje máquina. A este programa le dieron el nombre de "Rutina de compilación". Para Grace Hopper, compilar significaba integrar con materiales de otros documentos. Por lo tanto, el método de compilación de programación automática consistía en ensamblar y organizar un programa a partir de otros programas, rutinas o en general de instrucciones de computadora que habían sido escritas previamente.

## FORTRAN (1954)

En los primeros pasos del software los programadores se tomaban todo el tiempo necesario para escribir un programa. Lo importante no era producir un programa eficiente en el menor tiempo posible, sino hacer un programa con nuevas ideas y lograr que corriera en la computadora. Era algo así como hacer una obra de arte probando nuevos materiales, estilos y formas sin preocuparse por el tiempo que tomara. Los programadores eran los mismos hombres de ciencia que construían las computadoras, así que para ellos escribir un programa era como expresar en una fórmula la concepción de una teoría. De tal manera que probaban al mismo tiempo el funcionamiento de la máquina, la ejecución del programa y la validez de su teoría. Conforme pasó el tiempo, las computadoras se hicieron más rápidas y seguras en su funcionamiento, de tal manera que ya no había que probarlas cada vez que se ejecutaba un programa; ahora el punto de atención se enfocaba en el funcionamiento del programa y en la rapidez con la que se podía escribir. La computadora estaba lista y había que alimentarla con nuevos programas y recurrentes procesos de información. La filosofía de la programación empezó a cambiar. Hacer un programa con nuevas ideas y lograr que funcionara ya no era lo más importante, ahora también empezaba a contar el tiempo que se empleaba en escribirlo, probarlo y ejecutarlo.

John Backus fue un científico de la computación que construyó con su aportación un parteaguas en el desarrollo del software. Nació en Filadelfia el 3 de diciembre de 1924 y falleció en Oregon el 17 de marzo de 2007. Recibió varios premios y reconocimientos como el Premio Charles Stark Draper, el Premio Harold Pender, la National Medal of Science y el Premio Turing por sus trabajos en sistemas de programación de alto nivel, en especial por su trabajo con FORTRAN.

El lenguaje de programación FORTRAN (FORmula TRANslation) marcó el fin del periodo romántico del software y el principio de la programación metódica y eficiente para hacer funcionar un creciente número de computadoras que se instalaba en las oficinas de gobierno, las universidades y las empresas. El primer diseño de FORTRAN se terminó en noviembre de 1954 y se dio a conocer mediante un documento mecanografiado y diversas conferencias dirigidas principalmente a los usuarios de la computadora IBM 704. Al principio fue recibido con escepticismo por parte de los grandes maestros de la computación, pero poco a poco fue aceptado hasta ser el principal compilador para aplicaciones de tipo científico. John Backus, autor de FORTRAN, describe así la época romántica del software "La programación en el principio de los años cincuenta era un arte misterioso, una actividad privada que involucraba únicamente un programador, un problema, una computadora y tal vez una pequeña biblioteca de subrutinas y un primitivo lenguaje ensamblador".

# -5-

# EL CHIP

L a innovación tecnológica que se ha registrado en el campo de la electrónica para impulsar el desarrollo de la computadora ha sido notable a partir del fin de la Segunda Guerra Mundial. Sin embargo, ningún invento tan decisivo como el circuito integrado. Sí, el famoso chip. Una maravilla de la ciencia y la tecnología que ha logrado integrar en una superficie más pequeña que la uña de un dedo miles de componentes electrónicos en donde se registra y se procesa la información. El circuito integrado permitió crear el microprocesador, que es la parte fundamental del hardware de la computadora. Sin esta tecnología no hubiera sido posible fabricar las computadoras actuales y el software no hubiera alcanzado el grado de desarrollo al que ha llegado. Es necesario estudiar, aunque sea en forma breve, la historia y los conceptos fundamentales del microprocesador para tener un mejor panorama del mundo de la computación y de su evolución.

## El transistor

Las computadoras, los teléfonos, los radios, las televisiones y todos los aparatos de comunicación que funcionaban electrónicamente utilizaban como elemento básico la válvula electrónica conocida también como tubo al vació o simplemente bulbo. Un pequeño elemento del tamaño de un foco incandescente que tenía varias desventajas que dificultaban su operación: consumía una gran cantidad de energía eléctrica, generaba demasiado calor, se fundía fácilmente, ocupaba mucho espacio y su costo de producción era demasiado alto. El avance de la electrónica y la construcción de computadoras más rápidas y eficientes requerían con urgencia otro tipo de elemento que pudiera abatir estas deficiencias.

La empresa Laboratorios Bell decidió iniciar un ambicioso proyecto de investigación para resolver de una vez y para siempre este problema. Transcurría el año de 1945 cuando la Segunda Guerra Mundial estaba por concluir y las condiciones económicas de los Estados Unidos eran propicias para la investigación. El sistema telefónico que manejaba la compañía estaba construido a base de bulbos y relevadores electrónicos que registraban un alto índice de fallas, por lo que se hizo imperativo reemplazarlos por algo que funcionara mejor.

Bell integró un grupo de investigación integrado por William Shokley, John Bardeen y Walter Brattain. Su atención se concentró en el estudio de los semiconductores y, de manera particular, en el comportamiento del silicio y el germanio. Un material semiconductor se encuentra situado en un punto intermedio entre un elemento conductor de electricidad, como el cobre, y un aislante o material que impide el flujo de corriente eléctrica como la cerámica o la madera. Al someter al elemento conductor a un determinado voltaje puede cambiar su estado de conductor a no conductor, o viceversa, actuando de este modo como un interruptor de activación eléctrica.

El trabajo de investigación requirió de un sostenido esfuerzo intelectual durante algo más de dos años al cabo de los cuales, en diciembre de 1947, Bardeen y Brattain lograron producir el transistor de punta que consistía básicamente en un cristal de germanio cuya superficie estaba en contacto con dos electrodos puntiagudos y distantes entre sí 0.05 mm. No obstante su adelanto, este modelo carecía de estabilidad y su potencia era muy débil, razón por la cual no fue fabricado en serie y sólo sirvió como punto de partida para nuevas investigaciones. En 1951 Shokley logró producir el transistor de unión que tenía importantes ventajas, promoviéndose entonces su fabricación a gran escala.

**Los transistores son componentes discretos que se producen en una sola unidad** y que después se sueldan en un circuito impreso para interconectarse con otros transistores y componentes discretos. Su rendimiento energético es considerablemente más elevado que el de la válvula electrónica ya que en ésta, la potencia de alimentación se disipa en el calentamiento de los cátodos, produciendo una generación de calor que afecta su funcionamiento. Su desgaste es mínimo, por lo que puede durar en operación un promedio de 100,000 horas contra las 2,000 que dura como máximo una válvula electrónica.

La compañía Bell decidió otorgar una licencia o permiso de fabricación a cualquier empresa a cambio de un pago por concepto de regalías por el uso de la patente salvo a aquellas que destinaran los transistores a la producción de aparatos amplificadores para aliviar la sordera, en un gesto de reconocimiento a la memoria de Alexander Graham Bell. Fue así como en 1953 se inició la producción de aparatos para mitigar la sordera y radios de transistores con un éxito tan grande que el conocimiento del transistor se difundió ampliamente. A partir de entonces todos los aparatos electrónicos utilizaron transistores como sustitutos de las válvulas electrónicas.

**La industria de las computadoras vio con mucho interés el transistor** y lo aprovechó para construir nuevas y más eficientes máquinas. Las primeras computadoras que se fabricaron con transistores fueron introducidas por UNIVAC y Philco. Las ventajas que se obtenían eran enormes ya que las computadoras fabricadas con transistores podían tener mayor capacidad, menor tamaño, mayor duración, menos fallas y de manera importante, un costo menor.

**El efecto del transistor en el hardware fue radical. Sin embargo, no lo fue tanto en el software.** No se percibió una revolución en los sistemas operativos, los lenguajes de programación y las aplicaciones para su procesamiento en las computadoras. Podemos decir que el transistor le dio un impulso de 100 unidades a la máquina pero solamente 40 al software. Algunos años más adelante el software recibiría el impulso necesario para alcanzar al hardware en su desarrollo.

Tomando como base el transistor, varios científicos en los Estados Unidos e Inglaterra iniciaron estudios para hacer más confiable y eficaz su utilización. El primero en darle forma, escribirla y presentarla fue Geoffrey Dummer, quien trabajaba en el servicio del radar del gobierno británico. En una conferencia de corte internacional celebrada en Washington, Dummer presentó un documento en el que expresaba su convicción de que con la invención del transistor sería posible armar en una sola pieza un conjunto de componentes electrónicos sin tener que conectarlos mediante alambres. Su idea era ciertamente genial y constituía la primera expresión del concepto del circuito integrado, pero aun la distancia entre las palabras y los hechos parecía un abismo insalvable. El mismo Dummer nunca logró aportar una idea práctica que resolviera el problema de conectar y aislar a la vez los distintos componentes sin que se produjera un cortocircuito por la acción de unos sobre otros por estar funcionando en un circuito sólido de un tamaño tan pequeño. En el curso de varios años se hicieron algunos intentos para producir un circuito integrado, pero los resultados no fueron positivos. La idea permanecía vigente flotando en el aire pero no había manera de atraparla y hacerla realidad.

### Jack Kilby

Las calificaciones de Jack Kilby en la escuela preparatoria no eran tan altas como para que el joven aspirante pudiera ingresar a estudiar ingeniería en el afamado Instituto Tecnológico de Massachusetts por lo que tuvo que conformarse con asistir a la Universidad de Illinois que no tenía el prestigio del MIT. Sus estudios se vieron interrumpidos por la Segunda Guerra Mundial en la que participó trabajando en la Oficina de Servicios Estratégicos en Birmania y China. Al término de la guerra regresó a la universidad para concluir sus estudios. Su primer trabajo ya como profesionista fue en Centralab, una compañía fabricante de componentes electrónicos. Ahí trabajó Kilby durante 11 años y tuvo la oportunidad de estudiar, investigar y adquirir una valiosa experiencia en la miniaturización de componentes electrónicos.

La empresa Centralab no logró mantenerse a flote en la carrera tecnológica y empezó a tener problemas financieros para invertir en nuevos proyectos de investigación. Kilby pensó que era tiempo de buscar nuevos horizontes para seguir adelante con su intento de construir una sola pieza que integrara componentes electrónicos miniaturizados. Este era el reto de los científicos que trabajaban en el campo de la electrónica desde que Dummer sembró la inquietud.

La compañía Texas Instruments se había distinguido por ser una de las más agresivas y competentes en la fabricación de equipo electrónico de precisión y representaba un atractivo ambiente para Kilby, quien deseaba continuar su fructífera labor en la investigación para miniaturizar y conectar componentes electrónicos a fin de producirlos en una sola pieza. En el mes de julio de 1958 se integró Kilby a la empresa Texas Instruments y quedó adscrito a un pequeño grupo de investigadores que dirigía William Adcock. En ese tiempo la compañía otorgaba un plan de vacaciones a todo el personal durante un par de semanas y como Kilby no tenía derecho a las vacaciones por su reciente ingreso se quedó solo en su laboratorio y se encontró con todo el instrumental de la compañía desocupado y plenamente disponible. Kilby no perdió tiempo y de inmediato inició la construcción de un circuito miniaturizado con componentes electrónicos a base de un material semiconductor.

Habían transcurrido varios años de intensa investigación. Se habían gastado decenas de millones de dólares en varios proyectos que no dieron resultado. Nada había logrado hacer realidad la idea original de Dummer. Algunas de las más brillantes ideas han llegado a la mente del hombre como un relámpago que en lo más oscuro de la noche hace que todo se ilumine y que, por un instante, todo se vea tan claro como a plena luz del día. Kilby relata cómo fue que tuvo la brillante idea y logró hacerla realidad:

"...en esos días, Texas Instruments tenía un plan de vacaciones para todo el personal; esto es, simplemente cerraban todo durante las primeras semanas de julio y ninguna persona con derecho a vacaciones se presentaba a laborar. Como yo había empezado a trabajar y no tenía derecho a vacaciones me quedé solo en una planta completamente desierta, así que empecé a pensar en el amplificador de frecuencia intermedia. Me quedó clara la idea de que había algunas cosas que los semiconductores podían hacer muy bien y que tenían una potente capacidad que no era bien aprovechada por el amplificador de frecuencia intermedia. Empecé a buscar algunas alternativas y la idea de un circuito sólido se me ocurrió durante las dos semanas del periodo de vacaciones. Cuando regresó Willis ya tenía todas las ideas por escrito y pude mostrarle los bocetos que explicaban claramente la idea y la secuencia del procedimiento que mostraba cómo construirla".

Kilby tenía tres problemas fundamentales que resolver en la construcción del circuito integrado (CI): Producir todos los componentes electrónicos con un elemento semiconductor, aislar los componentes de modo que no se produjera un cortocircuito y conectar los componentes sin utilizar alambres. Sin entrar en una explicación detallada de la técnica que empleó, podemos decir que hizo el circuito integrado tomando el silicio como base. El primer problema lo resolvió cubriendo una sección del CI con una delgada capa de dióxido de silicio que actuara como aislante. Agregó un punto de aluminio sobre el óxido para obtener de esta manera los capacitores en tanto que las resistencias y los transistores los construyó directamente sobre la capa de silicio. El problema del aislamiento lo resolvió dando una forma de "U" o de "L" a los conjuntos de componentes para separarlos entre sí. Finalmente, la conexión de los elementos la resolvió soldando las terminales a fin de evitar que las conexiones pudieran separarse con las vibraciones. La creación de Kilby permitió hacer realidad la idea de un circuito que pudiera integrar varios componentes en una sola pieza. Pero aún eran necesarios algunos refinamientos al producto para que pudiera ser fabricado en gran escala y utilizado en las computadoras y otros aparatos electrónicos.

Jack Kilby fue galardonado con el Premio Nobel de Física en el año 2000. Está reconocido (junto con Robert Noyce) como el inventor del circuito integrado o microchip. También es el inventor de la calculadora de bolsillo y la impresora térmica. Falleció el 8 de noviembre del 2005.

## Robert Noyce

Una sólida vocación para la Física definió la personalidad profesional de Robert Noyce desde la escuela preparatoria y una afortunada casualidad de que su maestro de esta materia fuera amigo de John Bardeen permitió que Noyce entrara en contacto desde su juventud con la electrónica y conociera los trabajos de investigación que se realizaron en la producción del transistor. John Bardeen fue un brillante físico estadounidense galardonado con el Premio Nobel de Física en los años 1956 y 1972.

En el verano de 1948 el joven Noyce ingresó a la escuela preparatoria de la pequeña población de Grinell en el estado de Iowa. Su maestro de Física, como ya se mencionó, era amigo de Bardeen, quien había sido coinventor del transistor y a través de esta amistad logró obtener una valiosa información. Desde entonces decidió estudiar Física de los estados sólidos y para tal objeto ingresó al Instituto Tecnológico de Massachusetts en donde descubrió con gran sorpresa que el conocimiento del transistor todavía no alcanzaba una amplia difusión. Al concluir sus estudios en el MIT Noyce tomó un trabajo en la empresa Philco que en aquel entonces diseñaba un proyecto de investigación sobre los semiconductores pero al poco tiempo le pareció a Noyce que no había un campo estimulante para desarrollar sus ideas y decidió buscar algo mejor.

Viajó al estado de California para trabajar en la compañía que había establecido William Shokley, otro de los coinventores del transistor, donde se encontró con un extraordinario científico pero mal administrador que no había podido conducir la empresa en buenos términos y la mayor parte del personal se encontraba trabajando a disgusto. En el verano de 1957, Noyce y un grupo de ingenieros decidieron que las cosas habían llegado a su límite y sin más dejaron la empresa para buscar mejores oportunidades. Este grupo, formado por siete ingenieros, se reunió para intercambiar opiniones, llegando a la conclusión de que la parte importante de la empresa eran ellos mismos y que, en todo caso, podían hacer un esfuerzo económico para formar su propia compañía.

Fundaron la empresa Fairchild Semiconductor con el apoyo económico de la firma Fairchild Camera & Instrument Corporation establecida en new York. Escogieron la ciudad de Palo Alto, en el estado de California, para establecer su nueva empresa. En ese tiempo, las únicas compañías productoras de componentes electrónicos en esa región eran las de William Shokley y la recién creada Fairchild Semiconductor. El carácter emprendedor y extrovertido de Noyce lo colocó en poco tiempo como líder del grupo y director de la empresa.

El sol y el clima de California habían hecho florecer una hermosa región en el Valle de Santa Clara a 75 Kilómetros al Sur de la ciudad de San Francisco donde prosperaban huertas de árboles frutales que en el mes de abril se cubrían de pequeñas flores de colores pálidos y en el mes de agosto producían los más sabrosos duraznos y manzanas de la región. Pocos años después esa misma zona tomaría el nombre de Silicon Valley y cambiaría las huertas de árboles frutales por un gran complejo de industrias de alta tecnología.

El grupo de ingenieros era capaz en el área técnica, pero como generalmente sucede a los profesionales de esta rama, no tenían experiencia ni capacidad administrativa. Sin embargo, Noyce tenía ambas capacidades en grado superlativo y así lo demostró en el curso de su vida profesional, haciendo de Fairchild una empresa próspera con excelentes resultados tanto en el campo de la investigación científica como en el terreno de los negocios.

A diferencia de Kilby, cuya personalidad introvertida le permitía trabajar en la soledad, Noyce era un inventor abierto, extrovertido, amante de comunicar sus ideas a las personas y comentar sus inquietudes y proyectos. En el invierno de 1959, Noyce concentró su atención en el estudio del circuito integrado y trabajó con Gordon Moore, un ingeniero en Física que escuchaba con atención los entusiastas comentarios de Noyce y le hacía algunas observaciones sobre sus ideas, no tanto para corregirlas como para provocar su generación y en ocasiones para darles un poco de orden. Durante las primeras semanas del mes de enero de ese mismo año Noyce fue llegando poco a poco al centro de la idea y no de repente como le sucedió a Kilby. A fines del mes de enero escribió estas palabras en su libro de notas:

"...invertí mucho tiempo explicando en el pizarrón a Gordon cómo se pueden hacer estas cosas...sería deseable integrar muchos componentes en una sola pieza de silicio, de tal manera que fuera posible hacer las conexiones entre los dispositivos dentro del mismo proceso de fabricación a fin de reducir el tamaño, el peso, etc., así como el costo de producción de cada elemento".

Los trabajos que en este campo de investigación realizaron otros científicos constituyeron aportaciones de singular importancia en un proceso de evolución que culminó con el circuito integrado. Entre éstos destaca la aportación de Jean Hoerni, quien inventó un proceso químico para poder incrustar las partes que forman un transistor en una sola pieza de silicio a fin de obtener un transistor completa-mente plano, el cual recubrió con una capa de dióxido de silicio para protegerlo y aislarlo, como se hace con la capa de hule o plástico que recubre y aísla al alambre de cobre con el que se conduce la electricidad. Otra aportación de sustancial importancia fue hecha por **Kurt Lehovec quien mejoró la forma de aislar internamente los diferentes componentes electrónicos que forman un circuito integrado.**

La carrera para llegar a la cima de la montaña era muy reñida. Kilby había alcanzado uno de los picos más altos seis meses atrás, mientras que Hoerni y Lehovec, quienes ya se habían acercado bastante, no fijaban todavía la bandera en la cúspide. En julio de 1959, después de varios años de intensa investigación y largos meses de un trabajo continuo en el laboratorio, Noyce llegó a la cima: el circuito integrado estaba inventado. En su libro de notas Noyce escribió el siguiente relato:

"Cuando éste (el procedimiento para construir un circuito plano) fue terminado, teníamos una superficie de silicio cubierta con uno de los mejores aislantes conocidos por el hombre, de tal manera que podían hacer perforaciones para hacer las conexiones en el silicón. Obviamente, de este modo se podía tener una gran cantidad de transistores incrustados sobre una superficie aislante. El siguiente paso fue separarlos eléctricamente en lugar de hacerlo físicamente para luego agregar los demás componentes y finalmente hacer las interconexiones. Existían algunas técnicas disponibles, pero la principal consistía básicamente en construir los diodos espalda con espalda dentro del silicio y entre dos transistores para que la corriente no pudiera fluir entre ambos en ninguna dirección. El otro elemento necesario era un transistor y era relativamente simple hacer un diodo de una pieza de silicio para que actuara como un resistor. Con los resistores y transistores podían empezarse a construir circuitos lógicos que se podían interconectar mediante la evaporación de metal sobre la capa aislante superior, de tal manera que fue una integración de piezas de tecnología para hacer una cosa completa. Fue una forma de obtener esos vagos conceptos de aislantes, de conectores y de fotograbado para los modelos, que sacamos de la bolsa de trucos para combinarlos y hacer el circuito integrado. No había un foco de ideas relampagueando, pero era casi como tener a un físico en semiconductores para preguntarle ¿Cómo puede hacer este trabajo? No tenía la menor duda que si el invento no se hubiera dado en Fairchild, se hubiera presentado en cualquier otra parte en un futuro próximo. Era una idea que el tiempo habría de traer cuando la tecnología se desarrollara al punto en que fuera viable".

El proceso de fabricación de circuitos integrados se perfeccionó hasta un grado que permitió abatir su costo y hacerlo accesible a la industria electrónica que para entonces ya estaba preparada para recibirlo y aplicarlo en la producción de una amplia variedad de artículos. El gobierno de los Estados Unidos adquirió miles de circuitos integrados para fabricar armamento bélico de alta sofisticación y para usarlo en la producción de dispositivos que ha requerido el proyecto de conquista del espacio. La industria de las computadoras ha sido una de las que más han aprovechado el circuito integrado para convertirlo en microprocesadores que han transformado radicalmente la capacidad de las máquinas iniciando una nueva etapa en la historia de la computación.

**Noyce fundó en 1968, en compañía de sus amigos y socios, la empresa Intel** para producir circuitos integrados y componentes electrónicos. Intel es actualmente una de las empresas más importantes del mundo en el campo de la tecnología. En el año 2016 registró 107,000 empleados permanentes y un valor de capitalización en el stock market de $150,000 millones de dólares.

Robert Noyce fue destinatario de varios premios y reconocimientos importantes como la Medalla Nacional de Tecnología otorgado por Ronald Reagan en 1987, y el concedido por la Academia Nacional de Ingeniería, entregado por George H. W. Bush en 1989. En el bicentenario de la ley de patentes, celebrado en 1990, recibió la Medalla en reconocimiento a su carrera, conjuntamente con Jack Kilby y John Bardeen entre otros. Asimismo recibió la Medalla Stuart Ballantine del Instituto Franklin en 1966; la Medalla de Honor del Instituto de Ingenieros Eléctricos y Electrónicos en 1978; la Medalla Nacional de Ciencias en 1979; fue elegido miembro de la Academia Americana de las Artes y las Ciencias en 1980 y la Academia Nacional de Ingeniería le otorgó el Premio Charles Stark Draper en 1989. La universidad donde estudió, Grinnell College, le puso su nombre al edificio de la facultad de ciencias. Robert Noyce falleció el 3 de junio de 1990.

## El proceso de fabricación del chip

El circuito integrado se conoce como chip o microchip. Su proceso de fabricación requiere de una alta tecnología y un minucioso cuidado. En los laboratorios donde se producen circuitos que integran en una pieza más pequeña que la uña de un dedo miles o cientos de miles de elemento electrónicos, cualquier partícula de polvo podría alterar su diseño y hacer que no funcione.

> **El circuito integrado** (CI) es una estructura de pequeñas dimensiones de material semiconductor, normalmente silicio, de algunos milímetros cuadrados de superficie sobre la que se fabrican circuitos electrónicos generalmente mediante fotolitografía y que está protegida dentro de un encapsulado de plástico o de cerámica. El encapsulado posee conductores metálicos apropiados para hacer conexión entre el circuito integrado y un circuito impreso.

**El circuito impreso** es una superficie de material no conductor, generalmente plástico, constituida por caminos, pistas o buses de material conductor para integrar componentes electrónicos. Las pistas son generalmente de cobre mientras que la base se fabrica de resinas de fibra de vidrio reforzada y también de cerámica, plástico, teflón o polímeros como la baquelita.

El proceso de fabricación de un chip se inicia con el diseño de su estructura lógica mediante los operadores del álgebra booleana AND, OR y NOT para formar un diagrama de flujo. El diseño lógico se convierte en un diseño electrónico usando componentes tales como transistores, resistores y diodos. Este diseño permite que mediante el flujo de la corriente eléctrica se ejecuten las operaciones descritas por la lógica booleana. El diseño electrónico se toma como base para hacer el diseño físico del chip, el cual indica la disposición física de los componentes electrónicos, es decir, la colocación de los transistores, diodos, capacitores y resistores en forma tal que puedan acomodarse en el menor espacio. La conexión de estos componentes se realiza mediante líneas o tuberías por donde fluye la corriente eléctrica. Los planos del diseño se hacen a gran tamaño para que puedan ser revisados con detalle porque si existe error en alguna de las conexiones puede ocasionar que se pierda la producción de millones de circuitos integrados.

**El transistor** es un dispositivo electrónico semiconductor utilizado para entregar una señal de salida en respuesta a una señal de entrada. Cumple funciones de amplificador, oscilador, conmutador o rectificador. El término «transistor» es la contracción en inglés de transfer resistor (resistor de transferencia). Actualmente se encuentra prácticamente en todos los aparatos electrónicos de uso diario tales como radios, televisores, reproductores de audio y video, relojes de cuarzo, computadoras, lámparas fluorescentes, tomógrafos, teléfonos celulares, aunque casi siempre dentro de los llamados circuitos integrados.

**El resistor** es un componente electrónico diseñado para introducir una resistencia eléctrica determinada entre dos puntos de un circuito eléctrico. En el argot eléctrico y electrónico, son conocidos simplemente como resistencias.

**El diodo** es un componente electrónico de dos terminales que permite la circulación de la corriente eléctrica a través de él en un solo sentido.

**El condensador eléctrico**, también conocido con el anglicismo capacitor es un dispositivo pasivo utilizado en electricidad y electrónica, capaz de almacenar energía sustentando un campo eléctrico.

Para asegurar que los diseños lógico, físico y electrónico de los circuitos sean correctos el procedimiento se realiza actualmente con la ayuda de la computadora y software especial de diseño. Un grupo de ingenieros prepara el diseño lógico que se proporciona a la computadora para que prepare el diseño electrónico y físico de tal manera que concuerde con el diseño lógico. Mediante software de CAD/CAM la computadora verifica el diseño lógico y supervisa la fabricación de los circuitos integrados. Actualmente un buen número de las tareas para la fabricación de chips son ejecutadas por robots.

El material que se utiliza en la fabricación de chips es el silicio cuya abundancia en el planeta Tierra permite obtenerlo fácilmente y que su costo de producción sea relativamente bajo. El silicio se encuentra en la arena y después del oxígeno es el elemento más abundante en la naturaleza.

Dentro de un laboratorio completamente esterilizado y con equipo muy sofisticado se fabrican los chips partiendo del diseño obtenido en la computadora con el software especial. Personal altamente calificado y vestido con más cuidado que un médico en el quirófano participa en la producción asistido por eficientes robots que le dan cuidado milimétrico a cada operación. Se inicia con la producción de una oblea o "wafer" y se realizan varias e interesantes etapas que describimos en forma breve:

**Preparación de la oblea.** El material inicial para los circuitos integrados es el silicio de muy alta pureza, donde adquiere la forma de un cilindro sólido de color gris acero de 10 a 30 cm de diámetro y puede ser de 1 m a 2 m de longitud. Este cristal se rebana para producir obleas circulares de 400 $\mu$m a 600 $\mu$m de espesor, (1 $\mu$m es igual a $1\times10\text{-}6$ metros). Después se alisa la pieza hasta obtener un acabado de espejo a partir de técnicas de pulimento químicas y mecánicas. Las propiedades eléctricas y mecánicas de la oblea dependen de la orientación de los planos cristalinos, concentración e impurezas existentes.

**Oxidación.** Es el proceso químico de reacción del silicio con el oxígeno para formar Dióxido de Silicio ($SiO2$). Para acelerar dicha reacción se necesitan de hornos esterilizados de alta temperatura. El Oxígeno que se utiliza en la reacción se introduce como un gas de alta pureza ("oxidación seca") o como vapor ("oxidación húmeda"). La oxidación húmeda tiene una mayor tasa de crecimiento, aunque la oxidación seca produce mejores características eléctricas. Su constante dieléctrica es 3.9 y se le puede utilizar para fabricar excelentes condensadores. El Dióxido de Silicio es una película delgada, transparente y su superficie es altamente reflejante. Si se ilumina con luz blanca una oblea oxidada la interferencia constructiva y destructiva hará que ciertos colores se reflejen y con base en el color de la superficie de la oblea se puede deducir el espesor de la capa de Óxido.

**Difusión.** Es el proceso mediante el cual los átomos se mueven de una región de alta concentración a una de baja a través del cristal semiconductor. En el proceso de manufactura la difusión es un método mediante el cual se introducen átomos de impurezas en el Silicio para cambiar su resistividad; por lo tanto, para acelerar el proceso de difusión de impurezas se realiza a altas temperaturas (1000 a 1200 °C), esto para obtener el perfil de dopaje deseado. Las impurezas más comunes utilizadas como contaminantes son el Boro (tipo p), el Fósforo (tipo n) y el Arsénico (tipo n). Si la concentración de la impureza es excesivamente fuerte, la capa difundida también puede utilizarse como conductor.

**Implantación de iones.** Es otro método que se utiliza para introducir átomos de impurezas en el cristal semiconductor. Un implantador de iones produce iones del contaminante deseado, los acelera mediante un campo eléctrico y les permite chocar contra la superficie del semiconductor. La cantidad de iones que se implantan puede controlarse al variar la corriente del haz (flujo de iones). Este proceso se utiliza normalmente cuando el control preciso del perfil del dopaje es esencial para la operación del dispositivo.

**Deposición por medio de vapor químico.** Es un proceso mediante el cual gases o vapores se hacen reaccionar químicamente, lo cual conduce a la formación de sólidos en un sustrato. Las propiedades de la capa de óxido que se deposita por medio de vapor químico no son tan buenas como las de un óxido térmicamente formado, pero es suficiente para que actúe como aislante térmico. La ventaja de una capa depositada por vapor químico es que el óxido se deposita con rapidez y a una baja temperatura (menos de 500°C).

**Metalización.** Su propósito es interconectar los diversos componentes (transistores, condensadores, resistores, diodos, etc.) para formar el circuito integrado que se desea. Esto implica la deposición inicial de un metal sobre la superficie del Silicio. El espesor de la película del metal puede ser controlado por la duración de la deposición electrónica, que normalmente es de 1 a 2 minutos.

**Fotolitografía.** Esta técnica es utilizada para definir la geometría de la superficie de los diversos componentes de un circuito integrado. Para lograr la fotolitografía se debe recubrir la oblea con una capa fotosensible llamada sustancia fotoendurecible que utiliza una técnica llamada "de giro"; después de esto se utilizará una placa fotográfica con patrones dibujados para exponer de forma selectiva la capa fotosensible a la iluminación ultravioleta. Las áreas opuestas se ablandarán y podrán ser removidas con un químico y, de esta manera, producir con precisión geometrías de superficies muy finas. La capa fotosensible puede utilizarse para proteger por debajo los materiales contra el ataque químico en húmedo o contra el ataque químico de iones reactivos. Este requerimiento impone restricciones mecánicas y ópticas muy críticas en el equipo de fotolitografía.

**Empacado.** Una oblea de Silicio puede contener varios cientos de circuitos o chips terminados, cada chip puede contener 10 o más transistores en un área rectangular, típicamente entre 1 mm y 10 mm por lado. Después de haber probado los circuitos eléctricamente se separan unos de otros (rebanándolos) y los buenos ("pastillas") se montan en cápsulas ("soportes"). Normalmente se utilizan alambres de oro para conectar las terminales del paquete al patrón de metalización en la pastilla; por último, se sella el paquete con plástico o resina epóxica al vacío o en una atmósfera inerte.

### El microprocesador

Tomando como base el circuito integrado se produjo en 1968 el primer chip que contenía una memoria de 256 bits en la que se podía registrar y leer información. Es decir, se logró producir un chip con 256 bits de RAM. Algunos meses después se fabricó un chip con 1 K de RAM y a partir de entonces el empleo del circuito integrado como dispositivo de memoria empezó a crecer permitiendo que las grandes computadoras desplazaran el sistema de memoria a base de ferritas magnéticas y lo sustituyeran por el circuito integrado. Con esta gran innovación se lograron producir computadoras más poderosas y confiables lo que constituyó un importante avance en la Informática. A principios de la década de los setenta la serie de computadoras IBM 370, que reemplazó a la serie 360 se fabricó totalmente con circuitos integrados.

Los adelantos tecnológicos en la electrónica y la computación habían sido impresionantes a partir de la invención del circuito integrado, pero todavía habría de producirse algo que haría explotar el desarrollo de la computación y sus efectos se harían sentir en todas las actividades del ser humano: el microprocesador.

La compañía Fairchild Semiconductor creció a paso acelerado bajo la dirección de Robert Noyce y en pocos años pasó de los originales siete socios fundadores a la cantidad de 12,000 empleados. Este crecimiento generó importantes utilidades a la empresa de la que era filial, la Fairchild Camera & Instrument que controlaba la mayor parte de las acciones pero que dejaba a Noyce y al grupo de ingenieros fundadores sólo un escaso margen de beneficios. Sus conocimientos hacían crecer las cuentas bancarias de la compañía y a ellos sólo les correspondía una pequeña parte. En 1961 el grupo de ingenieros que había fundado la empresa empezó a separarse y a formar nuevas fábricas para producir semiconductores. Fairchild fue un robusto tronco del que nacieron muchas ramas que se esparcieron por Silicon Valley cambiando las huertas por industrias de alta tecnología.

Robert Noyce y Gordon Moore crearon la empresa Intel (Integrated Electronics) en 1968 y durante los dos primeros años se dedicaron casi exclusivamente a investigar nuevas técnicas para fabricar circuitos integrados. Cuando iniciaron la producción recibieron pedidos de varias empresas para instalarlos en calculadoras, radios, televisiones, teléfonos, lavadoras, tanques de guerra, aviones, submarinos, robots, computadoras y muchos productos más. Los pedidos de chips llegaban todos los días desde las más apartadas regiones y para las más extrañas e increíbles aplicaciones. Una empresa de Japón fabricante de calculadoras pidió a Intel que produjera una serie de chips que necesitaba para una nueva línea de calculadoras. El proyecto fue asignado a Marcian E. Hoff, ingeniero de 32 años que había obtenido su doctorado en la Universidad de Stanford en California.

Hoff se dedicó a estudiar el diseño de las calculadoras para definir el tipo de circuito integrado que se necesitaba construir, llegando a la conclusión de que sería incosteable producir varios tipos de chips para realizar cada una de las distintas operaciones que requerían las calculadoras. El problema se complicaba porque cada calculadora de la nueva línea debería ejecutar diferentes funciones. En ese tiempo, la tecnología de la que se disponía obligaba a cada chip a realizar solamente un tipo de operación, precisamente la que se había diseñado en el plano de su construcción y no podía hacer más. El proyecto de Busicom, la empresa japonesa que deseaba comprar los chips, requería una serie de circuitos integrados con un diseño especial para ejecutar cada una de las operaciones matemáticas, otro para controlar la impresora y otros para manejar la entrada y salida de datos. Los ingenieros de Intel se dieron cuenta que no podían satisfacer la demanda de diferentes diseños de chips y de que se estaba generando un cuello de botella que impedía producir los circuitos integrados con un diseño especial para cada aplicación, pues se necesitaría un ejército de programadores para hacer el diseño lógico de cada circuito integrado.

Fue entonces cuando el ingeniero Marcian Hoff se preguntó: ¿Porque no poner un procesador central en un chip? Una pregunta que le llevó a una idea brillante, una idea que al hacerla realidad habría de revolucionar el mundo de la electrónica, de la computación y prácticamente de todas las actividades del ser humano.

**Un procesador construido en un chip**. Un procesador que fuera capaz de ejecutar cualquier procedimiento lógico a fin de convertir el circuito integrado en un chip programable de propósito general y con capacidad de realizar cualquier proceso de información. Lograr este objetivo equivaldría a encontrar la solución para el cuello de botella que se estaba formando porque de esta manera un solo circuito integrado podría actuar como procesador y ejecutar varias funciones. Con un solo chip que actuara como procesador una calculadora podría ejecutar diversas funciones de procesamiento de información, entrada/salida de datos y todo lo que fuera necesario. Este mismo procesador podría funcionar para un robot, una lavadora, un avión, un submarino...o una ¡computadora!

El diseño del programa podría ser realizado por cada cliente de acuerdo con sus necesidades e Intel se podría dedicar a la fabricación de circuitos integrados más sofisticados para satisfacer la demanda de un creciente número de empresas que estaban incorporando la electrónica a las máquinas o aparatos que habían funcionado anteriormente controlados por medios mecánicos o eléctricos.

## El microprocesador y la computadora

La idea del ingeniero Marcian E. Hoff representaba un importante adelanto en el desarrollo de la electrónica y la computación. La empresa Intel comprendió la importancia de esta innovación y volcó toda su atención y los recursos necesarios para impulsarla. A finales de 1970 Intel inició la producción de un chip con un microprocesador integrado al que asignó por nombre el número 4004. Sus principales características técnicas eran la integración de 2,250 transistores, procesamiento de 4 bits, un juego de 45 instrucciones y la ejecución de 60,000 instrucciones por segundo. Su capacidad era suficiente para ejecutar las operaciones de una calculadora o controlar el funcionamiento de aparatos como cajas registradoras o dispositivos más complejos. Sin embargo, aún no tenía suficiente capacidad para utilizarse en una computadora porque sólo podía manejar 4 bits. No obstante esta limitación, el chip 4004 tiene una gran importancia desde el punto de vista histórico ya que fue el primer microprocesador y de su idea se derivaron productos más sofisticados que habrían de revolucionar la computación y las comunicaciones.

La serie de chips que pedía la compañía Busicom para armar sus calculadoras incluían, además del chip 4004, otros tres chips para realizar las funciones de la calculadora. El chip 4001 era un ROM que contenía el programa para calcular, el chip

4002 incluía una memoria de lectura escritura y el chip 4003 tenía incorporados los circuitos para manejar los puertos de salida. Con estos elementos, un conjunto de cuatro chips podía funcionar como una computadora completa y sólo ocupaba el espacio de un pequeño libro de bolsillo.

Las calculadoras de la marca Busicom aumentaron sus ventas y la empresa japonesa entró en una etapa de rápido crecimiento y grandes utilidades. El contrato que había celebrado con Intel le daba exclusividad en el uso del chip, acaparando así el control del mercado. Sin embargo, Busicom decidió obtener un mayor margen de ganancias y le propuso a Intel cederle los derechos comerciales sobre el chip 4004 a cambio de una reducción en el precio. Intel aceptó y a partir de ese momento inició una importante expansión en sus ventas. Como dato curioso puede mencionarse que, en la actualidad, Intel es una de las empresas más importantes del mundo en la fabricación de circuitos integrados y que la compañía Busicom desapareció del mercado.

Intel invirtió importantes sumas de dinero en proyectos de investigación para mejorar sus productos y, en abril de 1972, introdujo al mercado el chip 8008 que manejaba 8 bits y que podía funcionar como procesador de una minicomputadora. Sin embargo, presentaba algunas deficiencias en la limitación del juego de instrucciones. El intenso trabajo en los laboratorios de investigación de Intel permitió que dos años más tarde lograra producir el legendario chip 8080. Este chip tenía 8 bits también pero disponía de un mejor juego de instrucciones y permitió que se usara para construir las primeras computadoras personales. El Intel 8080 fue diseñado con un empaquetado más grande, DIP de 40 pines, bus de dirección de 16 bits y bus de datos de 8 bits, permitiendo el fácil acceso a 64 KB de memoria. Tenía siete registros de 8 bits, seis de los cuales se podían combinar en tres registros de 16 bits, un puntero de pila en memoria de 16 bits que reemplazaba la pila interna del 8008 y un contador de programa de 16 bits.

Las aplicaciones del chip 8080 se expandieron rápidamente. Se utilizó en la construcción de equipo bélico especializado, instrumentos de comunicaciones, satélites, aviones supersónicos, computadoras, robots y una extensa línea de productos. A partir de entonces Intel creció a un ritmo acelerado y en poco tiempo pasó del pequeño grupo de ingenieros que no pasaban de diez, a más de 20,000 empleados hacia fines de 1983 con un volumen de ventas que superaba la cifra de mil millones de dólares anuales. El Valle de Santa Clara vio crecer a Intel y a otras compañías que producían circuitos integrados para la industria de las computadoras entre las que se encontraban Rockwell International, Zilog, Motorola AMD, Mitsubishi, NatSemi, NEC, Siemens y Texas Instruments. También en el bloque oriental se hicieron varios clones sin licencias en países como la Unión de Repúblicas Socialistas Soviéticas y la República Democrática de Alemania.

Las empresas fabricantes de circuitos integrados no producen computadoras, fabrican los microprocesadores y los venden a las fábricas de computadoras y una amplia variedad de otros productos electrónicos. Cada compañía fabricante de circuitos integrados diseña sus microprocesadores de acuerdo con su propia tecnología de tal forma que estos tienen características que los hacen diferentes entre sí, principalmente en lo que se refiere al conjunto de instrucciones y los circuitos de entrada y salida de datos.

El sistema operativo, los lenguajes de programación y los programas de aplicación se ejecutan en un microprocesador con base en su conjunto de instrucciones, su medida de tiempo, las direcciones internas en RAM y los circuitos de entrada y salida. De esta forma, el diseño lógico y electrónico de los microprocesadores es diferente para cada marca y ésta es una de las causas que impiden que un programa ejecutable en una computadora marca Apple no pueda correrse en una HP o Dell ya que usan diferentes tipos de microprocesadores.

Los microprocesadores han evolucionado en capacidad, tamaño de memoria, velocidad de procesamiento de información y han disminuido proporcionalmente en su costo. De esta forma, han contribuido a la producción de computadoras más eficientes, pequeñas y de menor costo y han propiciado las condiciones para que el software se desarrolle a paso firme y acelerado. La siguiente es una lista de los microprocesadores más importantes que se han producido:

### 1971: Intel 4004
El microprocesador 4004 fue el primero en la historia de esta maravilla de la electrónica. Fue creado en un solo chip por la empresa Intel Corporation. Fue también el primero disponible comercialmente. Este chip de 4 bits impulsó la calculadora de la empresa japonesa Busicom e inició el camino para dotar de "inteligencia" a la computadora personal.

### 1972: Intel 8008
Fue pedido a Intel por la empresa Computer Terminal Corporation para usarlo en su terminal programable Datapoint 2200, pero debido a que Intel terminó el proyecto tarde y a que no cumplía con las expectativas de Computer Terminal, finalmente no fue usado en el Datapoint. Posteriormente Computer Terminal e Intel acordaron que el i8008 pudiera ser vendido a otros clientes.

### 1974: SC/MP
El SC/MP, mejor conocido como Scamp, fue desarrollado por National Semiconductor. Estuvo disponible desde principio de 1974. El nombre SC/MP es el acrónimo de Simple Cost-effective Micro Processor (Microprocesador simple y de alto costo/beneficio). Presenta un bus de direcciones de 16 bits y un bus de datos de 8 bits. Una característica avanzada para su tiempo es la capacidad de liberar los buses a fin de que puedan ser compartidos por varios procesadores. Este microprocesador fue muy utilizado por su bajo costo y para propósitos educativos, de investigación y para el desarrollo de controladores industriales.

### 1974: Intel 8080
EL 8080 fue la piedra angular de la primera computadora personal, la Altair 8800 de MITS, nombrada así por un destino de la Nave Espacial «Starship» del programa de televisión Viaje a las Estrellas y el IMSAI 8080, formando la base para las

máquinas que ejecutaban el sistema operativo CP/M-80. Los fanáticos de las computadoras podían comprar un equipo Altair por un precio (en aquel momento) de 395 USD. En un periodo de pocos meses, se vendieron decenas de miles de estas computadoras.

### 1975: Motorola 6800

Producido por la empresa Motorola con el nombre oficial de Motorola MC6800 y mejor conocido simplemente como 6800. Fue lanzado al mercado poco después del Intel 8080. Se le asignó este nombre porque estaba integrado por 6,800 transistores. Varias de los primeras microcomputadoras de los años 1970 usaron el 6800 como procesador. Entre ellas se encuentran la SWTPC 6800 que fue la primera en usarlo y la muy conocida Altair 680. Este microprocesador se utilizó profusamente como parte de un kit para el desarrollo de sistemas controladores en la industria. Partiendo del 6800 se crearon varios procesadores derivados, siendo uno de los más potentes el Motorola 6809

### 1976: Z80

La compañía Zilog Inc. Desarrolló el Zilog Z80. Un microprocesador de 8 bits construido en tecnología NMOS, y basado en el Intel 8080. Básicamente es una ampliación de éste, con lo que admite todas sus instrucciones. Un año después sale al mercado la primera computadora que hace uso del Z80, la Tandy TRS-80 provista de un Z80 a 1,77 MHz y 4 KB de RAM. Es uno de los procesadores de más éxito del mercado, del cual se crearon numerosas versiones clonadas y sigue siendo usado de forma extensiva en la actualidad en multitud de sistemas embebidos. La compañía Zilog fue fundada en 1974 por Federico Faggin, quien fue diseñador jefe del microprocesador Intel 4004 y del Intel 8080.

### 1978: Intel 8086 y 8088

IBM hizo un importante pedido de microprocesadores para su nueva división de computadoras personales y recibió de Intel el chip 8086 que alcanzó un gran éxito en el mercado e hizo que las PC de IBM dieran un gran golpe comercial con el nuevo producto y luego con el 8088 para producir el famoso IBM PC. El éxito del 8088 propulsó a Intel a la lista de las 500 mejores compañías.

### 1982: Intel 80286
El chip 80286, popularmente conocido como 286, fue el primer procesador de Intel que podía ejecutar todo el software escrito para su predecesor. Esta compatibilidad del software sigue siendo un sello de la familia de procesadores de Intel. Luego de seis años de su introducción había un estimado de 15 millones de computadoras personales basadas en el 286 instaladas alrededor del mundo.

1985: Intel 80386

El procesador Intel conocido con el nombre de 386 se desarrolló con 275,000 transistores. Esto es más de cien veces la capacidad del original 4004. El 386 añadió una arquitectura de 32 bits con capacidad para multitarea y una unidad de traslación de páginas que hizo mucho más sencillo implementar sistemas operativos que usaran memoria virtual.

### 1985: VAX 78032
El microprocesador VAX 78032 (también conocido como DC333) es de 32 bits y fue desarrollado y fabricado por Digital Equipment Corporation (DEC); instalado en los equipos MicroVAX II, en conjunto con su ship coprocesador de coma flotante separado, el 78132, tenían una potencia cercana al 90% de la que podía entregar el minicomputador VAX 11/780 que fuera presentado en 1977. Este chip contenía 125,000 transistores, fue fabricado con tecnología ZMOS de DEC.

### 1989: Intel 80486
La generación 486 permitió contar con una computadora personal de funciones avanzadas. Entre ellas, un conjunto de instrucciones optimizado, una unidad de coma flotante o FPU, una unidad de interfaz de bus mejorada y una memoria caché unificada, todo ello integrado en el propio chip del microprocesador. Estas mejoras hicieron que los i486 fueran el doble de rápidos que el par i386 - i387 operando a la misma frecuencia de reloj. El procesador Intel 486 fue el primero en

ofrecer un coprocesador matemático integrado con el que se aceleraron notablemente las operaciones de cálculo.

### 1993: Intel Pentium

Este chip de Intel le dio un notable impulso a la computadora personal. El Pentium poseía una arquitectura capaz de ejecutar dos operaciones a la vez gracias a sus dos canales de datos de 32 bits cada uno, uno equivalente al 486 DX (u) y el otro equivalente a 486 SX (u). Además, estaba dotado de un bus de datos de 64 bits y permitía un acceso a memoria de 64 bits (aunque el procesador seguía manteniendo compatibilidad de 32 bits para las operaciones internas, y los registros también eran de 32 bits). Las versiones que incluían instrucciones MMX no sólo brindaban al usuario un más eficiente manejo de aplicaciones multimedia, sino que también se ofrecían en velocidades de hasta 233 MHz. Se incluyó una versión de 200 MHz y la más básica trabajaba a alrededor de 166 MHz de frecuencia de reloj. El nombre Pentium se hizo del dominio común, se mencionó en las historietas y en charlas de la televisión a diario y se volvió una palabra muy popular poco después de su introducción.

### 1994: EL PowerPC 620

En este año IBM y Motorola desarrollan el primer prototipo del procesador PowerPC de 64 bits, la implementación más avanzada de la arquitectura PowerPC que estuvo disponible al año próximo. El 620 fue diseñado para su utilización en servidores y especialmente optimizado para usarlo en configuraciones de cuatro y hasta ocho procesadores en servidores de aplicaciones de base de datos y vídeo. Este procesador incorpora siete millones de transistores y corre a 133 MHz. Es ofrecido como un puente de migración para aquellos usuarios que quieren utilizar aplicaciones de 64 bits, sin tener que renunciar a ejecutar aplicaciones de 32 bits.

### 1995: Intel Pentium Pro

Lanzado al mercado en otoño de 1995, el procesador Pentium Pro (profesional) se diseñó con una arquitectura de 32 bits. Se usó en servidores y los programas y aplicaciones para estaciones de trabajo (de redes) impulsaron rápidamente su integración en las computadoras. El rendimiento del código de 32 bits era excelente, pero el Pentium Pro a menudo era más lento que un Pentium cuando ejecutaba código o sistemas operativos de 16 bits. El procesador Pentium Pro estaba compuesto por alrededor de 5.5 millones de transistores.

### 1996: AMD K5

AMD sacó al mercado su primer procesador propio, el K5, rival del Pentium. La arquitectura RISC86 del AMD K5 era más semejante a la arquitectura del Intel Pentium Pro que a la del Pentium. El K5 es internamente un procesador RISC con una Unidad x86- decodificadora, transforma todos los comandos x86 en comandos RISC. Este principio se usa hasta hoy en todas las CPU x86. En la mayoría de los aspectos era superior el K5 al Pentium, incluso de inferior precio. Sin embargo, AMD tenía poca experiencia en el desarrollo de microprocesadores y los diferentes hitos de producción marcados se fueron superando con poco éxito, se retrasó 1 año de su salida al mercado y los fabricantes de PC dieron por sentado que era inferior.

### 1999: Intel Celeron

Continuando su estrategia en el desarrollo de procesadores para el segmento de mercados específicos, el procesador Celeron es el nombre que lleva la línea de bajo costo de Intel. El objetivo fue penetrar en los mercados impedidos a los Pentium, de mayor rendimiento y precio. Se diseñó para añadir valor al segmento del mercado de los PC. Proporcionó a los consumidores una gran actuación a un bajo costo y entregó un rendimiento destacado para usos como juegos y el software educativo.

### 2006: Intel Core Duo

Intel lanzó esta gama de procesadores de doble núcleo y CPUs 2x2 MCM (módulo Multi-Chip) de cuatro núcleos con el conjunto de instrucciones x86-64, basado en la nueva arquitectura Core de Intel. La microarquitectura Core regresó a velocidades de CPU bajas y mejoró el uso del procesador de ambos ciclos de velocidad y energía comparados con anteriores NetBurst de los CPU Pentium 4/D2. La microarquitectura Core provee etapas de decodificación, unidades de ejecución, caché y buses más eficientes, reduciendo el consumo de energía de CPU Core 2, mientras se incrementa la capacidad de procesamiento.

## 2007: AMD Phenom

Phenom fue el nombre dado por Advanced Micro Devices (AMD) a la primera generación de procesadores de tres y cuatro núcleos basados en la microarquitectura K10. Como característica común todos los Phenom tienen tecnología de 65 nanómetros lograda a través de tecnología de fabricación Silicon on insulator (SOI). Los procesadores Phenom están diseñados para facilitar el uso inteligente de energía y recursos del sistema, listos para la virtualización, generando un óptimo rendimiento por vatio. Todas las CPU Phenom poseen características tales como controlador de memoria DDR2 integrado, tecnología HyperTransport y unidades de coma flotante de 128 bits para incrementar la velocidad y el rendimiento de los cálculos de coma flotante. La arquitectura Direct Connect asegura que los cuatro núcleos tengan un óptimo acceso al controlador integrado de memoria, logrando un ancho de banda de 16 Gb/s para intercomunicación de los núcleos del microprocesador y la tecnología HyperTransport, de manera que las escalas de rendimiento mejoren con el número de núcleos.

## 2008: Intel Core Nehalem

Intel Core i7 es una familia de procesadores de cuatro núcleos de la arquitectura Intel x86-64. Los Core i7 son los primeros procesadores que usan la microarquitectura Nehalem de Intel y es el sucesor de la familia Intel Core 2. FSB es reemplazado por la interfaz QuickPath en i7 e i5 (zócalo 1366) y sustituido a su vez en i7, i5 e i3 por el DMI eliminado el north Bridge e implementando puertos PCI Express directamente. Memoria de tres canales (ancho de datos de 192 bits): cada canal puede soportar una o dos memorias DIMM DDR3. Las placas base compatibles con Core i7 tienen cuatro (3+1) o seis ranuras

DIMM en lugar de dos o cuatro, y las DIMMs deben ser instaladas en grupos de tres, no dos. El Hyperthreading fue reimplementado creando núcleos lógicos. Está fabricado en arquitecturas de 45 nm y 32 nm y posee 731 millones de transistores en su versión más potente. Se volvió a usar frecuencias altas, aunque a contrapartida los consumos se dispararon.

### 2012: Intel Core Ivy Bridge

Ivy Bridge es el nombre en clave de los procesadores conocidos como Intel Core de tercera generación. Son sucesores de los micros que aparecieron a principios de 2011 cuyo nombre en clave es Sandy Bridge. Pasamos de los 32 nanómetros de ancho de transistor en Sandy Bridge a los 22 de Ivy Bridge. Esto le permite meter el doble de ellos en la misma área. Un mayor número de transistores significa que se pueden integrar más bloques funcionales dentro del chip. Es decir, éste será capaz de hacer un mayor número de tareas al mismo tiempo.

### 2013: Intel Core Haswell

Haswell es el nombre clave de los procesadores de cuarta generación de Intel Core. Son la edición corregida y aumentada de la tercera generación e implementan nuevas tecnologías gráficas para el gamming y el diseño gráfico, funcionando con un menor consumo y teniendo un mejor rendimiento a un buen precio. Continúa como su predecesor en 22 nanómetros pero funciona con un nuevo socket con clave 1150. Tienen un costo elevado a comparación con los APU's y FX de AMD pero tienen un mayor rendimiento.

### 2015: Skylake

La serie de procesadores Skylake y el chipset Z170 arranca con los modelos más potentes de consumo general, los Core i5 y Core i7. Las dos grandes estrellas de esta nueva gama son los Core i5-6600K y Core i7-6700K, gracias a su buena relación precio-beneficio mucho más equilibrada que la que ofrecen por ejemplo otros modelos de mayor potencia situados en la gama Haswell-E. Ambos modelos vienen con el multiplicador desbloqueado y tienen cuatro núcleos físicos, aunque el i7 puede gestionar hasta ocho hilos. Junto a esto la única diferencia entre los dos es su frecuencia de trabajo y la memoria caché L3, ya que el Core i7-6700K corre a 4 GHz-4,2 GHz y monta 8 MB de L3 y el Core i5-6600K funciona a 3,5 GHz-3,9 GHz y suma 6 MB de L3.

A manera de conclusión diremos que la producción de microprocesadores constituye en la actualidad una de las línea estratégicas en la industria de alta tecnología. Su aplicación se ha extendido a una creciente cantidad de productos que en el presente funcionan mediante software sofisticado que está revolucionando incluso a la industria tradicional. Un ejemplo es la industria automotriz que durante varios años permaneció sin innovaciones de importancia y ahora se transforma con la utilización de computadoras integradas a la mayor parte de sus sistemas. Cercano ya se ve el tiempo en el que los automóviles puedan ser conducidos por software sin persona alguna que los maneje. Programas grabados en chips sirven para hacer más eficiente el funcionamiento de teléfonos, satélites, aviones, juguetes, equipo bélico, aparatos de uso doméstico, instrumental médico y un conjunto cada vez más extenso de máquinas y equipos de comunicación y control. En pocos años, el software integrado al microprocesador se podrá encontrar prácticamente en cualquier tipo de aparato utilizado por el hombre.

# -6-

# EL SISTEMA OPERATIVO

La operación de las primeras computadoras tiene cierta semejanza con la operación de los primeros automóviles. En ese tiempo el conductor se preocupaba por conocer todo lo relacionado con el motor de combustión interna y su funcionamiento; aprendía mecánica automotriz para resolver las frecuentes fallas del vehículo y se interesaba en aprender la causa y el efecto de las palancas, botones, resortes, pedales, engranes y el sinnúmero de partes del automóvil. De igual manera, el programador de las primeras computadoras conocía la operación y el funcionamiento interno de la máquina y estaba preparado para resolver las frecuentes fallas de la computadora.

El moderno conductor del automóvil no quiere, ni requiere saber de mecánica automotriz para manejar un automóvil. Ciertamente es necesario saberlo conducir, pero actualmente es más importante conocer la información del reglamento de tránsito e interpretar las señales del camino que aprender los principios de la combustión interna. Es decir, resulta más importante conocer la información relativa al uso del automóvil que la mecánica de la máquina. Eso mismo está sucediendo con la computadora. Ahora es más importante conocer la información relativa a su utilización y posibilidades que aprender los principios de la electrónica La facilidad que ofrece actualmente la computadora para su manejo depende de dos puntos fundamentales: el programa de aplicación y el sistema operativo. En este capítulo estudiaremos la evolución del sistema operativo de la computadora.

## El origen del sistema operativo

Las primeras computadoras requerían que el programador conociera en detalle su arquitectura y su funcionamiento. En ese tiempo, el usuario de la computadora debía pensar el algoritmo, hacer el diagrama de flujo, escribir el programa, alimentarlo en la computadora y después sentarse frente a la consola de la máquina para esperar los resultados. Su presencia era necesaria porque solamente él sabía las respuestas que se esperaban de la máquina y sólo él podía atender y resolver cualquier problema que se presentara durante la ejecución del programa. Si algo anormal sucedía, podía parar la máquina para hacer las correcciones necesarias y seguir adelante.

En virtud de que cada programador se concentraba únicamente en la solución de su problema y las aplicaciones eran limitadas, no había similitud entre los programas y los métodos que permitieran una normalización de procedimientos. De hecho, la mayor parte de los programadores no tenían la necesidad ni el interés de usar procedimientos comunes. La documentación era algo que no se acostumbraba, lo cual obligaba a que, para ejecutar un programa, el programador fuera también el operador de la computadora.

En el transcurso de los primeros años de la década de los cincuenta, los programadores acumularon experiencia y empezaron a documentar los programas y establecer procedimientos comunes para ejecutarlos. Como se vio en el capítulo anterior, se empezaron a utilizar subrutinas de uso generalizado que permitieron homogeneizar algunos procedimientos como la lectura de datos, cálculo de fórmulas e impresión de resultados. Esto hizo que una persona pudiera operar la computadora y ejecutar los programas sin la intervención de los programadores. Se acabó la época en la que era necesario esperar los resultados sentado frente a la consola, así como las filas de programadores esperando su turno para correr su programa en la computadora con el paquete de tarjetas perforadas bajo el brazo.

La uniformidad en el uso de rutinas y procedimientos para ejecutar los programas, además de una importante mejoría en los dispositivos de entrada y salida de información, permitió que la computadora se empezara a utilizar para algo más que la ejecución de cálculos matemáticos. Los dispositivos de entrada salida eran la cinta de papel perforada y la máquina de escribir que servían bien para manejar los pocos datos que requería una expresión matemática, pero no se adaptaban al manejo de grandes volúmenes de información que requerían las empresas. Esta situación ocasionó también el surgimiento de varias actividades profesionales relacionadas con la computadora como la función del supervisor que podía establecer un cálculo del tiempo necesario para escribir un programa y ejecutarlo en la computadora. Si el tiempo estimado se excedía, el supervisor podía suspender la operación y abortar el procedimiento.

**El sistema operativo de la primera y segunda generación.**

En las computadoras de la primera generación, como hemos visto, sólo se hicieron algunos programas o rutinas para facilitar la programación. Los problemas no eran tan grandes y las soluciones fueron suficientes. En la segunda generación los problemas ya eran considerables y fue necesario crear algunos procedimientos para facilitar el arranque de la máquina, controlar los dispositivos de entrada-salida de información y organizar la memoria. Al conjunto de procedimientos para controlar estas funciones se le llamó programa de control o monitor que evolucionó y se convirtió en el sistema operativo. En su desarrollo dentro de la primera y segunda generaciones se distinguen tres etapas:

1. Se caracterizó por la ejecución de un solo programa a un tiempo. El fabricante de la computadora incluía como parte del sistema operativo un cargador de programas y un programa para hacer el vaciado de memoria.

2. El sistema operativo era capaz de ejecutar un grupo de programas organizados en batch (lote) en forma secuencial del primero hasta el último. También controlaba la operación de los dispositivos de entrada-salida de datos.

3.  El sistema operativo ejecutaba, además de las funciones anteriores, el control de la memoria y la ejecución de programas bajo conceptos más sofisticados y de mayor eficiencia como la operación en tiempo real y el tiempo compartido.

## Sistema operativo de la IBM-360

Cuando IBM construyó la computadora 360 preparó todo un sistema para controlar las operaciones de la máquina y hacer más eficiente su operación. Desarrolló un sistema operativo que distinguió a las computadoras que se produjeron en la década de los sesenta. Entre las ventajas que el sistema operativo imprimió a las computadoras de esa generación destacan las siguientes:

**Menor tiempo para el arranque de la máquina.** El sistema operativo se integró con rutinas para facilitar el arranque de la computadora, reduciendo el tiempo necesario para esta actividad. Una vez accionado el interruptor de energía eléctrica y cargado el sistema operativo, la verificación de la memoria y de los dispositivos periféricos corría por cuenta del sistema operativo eliminando así la necesidad de que una persona realizara paso a paso las operaciones para arrancar la máquina.

**Relocalización de la información en la memoria de la computadora.** Las computadoras de la primera generación almacenaban el programa del usuario a partir de la primera posición de memoria y de ahí hasta la posición que fuera necesaria de acuerdo con la extensión del programa, de tal forma que casi siempre quedaba una porción de memoria sin utilizar. El desarrollo de la memoria a base de ferritas magnéticas abatió el costo de producción y redujo considerablemente el espacio, de tal manera que la capacidad de memoria creció en forma significativa, así que ahora se presentaba la necesidad de aprovechar mejor la memoria de la máquina que quedaba libre después de cargar un programa. El sistema operativo resolvió este problema tomando el control de la memoria para lograr que un programa no tuviera que alojarse siempre en las mismas posiciones, sino que pudiera relocalizarse sin perder el control de la referencia de sus instrucciones. Este importante avance logró que mediante un adecuado software se pudiera aprovechar mejor el hardware. La facilidad de relocalizar los programas abrió el camino al concepto de la multiprogramación.

**Almacenamiento temporal en colas de información.** El concepto de multiprogramación significó un gran avance en la eficiencia con que ahora se utilizan las computadoras. Para lograrlo fue necesario relocalizar la información y desarrollar la técnica de almacenamiento temporal en colas de información. Una cola es un espacio de almacenamiento reservado temporalmente para contener información ya sea en la memoria principal o en la secundaria. El sistema operativo establece el control de la cola para procesar la información en el momento más oportuno. De esta manera se logra un mejor aprovechamiento de la memoria y de cada uno de los dispositivos periféricos del sistema.

**Concepto de interrupción.** Las primeras computadoras ejecutaban el proceso de información en forma de línea continua sin interrupciones. Se arrancaba la máquina, se cargaba el programa, se introducían los datos y la computadora hacía los cálculos e imprimía el resultado. Cuando la máquina estaba ocupada en las lentas tareas de entrada-salida de información, el procesador se detenía y esperaba pacientemente hasta que terminara esa tarea y pudiera continuar con su línea de operación. Como el procesador trabajaba a una velocidad miles de veces más rápida, se perdía un precioso tiempo de procesador central. Este problema se resolvió mediante una operación de interrupción del proceso para hacer que la entrada-salida de datos no sujetara la acción del procesador, sino que la computadora pudiera seguir haciendo cálculos mientras la lectora o la impresora hacían su trabajo. Y por supuesto, la tarea de controlar las interrupciones para hacer más eficiente a la máquina se asignó al sistema operativo.

**Diseño del sistema de acuerdo con las necesidades del usuario.** En la producción de las computadoras de la generación IBM-360 se concedió una particular importancia al aspecto del software. Las compañías fabricantes advirtieron que, sin el software adecuado, la máquina es solamente un montón de fierro y plástico que de poco puede servir, así que se propusieron incluir como parte del sistema un paquete de software de acuerdo con las necesidades del usuario. Además de algunos lenguajes de programación y un reducido número de programas de aplicación se incluyó como parte fundamental el sistema operativo.

## Sistemas operativos para microprocesadores

La historia de la producción de los sistemas operativos para las computadoras personales está rodeada de aventuras, anécdotas y hazañas de jóvenes programadores que con gran capacidad profesional lograron producir sistemas operativos que facilitaron la operación de las microcomputadoras y las colocaron al alcance no solamente de los aficionados a la computación sino al de todas las personas aun cuando no tuvieran conocimientos previos de Informática. En la primera época de la computadora personal fueron creados los sistemas operativos CP/M, Applesoft, p-System., MS-DOS y UNIX. Aquí es importante destacar que la diferencia entre los microprocesadores que se utilizaban para ensamblar las computadoras dio origen a una diversidad de sistemas operativos, habiéndose formado dos grandes corrientes: El sistema operativo de Apple para el microprocesador de Motorola y el MS-DOS para el de Intel. Esta separación todavía sigue vigente. En la actualidad existen cientos de sistemas operativos y diferentes versiones de cada uno. Pasaremos revista a los más importantes, a los que más se han distinguido como sistemas operativos de microprocesadores instalados en computadoras personales, teléfonos inteligentes y todo tipo de dispositivos de computación y comunicaciones.

## CP/M El primer sistema operativo para la computadora personal

Gary Kildall era un excelente programador y así lo demostró cuando escribió el programa de control para el microprocesador 8008 producido por Intel dos años antes de que Altair se anunciara en la revista Popular Electronics. En 1970 Kildall era maestro de la cátedra de ciencias de la computación en la Escuela Naval de Posgraduados en la población de Pacific Grove en el estado de California. Aunque sus posibilidades reales se encontraban en el terreno de las grandes computadoras, tuvo oportunidad de conocer el histórico chip 4004 de Intel, y se interesó en el pequeño pero poderoso circuito integrado que ofrecía grandes posibilidades en el mundo de la computación.

Su interés se convirtió en una pasión que le llevó a escribir un programa en una computadora grande de IBM para emular el conjunto de instrucciones del Chip 4004; sin embargo, no era posible conectar el pequeño Chip a la computadora porque sólo Intel tenía el equipo necesario para hacerlo. Dado que Pacific Grove se encontraba a sólo dos horas de camino de Silicon Valley, lugar donde estaban las oficinas de Intel, Kildall decidió visitar el laboratorio de la compañía fabricante del Chip. A partir de sus frecuentes visitas, surgió una red de amistades que le llevó a firmar un contrato para producir la versión para microcomputadoras del lenguaje PL/1, que en ese tiempo se usaba solamente en las grandes computadoras. Durante el desarrollo de ese proyecto. Kildall empezó a desarrollar la idea de escribir un sistema operativo para el microprocesador.

El recién producido circuito integrado disponía de un reducido juego de instrucciones por lo que resultaba indispensable hacer una verdadera filigrana en software para escribir el programa. No obstante estas limitaciones, Kildall logró producir un compacto programa de control para aprovechar al máximo el juego de instrucciones y la capacidad de memoria de los circuitos integrados. Su programa de control se fue haciendo cada vez más completo y evolucionó en forma paralela con la capacidad técnica de los circuitos integrados que producía la compañía Intel hasta el punto de llegar a producir el sistema operativo del Chip 8080 al que le puso el nombre de CP/M (Control Program for Microcomputers). Puesto que la empresa

Intel todavía no estaba en el negocio de las microcomputadoras y menos aún del software, no tuvo inconveniente para ceder a Kildall sus derechos sobre el programa y permitirle comercializarlo con entera libertad.

La pasión que se había despertado en Kindall sobre los circuitos integrados y su estrecho contacto con la compañía Intel le permitieron disponer de los elementos necesarios para construir un modelo de microcomputadora un año antes de que Altair saliera al mercado. Sin embargo, en ese tiempo Kildall, como todos los hackers, no pensaba en producir algo para venderlo, organizar una gran empresa y hacerse millonario en pocos años. Su deseo era mostrar sus creaciones a los amigos del club y compartir con ellos la satisfacción de producir algo nuevo e interesante. Cuando la microcomputadora Altair demostró que era posible construir una empresa y entrar por la puerta grande al mundo de los negocios, Kildall decidió aprovechar el esfuerzo que había realizado para producir un sistema operativo por lo que formó la empresa Intergalactic Digital Research para comercializar el CP/M. El nombre de la empresa tenía el sabor de una película de aventuras espaciales y en cierta forma refleja el estilo de las empresas que formaron los hackers en un principio. Hacia el año 1977 la compañía decidió hacer a un lado la palabra Intergalactic para quedarse solamente con Digital Research.

Kildall decidió establecer la empresa en la tranquila ciudad de Pacific Grove. Su esposa Dorothy McEwen tomó en sus manos la administración de la compañía y Kildall se dedicó a programar. Hacia finales de 1977 Digital Research inició la venta del sistema operativo CP/M y en pocos años dominó el mercado convirtiéndose de hecho en un monopolio porque casi todas las micros construidas con el Chip Z-80 o con el 8080 usaban el sistema operativo CP/M. El amplio dominio de este sistema operativo duró varios años y sólo empezó a declinar cuando Bill Gates le ganó la competencia para obtener el contrato de producción del sistema operativo de la computadora personal de IBM.

## Sistemas Operativos de Apple

Steve Wozniack había realizado el diseño para construir una computadora personal con base en el Chip 6502 fabricado por Rockwell International. Animado por Steve Jobs, los dos bisoños empresarios montaron una pequeña e improvisada fábrica de computadoras en la cochera de la casa de Wozniack para vender las microcomputadoras a los amigos del club. Sin embargo, al convertirse esta distracción de juventud en una empresa con importantes posibilidades de expansión, fue necesario dotar a las máquinas de un sistema operativo para que los usuarios pudieran emplearlas en algo más que la ejecución de un limitado programa escrito en lenguaje ensamblador. Steve Wozniack puso manos a la obra y en una ocasión en la que se encerró durante largo tiempo en un cuarto con la máquina, papel, lápiz y su brillante capacidad para programar, escribió el sistema operativo para la computadora Apple. Con algunas pequeñas modificaciones que se le hicieron el sistema operativo estuvo funcionando durante varios años en los equipos Apple. El original Apple DOS fue escrito para funcionar en el Chip 6502 de Motorola y desde entonces los sistemas operativos y el software de Apple ha sido exclusivo para los equipos de Apple. Desde la primera computadora personal hasta los más sofisticados teléfonos, pasando por las computadoras laptop, tablets, iPod, iPad y todo tipo de aparato de Apple utilizan sistemas operativos exclusivos de la marca.

## Microsoft

Bill Gates había demostrado que era tan buen programador como administrador de empresas. Después de escribir el interpretador de BASIC para la computadora Altair decidió formar la empresa Microsoft y en tan sólo cuatro años ya la había posicionado como una de las compañías más sólidas y prometedoras en la producción y comercialización de software. Pero todavía faltaba lo mejor para impulsar su brillante carrera en la historia del software.

Una mañana del mes de julio de 1980 Bill Gates recibió una llamada telefónica de un alto ejecutivo de la compañía IBM. La empresa fabricante de computadoras más importante del mundo tenía interés en hablar con el joven empresario. El representante de IBM se encontraba en Boca Ratón, Florida, precisamente en el punto más alejado de la ciudad de Seattle, en el estado de Washington, y solicitó a Bill Gates acudir para una cita con la empresa IBM ese mismo día. La urgencia era porque IBM se había mantenido como la compañía fabricante de equipo de computación más importante del mundo, lugar que ninguna otra empresa podía competirle dada la gran distancia que las separaba y ya se estaba preparando en secreto para lanzar al mercado su computadora personal pero se había enfocado tanto en el hardware que descuidó el software y la máquina simplemente carecía de un sistema operativo. En esas condiciones no podría salir al mercado.

Durante la reunión las preguntas corrieron por cuenta de los representantes de IBM y no pusieron las cartas sobre la mesa para dar a conocer sus planes. Bill Gates tuvo la sospecha de que IBM estaba creando algo importante y de que esto podría ser la producción de una microcomputadora. En esa reunión no se tomó ningún acuerdo definitivo. Un mes después IBM se comunicó nuevamente con Bill Gates y esta vez abrió sus cartas para darle a conocer al joven empresario sus planes para producir una computadora personal. El proyecto de IBM no se basaba en una nueva tecnología o en un circuito integrado desconocido hasta entonces. Era un diseño abierto que utilizaba los Chips disponibles en el mercado y que los jóvenes dedicados a la computación ya conocían. IBM decidió mantener un camino seguro y conocido basando su nueva computadora en el Chip 8086 de Intel. Sin embargo, no había desarrollado el sistema operativo y tomó la decisión de contratar los servicios de alguna de las nuevas empresas en manos de los aficionados a la computación. En ese tiempo Digital Research se mantenía a la cabeza con CP/M y Microsoft apenas despuntaba.

Ambos contendientes sabían lo importante que era ganar el concurso. El prestigio de IBM aseguraba que su computadora personal alcanzaría en poco tiempo el primer lugar de ventas y que su sistema operativo sería el más extensamente usado en el mundo de la microcomputación. Digital Research ya tenía experiencia y decidió arrancar desde cero con la producción de un sistema operativo exclusivo para IBM. A Bill Gates se le ocurrió otra forma de realizar el proyecto. Gates tenía un amigo que había escrito un programa para el control del Chip 8086 y rápidamente se puso en contacto con él. Su nombre era Tim Patterson. Ambos jóvenes se reunieron. Bill tomó conocimiento del sistema e hizo las preguntas necesarias para saber cuánto tiempo le llevaría para hacer los cambios y ajustes necesarios para satisfacer los requerimientos de IBM. Por supuesto, no abrió la boca para dar a conocer sus planes ni su relación con la gran compañía. Gates le hizo una propuesta de compra y Patterson aceptó. Esto le permitió a Microsoft ganar un tiempo considerable y finalmente también ganar el concurso. IBM contrató con Microsoft el desarrollo del sistema operativo para su nueva microcomputadora.

Pero aún faltaba el pequeño gran detalle que le permitió a Microsoft convertirse en la empresa más importante del mundo en el desarrollo del software. Ese pequeño pero gran detalle fue haber negociado con IBM el derecho para vender a otros fabricantes de computadoras el mismo sistema operativo. Como la gran empresa estaba enfocada en el hardware, no le dio importancia al software y aceptó la petición de Bill Gates. Poco tiempo después se vendían millones de copias del MS-DOS, el famoso MicroSoft Disk Operating System. Para el año 2016 el valor de capitalización de mercado de Microsoft era de cuatrocientos mil millones de dólares y el de IBM de ciento cincuenta mil millones de dólares. La fortuna de Bill Gates se estima en ochenta mil millones de dólares, convirtiéndolo en el hombre más rico del mundo.

## UNIX

El Instituto Tecnológico de Massachusetts, los Laboratorios Bell de AT&T y General Electric iniciaron hacia finales de la década de 1960 el desarrollo de un sistema operativo experimental llamado Multics (Multiplexed Information and Computing Service) para ejecutarse en una computadora central (mainframe) modelo GE-645. El objetivo del proyecto era desarrollar un gran sistema operativo interactivo que contase con muchas innovaciones, entre ellas lograr una mejor política de seguridad. El proyecto consiguió dar a luz versiones para producción, pero estas primeras versiones contaban con un pobre rendimiento. Los laboratorios Bell de AT&T decidieron desvincularse y dedicar sus recursos a otros proyectos.

Uno de los programadores de los laboratorios Bell, Ken Thompson, siguió trabajando para la computadora GE-6355 y escribió un juego llamado Space Travel (Viaje espacial). Sin embargo, descubrió que el juego era lento en la máquina de General Electric y resultaba realmente caro, algo así como 75 dólares de los Estados Unidos por cada partida, así que decidió escribir nuevamente el sistema operativo para hacerlo más eficiente. Invitó a otros programadores y pusieron manos a la obra. El grupo quedó integrado por Ken Thompson, Rudd Kanaday, Doug McIlroy, Joe Ossanna y Dennis Ritchie.

Thompson asumió el liderazgo para escribir el nuevo sistema con ayuda de Dennis Ritchie en lenguaje ensamblador para que se ejecutase en una computadora DEC PDP-7. La idea central era desarrollar tanto el sistema de archivos como el sistema multitarea. A esto agregaron un intérprete de órdenes o intérprete de comandos y un pequeño conjunto de programas. El proyecto fue bautizado con el nombre de UNICS, como acrónimo de Uniplexed Information and Computing System. La autoría de esta sigla se le atribuye a Brian Kernighan, ya que era un hack de Multics. Dada la popularidad que tuvo un juego de palabras que consideraba a UNICS un sistema MULTICS disminuido, se cambió el nombre a UNIX, dando origen al sistema operativo que llega hasta nuestros días.

Los Laboratorios Bell habían decidido no apoyar con recursos financieros el proyecto, pero eso cambió cuando el Grupo de Investigación en Ciencias de la Computación decidió utilizar

UNIX en una máquina superior a la PDP-7. Thompson y Ritchie lograron cumplir con la solicitud de agregar herramientas que permitieran el procesamiento de textos a UNIX en una máquina PDP-11/20, y como consecuencia de ello consiguieron el apoyo económico de los Laboratorios Bell. Fue así como por vez primera, en 1970, se habla oficialmente del sistema operativo UNIX ejecutado en una PDP-11/20. Se incluía en él un programa para dar formato a textos y un editor de texto. Tanto el sistema operativo como los programas fueron escritos en el lenguaje ensamblador de la PDP-11/20. Este "sistema de procesamiento de texto" inicial, compuesto tanto por el sistema operativo como de run off y el editor de texto, fue utilizado en los Laboratorios Bell para procesar las solicitudes de patentes que ellos recibían.

En 1972 se tomó la decisión de escribir nuevamente UNIX, pero esta vez en el lenguaje de programación C. Este cambio significaba que UNIX podría ser fácilmente modificado para funcionar en otras computadoras y de esta manera se volvía portable, permitiendo que otros programadores pudieran hacerle modificaciones. Ahora el código era más conciso y compacto, lo que se tradujo en un aumento en la velocidad de desarrollo de UNIX. AT&T puso a UNIX a disposición de universidades y compañías, también al servicio del gobierno de los Estados Unidos a través de licencias. Una de estas licencias fue otorgada al Departamento de Computación de la Universidad de California con sede en Berkeley. En 1975 esta institución desarrolló y publicó su propio sucedáneo de UNIX, conocida como Berkeley Software Distribution (BSD), que se convirtió en una fuerte competencia para la familia UNIX de AT&T.

Mientras tanto, AT&T creó una división comercial denominada UNIX Systems Laboratories para la explotación comercial del sistema operativo. El desarrollo prosiguió con la entrega de las versiones 4, 5 y 6 en el transcurso de 1975. Estas versiones incluían los pipes o tuberías, lo que permitió dar al desarrollo una orientación modular respecto a la base del código, consiguiendo aumentar aún más la velocidad de desarrollo. Ya en 1978, cerca de 600 o más computadoras estaban corriendo con alguna de las distintas versiones de UNIX.

La versión 7, considerada la última versión del UNIX original con amplia distribución entró en circulación en 1979. Las versiones 8, 9 y 10 se desarrollaron durante la década de 1980, pero su circulación se limitó a unas cuantas universidades a pesar de que se publicaron los informes que describían el nuevo trabajo. Los resultados de esta investigación sirvieron de base para la creación del Plan de Bell Labs, un nuevo sistema operativo portable y distribuido, diseñado para ser el sucesor de UNIX producido por los Laboratorios Bell.

AT&T entonces inició el desarrollo de UNIX System III, basado en la versión 7, como una variante de tinte comercial y así vendía el producto de manera directa. La primera versión del sistema III se lanzó en 1981. A pesar de lo anterior, la empresa subsidiaria Western Electric seguía vendiendo versiones antiguas de UNIX basadas en las distintas versiones hasta la séptima. Para finalizar con la confusión con todas las versiones divergentes, AT&T decidió combinar varias versiones desarrolladas en distintas universidades y empresas, dando origen en 1983 al UNIX System V Release. Esta versión presentó características tales como el editor Vi y la biblioteca curses, desarrolladas por Berkeley Software Distribution en la Universidad de California, Berkeley. También contaba con compatibilidad con las máquinas VAX de la compañía DEC.

Hacia 1991, un estudiante de ciencias de la computación de la Universidad de Helsinki, llamado Linus Torvalds desarrolló un núcleo para computadoras con arquitectura x86 de Intel que emulaba muchas de las funciones de UNIX y lo lanzó en forma de código abierto en 1991, bajo el nombre de Linux. En 1992, el Proyecto GNU comenzó a utilizar el núcleo Linux junto a sus programas.

En 1993 la compañía Novell adquirió la división UNIX Systems Laboratories de AT&T junto con su propiedad intelectual. Esto ocurrió en un momento delicado en el que UNIX Systems Laboratories disputaba una demanda en los tribunales contra BSD por infracción de los derechos de copyright, revelación de secretos y violación de marca de mercado. Aunque BSD ganó el juicio, Novell descubrió que gran parte del código de BSD fue copiada ilegalmente en UNIX System V. En realidad, la propiedad intelectual de Novell se reducía a unos cuantos archivos fuente. La correspondiente contra-demanda acabó en un acuerdo extrajudicial cuyos términos permanecen bajo secreto a petición de Novell.

A finales de 1993, Novell vendió su división UNIX comercial (Es decir, la antigua UNIX Systems Laboratories) a Santa Cruz Operation (SCO) reservándose, aparentemente, algunos derechos de propiedad intelectual sobre el software. Xinuos (antes UnXis) continúa la comercialización de System V en su producto UNIXWare tras adquirir a SCO en abril de 2011.

Aunque es muy común confundir UNIX y Linux, incluso a veces se los considera sistemas equivalentes o sinónimos, en realidad son diferentes entre sí. UNIX es un software sujeto a derechos de autor que utilizan empresas como IBM, Solaris o HP, entre otras y Linux es uno de los estandartes del software libre. Como hemos visto,  el sistema operativo UNIX fue desarrollado en la década de 1970 en los Laboratorios Bell, propiedad de AT&T y General Electric, en Estados Unidos. Se diseñó principalmente para emplearse en grandes sistemas de servidores, en computadoras centrales (mainframes) y en otros sistemas de alta potencia de multinacionales e instituciones de todo el mundo. Es un software propietario que desarrollan, mantienen y actualizan los ingenieros de AT&T. Por lo tanto, no es un proyecto open source y su código fuente no está disponible. Recientemente se ha mejorado la interfaz gráfica de usuario, pero este sistema operativo se ejecuta principalmente mediante comandos. Como UNIX no es un programa gratuito, no se puede modificar y, por lo tanto, el proceso de instalación es mucho más difícil que el de Linux porque requiere un hardware especial que sólo funciona en máquinas muy específicas. En resumen, UNIX es, en líneas generales, mucho menos compatible que su equivalente Linux de código abierto.

En 1990 Linus Torvalds creó el kernel de Linux basado en UNIX, aunque el sistema operativo completo con licencia GNU

GPL también lleva el apellido de Richard Stallman, uno de los padres del software libre. Actualmente cuenta con una extensa comunidad de desarrolladores en todo el mundo que trabajan voluntariamente para mejorar el sistema. Linux es solo el nombre del núcleo informático. Son la interfaz gráfica y las aplicaciones relacionadas lo que lo convierten en un sistema operativo completo. Es compatible con la mayoría del hardware actual y puede ser instalado y ejecutado en prácticamente todas las CPUs. Además, al ser un sistema de código abierto, su código fuente está disponible para todos los interesados. Esto representa una de las principales diferencias entre UNIX y Linux: se puede leer, modificar y ejecutar, pero no vender porque está protegido con la licencia GNU GPL.

## Windows

Windows es el nombre genérico de una familia de software para computadora personal, laptop, tablet, teléfono inteligente, servidores y sistemas embebidos desarrollados y vendidos por Microsoft y disponibles para múltiples arquitecturas. Microsoft introdujo un entorno operativo denominado Windows el 20 de noviembre de 1985 como un complemento para MS-DOS en respuesta al creciente interés en las interfaces gráficas de usuario (GUI). Microsoft Windows llegó a dominar el mercado mundial de computadoras personales con más del 90 % de la cuota de mercado, superando a Mac OS, que había sido introducido en 1984. La primera versión de Microsoft Windows 1.0 compitió con el sistema operativo de Apple. Carecía de un cierto grado de funcionalidad y logró muy poca popularidad. Windows 1.0 no era un sistema operativo completo; más bien era una extensión gráfica de MS-DOS. Windows versión 2.0 fue lanzado en noviembre de 1987 y fue un poco más popular que su predecesor. Windows 2.03 (lanzado en enero de 1988) incluyó por primera vez ventanas que podían traslaparse unas a otras. El resultado de este cambio llevó a Apple a presentar una demanda contra Microsoft, debido a que infringían derechos de autor.

Windows versión 3.0, lanzado en 1990, fue la primera versión de Microsoft Windows que consiguió un amplio éxito comercial, vendiendo 2 millones de copias en los primeros seis meses. Presentaba mejoras en la interfaz de usuario y en la multitarea. Recibió un cambio de cara en Windows 3.1, que se hizo disponible para el público en general el 1 de marzo de 1992. El soporte de Windows 3.1 terminó el 31 de diciembre de 2001. En julio de 1993, Microsoft lanzó Windows NT basado en un nuevo kernel. NT era considerado como el sistema operativo profesional y fue la primera versión de Windows en utilizar la Multitarea apropiativa. Windows NT más tarde sería reestructurado para funcionar también como un sistema operativo para el hogar con Windows XP.

El 24 de agosto de 1995, Microsoft lanzó Windows 95, una nueva versión del sistema operativo Windows destinada al mercado de consumo y pensada para sustituir a Windows 3.1 como interfaz gráfica y a MS-DOS como sistema operativo. En esta edición se introdujeron mejoras que eran muy significativas con respecto a sus antecesores entre los cuales se pueden mencionar los profundos cambios realizados a la interfaz gráfica de usuario de Windows, siendo completamente distinta a la de versiones anteriores y el pasar de usar una arquitectura multitarea cooperativa de 16 bits a usar una arquitectura multitarea apropiativa de 32 bits. Windows 95 fue la primera versión de Windows en incluir la barra de tareas y el botón Inicio, los cuales siguieron incluyéndose en versiones posteriores de Windows, además de ser la primera versión en soportar la función de Plug and Play. Acompañado por una extensa y millonaria campaña de marketing, Windows 95 fue un gran éxito en el mercado en el momento de su lanzamiento y en breve se convirtió en el sistema operativo de escritorio más popular. El soporte estándar para Windows 95 finalizó el 31 de diciembre de 2000 y el soporte ampliado para Windows 95 finalizó el 31 de diciembre de 2001.

La siguiente versión para la línea del usuario fue lanzada el 25 de junio de 1998, Microsoft Windows 98. Sustancialmente fue criticado por su lentitud y por su falta de fiabilidad en comparación con Windows 95, pero muchos de sus problemas básicos fueron posteriormente rectificados con el lanzamiento de Windows 98 Second Edition en 1999. El soporte estándar para Windows 98 terminó el 30 de junio de 2002, y el soporte ampliado para Windows 98 terminó el 11 de julio de 2006. Como parte de su línea «profesional», Microsoft lanzó Windows 2000 en febrero de 2000. La versión de consumidor tras Windows 98 fue Windows Me (Windows Millennium Edition). Lanzado en septiembre de 2000, Windows Me implementaba una serie de nuevas tecnologías para Microsoft: en particular fue el «Universal Plug and Play».

En octubre de 2001, Microsoft lanzó Windows XP, una versión que se construyó en el kernel de Windows NT que también conserva la usabilidad orientada al consumidor de Windows 95 y sus sucesores. En dos ediciones distintas, «Home» y «Professional», el primero carece por mucho de la seguridad y características de red de la edición Professional. Además, la primera edición «Media Center» fue lanzada en 2002, con énfasis en el apoyo a la funcionalidad de DVD y TV, incluyendo grabación de TV y un control remoto. El soporte estándar para Windows XP terminó el 14 de abril de 2009. El soporte extendido finalizó el 8 de abril de 2014. A principios de la década de los 2000, Windows se empezaba a posicionar como el innovador en el mercado, pero su posición fue en declive.

En abril de 2003, se introdujo Windows Server 2003, reemplazando a la línea de productos de servidor de Windows 2000 con un número de nuevas características y un fuerte enfoque en la seguridad; esta versión fue continuada por Windows Server 2003 R2 en diciembre de 2005. El 30 de enero de 2007, Microsoft lanzó Windows Vista. Esta versión contiene un sinnúmero de características nuevas, desde un shell rediseñado y la interfaz de usuario da importantes cambios técnicos grandes, con especial atención a las características de seguridad. Está disponible en varias ediciones diferentes. Fue objeto de muy severas críticas años más tarde debido a su evidente inestabilidad de una versión a otra, sobredemanda de recursos de hardware, alto costo y alta incompatibilidad con sus predecesores, hecho que no ocurría con éstos.

El 22 de octubre de 2009, Microsoft lanzó Windows 7. A diferencia de su predecesor, Windows Vista, que introdujo un gran número de nuevas características, Windows 7 pretendía ser una actualización incremental, enfocada a la línea de Windows, con el objetivo de ser compatible con aplicaciones y hardware que Windows Vista no era compatible. Windows 7 tiene soporte multi-touch, un Windows shell rediseñado con una nueva barra de tareas, conocido como Superbar, un sistema de red llamado HomeGroup y mejoras en el rendimiento, sobre todo en velocidad y en menor consumo de recursos. El 29 de octubre de 2012, Microsoft lanzó Windows 8. Por primera vez desde Windows 95, el botón Inicio ya no está disponible en la barra de tareas, aunque la pantalla de inicio está aún activa haciendo clic en la esquina inferior izquierda de la pantalla y presionando la tecla Inicio en el teclado. Presenta un Explorador de Windows rediseñado, con la famosa interfaz ribbon de Microsoft Office. Según Microsoft han vendido 60 millones de licencias, aunque ha recibido muchas críticas por parte de los usuarios. Se conservan la gran mayoría de las características de su predecesor, Windows 7, con excepción de la nueva interfaz gráfica y algunos cambios menores. Una actualización del sistema, Windows 8.1, fue lanzado en 2013 con ciertas mejoras.

El 29 de julio de 2015, Microsoft lanzó Windows 10. Esta versión presenta un conjunto de aplicaciones que pueden utilizarse en computadoras personales, tabletas y celulares inteligentes, entre otros. Conserva la interfaz gráfica de su predecesor Windows 8; sin embargo, presenta un importante cambio: el regreso del Menú Inicio. Además, cuenta con un asistente personal, conocido como Cortana. Microsoft además ha dado la oportunidad de actualizar gratuitamente a Windows 10 desde cualquier computadora con una copia genuina de Windows 7 o Windows 8.1. Esta opción estuvo disponible hasta el 29 de julio de 2016.

Los resultados de la versión 10 de Windows han sido satisfactorios para Microsoft y también para los usuarios. Después de los tropiezos que ha sufrido Microsoft a nivel histórico en los últimos años necesitaba una versión de calidad para recuperar la confianza. Además, ha sido muy consciente de las necesidades del público y ha permitido que todo el mundo use el sistema aunque sea con algunas limitaciones. Esto se ha materializado en que ya hay más de 350 millones de dispositivos que tienen el sistema operativo. Después de haber transcurrido un año del lanzamiento de la versión 10 de Windows se puede concluir que el trabajo realizado ha sido muy positivo. Hasta ahora ninguna versión de la plataforma había crecido tan rápido, aunque debe tomarse en cuenta que nunca una versión de Windows había estado presente en tantos tipos de terminal porque Windows 10 también abarca móviles y la consola Xbox One.

## Android

En octubre de 2003 Andy Rubin, Rich Miner, Chris White y Nick Sears fundan en la localidad de Palo Alto, California, la empresa Android Inc. con el propósito de desarrollar un sistema operativo para móviles basado en Linux. El sistema fue diseñado principalmente para dispositivos móviles con pantalla táctil como teléfonos inteligentes, tabletas y también para relojes inteligentes, televisores y automóviles. Se terminó en tiempo y se puso a funcionar con excelentes resultados. El sistema recibió el nombre de la empresa y el nombre de la empresa surgió de la novela de Philip K. Dick y su título ¿Sueñan los androides con ovejas eléctricas?, la cual posteriormente sería una película llamada Blade Runner. El logotipo es el robot "Andy".

Una de las causas del sensacional éxito de Android es su enorme comunidad de desarrolladores creando aplicaciones para extender la funcionalidad de los dispositivos. A la fecha se ha llegado ya al primer millón de aplicaciones disponibles para la tienda de aplicaciones oficial de Android: Google Play, sin tener en cuenta aplicaciones de otras tiendas no oficiales para Android como la tienda de aplicaciones Samsung Apps de Samsung, slideme de java y Amazon appstore. Google Play es la tienda de aplicaciones en línea administrada por Google, aunque existe la posibilidad de obtener software externamente.

La tienda F-Droid es completamente de código abierto así como sus aplicaciones, una alternativa al software privativo. Los programas están escritos en el lenguaje de programación Java. No obstante, no es un sistema operativo libre de malware, aunque la mayoría de los virus son descargados de sitios de terceros.

La estructura del sistema operativo Android se compone de aplicaciones que se ejecutan en un framework Java orientadas a objetos sobre el núcleo de las bibliotecas de Java en una máquina virtual Dalvik con compilación en tiempo de ejecución hasta la versión 5.0, luego cambió al entorno Android Runtime (ART). Las bibliotecas escritas en lenguaje C incluyen un administrador de interfaz gráfica (surface manager), un framework OpenCore, una base de datos relacional SQLite, una Interfaz de programación de API gráfica OpenGL ES 2.0 3D, un motor de renderizado WebKit, un motor gráfico SGL, SSL y una biblioteca estándar de C Bionic. El sistema operativo está compuesto por 12 millones de líneas de código, incluyendo 3 millones de líneas de XML, 2.8 millones de líneas de lenguaje C, dos millones de líneas de Java y 1.75 millones de líneas de C++.

En julio de 2005 la multinacional Google compra Android Inc. El 5 de noviembre de 2007 se crea la Open Handset Alliance, un conglomerado de fabricantes y desarrolladores de hardware, software y operadores de servicio. El mismo día se anuncia la primera versión del sistema operativo: Android 1.0 con el sugestivo nombre de Apple Pie. A partir de entonces el sistema operativo Android ha crecido como la espuma. Millones de dispositivos electrónicos de todo tipo funcionan con base en Android. Su éxito le ha permitido superar a Windows y Apple.

# -7-

# LENGUAJES DE PROGRAMACIÓN

El ser humano instruye a la máquina mediante un lenguaje de programación y así como los lenguajes que el hombre usa para comunicarse con sus semejantes han evolucionado y se han diversificado a través de los siglos, así también los lenguajes de programación han evolucionado y se han diversificado en un amplio abanico a través de los años. La historia de la Torre de Babel se presenta ahora entre el hombre y la computadora. Al principio sólo existía el lenguaje máquina como medio de comunicación; a partir de él se han desarrollado otros más sofisticados para facilitar el proceso de la comunicación. En este desarrollo se pueden distinguir varias etapas o generaciones.

## Lenguaje máquina

Es el primer medio de comunicación del ser humano con la máquina. Consiste en instrucciones que la máquina ejecuta directamente, de tal manera que existe una correspondencia directa entre las instrucciones y los circuitos de la computadora. No existe sofisticación en la comunicación de la información, pues a cada instrucción le corresponde una operación en la máquina.

La forma más común de operación dentro de un algoritmo puede representarse de esta forma: A = B (op.) C. En donde (op.) indica el tipo de operación que debe ejecutarse entre los operadores B y C. la estructura que debe contener una instrucción de este tipo para que la computadora pueda entenderla es la siguiente:

- Un código de operación para indicarle al procesador central el tipo de operación que debe ejecutar.
- La dirección de memoria donde está el primer operando, en este caso B.
- La dirección de memoria donde está el segundo operando, en este caso C.
- La dirección de memoria donde debe ubicarse el resultado de la operación, en este caso la dirección de A.

Este tipo de instrucción se utilizó en la mayor parte de las primeras computadoras. La distribución de los bits para organizar la información seguía normalmente el modelo que se muestra a continuación, en el cual una palabra consta de 48 bits:

| 100100100100 | 001001001001 | 001100110011 | 011001100110 |
|---|---|---|---|
| Tipo de operación | dirección de A | dirección de B | dirección de C |

Otro tipo de instrucción conocido con el nombre de dos direcciones fue utilizado en computadoras como la SSEC de IBM y más tarde en las computadoras IBM de la segunda generación como 1410, 1440 y 7010. Las dos direcciones se refieren a los operadores A y C del ejemplo anterior, pero en este tipo, el resultado se ubica en la dirección del segundo operando. Esta operación se puede expresar de la siguiente forma: A= C (op.) C.

Von Neumann desarrolló un modelo de instrucción más avanzado para la computadora EDVAC y más tarde se utilizó en las computadoras de la línea 700 de IBM. En este tipo la instrucción contiene únicamente el código de operación y la dirección de un operando. La dirección del segundo operando se encuentra implícita y corresponde a un registro de la memoria en donde se encuentra la información. Los registros son posiciones fijas en la memoria que la computadora utiliza para realizar las operaciones. Este tipo de instrucción se puede expresar como REG = A (op.) REG.

La secuencia de las instrucciones del programa en las computadoras de la primera generación seguía el orden establecido por la secuencia en que se introducían en la máquina. En un programa escrito en tarjetas perforadas cada una de ellas contenía una instrucción y conforme se leían se ubicaban en la memoria una después de la otra de tal forma que el programa ejecutaba una tras otra las instrucciones en el estricto orden en que se leían y se almacenaban. Más adelante este procedimiento se modificó al usarse registros que realizaban la función de contadores y llevaban el control de las direcciones de memoria donde se encontraban las instrucciones para no hacer un uso rígido de la memoria.

**El lenguaje máquina nos hace recordar la forma en que se manejaban los telares de Jacquard:** El tejido de la tela se hacía con una máquina que leía en tarjetas perforadas las instrucciones que permitían comunicarse con los telares mediante un alfabeto binario de agujeros y no agujeros, que en realidad representaban el 0 y el 1 para que la computadora "comprendiera" las instrucciones y las ejecutara. Es notable el esfuerzo intelectual que ha desarrollado el ser humano para construir lenguajes que se asemejen a su forma natural de expresión y que puedan ser comprendidos por la computadora.

### Lenguaje Ensamblador

La evolución de los lenguajes de programación se ha orientado hacia la expresión de instrucciones en términos de lo que para el ser humano es su forma natural de comunicación. Esto ha implicado un trabajo adicional para la computadora pues debe traducir expresiones cada vez más complejas al lenguaje binario de la máquina. Sin embargo, el aumento en la capacidad de memoria y la velocidad de procesamiento han permitido que ese trabajo adicional sea irrelevante si se compara con la ventaja que para el ser humano representa el poder comunicarse en su lenguaje natural.

El primer paso en los lenguajes de programación consistió en asignar códigos mnemónicos a los códigos de operación para no tener que aprender de memoria la combinación de ceros y unos que representaban una operación. Veamos primero cómo se representa una operación de suma en lenguaje máquina:

| 00010101 | 00110011 | 01010100 | 11001010 |

Si asignamos un código mnemónico a la instrucción de suma entonces tendríamos que escribir esa misma instrucción de esta forma:

| SUMA | 00110011 | 01010100 | 11001010 |

De esta manera, la computadora tomaría la tarea de traducir el código SUMA por los dígitos binarios 00010101. Aunque ahora parezca trivial, ese fue un gran avance en el desarrollo de los lenguajes de programación. Sin embargo, todavía el programador debía manejar las direcciones de memoria en forma directa y con los dígitos binarios correspondientes a su ubicación. Para facilitar la programación era necesario resolver este problema que consumía el esfuerzo intelectual del programador al tener que recordar un rosario de ceros y unos desviando su atención de la parte importante que consistía en plantear el algoritmo para obtener el resultado correcto. El grupo de científicos de la Universidad de Cambridge que trabajaba con la computadora EDSAC encontró la respuesta: **definir una dirección de memoria con un nombre simbólico.** En lugar de usar dígitos binarios se podrían emplear palabras comunes y fáciles de recordar que la máquina traduciría en dígitos binarios correspondientes a posiciones en la memoria. De esta forma, nuestra instrucción se podría escribir de esta forma:

| SUMA | BANCOS | CAJA | TOTAL |

Esta expresión es una instrucción más fácil para el ser humano que la máquina traduce como: suma la cantidad que está en la dirección simbólica BANCOS más la cantidad que está en la dirección simbólica CAJA y almacena el resultado en la dirección simbólica TOTAL. Es cierto que de esta forma la máquina tenía que tomar el trabajo adicional de traducir los conceptos a lenguaje máquina, pero en vista de la gran facilidad que esta comodidad representaba para el programador, bien valía el trabajo extra que tenía que hacer la computadora.

Así fue cómo surgió el lenguaje ensamblador. Formado con instrucciones escritas con códigos mnemónicos y direcciones simbólicas que la computadora traduce a lenguaje máquina. En la misma Universidad de Cambridge se desarrolló un concepto que enriqueció al lenguaje ensamblador y facilitó notablemente el trabajo del programador. **La idea consistió en escribir rutinas de uso común** y usar sólo un nombre mnemónico como instrucción para su ejecución dejando a la computadora la tarea de expandir una instrucción en tantas instrucciones de máquina como fueran necesarias. Por ejemplo, en lugar de escribir una tras otra las instrucciones para calcular la raíz cuadrada de una cantidad, se podría escribir una sola instrucción con un nombre mnemónico como RZC y dejar que la máquina tomara la rutina para calcular la raíz cuadrada de un número e hiciera la traducción a lenguaje máquina. La idea dio un excelente resultado y mejoró en mucho la capacidad del lenguaje ensamblador. Maurice Wilkes relata la forma en que se desarrolló el concepto de rutina para este lenguaje.

"Había mucho trabajo por hacer para convertir una simple computadora en una herramienta utilizable. Aun las cosas más sencillas como leer números decimales y convertirlos a una forma binaria necesitaban de un programa o una subrutina. Tan pronto como la EDSAC empezó a trabajar llevé a cabo una reunión con las personas interesadas en el desarrollo de métodos de programación –sería prematuro llamarles programadores- y nos constituimos en un comité para formar una biblioteca de subrutinas a fin de que cada usuario no tuviera que empezar desde lo más elemental. Al principio pensamos que la biblioteca podría contener subrutinas como las mencionadas anteriormente y subrutinas para el cálculo de funciones elementales. Más tarde se hizo evidente que podría crecer en varias direcciones, principalmente por la inclusión de subrutinas para la ejecución de algunas operaciones de análisis numérico. Era tan claro para mí que deberíamos basar nuestro sistema de programación en una biblioteca de subrutinas que me sorprendía varios años después cuando me di cuenta de que no todos hicieron lo mismo".

El proceso de traducción de un programa escrito en lenguaje ensamblador requiere normalmente de cuatro etapas de ejecución:

1. Lectura del programa fuente (las instrucciones escritas por el programador).
2. Estructuración de una tabla en la que se indican las direcciones reales de la memoria correspondientes a las direcciones simbólicas utilizadas en el programa.
3. Traducción de los códigos mnemónicos de las órdenes a las instrucciones en lenguaje máquina.
4. Ensamble de las subrutinas utilizadas por el programador y producción de un programa objeto listo para su ejecución.

Aun cuando el lenguaje ensamblador fue uno de los primeros, sigue siendo una herramienta de extensa aplicación en la programación de sistemas operativos y algunos programas de aplicación ya que permite un uso más eficiente de la memoria e incrementa sustancialmente la velocidad de ejecución de los programas. Esto se debe a que el ensamblador trabaja en el nivel más cercano al lenguaje máquina. Resulta conveniente que todo programador profesional sepa programar en ensamblador para tener un conocimiento más profundo de la computadora y aproveche mejor sus recursos.

> **Programa Fuente.** Es el programa escrito en alguno de los lenguajes de programación y que no ha sido traducido al lenguaje de la máquina; es decir, el programa que no está en código de máquina y que por lo tanto no puede ser ejecutable por la computadora.

> **Programa Objeto.** Es aquel programa que ya ha sido traducido al lenguaje máquina y por lo tanto ya es ejecutable por la computadora.

## Lenguajes de alto nivel

La American Standard Vocabulary for Information Processing define el concepto de lenguaje de programación como "Un lenguaje usado para preparar programas de computadora" Y Alan Freedman en su Glosario de computación define el lenguaje de alto nivel como "un lenguaje de programación orientado a la solución de problemas" y amplía su definición con estas palabras:

"Los lenguajes de alto nivel están diseñados para permitir al programador concentrarse en la lógica del problema a resolver, liberándolo de la necesidad de un conocimiento profundo del lenguaje de máquina de la computadora, si bien las técnicas de programación siguen siendo necesarias. Lenguajes compiladores tales como ALGOL, BASIC, FORTRAN, PASCAL, y PL/I son ejemplos de alto nivel. El término alto nivel significa que están más orientados hacia la gente. Contrastan con los lenguajes estilo ensamblador que están más orientados hacia la máquina". Estas son las características que identifican a los lenguajes de alto nivel:

1. Utilización de una notación especial orientada hacia el problema a resolver
2. No se requiere conocimiento del código de máquina
3. Facilidad para procesar el programa en otra computadora
4. Expansión de las instrucciones.

Las ventajas que ofrecen son el resultado de un proceso de evolución que ha llegado a producir lenguajes que se aproximan a la forma natural de expresión de las personas. Se han alcanzado éxitos importantes en esta materia como el reconocimiento de la voz, aunque todavía hay un buen trecho para alcanzar la meta de programar una computadora con el lenguaje natural. Aquí anotamos algunas de las ventajas de los lenguajes de alto nivel:

**Facilidad para su utilización.** La notación que se usa en los de alto nivel se orienta a la solución de problemas de tipo particular, lo cual facilita su utilización. En los que están orientados a la solución de problemas de tipo matemático la notación es semejante a la que se emplea para expresar fórmulas y ecuaciones de tal manera que a una persona educada en esta disciplina le resulta familiar la notación y la sintaxis del lenguaje. De esta misma forma, existen lenguajes orientados a los negocios, hacia el diseño gráfico, la robótica, etc.

**Facilidad para la documentación.** El lenguaje mismo proporciona herramientas para su documentación, de tal manera que resulta más fácil su corrección o actualización ya sea por el mismo programador o por persona distinta.

**Puesta a punto del programa.** Poner a punto un programa significa depurarlo y dejarlo listo para su ejecución. En algunas ocasiones resulta más fácil desarrollar el algoritmo que escribir el programa y ponerlo a punto. Los lenguajes "amigables" disponen de herramientas que facilitan la detección de errores y facilitan el trabajo para la depuración y ejecución en la computadora.

**Transportación a otra computadora.** Los programas escritos en lenguaje máquina se encuentran restringidos a las características del hardware para su ejecución. Los de alto nivel se independizan en mayor medida del hardware. Esta es una ventaja importante porque pueden ser ejecutados en diversas computadoras. A partir de la creación de FORTRAN se han producido lenguajes cuyo número ha crecido hasta llegar a ser una cantidad que rebasa con mucho la posibilidad de que una persona pueda aprenderlos. Algunos se han producido con alta dependencia de una máquina y han desaparecido. Otros se han creado para fines específicos. Algunos han permanecido en el tiempo e incluso se han mejorado. Revisaremos algunos de ellos, empezando con el que marcó la diferencia entre el lenguaje máquina, el ensamblador y el lenguaje de alto nivel.

## FORTRAN

El primer compilador de la familia FORTRAN nació en 1954. Su origen respondió a la necesidad de mejorar la productividad de los programadores. John Backus, su principal autor, relata así la historia de su origen:

"La idea comenzó con el reconocimiento de un problema de tipo económico: el costo de la programación y la puesta a punto de los programas excedía el costo de ejecución del programa y como las computadoras empezaban a ser más rápidas y más económicas este desequilibrio comenzaba a ser intolerable. Esta prosaica percepción económica más la experiencia del trabajo de programación, más mi extraña naturaleza para no trabajar demasiado me proporcionaron el interés para hacer la programación más fácil. Este interés me llevó directamente a trabajar en el Speedcoding para la computadora 701 y hacer el esfuerzo para tener punto flotante así como índices construidos dentro de la 704.

La viabilidad de casi todos los compiladores e interpretadores antes de FORTRAN se basaba en el hecho de que la mayor parte de las instrucciones fuente no eran instrucciones máquina. De esta forma, aun cuando había serias ineficiencias en compilación e interpretación de interacciones y prueba de operaciones, estas se disfrazaban en el hecho de que la mayor parte del tiempo de operación se utilizaba en subrutinas de punto flotante. Pero la llegada de la computadora 704 con punto flotante e índices construidos dentro de la misma máquina cambió esta situación. La 704 presentaba un doble cambio para quienes deseaban simplificar la operación: primero desaparecía la razón de ser de los sistemas anteriores ya que el hardware podía hacer lo que los programas ofrecían y, segundo, aumentaba el problema de generar programas más eficientes...La pregunta era ¿Qué podemos hacer ahora para facilitar el trabajo del programador? La respuesta a esta pregunta tenía que ser permitirles usar notación matemática. Pero atrás de la respuesta había una nueva y difícil pregunta: ¿Puede una máquina traducir un lenguaje matemático suficientemente rico a un lenguaje máquina suficientemente económico para hacer factible el proyecto?...Entre algunos amigos y socios y yo mismo encontramos la respuesta después de difícil trabajo e investigación".

**La respuesta fue el compilador FORTRAN** (FORmula TRANslation) cuya primera versión se liberó el 10 de noviembre de 1954 mediante un documento publicado por IBM con el nombre de "Preliminary Report, Specifications for the IBM Mathematical, FORmula TRANslating System" conocido como FORTRAN I. Durante ese año y el siguiente se le hicieron importantes mejoras para cambiar el orden de las operaciones para reducir su tiempo de compilación, reorganizar el uso de los registros y aprovechar mejor la memoria para aumentar la velocidad de ejecución que en conjunto permitieron hacer más eficiente el uso del compilador y mejoraron su calidad para asegurar el éxito del primero y más importante de los lenguajes de programación de alto nivel. John Backus fue el creador del proyecto del compilador FORTRAN y el líder del grupo de programadores que participaron en su producción: R. J. Beener, S. Best, H.L. Herrick, R. Goldbert, R. Hughes, L.B. Mitchell, R.A. Nelson, R. Nutt, D. Sayre, P.B. Sheridan, H. Stern e I. Ziller.

---

**Compilador**. Es un programa que traduce un lenguaje de alto nivel al lenguaje máquina. Un programa compilado indica que ha sido traducido y está listo para ser ejecutado. Un compilador es un programa que traduce el programa fuente (conjunto de instrucciones de un lenguaje de alto nivel, por ejemplo Basic o FORTRAN) a programa objeto (instrucciones en lenguaje máquina que la computadora puede interpretar y ejecutar).

---

Después de acumular experiencia en el uso del compilador y hacerle sustanciales mejoras, el grupo decidió producir una nueva versión y escribir un manual de referencia para el usuario. Este Manual fue producido por David Sayres y representó un importante avance en el desarrollo del software, ya que por primera vez se hacía realidad la idea de producir software y distribuirlo entre un amplio número de usuarios. Este manual se empezó a distribuir a partir del año 1956 y produjo un efecto inesperado que se convirtió con el tiempo en la piedra angular para la producción y comercialización de software en gran escala. El efecto fue la separación del creador original del software y el usuario final del mismo. Con el manual de referencia el equipo de programadores que produjo el compilador se separó de los usuarios de FORTRAN en cualquier parte del mundo. **Este paso sentó las bases para iniciar la industria de producción de software** que años después habría de ser fundamental para el desarrollo de la computación.

La versión II de FORTRAN se lanzó al mercado en 1958 con importantes modificaciones en su conjunto de instrucciones para darle más fuerza y versatilidad. También se mejoró el procedimiento para escribir subrutinas con las declaraciones RETURN, CALL y SOUBRUTINE; se agregó la declaración COMMON para facilitar la comunicación entre subrutinas, se incluyó la declaración END para indicar la terminación del programa y se abrió la posibilidad de establecer comunicación con rutinas en lenguaje ensamblador.

Tomando como base la versión II de FORTRAN, Ziller desarrolló una nueva versión a la que dio el nombre de FORTRAN III. Aparte de incluir algunas declaraciones de tipo booleano y ciertas facilidades para manejar información alfabética, las mejoras de Ziller no fueron realmente importantes en esta versión que se utilizó en la computadora 709 y también en la 650 de IBM.

En 1968 se dio a conocer la siguiente versión con el nombre de FORTRAN IV. La cual se difundió ampliamente y registró gran aceptación. Diferentes fabricantes de computadoras y diferentes modelos de máquinas empezaron a usar esta versión de tal manera que **FORTRAN se independizó de la máquina y adquirió valor por sí mismo.** Este fue un gran paso para darle al software un valor independiente de la computadora. Para ilustrar un programa de FORTRAN en su versión IV mostramos a continuación la codificación para resolver un sencillo problema que consiste en leer 200 números, sumarlos e imprimir el resultado.

```
DIMENSION  T (200)
```

```
READ 2, T
SUM = 0
DO 5  I = 1, 200
5  SUM = SUM + T (I)
   PRINT 5, 1, SUM
   STOP
   1  FORMAT (F  10, 4)
   2  FORMAT (E  10, 2)
END
```

En este programa de suma, la instrucción DIMENSION T (200) indica a la computadora que debe reservar en la memoria 200 posiciones para los elementos de una tabla o conjunto de 200 números que se habrán de sumar. La instrucción READ indica a la máquina que debe leer los 200 números de la tabla T de uno de los dispositivos de entrada, cuyo formato se encuentra establecido en la línea marcada con el número 2. El formato le indica a la computadora el tipo y la forma en que se encuentra organizada la información; en este caso, el formato E 10, 2 indica que se trata de números con máximo de 10 dígitos, de los cuales dos se encuentran después del punto decimal. En la instrucción SUM = 0, el signo de = le indica a la máquina que el resultado de la operación a la derecha debe ser registrado en la posición de memoria correspondiente a la dirección de SUM. En este caso se registrará el valor cero, pero en la instrucción de la línea se registrará el valor acumulado de la suma de los 200 números.

Seguimos con la interpretación del sencillo programa en FORTRAN IV: La declaración DO indica a la máquina que las siguientes instrucciones hacia abajo deben ser ejecutadas un cierto número de veces. Este número se establece mediante un contador que lleva el control y que en nuestro ejemplo se representa con la letra I. Empieza con el número 1, luego el 2 y así sucesivamente hasta llegar a 200. La declaración DO es una de las más importantes de FORTRAN porque permite manejar el concepto de iteración que representa la forma de aprovechar la velocidad de procesamiento de información de la computadora. La declaración PRINT indica a la computadora que debe imprimir el resultado de la suma de los 200 números. La declaración STOP señala el punto en que debe terminar la ejecución lógica del programa y END es la terminación física del texto del programa.

La influencia de FORTRAN fue determinante en el desarrollo de la computación y de manera particular en la producción de software. Antes los programas debían ser escritos exclusivamente por un reducido número de expertos que conocían el funcionamiento de la máquina y la forma de programarla. Cualquier proceso de información en la computadora debía pasar por sus manos antes de ejecutarse. Con la creación de FORTRAN y de manera importante, con la oportunidad de disponer de un manual para el usuario, un mayor número de personas tuvo acceso a la computadora y fue posible que ellas mismas escribieran sus propios programas.

La programación ya no estaba reservada para los grandes iniciados en la computación. Poco a poco los ingenieros, los matemáticos y científicos empezaron a escribir programas en FORTRAN. Ya no tenían que ser los constructores de una computadora para poder usarla, tampoco necesitaban conocer a detalle la arquitectura de la máquina ni el funcionamiento de la electrónica para escribir un programa en FORTRAN. **Gracias a un software más amigable el uso y aprovechamiento de la computadora se empezó a expandir.** Fue tan grande el éxito de FORTRAN que en algunas escuelas de ingeniería se agregó una materia de estudio para aprender a programar en FORTRAN. Pero no obstante esta gran expansión en el uso de la computadora, todavía existía alguna discriminación: La computadora y FORTRAN estaban orientados hacia quienes manejaban las matemáticas: científicos, ingenieros, matemáticos. Se necesitaba algo más para que se expandiera el uso de la computadora como se expande la humedad.

Otros compiladores se fueron creando y empezó a formarse una gran ola. Primero fueron los grandes maestros de la computación, luego los científicos y le siguieron los matemáticos e ingenieros. Más tarde se agregaron los empresarios, luego los artistas, los comunicadores, los profesores, los escritores y finalmente todo el mundo, inclusive los niños. Y no solamente en los países que sirvieron de cuna a la computación como Inglaterra, Francia, España o los Estados Unidos, sino que se expandió a los confines más remotos en donde cualquier persona tiene en sus manos una computadora que le sirve para procesar información, conectarse con todo el mundo y tener a su disposición el conocimiento universal. Pero sigamos dando cuenta poco a poco del desarrollo del software porque resulta muy interesante conocer y comprender su expansión a partir del lenguaje máquina.

## ALGOL

El lenguaje ALGOL no es importante por su facilidad de uso o porque un amplio número de programadores lo prefieran. Su relevancia radica en su génesis y en la influencia que ejerció en el desarrollo del software. En 1958 se formó un comité internacional para estudiar la posibilidad de producir un lenguaje de programación universal que dio nacimiento al lenguaje ALGOL. En su génesis registra dos hechos de singular importancia: es producto de la aportación de un grupo interdisciplinario y es de alcance internacional.

En 1955 la Asociación Alemana de Matemáticas y Mecánica Aplicadas formó un comité para producir un programa traductor de fórmulas matemáticas. En 1957 la Asociación de Maquinaria de Computación (ACM) de los Estados Unidos formó también un comité para estudiar la posibilidad de producir un lenguaje de programación de tipo universal. En octubre de ese mismo año el grupo que trabajaba en Alemania decidió que los esfuerzos de investigación para producirlo deberían encaminarse a la producción de un lenguaje de tipo universal y que era conveniente contar con la participación de científicos de los Estados Unidos para unificar criterios y sumar esfuerzos. Por tal motivo, a fines de ese mismo mes, se invitó al profesor John Carr, Presidente de la ACM para participar en un proyecto conjunto entre ambos países.

La ACM aceptó la invitación y formó un grupo integrado por representantes de usuarios, fabricantes de computadoras y universidades para desarrollar el proyecto. Por su parte, el grupo alemán también formó un equipo de trabajo para iniciar sus actividades con el mismo objetivo. A fin de intercambiar experiencias y fijar objetivos se llevó a cabo en Zurich, Suiza, una reunión de ambos equipos del 27 de mayo al 2 de junio de 1958. Se reunieron cuatro expertos de cada país, entre los que se encontraba John Backus en el equipo de los Estados Unidos.

Los objetivos que planteó el comité internacional fueron los siguientes: 1) El nuevo lenguaje debería ser lo más parecido a la notación matemática y leerse fácilmente. 2). Su uso debería ser factible para describir el procesamiento de información en publicaciones especializadas. 3). Poderse traducir mecánicamente en el lenguaje máquina. A fines de ese mismo año se publicó un informe que contenía la descripción del "International Algebraic Language" que más tarde se conoció como ALGOL (ALGOritmic Language).

El diseño de ALGOL se realizó con la idea central de que un lenguaje de programación no debe usarse sólo para la comunicación entre el hombre y la máquina, sino también como medio de comunicación entre las personas. Por tal motivo, el resultado fue un excelente programa para expresar algoritmos, plantear problemas teóricos en computación y difundir ideas y avances de la investigación pero no para resolver con eficacia problemas reales en la computadora. Una de las más importantes deficiencias de ALGOL fue su incapacidad para manejar eficientemente la entrada y salida de información en la computadora.

## COBOL

Después de varios años en que las computadoras se usaron exclusivamente por personas que tenían una sólida preparación matemática y de que los lenguajes de programación que se produjeron estaban orientados precisamente a la solución de problemas de tipo científico, alguien pensó ¡por fin! que las computadoras podían usarse en las empresas y que hacía falta un lenguaje que expresara y resolviera los problemas de manejo de información en los negocios. (Todavía tendrían que pasar otros diez años para que alguien pensara que la computadora podría ser personal y otros veinte años para que la computación fuera móvil y llegara a la mano de una persona).

La primera idea para orientar la computadora al campo de los negocios surgió durante una reunión celebrada en el Centro de Cómputo de la Universidad de Pennsylvania el día 8 de abril de 1959 y a la que asistieron representantes de varias universidades, usuarios de computadoras y algunos fabricantes de equipo de cómputo. Como resultado de esa reunión se acordó solicitar la colaboración del Departamento de la Defensa de los Estados Unidos, ya que se sabía que estaban trabajando con este objeto para manejar la información del material de guerra.

El Departamento de la Defensa recibió con agrado la solicitud y seguramente se lamentó por no haber sido el primero en tomar la iniciativa para desarrollar este proyecto. De inmediato comisionó a Charles E. Phillips para organizar la siguiente reunión con el patrocinio del gobierno de los Estados Unidos. Los días 28 y 29 de mayo de 1959 se reunieron 40 participantes de los cuales la mitad eran representantes de oficinas gubernamentales, 15 de compañías fabricantes de equipo y el resto provenía de varias universidades. El principal acuerdo fue integrar un comité formado con representantes de los diferentes grupos.

Aquí abrimos un paréntesis para destacar la participación del Departamento de la Defensa de los Estados Unidos en los primeros proyectos para impulsar la computación. De igual manera, debemos señalar la sobresaliente participación de las universidades. Sin embargo, los estudiantes y emprendedores de la Informática deben fijar su atención en el cambio que se origina al entrar en escena la computadora personal con las figuras destacadas de los jóvenes empresarios como Steve Jobs y Bill Gates que cambian el centro de gravedad de la innovación.

La primera reunión del comité se celebró el 4 de junio de 1959 con el propósito fundamental de organizar los grupos de trabajo, fijar un calendario de actividades y definir los procedimientos a seguir. En la reunión se manifestaron dos puntos de vista contrarios: un grupo pugnó por producir un lenguaje en un plazo corto, tomando como base los resultados obtenidos en el desarrollo de otros trabajos; otra corriente se inclinó por producir un lenguaje completo y consistente tomando el tiempo que fuera necesario. En vista de que no se logró el consenso, se tomó la decisión de formar no uno, sino tres grupos para producir resultados a corto, mediano y largo plazo.

El grupo de corto plazo se integró con representantes de seis compañías fabricantes de computadoras: Burroughs, IBM, Honeywell, Radio Corporation of America, Remington Rand y Sylvania Electric Products. También participaron dos oficinas de gobierno: Air Material Comand de la Fuerza Aérea y David Taylor Model Basin de la Fuerza Naval. Como líder de este grupo fue designado J. Wegstein. No comentamos sobre los integrantes de los otros dos grupos porque el primero que llegó a la meta fue precisamente el que hemos mencionado. Es importante destacar la cronología de las actividades de este comité porque los resultados que obtuvo fueron excelentes sobre todo si se considera el corto tiempo que empleó para la consecución de su objetivo.

El comité se fijó como meta concluir el proyecto en tres meses. Como el tiempo era realmente reducido decidieron estudiar tres lenguajes que ya existían para tomar de ellos los conceptos más importantes y que mejor se adaptaran al nuevo proyecto. El primero fue Flowmatic, desarrollado por Grace Hopper para la compañía UNIVAC y que se encontraba en uso en varias instituciones; el segundo fue Aimaco producido por Alfred Asch para la Fuerza Aérea de los Estados Unidos y el tercero Comtran, escrito por Roy Godfinger para la empresa IBM. Los autores de estos tres lenguajes se sumaron al equipo de trabajo.

Este grupo adoptó el nombre de "COBOL Comittee (Common Business Oriented Language) y decidió darle al lenguaje el mismo nombre: COBOL. El 4 de septiembre el comité presentó un reporte con los resultados obtenidos y recibió una aprobación condicionada a realizar algunas correcciones y mejoras. El 17 de diciembre se concluyeron los trabajos de producción. En enero del año siguiente recibió la aprobación del departamento de la Defensa de los Estados Unidos y en abril se publicó un documento oficial de COBOL.

Durante el proceso de producción sucedieron dos hechos de singular importancia. En primer lugar, se logró reunir el esfuerzo de compañías fabricantes de computadoras que, aun siendo rivales en la producción y comercialización de equipo, olvidaron sus antagonismos para desarrollar un producto necesario y de beneficio común. Esto es significativo porque algunas de estas empresas habían invertido recursos de toda índole para producir sus propios compiladores y tuvieron que olvidarlos. Otro aspecto importante es que se logró producir un lenguaje de alto nivel como objetivo de un proyecto bien definido en menos de un año. Con el objeto de difundir y dar mantenimiento a COBOL se formó un comité que incluyó representantes de las compañías Bendix Computer Division, Control Data, Du Pont, General Electric, National Cash Register, Philco y U.S. Steel. El comité trabajó activamente y en 1965 publicó un documento que incluía un manual de referencia.

Las instrucciones de COBOL facilitan la programación ya que la forma de escribirlas y usarlas es semejante al lenguaje natural sin alcanzar la elasticidad, libertad y riqueza de éste. En el grupo de instrucciones que se presentan a continuación se nota esta similitud. Conviene hacer una comparación entre estas instrucciones y las del lenguaje máquina o el ensamblador para apreciar el importante avance que se logró con COBOL.

```
IF SUELDO IS LESS THAN 5000 AND DIAS EQUAL TO 30 GO
TO PAGAR.
IF EDAD IS GREATER THAN 18 OR CASADO GO TO
CALCULAR.
```

```
IF MERCANCIA-EN-ALMACEN IS EQUAL TO MINIMO AND
SALDO-EN-CAJA IS GREATER THAN 10000 OR SALDO-EN-
BANCO IS POSITIVE GO TO COMPRAR ELSE ADD 5000 TO
CAJA GO TO CANCELAR.
```

En 1961 el gobierno de los Estado Unidos publicó un decreto definitivo para lograr que COBOL asegurara un sitio preferente entre los lenguajes seleccionados por los fabricantes para entregarlo como parte del equipo de cómputo. El decreto establecía que si un proveedor de computadoras del gobierno no ofrecía COBOL en la máquina, no sería elegible para proveer al gobierno, a menos que pudiera demostrar que su compilador era mejor. Esto fue suficiente para que los fabricantes lo incluyeran asegurando de esta forma el éxito de COBOL.

COBOL representó un importante avance en el desarrollo de lenguajes de programación con palabras y sintaxis semejantes al lenguaje natural, en este caso el idioma inglés. Esta notable ventaja produjo varios efectos: 1). Facilitó la comunicación del hombre con la máquina. 2). Contribuyó a incrementar el número de personas que aprendieron a programar. 3). Hizo accesible la programación de computadoras a personas cuyo campo de actividades no se encontraba directamente conectado con las matemáticas y 4). Extendió la utilización de las computadoras hacia empresas de tipo industrial y comercial.

## PL/1

A pesar de los esfuerzos que se habían realizado para producir un lenguaje de tipo universal el objetivo no había sido alcanzado. FORTRAN quedó circunscrito al campo de la investigación científica con aplicaciones en las áreas de ingeniería y matemáticas; ALGOL se utilizó para expresar algoritmos y resolver en la teoría problemas de computación. COBOL logró integrar palabras y expresiones semejantes al idioma inglés, pero su aplicación principal se ubicó en el campo de los negocios. Estos tres lenguajes representan importantes intentos que permitieron un avance significativo en el desarrollo del software pero que no lograron alcanzar la característica de universalidad. En este contexto PL/1 es relevante porque significó un paso más en el camino para llegar a la creación de un lenguaje de programación universal.

IBM formó un equipo de trabajo para revisar FORTRAN y mejorarlo pero el grupo decidió separarse del modelo FORTRAN e iniciar la construcción de un nuevo lenguaje que pudiera integrar la tecnología de las modernas computadoras, el uso de caracteres alfanuméricos, formato de instrucciones orientado a las tarjetas de 80 columnas y una forma más fácil para el manejo de las declaraciones. El comité decidió estudiar algunos compiladores que habían tenido éxito como ALGOL, JOVIAL y COBOL para usarlos como referencia. La idea central que prevalecía entre los miembros del comité era la de extender sus raíces a fin de crear algo que pudiera tener una extensión suficiente para satisfacer las necesidades de los diversos usuarios y de las diferentes computadoras.

En marzo de 1964 quedó terminada una primera versión pero se siguió trabajando en él para corregir algunas deficiencias. En diciembre de ese año se dio a conocer la versión definitiva que se denominó *New Programming Language* (NPL). Sin embargo, el Laboratorio Nacional de Física de Inglaterra envió a IBM una comunicación solicitando el cambio de nombre porque las iniciales coincidían con las suyas y se podría prestar a lamentables confusiones. IBM aceptó la petición y cambió el nombre por PL/1 que significa *Programming Language number 1*. Su primer manual de instrucciones se dio a conocer a principios de 1965. Dentro de la compañía IBM se formó un departamento especial para difundir y dar mantenimiento a PL/1.

La notación de PL/1 es sucinta y es más semejante a la de FORTRAN que a la de COBOL. Su aprendizaje es fácil para aquellas personas familiarizadas con FORTRAN pero no así para quienes son principiantes en la programación de computadoras ya que se trata de un lenguaje complejo y poderoso. No obstante, el tipo de notación que utiliza lo hace fácil de leer y escribir. El PL/1 es conveniente para el desarrollo de programas en las grandes instalaciones.

## LISP

En el Instituto Tecnológico de Massachusetts el profesor John McCarthy formó un grupo pionero en el estudio de la Inteligencia Artificial y decidió desarrollar un lenguaje de programación que se adaptara a sus necesidades de manejo de información, ya que los lenguajes disponibles en ese tiempo no se adecuaban al medio ambiente de la metodología de su trabajo. McCarthy inició el proyecto en 1959 con el objetivo de facilitar los experimentos con un sistema denominado Receptor de Información en el que una máquina podía ser instruida para manejar frases declarativas e imperativas y podía mostrar un cierto "sentido común" en el cumplimiento de las instrucciones recibidas. El principal requisito era un sistema de programación para manejar expresiones que representaran frases declarativas o imperativas de tal manera que el receptor de información pudiera hacer deducciones. En el curso de su desarrollo el lenguaje LISP atravesó por varias etapas de simplificación y finalmente llegó a estar basado en un esquema para representar las funciones recursivas parciales de una clase de expresiones simbólicas. **Fue así como LISP se orientó hacia la Inteligencia Artificial.**

El proyecto fue realizado originalmente para la computadora IBM 704. En marzo de 1960 se publicó el primer manual de LISP. Al producirse la nueva versión de la computadora IBM con el modelo 709 se abrió una nueva posibilidad para mejorarlo y se crearon nuevas versiones que culminaron con el LISP-2 que superó sustancialmente a la versión original sobre todo en lo que se refiere a la notación utilizada y al manejo de entrada y salida de datos.

LISP se orientó al manejo de expresiones simbólicas y listas de objetos. Su nombre refleja este objetivo: LISt Processor. Sin embargo, sus aplicaciones se ampliaron notablemente, rebasando el área para el que fue diseñado. Algunos de los mejores programas para jugar ajedrez han sido producidos en LISP.

Es un lenguaje que utiliza con profusión los paréntesis y para quien no maneja habitualmente expresiones algebraicas resulta fácil perderse al momento de formar los pares de paréntesis que separan los operandos. El grado de dificultad para aprenderlo cae en dos extremos: es difícil para quien no está acostumbrado a manejar expresiones simbólicas con paréntesis y fácil e incluso agradable para quien maneja esta forma de notación.

Su aplicación se ha extendido en virtud de que los estudios en el campo de la Inteligencia Artificial han visto crecer su importancia en varias universidades de los Estados Unidos y Europa. Su contribución al desarrollo del software ha sido importante porque ofrece una herramienta particularmente útil para la programación en el interesante campo de la Inteligencia Artificial.

## BASIC

Aunque su origen y su objetivo fueron modestos, **BASIC llegó a convertirse en uno de los lenguajes de programación más usados del mundo.** Fue creado en el Darmouth College por John Kemeny y Thomas Kurtz en 1965. Su nombre refleja la idea que tenían en mente sus creadores: Beginner's All Purpose Symbolic Instruction Code: Lenguaje para principiantes. Todo estudiante de Informática aprendió a usarlo en la década de los setenta y más.

Su diseño original contemplaba su aplicación en tiempo compartido en las terminales de las grandes computadoras. Cuando las máquinas más grandes tuvieron la posibilidad de ejecutar programas con multiprogramación y tiempo compartido se produjeron algunos lenguajes de tipo interactivo que permitió aprovechar la computadora en la ejecución de programas sencillos que no requerían mucho tiempo de compilación ni especiales cuidados en el manejo de datos. Algunos de ellos fueron QUIKTRAN, CPS, JOSS, BASIC Y AMTRAN. De éstos, los más sencillos eran JOSS y BASIC. El primero era favorito de ingenieros y BASIC se hizo popular entre los estudiantes, quienes lo utilizaban para hacer pequeños programas, algunos experimentos y jugar con la computadora cuando les era posible. De esta forma, el propósito de BASIC se cumplió ampliamente.

El siguiente es un ejemplo de un programa escrito en BASIC para calcular el número de veces que sale águila o sol en el lanzamiento de una moneda 10, 50, 500, 1000 veces con la impresión de resultados:

```
100 REM PROGRAMA DE EJEMPLO EN BASIC
110 LET Y$ = TIMES$
120 LET A$ = MID$ (Y$, 7, 2)
130 LET N = VAL (A$)
140 RANDOMIZE (A$)
150 FOR  I = 1 TO 5
160 READ N
170 LET H = 0
180 LET T = 0
190 FOR J = 1 TO N
200 LET X = INT (2 * RND + 1)
210 IF X = 1 THEN 240
220 LET T = T + 1
230 GO TO 250
240 LET H = H +1
250 NEXT J
260 PRINT
270 PRINT "DE";  N; LANZAMIENTOS HA HABIDO"
280 PRINT H;  "AGUILAS Y"; T,  "SOLES"
290 NEXT I
300 DATA 10, 50, 500, 1000
310 END
```

Basic alcanzó gran popularidad a partir de la introducción de la computadora personal. La ventaja de ser interactivo y fácil de aprender permitió que fuera usado en las microcomputadoras y su fama se extendió más rápida y ampliamente que la de cualquier otro lenguaje. El hecho de que los fabricantes de computadoras personales entregaran BASIC como parte del equipo fue definitivo para colocarlo como el más popular. Sin embargo, no debe perderse el correcto enfoque y la medida justa de las cosas. BASIC es un lenguaje para principiantes y es adecuado para aprender a programar o realizar pequeños programas en la computadora, pero definitivamente no es un lenguaje para desarrollar sistemas de procesamiento de datos de información.

Sin embargo a finales de la década de 1980 las computadoras eran mucho más complejas e incluían características como la Interfaz gráfica de usuario que hacían a BASIC menos apropiado para programarlas y de esta forma BASIC comenzó a desvanecerse. Sin embargo, la suerte de BASIC dio un giro nuevamente con la introducción de Visual Basic de Microsoft. Si bien este lenguaje utiliza prácticamente todas las palabras clave (sentencias, estructuras de control y funciones intrínsecas) y tipo de datos de versiones BASIC anteriores, VB es abismalmente más potente y evolucionado; y se ha convertido en uno de los lenguajes más utilizados en la plataforma Windows. Se estima que entre el 70% y el 80% del total de aplicaciones comerciales son programadas en Visual Basic.

## FORTH

Fue desarrollado entre los años de 1965 y 1970 en el National Radio Astronomy Observatory de Kitt Peak, Arizona por Charles H. Moore, quien trabajaba en el Observatorio y no se sentía satisfecho con la aplicación de los lenguajes disponibles para la resolución de los problemas de un observatorio altamente mecanizado que tenía que manejar el telescopio, el análisis espectral, la observación del firmamento, el procesamiento de imágenes y otras actividades con equipo electrónico avanzado. Pensó en desarrollar un nuevo lenguaje que sirviera como interface entre la persona y la computadora que tenía que programar. Quería un lenguaje que fuera no solamente poderoso sino también flexible y fácil de usar. Como punto importante, Moore pensaba diseñarlo de tal manera que permitiera al programador agregar funciones que pudiera necesitar en el futuro. Es por eso que la estructura de FORTH puede ser modificada por el programador para alcanzar un objetivo determinado.

El origen del nombre refleja los ambiciosos planes que tenía Moore cuando pensó diseñarlo. La máquina que usaba en su trabajo era una IBM 1130 de la tercera generación y el lenguaje debería ser tan avanzado que pudiera servir en la cuarta generación. (FOURTH generation que en corto quedó en FORTH). Pero si bien su nombre se acortó, no así sus funciones. FORTH es varias cosas a la vez: un lenguaje de alto nivel, de bajo nivel, un sistema operativo y una filosofía de programación. Sus primeras aplicaciones fueron de tipo científico pero gracias a sus características de tipo conversacional, elástico y fácil de manejar tuvo una amplia aceptación por los usuarios de computadoras personales.

El **Shell,** intérprete de órdenes o intérprete de comandos es el programa que provee una interfaz de usuario para acceder a los servicios del sistema operativo. Los shell son necesarios para invocar o ejecutar los distintos programas disponibles en la computadora. Dependiendo del tipo de interfaz que empleen, los shells pueden ser:

De líneas texto (CLI, Command-Line Interface, interfaz de línea de comandos),

Gráficos (GUI, Graphical User Interface, interfaz gráfica de usuario),

De lenguaje natural (NUI, Natural User Interface, interfaz natural de usuario).

FORTH combina el compilador con un shell interactivo. El usuario define y corre subrutinas, o "palabras" en una máquina virtual similar al ambiente de runtime. Las palabras pueden ser probadas, redefinidas y depuradas a medida que el código fuente es ingresado sin recompilar o reiniciar el programa entero. Todos los elementos sintácticos, incluyendo las variables y los operadores básicos, aparecen como tales procedimientos en forma de palabras. Incluso si una palabra es optimizada para no requerir una llamada de subrutina, todavía sigue también disponible como subrutina. Por otro lado, el shell puede compilar comandos interactivamente mecanografiados en código de máquina antes de correrlos. FORTH fue popular en las computadoras con recursos limitados, tales como el BBC Micro y las series del Apple II y permanece así en aplicaciones tales como firmware y pequeños microcontroladores. FORTH es usado en muchos sistemas embebidos debido a su portabilidad, uso eficiente de la memoria, corto tiempo de desarrollo y rápida velocidad de ejecución. Ha sido implementado eficientemente en procesadores RISC modernos y han sido producidos procesadores que usan FORTH como lenguaje de máquina.

## C

Es el lenguaje con el nombre más breve. Una sola letra que a veces se pierde en el texto de un libro o se confunde entre las palabras. Quizá por esto su historia debe empezarse relatando el porqué de este lacónico nombre. Es el producto final de una serie de tres pasos para escribir un lenguaje de programación. El primero fue BCPL, escrito por Martin Richards, el segundo fue B, producido por Ken Thompson, y el tercero fue C, creado por Dennis Ritchie en 1972 en los Laboratorios Bell establecidos en Murray Hill, Nueva Jersey. Originalmente fue diseñado para el sistema operativo UNIX de la computadora PDP-11 de Digital Equipment Corporation, pero después se extendió su aplicación a otras máquinas y sistemas operativos, logrando una particular aceptación por los usuarios de computadoras personales. En 1982 se formó un comité dentro de la organización American National Standards Institute para establecer la normalización del lenguaje C, su biblioteca de ejecución y su forma de compilación.

**Aun cuando se trata de un lenguaje de alto nivel, también permite tener acceso a la programación a nivel bit** y esta ventaja lo hace muy valioso para la programación de sistemas. Por esta razón el sistema operativo UNIX está escrito principalmente en C. Sus antecedentes se ubican en la familia de ALGOL, por lo que es más parecido a PL/1, Pascal y Ada pero acusa menor similitud con BASIC, FORTRAN o LISP.

Uno de los objetivos del lenguaje C es que sólo sean necesarias unas pocas instrucciones en lenguaje máquina para traducir cada elemento del lenguaje, sin que haga falta un soporte intenso en tiempo de ejecución. Es posible escribir C con un bajo nivel de abstracción; de hecho, C se usó como intermediario entre diferentes lenguajes. En parte a causa de ser de relativamente de bajo nivel y de tener un modesto conjunto de características, se pueden desarrollar compiladores de C fácilmente. En consecuencia, el lenguaje C está disponible en un amplio abanico de plataformas (más que cualquier otro lenguaje). Además, a pesar de su naturaleza de bajo nivel, el lenguaje se desarrolló para incentivar la programación independiente de la máquina. Un programa escrito cumpliendo los estándares e intentando que sea portátil puede compilarse en muchas computadoras.

---

**Kernel** (de la raíz germánica Kern, núcleo) es un software que constituye una parte fundamental del sistema operativo y se define como la parte que se ejecuta en modo privilegiado (conocido también como modo núcleo). Es el principal responsable de facilitar a los distintos programas acceso seguro al hardware de la computadora o en forma básica, es el encargado de gestionar recursos, a través de servicios de llamada al sistema. Como hay muchos programas y el acceso al hardware es limitado, también se encarga de decidir qué programa podrá usar un dispositivo de hardware y durante cuánto tiempo, lo que se conoce como multiplexado. Acceder al hardware directamente puede ser realmente complejo, por lo que los núcleos suelen implementar una serie de abstracciones del hardware. Esto permite esconder la complejidad y proporcionar una interfaz limpia y uniforme al hardware subyacente, lo que facilita su uso al programador.

---

En 1973 el lenguaje C se había vuelto tan potente que la mayor parte del kernel UNIX, originalmente escrito en el lenguaje ensamblador PDP-11/20, fue reescrita en C. Éste fue uno de los primeros núcleos de sistema operativo implementados en un lenguaje distinto al ensamblador. A finales de la década de 1970, C empezó a sustituir a BASIC como lenguaje de programación de microcomputadoras predominante. Durante la década de 1980 se empezó a usar en los IBM PC, lo que incrementó su popularidad significativamente. Al mismo tiempo, Bjarne Stroustrup empezó a trabajar con algunos compañeros de Bell Labs para añadir funcionalidades de programación orientada a objetos a C. El lenguaje que crearon, llamado C++, es hoy en día el lenguaje de programación de aplicaciones más común en el sistema operativo Microsoft Windows; mientras que C sigue siendo más popular en el entorno UNIX. Otro lenguaje que se desarrolló en esa época, Objective C, también añadió características de programación orientada a objetos a C. Aunque hoy en día no es tan popular como C++, se usa para desarrollar aplicaciones Cocoa para Mac OS X. En 1983 el Instituto Nacional de Estándares de los Estados Unidos organizó un comité para establecer una especificación estándar de C. Tras un largo proceso se completó el estándar en 1989 y se ratificó como el "Lenguaje de Programación C" ANSI X3. Esta versión del lenguaje se conoce a menudo como ANSI C, o a veces como C89 (para distinguirla de C99).

En 1990, el estándar ANSI (con algunas modificaciones menores) fue adoptado por la Organización Internacional para la Estandarización (ISO) en el estándar ISO/IEC 9899. Esta versión se conoce a veces como C90. No obstante, "C89" y "C90" se refieren en esencia al mismo lenguaje. Uno de los objetivos del proceso de estandarización del ANSI C fue producir una extensión al C de Kernighan y Ritchie, incorporando muchas funcionalidades no oficiales. Sin embargo, el comité de estandarización incluyó también muchas funcionalidades nuevas, como prototipos de función, y un preprocesador mejorado. También se cambió la sintaxis de la declaración de parámetros para hacerla semejante a la empleada habitualmente en C++

La evolución de C ha dado lugar al surgimiento de varias ramas que se han desarrollado de manera robusta por si mismas al punto en que se pueden considerar como nuevos lenguajes.

**Objective-C.** Es un primer intento de proporcionar soporte para la programación orientada a objetos en C, pero actualmente usado en Mac OS X, iOS y GNUstep.

**C++.** Diseñado por Bjarne Stroustrup, fue el segundo intento de proporcionar orientación a objetos a C y es la variante más difundida y aceptada. Esta versión combina la flexibilidad y el acceso de bajo nivel de C con las características de la programación orientada a objetos como abstracción, encapsulación y ocultación.

**JavaScript,** un lenguaje de scripting creado en Netscape e inspirado en la sintaxis de Java diseñado para dar a las páginas Web mayor interactividad. A la versión estandarizada se la conoce como ECMAScript.

**C#** (pronunciado C Sharp) es un lenguaje de programación orientado a objetos desarrollado por Microsoft como parte de su plataforma .NET. Se deriva de C/C++.

## Pascal

La idea de escribir Pascal surgió en la mente del profesor Niklaus Wirth a fines de la década de los sesenta. El profesor Wirth trabajaba en el Eidgenossiche Technische Hochschule (Instituto Federal de Tecnología) en Zurich, Suiza, donde impartía el curso de programación de computadoras y estaba insatisfecho con los lenguajes existentes en esa época porque no tenían una estructura que facilitara la enseñanza al maestro y el aprendizaje al alumno. Ante estas circunstancias decidió que era necesario llevar a cabo un proyecto para lograr dos objetivos fundamentales: 1). Desarrollar un lenguaje que permitiera enseñar programación como una disciplina sistemática basada en conceptos fundamentales que fueran reflejados con claridad por el mismo lenguaje. 2). Desarrollar aplicaciones con el lenguaje, de tal manera que fueran a la vez confiables y eficaces en las computadoras disponibles en ese tiempo.

El profesor Wirth estaba convencido de que el lenguaje en que el estudiante expresa sus ideas influye profundamente en sus hábitos de pensamiento y en su creatividad. El desorden que tienen casi todos ellos –decía Wirth- repercute en el estilo de programación de los estudiantes, y por eso es necesario crear un lenguaje de programación de alto nivel que sea fácil de enseñar, que le forme al estudiante el hábito de desarrollar algoritmos estructurados y que sea eficiente en la ejecución de programas en la computadora.

Con este objetivo en mente, Wirth trabajó de 1968 a 1970 en el compilador de Pascal que se ejecutó por vez primera en una computadora CDC 6000. El nombre del lenguaje de programación se eligió en honor del matemático y filósofo francés Blaise Pascal. Inicialmente Pascal estaba destinado a enseñar a los estudiantes la programación estructurada, pero gracias a su facilidad para expresar algoritmos y su eficiente compilación pronto rebasó la frontera de las aulas en Suiza y fue adoptado por varias empresas fabricantes de computadoras y universidades en Europa y los Estados Unidos. Las variantes de Pascal también se han usado desde proyectos de investigación a juegos de PC y sistemas embebidos. Pascal fue el lenguaje primario de alto nivel utilizado para el desarrollo en la computadora Apple Lisa y en los primeros años del Macintosh.

En los años 1980, Anders Hejlsberg escribió el compilador Blue Label Pascal para el Nascom-2. Más tarde fue a trabajar para Borland y reescribió su compilador que se convirtió en Turbo Pascal para la IBM PC. Este nuevo compilador se vendió por 49 dólares, un precio orientado a la distribución masiva. Sin embargo, Borland decidió mejorar esa extensión del lenguaje introduciendo su producto Delphi, diseñado a partir del estándar Object Pascal.

## LOGO

Logo fue diseñado en 1968 en Cambridge Massachusetts bajo el patrocinio de la Fundación para la Ciencia de los Estados Unidos. En su creación intervinieron los destacados científicos W. Feurzeig, S. Papert, M. Bloom, R. Grant y C. Solomon. En una segunda fase Logo fue perfeccionado por Seymour Papert en el Laboratorio de Inteligencia Artificial del Instituto

Tecnológico de Massachusetts. En este caso, el nombre de Logo no se debe a un acrónimo sino que proviene de la raíz griega que significa palabra o pensamiento.

Logo es un derivado del lenguaje LISP que fue desarrollado para usarse en proyectos de Inteligencia Artificial. **Logo fue creado especialmente para introducir a los niños en la computación** y enseñarles a pensar y expresar sus ideas en un algoritmo que se pueda programar en un lenguaje sencillo y fácil de comprender, siendo el primero que se orienta específicamente a la enseñanza de la programación a los niños. Por medio de desafíos Logo pide a los niños que hagan dibujos o que resuelvan problemas divertidos, obligándolos a pensar en el modo natural en que ocurren las cosas, logrando así despertar su interés y evitando el tedio que se podría generar con otros lenguajes.

En su diseño se incluyó un paquete de gráficas denominado Turtle Graphics que lo hace todavía más atractivo para los niños ya que hace más fácil y agradable la comunicación con la computadora. El centro de atención en la gráfica es una tortuga que puede ser movida hacia un lado y otro de la pantalla. La tortuga tiene un lápiz con el que puede hacer trazos en la pantalla y puede utilizar diferentes colores de acuerdo con la capacidad cromática del monitor. La tortuga apunta con su cabeza la dirección en la que se mueve y puede ir hacia arriba, hacia abajo, a la izquierda o la derecha para crear un dibujo.

Logo es uno de los pocos lenguajes de programación con instrucciones en español en algunos intérpretes, entre ellos: FMSLogo, LogoWriter, WinLogo, Logo Gráfico, XLogo, MSWLogo y LogoEs. Tiene más de 180 intérpretes y compiladores, según constan en el proyecto "Logo Tree". El programa Logo existe en varias versiones: XLogo, MSWLogo y LogoES tienen la particularidad de ser además software libre. La característica de que las instrucciones se puedan comprender en diferentes idiomas le otorga una ventaja adicional.

Logo ha tenido gran aceptación en las escuelas por su facilidad de uso. Es excelente para resolver problemas que requieren el empleo de palabras, caracteres y símbolos. No es un lenguaje para manejar grandes volúmenes de datos. Su objetivo es permitir una comunicación fácil y accesible con la computadora y lo ha alcanzado en un alto grado.

## ADA

El lenguaje Ada se produjo en 1974 por iniciativa y bajo los auspicios del Departamento de la Defensa de los Estados Unidos. **Su nombre es un tributo en recuerdo de Ada, Condesa de Lovelace**, quien escribió un programa para calcular los números de Bernoulli en la Máquina Analítica de Charles Babbage, mereciendo por este hecho que se la considere como la primera mujer programadora en la historia del software.

A principios de la década de 1970 el Departamento de la Defensa inició estudios para desarrollar un lenguaje de programación universal a fin de sustituir la amplia variedad que ya existía y que más que ayudar en función de su diversidad, estaban creando confusión entre los programadores y al Departamento le significaba un alto gasto en software. Para solucionar el problema se decidió crear un lenguaje único que cumpliese unas ciertas normas recogidas en el documento Steelman. Después de un estudio de los lenguajes existentes en la época hizo un concurso público al que se presentaron cuatro equipos, cuyas propuestas se nombraron con un color: Rojo (Intermetrics), Verde (CII Honeywell Bull), Azul (SofTEch) y Amarillo (SRI International). Finalmente en mayo de 1979 se seleccionó la propuesta Verde diseñada por Jean Ichbiah de CII Honeywell Bull y se le dio el nombre de Ada. Esta propuesta era un sucesor de un lenguaje anterior de este equipo llamado LIS y desarrollado durante los años 1970.

El lenguaje Ada fue creado bajo la filosofía y los principios de ALGOL y Pascal que le han dado las características de ser modular y facilitar la programación estructural. En el transcurso del tiempo ha recibido mejoras y actualizaciones y actualmente es un lenguaje de programación multipropósito orientado a objetos y concurrente, pudiendo llegar desde la facilidad de Pascal hasta la flexibilidad de C++. Fue diseñado con la seguridad en mente y con una filosofía orientada a la reducción de errores comunes y difíciles de descubrir. Para ello permite hacer verificaciones en tiempo de ejecución.

Su fuerte orientación hacia el tema de la seguridad ha hecho que se use principalmente en entornos en los que se necesita una gran seguridad y fiabilidad como la defensa, la aeronáutica (Boeing o Airbus), la gestión del tráfico aéreo (como Indra en España) y la industria aeroespacial entre otros.

Ada es un lenguaje que no escatima en la longitud de las palabras clave. Se inspira en la filosofía de que un programa se escribe una vez, se modifica decenas de veces y se lee miles de veces. Todo el programa es un único procedimiento que puede contener subprogramas (procedimientos o funciones). Es indiferente el uso de mayúsculas y minúsculas en los identificadores y palabras claves.

## RANKING DE LENGUAJES DE PROGRAMACIÓN

La producción de lenguajes de alto nivel ha sido prolífica en los últimos setenta años. Se inicia con FORTRAN y desde entonces se han creado cientos de lenguajes. La mayor parte han llegado a ser obsoletos en un corto plazo y prácticamente han desaparecido. Es notable que siendo FORTRAN el más antiguo de todos se siga utilizando. La siguiente es una lista de los lenguajes de programación que más han destacado clasificada en periodos decenales a partir de 1950. Más adelante presentamos una lista de los 10 mejor colocados en el Ranking de los lenguajes de programación. Recordemos que el primer lenguaje utilizado fue el lenguaje máquina para la computadora ENIAC.

**Década 1950**

1951 – Lenguaje ensamblador

1952 - Autocode

1957 - FORTRAN (primer compilador)

1957 - COMTRAN (precursor de COBOL)

1958 - LISP

1958 - ALGOL

1959 - COBOL

## Década de 1960

1962 - APL

1962 - Simula

1962 - SNOBOL

1963 - CPL (precursor de C)

1964 - BASIC

1964 - PL/I

1967 - BCPL (precursor de C)

1968 - Logo

## Década de 1970

1970 - Pascal

1970 - Forth

1972 - C

1972 - Smalltalk

1972 - Prolog

1973 - ML

1975 - Scheme

1978 - SQL

## Década de 1980

1980 - C++

1983 - Ada

1984 - Common Lisp

1984 - Matlab

1985 - Eiffel

1986 - Objective-C

1986 - Erlang

1987 - Perl

1988 - Tcl

1989 - FL

**Década de 1990**

1990 - Haskell

1991 - Python

1991 - Visual Basic

1991 - HTML

1993 - Ruby

1993 - Lua

1994 - CLOS

1995 - Java

1995 - Delphi (Derivado de Pascal)

1995 - JavaScript

1995 - PHP

1996 - WebDNA

1997 - Rebol

1999 – D

**Del año 2000 en adelante**

2000 - ActionScript

2001 - C#

2001 - Visual Basic .NET

2002 - F#

2003 - Groovy

2003 - Scala

2003 - Factor

2007 - Clojure

2009 - Go

2011 - Dart

2014 - Swift

Este es el Ranking de los 10 lenguajes de programación mejor colocados en 2016:

**Java.** Es un lenguaje de programación de propósito general, orientado a objetos que fue diseñado específicamente para tener el menor número de dependencias de implementación como fuera posible. Su intención es permitir que los desarrolladores de aplicaciones escriban el programa una vez y lo ejecuten en cualquier dispositivo (conocido en inglés como WORA, o "write once, run anywhere"), lo que quiere decir que el código que es ejecutado en una plataforma no tiene que ser recompilado para correr en otra. Java es, a partir de 2012, uno de los lenguajes de programación más populares, particularmente para aplicaciones de cliente-servidor de Web, con unos 10 millones de usuarios reportados.

**C.** Fue desarrollado por Dennis M. Ritchie entre 1969 y 1972 en los Laboratorios Bell. Es un lenguaje orientado a la implementación de sistemas operativos, concretamente Unix. C es apreciado por la eficiencia del código que produce y es el lenguaje de programación más popular para crear software de sistemas, aunque también se utiliza para crear aplicaciones. Dispone de las estructuras típicas de los lenguajes de alto nivel pero, a su vez, dispone de construcciones del lenguaje que permiten un control a muy bajo nivel. Los compiladores suelen ofrecer extensiones al lenguaje que posibilitan mezclar código en ensamblador con código C o acceder directamente a memoria o dispositivos periféricos.

**C++.** Fue diseñado a mediados de los años 1980 por Bjarne Stroustrup. El nombre C++ fue propuesto por Rick Mascitti en el año 1983, cuando el lenguaje fue utilizado por primera vez fuera de un laboratorio científico. Antes se había usado el nombre "C con clases". En C++, la expresión "C++" significa "incremento de C" y se refiere a que C++ es una extensión de C. La intención de su creación fue el extender al lenguaje de programación C mecanismos que permiten la manipulación de objetos. En ese sentido, desde el punto de vista de los lenguajes orientados a objetos, el C++ es un lenguaje híbrido. Posteriormente se añadieron facilidades de programación genérica que se sumaron a los paradigmas de programación estructurada y programación orientada a objetos. Por esto se suele decir que el C++ es un lenguaje de programación multiparadigma. Existen también algunos intérpretes, tales como ROOT. Una particularidad del C++ es la posibilidad de redefinir los operadores y de poder crear nuevos tipos que se comporten como tipos fundamentales.

**Python**. Python fue creado a finales de los ochenta por Guido van Rossum en el Centro para las Matemáticas y la Informática (CWI, Centrum Wiskunde & Informática) en los Países Bajos, como un sucesor del lenguaje de programación ABC, capaz de manejar excepciones e interactuar con el sistema operativo Amoeba. El nombre del lenguaje proviene de la afición de su creador por los humoristas británicos Monty Python. Su filosofía hace hincapié en una sintaxis que favorezca un código legible. Se trata de un lenguaje de programación multiparadigma, ya que soporta orientación a objetos, programación imperativa y, en menor medida, programación funcional. Es un lenguaje interpretado y multiplataforma. Es administrado por la Python Software Foundation. Posee una licencia de código abierto, denominada Python Software Foundation License, que es compatible con la Licencia pública general de GNU a partir de la versión 2.1.1 e incompatible en ciertas versiones anteriores.

**C#**. En enero de 1999, Anders Hejlsberg formó un equipo con la misión de desarrollar un nuevo lenguaje de programación llamado Cool (Lenguaje C orientado a objetos). Este nombre tuvo que ser cambiado debido a problemas de marca, pasando a llamarse C#. La biblioteca de clases de la plataforma .NET fue migrada entonces al nuevo lenguaje. Hejlsberg lideró el proyecto de desarrollo de C#. Anteriormente ya había participado en el desarrollo de otros lenguajes como Turbo Pascal, Delphi y J++. C# es un lenguaje de programación orientado a objetos desarrollado y estandarizado por Microsoft como parte de su plataforma .NET que después fue aprobado como un estándar por la ECMA (ECMA-334) e ISO (ISO/IEC 23270). C# es uno de los lenguajes de programación diseñados para la infraestructura de lenguaje común.

**PHP.** Fue originalmente diseñado en Perl con base en la escritura de un grupo de CGI binarios escritos en el lenguaje C por el programador danés-canadiense Rasmus Lerdorf en el año 1994 para mostrar su currículum vítae y guardar ciertos datos, como la cantidad de tráfico que su página Web recibía. El 8 de junio de 1995 fue publicado en "Personal Home Page Tools" después de que Lerdorf lo combinara con su propio Form Interpreter para crear PHP/FI.Dos programadores israelíes del Technion, Zeev Suraski y Andi Gutmans, reescribieron el analizador sintáctico (parser en inglés) en el año 1997 y crearon la base del PHP3, cambiando el nombre del lenguaje por PHP: Hypertext Preprocessor. Inmediatamente comenzaron experimentaciones públicas de PHP3 y fue publicado oficialmente en junio de 1998. Para 1999, Suraski y Gutmans reescribieron el código de PHP, produciendo lo que hoy se conoce como motor Zend. También fundaron Zend Technologies en Ramat Gan, Israel. PHP ha evolucionado por lo que ahora incluye también una interfaz de línea de comandos que puede ser usada en aplicaciones gráficas independientes. Puede ser usado en la mayoría de los servidores Web al igual que en casi todos los sistemas operativos y plataformas sin ningún costo. PHP se considera uno de los lenguajes más flexibles, potentes y de alto rendimiento.

**JavaScript**. No confundir Java con JavaScript porque son dos lenguajes diferentes. JavaScript fue desarrollado originalmente por Brendan Eich de Netscape con el nombre de Mocha, el cual fue renombrado posteriormente a LiveScript, para finalmente quedar como JavaScript. El cambio de nombre coincidió aproximadamente con el momento en que Netscape agregó compatibilidad con la tecnología Java en su navegador Web Netscape Navigator en la versión 2.002 en diciembre de 1995. La denominación produjo confusión, dando la impresión de que el lenguaje es una prolongación de Java, y se ha caracterizado por muchos como una estrategia de mercadotecnia de Netscape para obtener prestigio e innovar en lo que eran los nuevos lenguajes de programación Web. «JAVASCRIPT» es una marca registrada de Oracle Corporation. Es usada con licencia por los productos creados por Netscape Communications y entidades actuales como la Fundación Mozilla. Se define como orientado a objetos, basado en prototipos, imperativo, débilmente tipado y dinámico. JavaScript se diseñó con una sintaxis similar a C, aunque adopta nombres y convenciones del lenguaje de programación Java. Sin embargo, Java y JavaScript tienen semánticas y propósitos diferentes.

**Ruby**. El lenguaje fue creado por Yukihiro "Matz" Matsumoto, quien empezó a trabajar en Ruby el 24 de febrero de 1993 y lo presentó al público en el año 1995. En el círculo de amigos de Matsumoto se le puso el nombre de "Ruby" (rubí) como broma aludiendo al lenguaje de programación "Perl" (perla). Diferencias en rendimiento entre la actual implementación de Ruby (1.8.6) y otros lenguajes de programación más arraigados han llevado al desarrollo de varias máquinas virtuales para Ruby. Entre ellas se encuentra JRuby, un intento de llevar Ruby a la plataforma Java, y Rubinius, un intérprete modelado basado en las máquinas virtuales de Smalltalk. Los principales desarrolladores han apoyado la máquina virtual proporcionada por el proyecto YARV, que se fusionó en el árbol de código fuente de Ruby el 31 de diciembre de 2006, y se dio a conocer como Ruby 1.9. Ruby es un lenguaje de programación interpretado, reflexivo y orientado a objetos. Combina una sintaxis inspirada en Python y Perl con características de programación orientada a objetos similares a Smalltalk. Comparte también funcionalidad con otros lenguajes de programación como Lisp, Lua, Dylan y CLU. Ruby es un lenguaje de programación interpretado en una sola pasada y su implementación oficial es distribuida bajo una licencia de software libre.

**Matlab**. Fue creado por el matemático y programador de computadoras Cleve Moler en 1984, surgiendo la primera versión con la idea de emplear paquetes de subrutinas escritas en Fortran en los cursos de álgebra lineal y análisis numérico sin necesidad de escribir programas en dicho lenguaje. Fue bien recibido por la comunidad de programadores y los desarrolladores de robots lo han tomado como uno de sus preferidos. Ya en 2004 se estimaba que Matlab era empleado por más de un millón de personas en ámbitos académicos y empresariales. Es una herramienta de software matemático que ofrece un entorno de desarrollo integrado (IDE) con un lenguaje de programación propio (lenguaje M). Está disponible para las plataformas Unix, Windows, Mac OS X y GNU/Linux. Entre sus prestaciones básicas se hallan la manipulación de matrices, la representación de datos y funciones, la implementación de algoritmos, la creación de interfaces de usuario (GUI) y la comunicación con programas en otros lenguajes y con otros dispositivos hardware. El paquete Matlab dispone de dos herramientas adicionales que expanden sus prestaciones: Simulink (plataforma de simulación multidominio) y GUIDE (editor de interfaces de usuario - GUI). Además, se pueden ampliar las capacidades de Matlab con las cajas de herramientas (toolboxes) y las de Simulink con los paquetes de bloques (blocksets). Es un software muy usado en universidades y centros de investigación y desarrollo. En los últimos años ha aumentado el número de prestaciones, como la de programar directamente procesadores digitales de señal o crear código VHDL.

**Swift.** El programador Chris Lattner comenzó su desarrollo en el 2010 y eventualmente obtuvo colaboración de otros programadores. Swift se benefició de la experiencia de muchos lenguajes tomando ideas de Objective-C, Haskell, Ruby, Python, C#, CLU entre otros. Swift es un lenguaje de programación de Apple enfocado en el desarrollo de aplicaciones para iOS y Mac OS X. Fue presentado en WWDC 2014 y está diseñado para integrarse con los Frameworks Cocoa y Cocoa Touch, puede usar cualquier biblioteca programada en Objective-C y llamar a funciones de C. También es posible desarrollar código en Swift compatible con Objective-C bajo ciertas condiciones. Swift tiene la intención de ser un lenguaje seguro, de desarrollo rápido y conciso. Usa el compilador LLVM incluido en Xcode. En el año 2015 pasó a ser de código abierto. Swift es un lenguaje intuitivo que permite diseñar apps para iOS, Mac, el Apple TV y el Apple Watch. Está pensado para dar a los desarrolladores más libertad que nunca. Como es de código abierto y amigable para su aprendizaje y ejecución, ha sido bien recibido por los desarrolladores de aplicaciones para el entorno de Apple.

La amplia y creciente cantidad de lenguajes de programación dificultan la selección de alguno de ellos para aprenderlo y tomarlo como base para el desarrollo de aplicaciones. De los lenguajes que aparecen en el ranking podríamos seleccionar uno que facilite la programación web y al mismo tiempo tengas características de lenguaje de propósito general. **Nuestra selección es JavaScript.** Se trata de un lenguaje que ha alcanzado un elevado nivel de madurez en su versión ES6. Es un lenguaje basado en estándares abiertos con una evolución muy rápida. La clave de su crecimiento es que ha pasado de ser un lenguaje exclusivamente web a un lenguaje de propósito general que permite desarrollar todo tipo de aplicaciones, además de ser el motor de valiosas herramientas para los programadores y diseñadores. Anote a JavaScript como uno de los mejores lenguajes de programación del presente y del futuro.

# -8-

# PROGRAMAS DE APLICACIÓN

Un programa de aplicación es una clase de software que se diseña con el fin de facilitar al usuario de la computadora, el móvil, el robot o cualquier dispositivo que funcione con un procesador electrónico, la ejecución de un determinado proceso de información. Esta particularidad lo distingue de otros programas entre los que podemos mencionar los sistemas operativos (los que permiten el funcionamiento de la computadora), los lenguajes de programación (permiten desarrollar los programas informáticos en general) y las utilerías (diseñadas para realizar acciones de mantenimiento y tareas generales).

## La mujer en la historia del software

El primer programa de aplicación lo escribió Ada Lovelace quien ha sido reconocida como la primera programadora en la historia aun cuando su programa no llegó a ser procesado realmente en una computadora. En 1946, casi cien años después de que Ada Lovelace escribiera las notas para la Máquina Analítica, otra mujer recibe la estafeta y escribe el primer programa de aplicación que se ejecuta en una computadora. Fue Adele Goldstine, quien codifica un programa de aplicación para demostrar el funcionamiento de la computadora ENIAC el 15 de febrero de 1946. Adele Katz Goldstine tenía un equipo de jóvenes cuya ocupación era preparar los programas que debía ejecutar la computadora

ENIAC y cuya historia no ha recibido el mérito que se merecen quizá porque no eran parte del grupo de científicos que construyeron la ENIAC o posiblemente por una cuestión de género. Este equipo de programadoras destacaba por sus habilidades matemáticas y lógicas y trabajaron inventando la programación a medida que la realizaban. En 1943, durante el transcurso de la Segunda Guerra Mundial, las calculistas y supervisoras directas eran básicamente mujeres. El grupo de programadoras de la ENIAC estaba conformado por: **Betty Snyder Holberton, Jean Jennings Bartik, Kathleen McNulty Mauchly Antonelli, Marlyn Wescoff Meltzer, Ruth Lichterman Teitelbaum y Frances Bilas Spence** quienes prácticamente no aparecen en los libros de historia de la computación. Sin embargo, dedicaron largas jornadas a trabajar con la máquina, utilizada principalmente para cálculos de trayectoria balística y ecuaciones diferenciales, contribuyendo al desarrollo de la programación de computadoras. Cuando la ENIAC se convirtió en una máquina legendaria, sus inventores se hicieron famosos, mientras que nunca se le otorgó crédito alguno a estas seis mujeres que se ocuparon de la programación. Si observamos fotografías de la época, podremos advertir que muchos registros muestran la ENIAC con mujeres de pie frente a ella. Hasta la década del 80, se dijo incluso que ellas eran sólo modelos que posaban junto a la máquina. Sin embargo, estas mujeres sentaron las bases para que la programación fuera sencilla y accesible para todos, crearon el primer set de rutinas, las primeras aplicaciones de software y las primeras clases en programación. Su trabajo modificó drásticamente la evolución de la programación entre los años de 1945 y 1960.

## Los primeros programas de aplicación producidos en serie

La idea de un programa de aplicación que se pudiera producir en serie para su venta en el mercado tardó mucho tiempo en llegar después de que las grandes computadoras ya estaban en el mercado. Incluso cuando aparecieron las primeras computadoras personales el software se consideraba como algo libre y gratuito. Los aficionados a las computadoras escribían programas y los compartían con sus amigos como un gesto de camaradería. Su retribución era el reconocimiento de haber escrito algo que funcionaba bien en una computadora. Sin embargo, poco a poco se fue generando la idea de que producir software y venderlo podría llegar a ser un buen negocio. Así empezaron a surgir los primeros programas de aplicación que también recibieron el nombre de paquetes porque se entregaban en un pequeño paquete que incluía un disco de 5 ¼ de pulgada, un manual de instrucciones y una etiqueta impresa con los datos del productor. Un fenómeno muy interesante se generó cuando los programas de aplicación para las computadoras personales empezaron a facilitar el uso de las máquinas no solamente por los aficionados a la computación sino por cualquier persona que deseaba aprovechar el poder de computación para hacer cálculos, escribir textos o procesar información. Fue entonces cuando el software empezó a valer por sí mismo y a convertirse en la fuerza que impulsó a la computación.

## VISICALC

El primer programa para computadoras que se produjo en serie y se vendió en el mercado fue VisiCalc. Su efecto resultó de gran importancia en la venta de software y también de computadoras personales. VisiCalc fue el parteaguas entre el software que se compartía entre los aficionados y el programa de aplicación producido en serie para su comercialización. Su historia es interesante porque marca el principio de una nueva era en la historia del software. En la escuela de administración del Instituto Tecnológico de Massachusetts, donde estudiaba Dan Bricklin, había un profesor que gustaba dejar a los estudiantes trabajos para realizar en casa, que consistían en cálculos difíciles y tediosos con matrices llenas de información. Bricklin tenía que hacer todas las operaciones de las matrices en forma manual y un buen día pensó en utilizar su computadora personal para escribir un programa que pudiera manejar la información en columnas y renglones, a fin de que se registraran los datos y la computadora ejecutara las operaciones. Dan había trabajado como programador y tenía experiencia en el desarrollo de algoritmos. Maduró la idea y se la comentó a su amigo Bob Frankston, quien también era un programador profesional. Ambos trabajaron en el programa y en octubre de 1978 ya lo tenían funcionando y dando buenos resultados.

El programa les ayudó a resolver con mayor eficiencia los trabajos escolares y eso era suficiente motivo de satisfacción. No habían pensado hasta ese momento en obtener algún beneficio adicional por su trabajo. Orgullosos mostraron su trabajo a algunos amigos de la escuela, uno de los cuales se interesó pensando que el programa podría resolver algo más que las tareas escolares. En otra parte de la ciudad, Dan Fylstra había iniciado una pequeña empresa llamada Personal Software para vender un programa de ajedrez escrito por su amigo Peter Jennings a los usuarios de computadoras personales y se le ocurrió la idea de que se podría hacer algo con el programa para hacer cálculos en un arreglo matricial; esto es, en una hoja de cálculo con columnas y renglones. Fylstra invitó a sus autores a un restaurante de comida china para hablar de negocios. Bricklin y Frankston estuvieron de acuerdo en producir un programa que se ejecutaría en la computadora Apple para ser vendido por la empresa de Fylstra. El programa que escribieron recibió el nombre de VisiCalc y las ventas que realizó la empresa alcanzaron varios millones de dólares.

El efecto que produjo VisiCalc en el desarrollo de los programas de aplicación para computadoras personales fue definitivo en el futuro del software, habiendo impactado también de manera importante en la venta de computadoras personales. Apple se aprovechó de VisiCalc porque ahora su máquina podía servir para algo importante y aumentó sus ventas de manera considerable. Ya no eran solamente los aficionados a las computadoras o los estudiantes quienes compraban las máquinas. Ahora también las adquirirían las personas que se dedicaban a realizar cálculos en hojas con columnas y renglones como contadores, ingenieros, inversionistas, administradores de empresas y de hecho toda persona que necesitara realizar operaciones en una hoja tabular con columnas y renglones.

El éxito de VisiCalc se puede comprender si se considera la forma en que las empresas manejan su información y las posibilidades de un programa para procesar información y dar resultados precisos y oportunos. La mayor parte de la información que se maneja en una empresa se organiza en forma de una matriz con columnas y renglones. Esta forma de presentar la información es algo que se ha hecho de manera tradicional desde hace mucho tiempo, de tal modo que las personas están acostumbradas a este procedimiento. Normalmente se utiliza una hoja de papel con columnas y renglones que conocemos como hoja tabular. Por extensión se da este nombre a un cuaderno o block tabular. En una hoja tabular se pueden registrar los nombres de los empleados de una compañía, así como las cantidades correspondientes a sus sueldos, los días trabajados, el total de sus percepciones, los conceptos de deducciones y finalmente una columna para registrar el alcance líquido. También se puede usar una hoja tabular para manejar el control de la contabilidad, el presupuesto personal o de la empresa y prácticamente todo el manejo de una compañía. De esta forma, una hoja tabular representa una herramienta fundamental de trabajo. Sin embargo, las operaciones para calcular cada uno de los conceptos de las columnas y los renglones había que hacerlos manualmente y, en el mejor de los casos, con la ayuda de una calculadora. El problema en el manejo de las hojas de papel es que la variación en algunos de los datos ocasiona que tenga que repetirse toda la información y todas las operaciones. Este trabajo es la parte rutinaria, repetitiva, de menor atractivo y la que mayor tiempo consume.

El programa VisiCalc permitía manejar en la computadora una hoja tabular con la ventaja de que todas las operaciones las ejecutaba la máquina y por lo tanto no se requería hacer procesos repetitivos. Los resultados podían verse en la pantalla de la computadora y de ahí el nombre de VisiCalc: VISI-ble CALC-ulator. El programa desplegaba en la pantalla una hoja tabular vacía para que a través del teclado de la máquina se introdujera la información en las columnas y los renglones. Paso seguido se registraban las fórmulas a ejecutar en cada celda y la computadora se encargaba de realizar todo el trabajo. Es cierto que esto lo hacemos ahora casi de manera natural en nuestra computadora personal. Sin embargo, tomemos un minuto para pensar que apenas hace algunas décadas esto se hacía en forma manual sobre una hoja de papel para apreciar el gran cambio que se ha dado y la enorme ayuda que nos proporcionan las computadoras y los programas de aplicación. La posibilidad de tener una computadora personal con el programa VisiCalc en la oficina o el hogar era algo sensacional. No había que aprender a programar para disponer de todo el poder de computación de la pareja que formaban el hardware y el software. Esto sucedía apenas 30 años después de que los científicos crearon las primeras computadoras y se sentían en la gloria cuando podían ejecutar sumas, restas y multiplicaciones en una gran computadora.

Ahora era posible acudir a una tienda, comprar una computadora y un programa de aplicación e instalarlos en la casa o la oficina y el mismo día procesar información y obtener resultados. Esto era algo que se encontraba fuera de la imaginación de las personas que no sabían programar y tampoco tenían conocimientos de chips, electrónica, bits y bytes. Quizá habían escuchado o habían leído algo sobre la misteriosa computadora ENIAC, el cerebro electrónico que funcionaba con miles de bulbos, pero no imaginaban que podían tener todo ese poder de computación y mucho más en sus manos. El cambio había sido profundo. No sólo en poder y capacidad, sino también en la filosofía de la máquina y su efecto en el ser humano.

## WORDSTAR

La venta en gran escala de programas de aplicación para computadoras personales se inició con VisiCalc y se reafirmó con WordStar. Durante el mismo tiempo en que Bricklin y Frankston escribían su programa VisiCalc en el Instituto Tecnológico de Massachusetts, en el estado de California se desarrollaba otro programa que habría de alcanzar un éxito impresionante.

Seymour Rubinstein fue uno de los primeros empresarios con buena fortuna en la producción de programas de aplicación para computadoras personales. Se inició en la IMSAI Corporation, pero optó por establecer su propia compañía para producir software y comercializarlo. La suya fue una de las primeras empresas que se crearon con el objeto de entrar en el mundo de los negocios con la venta de software. Había producido un programa que facilitaba la edición de textos en computadora pero como no tenía suficiente capacidad no tuvo éxito. A pesar de ello los usuarios de este programa le pidieron que su compañía produjera algo mejor para usarlo con mayor amplitud y facilidad. Es importante destacar que en este caso fue la demanda de un programa de aplicación la que propició la idea de producir el software adecuado al cliente. Rubinstein buscó un programador que tuviera la capacidad de producir el software de calidad que le estaban solicitando. Eligió a Rob Barnaby, quien tenía una bien ganada fama como excelente programador. Después de un trabajo que le ocupó varios meses, a mediados de 1979 el programa estaba concluido y la compañía Micropro lo ponía a la venta. Las cifras que alcanzó este programa resultaron impresionantes. Más de un millón de programas vendidos, más de cincuenta millones de ingresos para la compañía y un primer lugar sostenido como el programa mejor vendido durante varios años.

Es importante ahondar en las causas de este fenómeno comercial porque forma parte substancial de la historia del software y de manera particular de los programas de aplicación. Hacia 1979 ya se habían producido varias marcas de computadoras personales y las cifras de ventas en conjunto sumaban cientos de miles de unidades. En los años que siguieron el número aumentó vertiginosamente hasta llegar a la cantidad de cinco millones en 1985. **Esto demuestra que hubo en ese lapso un número importante de computadoras personales en las manos de usuarios que requerían software para hacer más productivas sus máquinas.** Por otra parte, uno de los trabajos más usuales en las oficinas es la escritura de documentos que tradicionalmente se había hecho con máquina de escribir, de tal manera que un sistema que pudiera mejorar y facilitar la producción de textos sería bien recibido. Eso fue lo que sucedió con WordStar.

El procesamiento de palabras en computadora es una actividad que se había realizado con poco éxito en las computadoras grandes. De tal manera que aunque ya existían editores de texto, no parecía conveniente destinar un gran equipo para escribir un simple documento que podía producirse en una máquina de escribir. La idea que prevalecía es que una computadora debería destinarse a la realización de complejos cálculos matemáticos y dejar a otros equipos más simples los trabajos más sencillos. La relación costo/beneficio no permitía pensar de otra manera. Sin embargo, la microcomputadora rompió con este esquema por su tamaño pequeño, porque requería un bajo consumo de energía, ocupaba un espacio reducido y, sobre todo, su costo era infinitamente menor que el de una gran computadora. Ventajas que en conjunto la hacían accesible a una empresa o a una persona para destinarla a tareas sencillas como la producción de textos.

De esta forma, la computadora personal se convirtió en la máquina ideal para el procesamiento de palabras y poco a poco empezó a sustituir a la máquina de escribir. Con el programa de procesamiento de textos se puede usar el teclado de la computadora como el de cualquier máquina de escribir convencional, con la gran diferencia de que, en tanto que en la máquina termina la acción cuando el carácter se imprime en el papel, en la computadora es el primer paso para procesar cada carácter como una unidad dinámica de información que puede verse en la pantalla, moverse de un lado a otro, cambiarlo de estilo, de tamaño o combinarlo para formar palabras. Debido a que cada carácter es a final de cuentas un conjunto de bits, puede procesarse de muchas formas y después se puede almacenar en memoria, enviarse en un mensaje electrónico, configurar una página en Internet o hacerle una y mil transformaciones. Todas estas ventajas convirtieron al procesador de palabras en una herramienta indispensable en la oficina. Esto es lo que explica la extraordinaria demanda que registró el programa WordStar y que habrían de registrar otros programas de procesamiento de textos que llegarían más adelante.

## Programas de juegos

El software para jugar empezó como una forma de distracción para hacer menos tediosas las horas de espera de resultados frente a una computadora o bien para descansar la mente después de realizar un intenso ejercicio mental para producir un algoritmo. Con el transcurso de los años los programas de juegos se habrían de convertir en una de las líneas de producción de software más importantes para las computadoras personales.

En el Instituto Tecnológico de Massachusetts (MIT) se instaló una computadora PDP-1 que tenía un gran monitor con una pantalla redonda. Corría el año de 1961 y este adelanto tecnológico atraía la atención de los programadores y estudiantes pues por vez primera podían hacer gráficas y desplegarlas en la pantalla. Stephen Russell, uno de los más conocidos hackers del MIT era asiduo lector de novelas de ficción científica y se le ocurrió la idea de simular naves espaciales en la pantalla y aprovechar los recursos técnicos de la computadora para recrear una batalla espacial. Peter Samson tomó la idea de Russell y mejorándola produjo el primer programa de juegos: Spacewar.

El MIT era considerado en ese tiempo como la catedral de la computación en los Estados Unidos y el desarrollo tecnológico combinado de las comunicaciones y la computación dio pie a que se extendiera a otras universidades el conocimiento del MIT en ciencias de la computación. Cuando se instaló la red ARPA para unir a las computadoras del MIT con la de la Universidad de Stanford en California se fortaleció la comunicación entre estudiantes y empezaron a intercambiar conocimientos académicos pero también software de juegos. Don Woods, un estudiante de la Universidad de California, tuvo acceso a través de la red ARPA a un juego más sofisticado que presentaba toda una aventura en el mundo de las cavernas con dragones, tesoros escondidos, doncellas y caballos voladores. Le gustó el programa y localizó a su autor para que le diera más detalles de la idea y el algoritmo que había usado para escribir un programa de juegos tan atractivo. Will Crowther, el autor de la aventura en las cavernas, era un científico que trabajaba en Palo Alto, California, para una empresa que tenía una computadora conectada a la red de la universidad. Escribió el programa para que sus hijos se divirtieran cuando le acompañaban a la oficina y decidió agregarlo al acervo de la red ARPA por si alguien se animaba a jugar con él. Don Woods le hizo algunos refinamientos dando como resultado Adventure, un juego que no usaba gráficas sino únicamente texto para simular un viaje a través de una serie de cavernas. Como en los viejos cuentos, en cada cueva se presentaba una nueva aventura que daba lugar a un problema a resolver. **El programa de juegos Adventure se difundió a todas las computadoras conectadas a la red** y se convirtió en el pasatiempo favorito de estudiantes y científicos, quienes usaban clandestinamente una buena parte de su tiempo para jugar.

En esa época (1970) todavía no se producían computadoras personales y el acceso al software era gratuito a través de ARPA net. Los programadores y estudiantes escribían software y lo colocaban en la red para quien quisiera usarlo. Eran programas que podían disponer de una amplia capacidad de memoria en las grandes computadoras y de todos los recursos técnicos del equipo. Cuando entraron al mercado las microcomputadoras no era posible aprovechar esos juegos por la falta de capacidad de las máquinas y la ausencia de algunos recursos técnicos. **Pero en el mundo de la computación la palabra imposible se convierte en un reto que estimula la imaginación y genera un esfuerzo que no se detiene sino hasta alcanzar su objetivo.** Scott Adams aceptó el desafío de escribir un programa al estilo de Adventure para ejecutarlo en la microcomputadora TRS-80 y produjo Adventure Land. Este juego ya no fue transmitido a través de una red de computadoras ni se distribuyó gratuitamente entre los aficionados a la computación. Los tiempos habían cambiado y ahora el software se producía para comercializarlo. Adams formó la empresa Adventure International en 1978 para venderlo y el éxito que tuvo fue inmediato. Así fue como nació una línea de programas de aplicación que algunos años después habría de ser el fundamento de una vigorosa industria.

La pantalla de la computadora personal representó la oportunidad de hacer los juegos más interesantes. Una máquina que puede desplegar en su pantalla un caleidoscopio de gráficas es más atractiva que otra que sólo puede comunicarse mediante una impresora. Las primeras computadoras personales no tenían la capacidad de desplegar información en la pantalla, pero cuando surgió la idea de conectar un aparato de televisión a la computadora todo el panorama cambió. Después las computadoras fueron producidas con su propia pantalla monocromática y finalmente llegaría la pantalla a todo color. Los programas de juegos alcanzaron otra dimensión y muchas personas adquirieron una computadora personal sólo para tener la oportunidad de jugar.

La capacidad de hacer interactiva a una máquina, aunada a la posibilidad de desplegar gráficas e imágenes en una pantalla, permitió producir uno de los aparatos de mayor éxito en la industria electrónica: los juegos de video. A principios de la década de los setenta fue posible construir chips programables con programas de aplicación permanentemente grabados en su memoria para integrarlos en aparatos capaces de desplegar imágenes en una pantalla. En los sitios de reunión de los jóvenes se podían encontrar docenas de máquinas para jugar carreras de autos, guerras espaciales, pinball y otros juegos en máquinas que recibían monedas y que fueron la base de negocios muy rentables. Es cierto que una máquina de este tipo no es una computadora, pero es un hecho que para fabricar los chips con juegos permanentemente grabados se necesitan programas de aplicación.

A Nolan Bushnell se le ocurrió la idea de construir una máquina para instalarla en las pizzerías, sitios favoritos para la reunión de jóvenes que disfrutan de la pizza y tienen la oportunidad de sociabilizar. En las pizzerías se habían instalado máquinas para jugar pinball y a Bushnell se le dio la idea de sustituirlas con el juego de Spacewar. No tuvo gran éxito su idea y abandonó el proyecto. Sin embargo, no cedió en su intento de fabricar una máquina con un juego atractivo para los jóvenes y diseñó hacia el año de 1971 un aparato para jugar Pong. La máquina consistía en un control manual y una pantalla en la que se podía desplazar una pelota de un lado a otro. Esta vez sí tuvo éxito, y mucho, lo que motivó a Bushnell para seguir adelante. Formó una empresa con el extraño nombre de Suzygy. Después de alcanzar un nuevo éxito con el programa Tank Command decidió cambiar el nombre a su empresa y fue así como nació Atari en 1972, una de las empresas de más rápido crecimiento en la historia. Bushnell escribió algunas palabras del juego Go, y eligió la palabra Atari que en japonés significa "que una ficha o un grupo de fichas está en peligro de ser capturadas por tu oponente". **El nombre "Atari" fue elegido por el atractivo de su origen japonés, además de ser fácil de memorizar,** en términos de pronunciación y escritura, en la mayoría de los mercados. Dos años después de haberla fundado sus ingresos ascendieron a 40 millones de dólares. Sin embargo, en 1976 Bushnell la vendió a la firma Warner Communications por 26 millones de dólares. Los años que siguieron fueron de un éxito creciente y sostenido para Atari. Para el año de 1982 las ventas de Atari fueron de dos mil millones de dólares. Atari ha sido considerada la fundadora de la industria del videojuego gracias al PONG y posteriormente a las consolas caseras de videojuegos.

Los programas de juegos han llegado a ser obras de arte en su tipo, verdaderos retos para la imaginación no sólo para los niños, sino para personas de toda edad que encuentran en los juegos una forma natural y espontánea de comunicarse con la máquina. Para mucha gente, los programas de juegos han sido la causa de su primera relación con la computadora. Por su facilidad de operación, los juegos logran que se pierda el temor de enfrentarse a la máquina. En pocos minutos se aprende el movimiento de unas cuantas teclas y, sin mayores trámites, se encuentran en medio de la acción. Algunos juegos han llegado a ser clásicos en la historia del software: Raster Blaster, Flight Simulator, Sargón, Odyssey, Adventure, Spacewar, Temple of Apshai, PacMan, Space Invaders, Micro Chess, Time Zone, Pinball Construction Set, Ultima II, Mistery House y Choplifter.

Una de las empresas de mayor y más rápido crecimiento en la industria de los videojuegos es Activision. Fue establecida el 1 de octubre de 1979. Sus primeros productos fueron cartuchos para la videoconsola Atari 2600 y en la actualidad es la tercera mayor distribuidora de videojuegos. La empresa fue fundada por el ejecutivo de la industria discográfica Jim Levy y los ex programadores de Atari David Crane, Larry Kaplan, Alan Miller y Bob Whitehead. Levy adoptó la estrategia de promocionar a los creadores de juegos junto con los propios juegos. Entonces, al principio de 1980, Activision publicó sus primeros cuatros juegos: Checkers, Skiing, Dragster y Boxing. En 1982, Activision lanzó Pitfall!, que es considerado por muchos el primer videojuego de plataformas así como el título más vendido para la Atari 2600. Aunque la destreza técnica del equipo ya había sido demostrada, fue Pitfall! el videojuego que los convirtió en un éxito enorme. **Este éxito inició todo el género de plataformas que se convirtió en una parte principal de los videojuegos durante los años 1980.** Activision ha producido algunos de los más famosos videojuegos como Call of Duty, Destiny, Skylanders, World of Warcraft, StarCraft, Diablo y la saga de King's Candy Crush. La empresa tiene un valor de mercado aproximado a 25,000 millones de dólares. Esa es la magnitud que han alcanzado las empresas de la industria de los videojuegos.

Un caso de éxito notable se registró con el lanzamiento al mercado del juego Pokemon GO de la empresa Nintendo a principios del mes de julio del 2016. Este juego de realidad aumentada permite capturar, combatir, entrenar e intercambiar a los Pokémon virtuales que 'aparecen' en cualquier lugar del mundo real a través de las pantallas de los dispositivos móviles. Para buscar a esas criaturas virtuales, Pokémon GO emplea el sistema de navegación por satélite y avisa con vibraciones y una luz intermitente sobre la presencia de unas esferas 'habitadas', conocidas como pokebolas. A los dos días de su lanzamiento se produjeron millones de descargas y generó un incremento en el valor de capitalización de mercado de Nintendo de 7,500 millones de dólares. Todo un éxito.

## Programas educativos

La producción de programas de aplicación empezó a especializarse y hacia 1982 surgieron algunas empresas que realizaron un cuidadoso estudio del mercado de computadoras personales y de programas de aplicación a fin de producir líneas para satisfacer la demanda de software de un sector de usuarios con características homogéneas. La producción de estos programas ya no fue realizada por estudiantes o fanáticos de la computación como una expresión libre y a la vez gratuita de sus ideas. Se trata de un software con características especiales orientado a un mercado determinado con el objeto de comercializarlo y obtener una generosa utilidad. El concepto de mercadotecnia aquí es fundamental porque las compañías productoras de software surgen con amplios recursos de capital, una moderna organización y una avanzada tecnología de comercialización que conducen a crear una imagen de empresas que permiten vender los productos atendiendo al nombre de la empresa y no por lo que hace el programa o por el nombre del programador.

Spinnaker es uno de los mejores ejemplos de estas nuevas empresas de software. Realizó un cuidadoso estudio del mercado y llegó a la conclusión de que en el campo de los juegos, aun con ser uno de los que registran ventas más altas, ya había demasiadas compañías que llevaban varios años establecidas y sería difícil sobresalir con semejante competencia. El estudio de mercado indicó que sería más ventajoso enfocarse en la producción de software educativo y hacia ese campo enfocaron sus baterías. Este campo no había sido abordado por empresas de programas de aplicación y ofrecía mejores posibilidades de éxito comercial.

William Bowman y David Seuss, los socios fundadores de Spinnaker pusieron manos a la obra y pudieron comprobar el éxito del estudio de mercado. Pusieron atención en la marca, el logo y la imagen corporativa de una empresa dedicada a la producción de programas de aplicación orientados a la educación de los niños. Sus anuncios publicitarios se presentaron en las mejores revistas a un costo anual de dos millones de dólares. El empaque, los instructivos y la portada tuvieron diseños atractivos no sólo para los padres y maestros sino también para los niños. Se realizaron importantes campañas de difusión en las escuelas y se contrataron especialistas en pedagogía para producir programas que dieran excelentes resultados.

En un país en donde la competencia entre los negocios es el quehacer de todos los días, surgieron otras empresas con deseos de llevarse una tajada del pastel de programas de aplicación para la educación que parecía ser solamente para Spinnaker. La competencia generó una constante superación y los programas educativos mejoraron en cantidad y calidad. En la actualidad constituyen una de las líneas de producción de programas de aplicación más importantes.

Debido a la posibilidad de interactuar con la computadora en un ambiente de intimidad que elimina las barreras de la comunicación, el alumno encuentra en el software educativo una de las mejores alternativas para estudiar y aprender al ritmo de su capacidad o de su particular interés en ciertos temas. En este aspecto, las ideas de Bowman y de Seuss se han comprobado en la práctica: los programas educativos constituyen una de las ramas de software más importantes y de mayor trascendencia en su aplicación. Spinnaker resultó un éxito y se hizo pública en 1991 cotizando sus acciones en Nasdaq. En 1994 fue adquirida por The Learning Company, empresa que a su vez fue adquirida por Mattel.

Los programas educativos se presentan en una amplia gama de aplicaciones y prácticamente los hay disponibles para todas las edades. Se puede aprender una gran diversidad de temas: matemáticas, física, química, idiomas, historia, geografía, etc. También se puede aprender a programar computadoras, a invertir en el mercado de valores y a comprender mejor el mundo en que vivimos.

El software educativo recibió un fuerte impulso con Internet al abrir la puerta para la educación a distancia. Ahora no se producen solamente programas de aplicación que se venden en bonitas cajas de plástico al estilo de Spinnaker, sino robustos sistemas de educación que forman la base de algunas excelentes universidades. El software educativo tiene un gran futuro y su participación en la educación de comunidades marginadas lo convierte en un arma estratégica para el desarrollo nacional.

### Lotus 1-2-3

El desarrollo de la producción de programas de aplicación para computadoras personales tuvo un importante punto de inflexión con el programa Lotus 1-2-3 producido por Mitch Kapor. Después de 1-2-3 la producción de paquetes de aplicación habría de hacerse siguiendo un modelo diferente, tanto desde el punto de vista del diseño y la elaboración del programa como de su distribución y comercialización.

Mitch Kapor nació en Brooklyn, New York y asistió a la escuela pública en Freeport, Long Island, donde se graduó del bachillerato en el año 1967. Recibió su título del Yale College en 1971 y estudió psicología, lingüística e Informática como parte de una licenciatura interdisciplinaria en Cibernética. Se integró en la emisora de radio de Yale's, WYBC-FM, donde fue director musical y director de programación. Posteriormente estudiaría un MBA en la Sloan School of Management del MIT. En 1990, junto a los activistas por los derechos digitales John Perry Barlow y John Gilmore, cofundó la Electronic Frontier Foundation, y fue su director hasta 1994. La EFF es una organización sin ánimo de lucro por la defensa de los derechos civiles que trabaja para proteger la privacidad, la libre expresión y el acceso a los recursos públicos y de información en la Red, así como promocionar la responsabilidad en los nuevos medios.

En 2001 Kapor fundó la Open Source Applications Foundation, donde actualmente desarrolla un software para la gestoría de información personal basado en herramientas y métodos de código abierto. Kapor ha sido el director de la Fundación Mozilla desde su creación en 2003. También creó la Fundación Mitchell Kapor para apoyar sus intereses filantrópicos en el medio ambiente. Cofundó el Level Playing Field Institute, dedicado a la igualdad en educación en lugares de trabajo. Kapor también es miembro del Summer Science Program, donde estudió en 1966. Es miembro del Consejo de Administración de Linden Lab, una compañía de San Francisco que creó el popular juego Second Life, y es miembro del consejo del comité asesor de la Fundación Wikimedia.

La historia de Lotus 1-2-3 es interesante. Hacia 1977 Mitch Kapor adquirió una computadora personal TRS-80 en la que aprendió a programar. A los seis meses compró una Apple y con ella empezó a trabajar como programador cobrando a cinco dólares la hora. En su afán de encontrar más clientes para ocupar su tiempo libre fundó un club de aficionados a la computación cuyos miembros se reunían para intercambiar experiencias y algunos de los programas que habían escrito. Fue así como logró formar una pequeña colección de programas para la computadora Apple y se hizo conocido en el medio como una persona que podía encontrar cualquier programa para resolver un problema específico de proceso de información. Esta fama hizo que un estudiante del MIT se acercara a Kapor con el fin de solicitarle un programa para resolver un problema de estadística. En virtud de que no existía un programa específico para tal objeto, Kapor decidió escribirlo. Produjo un programa al que le dio el nombre de Tiny Troll en BASIC y después del éxito que tuvo en la escuela le vino a la mente la idea de que sería posible producirlo en serie y venderlo. De esta forma inició una fructífera actividad dentro de la industria del software.

Tiempo después, uno de los compañeros que asistían al club de aficionados a la computación lo presentó con la empresa Personal Software que había producido el famoso programa VisiCalc. La empresa le propuso escribir software para venderlo y Kapor llegó al acuerdo de producir dos programas con la participación de Bob Frankston. Los programas que produjo la compañía fueron Visitrend y Visiplot que alcanzaron un éxito inmediato en el mercado y les dio excelentes utilidades en corto tiempo. Kapor vendió sus derechos a la compañía y formó su propia empresa. Tenía la intención de producir un programa de aplicación para ayudar a los pequeños empresarios quienes ya empezaban a entrar en el mundo de la computación atraídos por las ventajas de la computadora personal de IBM.

Kapor contrató a Jonathan Sachs para que escribiera en lenguaje ensamblador un paquete que integrara las aplicaciones de bases de datos, gráficas y hoja de cálculo. El paquete serviría para resolver los problemas de manejo de información de los ejecutivos en una forma integral porque los datos podrían ser procesados por los tres programas sin tener que registrarlos cada vez. La experiencia de Kapor como empresario hizo posible que diseñara una presentación excelente del programa y organizó una campaña publicitaria con un costo superior a un millón de dólares para introducir el programa. El éxito que obtuvo 1-2-3 fue inmediato y transformó el concepto de los programas de aplicación para microcomputadoras.

Es importante analizar el éxito de Lotus 1-2-3 ya que representa un parteaguas en el desarrollo de los programas de aplicación. Mitch Kapor, aprovechando su experiencia en la producción de software y en la administración de empresas diseñó un programa orientado a la resolución de problemas del ejecutivo de empresa proporcionándole los medios para lograrlo mediante un solo programa integrado. El instructivo de Lotus 1-2-3 se presentó en forma clara y concisa, de tal manera que cualquier persona podía adquirirlo y usarlo el mismo día aun sin tener conocimientos de computación. El manual de instrucciones desligó completamente al programador del usuario y facilitó su comercialización en gran escala.

La campaña publicitaria de Lotus 1-2-3- puso de manifiesto que el software es un producto intelectual que debe comercializarse como cualquier producto industrial. Siguiendo el mismo esquema de Lotus otras empresas iniciaron la producción de programas de aplicación integrados entre los que destacaron Appleworks, que contenía una base de datos, una hoja de cálculo y un procesador de textos; Framework de la compañía Ashton Tate que integraba los módulos de base de datos, hoja de cálculo, procesador de palabras, comunicaciones y gráficas. Con los mismos módulos y la misma filosofía, Lotus Development Corporation diseñó el programa Simphony. La empresa Software Products International lanzó al mercado Open Access, un excelente programa integrado con instructivo en español. Con programas de esta calidad la industria del software entró en una etapa de prosperidad que la colocó como una de las más importantes.

## Bill Gates y Microsoft

A fines del mes de marzo de 1975 Ed Roberts, el fabricante de la computadora Altair, recibió una llamada telefónica procedente de Seattle, Washington. Un joven aficionado a la computación tenía interés en comunicarle una idea y proponerle un negocio. Su nombre era Bill Gates, quien habría de escribir una de las páginas más brillantes en la historia del software.

En el año de 1960 Bill Gates ingresó a Lakeside School para estudiar la preparatoria y ahí conoció a Paul Allen. Juntos habrían de crear una de las más importantes empresas en la producción de software. En la escuela preparatoria estudiaron los principios básicos de la computación y desde entonces se manifestó en ellos una extraordinaria facilidad para escribir programas. Su conocimiento en computadoras hizo que encontraran un interesante trabajo en la Computer Center Corporation establecida en la ciudad de Seattle que había adquirido una minicomputadora de la empresa Digital

Equipment Corporation bajo la condición de que no pagaría un solo centavo por el uso de la máquina mientras encontrara errores en su sistema operativo. Computer Center ofreció a Gates y Allen un trato semejante: podrían jugar con la computadora todo el tiempo que quisieran sin pagar un centavo mientras encontraran errores en el sistema operativo. Los dos jóvenes adquirieron una amplia experiencia y luego fueron contratados con un atractivo sueldo.

Digital Equipment decidió, después de algunos meses, que podían pasar toda la vida encontrando errores en el software y decidió deshacer el trato. Para Gates y Allen el tiempo transcurrido había sido suficiente para conocer la computadora y optaron por dejar el trabajo para buscar otras oportunidades. Al terminar su educación preparatoria había acumulado prestigio como programadores y cazadores de errores y fueron contratados por la compañía TRW para realizar un trabajo semejante al que habían desarrollado para Computer Center, pero esta vez con un buen sueldo desde el principio.

La revista Popular Electronics en la que aparecía la computadora Altair de Ed Roberts llegó a sus manos y aunque no les impresionó tanto el aspecto técnico de la máquina, advirtieron con claridad que había un futuro promisorio en el campo de las microcomputadoras. Se propusieron escribir un interpretador para el lenguaje BASIC a fin de que la Altair no fuera una simple máquina, sino que además tuviera software para funcionar como una computadora. Sin embargo, la tarea no era fácil. No lograron obtener una Altair y sólo disponían de un manual que explicaba el juego de instrucciones del chip 8080 y la revista misma que no agregaba mucha más información técnica sobre el procesador. Por otra parte, la capacidad de memoria que podían utilizar era solamente de 4K y en ella había que acomodar no sólo el interpretador, sino también el programa del usuario. Todas estas dificultades no bastaron para desanimarlos y decidieron iniciar el trabajo.

Se comunicaron por teléfono con Ed Roberts exponiéndole la idea de escribir un interpretador BASIC para la Altair y proponiéndole el negocio de vender el software a los usuarios de la computadora. Roberts fue cordial en la respuesta pero les informó que otras personas ya le habían tratado el mismo asunto y que, en todo caso, la oportunidad sería para quien lo terminara primero. Seis semanas después Paul Allen iba en vuelo con destino a Albuquerque con el interpretador de BASIC para la Altair.

El momento de la prueba fue excitante. Se adaptó un teletipo para que leyera la cinta perforada en la que se había escrito el programa. La Altair leyó las instrucciones y las ejecutó sin encontrar error alguno. Esto equivalía al hecho de haber ejecutado el primer programa en una computadora personal. A partir de ese momento la Altair ya disponía de software como toda una gran computadora. Quien alguna vez haya corrido un programa en computadora sabrá apreciar el mérito que representa ejecutarlo en el primer intento. Es algo así como un Haul in One en el último hoyo de un gran torneo para ganar el campeonato. Si a esto agregamos que Gates y Allen no conocían la computadora ni tenían manuales de referencia y que sólo disponían de una memoria de 4K y un reducido juego de instrucciones, podemos concluir que su mérito fue sobresaliente.

Ed Roberts quedó gratamente impresionado y de inmediato se puso de acuerdo con Allen para iniciar una relación de negocios que fue corta pero fructífera. Allen se estableció en Albuquerque y Gates alternó sus estudios en Harvard con los trabajos para desarrollar software para la computadora. De hecho, había que hacer todo el trabajo de software para la Altair porque había sido producida pensando solamente en el hardware y nada en el software. Además, el problema de Roberts era producir todas las máquinas que tenía pedidas, lo que consumía toda su atención. Algunos meses después Gates se ausentó de Harvard a fin de pasar una temporada en Albuquerque para seguir desarrollando software. Su vocación y su pasión por el desarrollo de software fueron más fuertes y ya no regresó a la universidad. Se perdió un buen alumno, pero se ganó un gran empresario.

Los avances tecnológicos permitieron agregar a la Altair una unidad de disco como memoria auxiliar y esto aumentó considerablemente su capacidad. Gates decidió que era tiempo de escribir un sistema operativo en disco para la computadora y en una épica sesión de trabajo que le mantuvo aislado en la habitación de un hotel durante el mes de febrero de 1976 produjo el sistema operativo. El conjunto de software hizo que ascendieran las ventas de la computadora Altair y que la compañía de Roberts cambiara su saldo rojo en el banco por un saldo de cientos de miles de dólares en números negros.

En ese tiempo el software se obsequiaba entre los aficionados a la computación pero a Bill Gates y a Paul Allen les pareció que el software era tan importante como el hardware y también debería venderse. Así lo hicieron y provocaron un cambio radical que dio lugar al surgimiento de la industria del software y de la empresa más importante del mundo en la producción de programas de aplicación. Gates y Allen se separaron de la empresa de Roberts y regresaron a Seattle para formar su propia empresa. Fundaron Microsoft Corporation el 4 de abril de 1975 con sede en Redmond, Washington, Estados Unidos. Microsoft desarrolla, fabrica, licencia y produce software y equipos electrónicos, siendo sus productos más importantes el sistema operativo Microsoft Windows y la suite Microsoft Office, los cuales tienen una importante posición entre las computadoras personales. El sistema operativo de disco (en inglés Disk Operating System, DOS) fue el producto que llevó a la compañía Microsoft a su primer éxito.

El 20 de noviembre de 1985 Microsoft lanzó la primera versión para minoristas de su sistema operativo Microsoft Windows. Originalmente Windows no era más que una extensión gráfica para MS-DOS. En 1989 Microsoft introdujo Microsoft Office, un paquete de aplicaciones para la oficina con dos productos estrella: Microsoft Word y Microsoft Excel. El 22 de mayo de 1990 salió al mercado Windows 3.0 la nueva versión del sistema operativo, que disponía de nuevas funciones y una interfaz de usuario gráfica más racional que captó rápidamente la atención de los usuarios convirtiéndolo en el sistema operativo favorito. En sólo 6 meses las ventas superaron los 2 millones de unidades. Durante la transición de MS-DOS hacia Windows el éxito de Office permitió a la compañía tomar posición frente a las aplicaciones para oficina de la competencia como WordPerfect y Lotus 1-2-3. Según la compañía Novell, propietaria durante un tiempo de WordPerfect, Microsoft usaba conocimiento no documentado del núcleo de MS-DOS y Windows para que Office funcionase mejor que los de las aplicaciones de la competencia.

El 13 de marzo de 1986 Microsoft hizo una Oferta Pública de Venta con un precio inicial de 21 dólares por acción. Al terminar el primer día la acción ya tenía un valor efectivo de 28 dólares. Microsoft ha crecido continuamente diversificando sus productos y manteniendo una posición de liderazgo en la industria de la computación. La sede principal de Microsoft se encuentra en la ciudad de Redmond, a 21 kilómetros de Seattle. En ella se encuentra el Campus de Redmond de Microsoft, un complejo de más de 80 edificios donde se encuentran sus trabajadores. El Campus cuenta con oficinas, viviendas, un museo, un paseo conmemorativo de cada producto lanzado por la empresa y un lago llamado "Bill" en honor a Bill Gates. En total en estas instalaciones viven cerca de 45,000 personas. Actualmente (2016) tiene 120,000 empleados y su valor de capitalización es de 400 mil dólares.

## Steve Jobs y Apple

Steven Paul Jobs, mejor conocido como Steve Jobs, escribió otra de las brillantes páginas en la historia de la computación y las comunicaciones. Nació en San Francisco, California el día 24 de febrero de 1955.

Si alguien ha revolucionado la industria de la computación, de las comunicaciones, del entretenimiento, de la difusión de la música y de la forma en que se debe manejar una empresa para llevarla desde la cochera de casa hasta colocarla en el top ten, ese es Steve Jobs. Se han escrito varios libros sobre su vida y también hay varias películas que narran su gran aventura. En este espacio haremos una breve semblanza de Steve porque para abarcar con detalle todo el horizonte de su fructífera existencia no sería suficiente este libro.

Fundó Apple en 1976 junto con su tocayo y amigo de la adolescencia Steve Wozniak. Ambos habían logrado un gran éxito con la Apple II y decidieron pasar de una aventura de aficionados a la computación a una empresa formal. A los 26 años ya era millonario gracias a la exitosa salida a bolsa de la compañía Apple en abril de 1976. En la década de los 80 se intensificó la competencia entre las empresas fabricantes de computadoras entre las que ya se contaba IBM, Hewlett-Packard y otras de reconocido nombre en el mercado. Steve decidió que su bandera para ganarle a la competencia, conquistar nuevas cumbres y mantenerse en el pináculo sería la innovación y así lo hizo durante toda su existencia.

Su vida como empresario no fue color de rosa todo el tiempo. Se presentaron crisis que incluso le llevaron a tener que dejar la dirección de su empresa y de hecho a separase de ella. Fue entonces cuando vendió todas sus acciones habiendo conservado solo una. En ese tiempo estableció una nueva empresa para producir películas animadas con software y fue tan grande el éxito que alcanzó con Pixar, como llamó a la compañía, que aquí también revolucionó la forma de hacer películas animadas y alcanzó el éxito total. Vendió Pixar a Disney, tomó las utilidades que había ganado y regresó en plan triunfal a Apple para escribir otro capítulo del libro exitoso de su vida. Sus productos estrella fueron iPod, iPhone y iPad. Con ellos transformó el mundo de las comunicaciones y colocó a su empresa como una de las más importantes del mundo. Actualmente (2016) Apple tiene 110,000 empleados y un valor de capitalización de 500,000 dólares.

En el campo del software Apple desarrolló su propio sistema operativo para ejecutarse en la microcomputadora Mac y en el transcurso del tiempo ha desarrollado la mayor parte del software para sus equipos de computación y de comunicaciones. Un ejemplo de ello es el paquete de software iLife, orientado al consumidor que contiene iDVD, iMovie, iPhoto, iTunes, iWeb y GarageBand. Para la presentación, diseño de página y de procesamiento de textos, está disponible iWork, que incluye Keynote, Pages y Numbers. Asimismo, iTunes, el reproductor de medios QuickTime y el navegador Safari están disponibles tanto para Mac como para Microsoft Windows.

La empresa Apple también ofrece una amplia gama de títulos de software profesional. Su gama de software de servidor incluye el sistema operativo Mac OS X Server; mando a distancia Apple Remote Desktop, WebObjects, Java Web Application Server y Xsan, una red de área de almacenamiento del sistema de archivos. Para los profesionales de la creación del mercado, existe Aperture para profesionales del procesamiento de fotografías en formato RAW; Final Cut Studio, una suite de producción de vídeo; Logic, un amplio conjunto de herramientas musicales y Shake, un avanzado programa de composición de efectos. Apple también ofrece servicios en línea con MobileMe (antiguo.Mac) que incluye páginas Web personales, correo electrónico, grupos, iDisk, copia de seguridad, iSync, Centro de Aprendizaje y tutoriales en línea. MobileMe es una suscripción basada en Internet suite que capitaliza sobre la capacidad de almacenar datos personales sobre un servidor en línea y, por ende, mantiene a través de la Web todos los dispositivos conectados en sincronización.

Steve Jobs recibió importantes reconocimientos entre los que destacan:

- Estatua de Steve Jobs en el parque Graphisoft de Budapest.
- En 1985, condecorado con la Medalla Nacional de Tecnología por el presidente estadounidense Ronald Reagan.
- En 2004, Premio al Visionario en los Premios Billboard de Entretenimiento Digital.
- El 27 de noviembre del 2007 fue nombrado la persona más poderosa del mundo de los negocios por la revista Fortune.
- El 5 de diciembre de 2007 el entonces gobernador de California, Arnold Schwarzenegger, le incluyó en el Salón

de la Fama de California, ubicado en el Museo de California de Historia, la Mujer y las Artes.

- En octubre del 2009 fue elegido "Empresario de la Década" por la revista Fortune.
- En diciembre del 2009 fue elegido Director Ejecutivo del año por la revista Harvard Business Review por «incrementar en 150,000 millones el valor en bolsa de Apple en los últimos 12 años.»
- En marzo del 2012 fue elegido por la revista Fortune, como el mejor emprendedor de la historia moderna, seguido por Bill Gates.

Steve Jobs falleció en su casa de California a las 3 de la tarde del 5 de octubre de 2011, a los 56 años, a consecuencia de un paro respiratorio derivado de las metástasis del cáncer de páncreas que le fue descubierto en 2004 y por el que en 2009 había recibido un trasplante de hígado. Apple publicó la siguiente nota:

"Apple ha perdido un visionario y genio creativo, y el mundo ha perdido a un ser humano maravilloso. Los que hemos tenido la suerte de conocerlo y trabajar con Steve, hemos perdido a un gran amigo, mentor e inspirador. Steve ha dejado una compañía que solo él podía crear, pero su espíritu siempre vivirá en Apple".

## Aplicación móvil (App)

Hasta aquí hemos revisado los programas de aplicación que se han producido para las computadoras personales con microprocesadores compatibles con la tecnología de Intel y también para las computadoras de Apple. Al aparecer en escena los móviles en la forma de teléfonos inteligentes, tabletas, relojes, robots y otros dispositivos electrónicos, se produce un gran salto en la producción de programas de aplicación. Este software es conocido como aplicación móvil o simplemente App (Abreviación del inglés Application). El efecto que ha causado ha producido una verdadera revolución en la vida del ser humano.

Una aplicación móvil o app es un software diseñado para ser ejecutado en teléfonos inteligentes, tabletas y otros dispositivos móviles y que permite al usuario efectuar una tarea profesional, de ocio, educativa o de acceso a servicios haciendo más fácil la gestión o actividad a desarrollar. Por lo general se encuentran disponibles a través de plataformas de distribución operadas por las compañías propietarias de los sistemas operativos móviles como Android, iOS, BlackBerry OS, Windows Phone, entre otros.

El origen de las App se sitúa en los inicios de la década de 1990 con las primeras aplicaciones de videojuegos, calendario y agenda implementados en los teléfonos celulares o móviles de segunda generación. El popular juego de Tetris fue instalado en el año 1994 en un teléfono móvil de manufactura danesa, el Hagenuk MT-2000. Tres años más tarde Nokia lanzó el juego de mayor aceptación hasta el momento el Snake, cuyo desarrollo se basa en Arcade Blockade. Este juego y sus variantes fue preinstalado en más de 350 millones de dispositivos móviles de la marca finlandesa. El modelo 6110 fue el primer videojuego que permitía el uso compartido de dos jugadores utilizando el puerto infrarrojo. Actualmente (2016) aún perdura "Arrow" desarrollado por la empresa francesa "Ketchapp".

Las aplicaciones móviles de juegos, noticias, diseño, arte, finanzas, fotografía, medicina y muchos, muchos campos más han surgido en una explosión que ha incrementado la producción de software como no se había visto antes. La explicación a este fenómeno se encuentra en una frase: Todo en tus manos gracias a la revolución de las aplicaciones móviles. Las App se han vuelto parte de la vida diaria de toda persona que tiene acceso a un teléfono inteligente o a un dispositivo con acceso a Internet. No se podría imaginar la vida diaria sin las ventajas y facilidades que proporcionan las aplicaciones móviles.

Si los programas de aplicación para las microcomputadoras abrieron una rica veta para la creación de nuevas empresas productoras de software, las aplicaciones móviles han abierto una gran mina en donde los programadores pueden encontrar enormes oportunidades para proyectar su creatividad, aplicar sus conocimientos técnicos y su capacidad emprendedora para crear empresas de base tecnológica.

Antes de desarrollar una aplicación se debe seleccionar el sistema operativo y el entorno en el que deberá funcionar. Son dos las líneas principales a escoger: Apple y Android. Concentraremos nuestra atención en Android para comentar el proceso de desarrollo de una aplicación para móvil en virtud de ser el que se usa actualmente con más amplitud y porque de alguna manera ya hemos comentado las aplicaciones de Apple.

El Desarrollo de aplicaciones móviles para Android se hace normalmente con el lenguaje de programación Java o alguno similar y el conjunto de herramientas de desarrollo SDK (Software Development Kit), pero hay otras opciones disponibles. En Julio de 2013 existían más de un millón de aplicaciones contabilizadas para Android, con aproximadamente 25 mil millones de descargas. La plataforma Android ha crecido hasta ser una de las preferidas por los desarrolladores para plataformas móviles. Un estudio realizado en junio del 2011 indica que el 67% de los desarrolladores para móviles utilizaban la plataforma Android en el momento de su publicación. En el segundo trimestre del 2012 se habían vendido alrededor de 105 millones de teléfonos Android, con un porcentaje del 68% de las ventas de teléfonos inteligentes hasta esa fecha.

El SDK (Software Development Kit) de Android incluye un conjunto de herramientas de desarrollo que son básicas para construir una aplicación móvil. Comprende un depurador de código, biblioteca, un simulador de teléfono basado en QEMU, documentación, ejemplos de código y tutoriales. Las plataformas de desarrollo soportadas incluyen GNU/Linux, Mac OS X o posterior y Windows XP o posterior. También puede utilizarse el propio sistema Android para desarrollos utilizando las aplicaciones AIDE - Android IDE - Java, C++ (app) y el editor de Java. La plataforma integral de desarrollo (IDE, Integrated Development Environment) soportada oficialmente es Android Studio junto con el complemento ADT (Android Development Tools plugin). Además, los programadores pueden usar un editor de texto para escribir archivos Java y XML y utilizar comandos en una terminal (se necesitan los paquetes JDK, Java Development Kit y Apache Ant) para crear y depurar aplicaciones, así como controlar dispositivos Android que estén conectados. Las Actualizaciones del SDK están coordinadas con el desarrollo general de Android. El SDK soporta también versiones antiguas de Android por si los programadores necesitan instalar aplicaciones en dispositivos ya obsoletos o más antiguos.

El proceso de diseño y desarrollo de una aplicación abarca desde la concepción de la idea hasta el análisis posterior a su publicación en las tiendas. Durante las diferentes etapas, diseñadores y desarrolladores trabajan de manera simultánea y coordinada. Estas son las etapas para el desarrollo de una aplicación móvil:

- Conceptualización. La aplicación debe iniciarse con una idea que permita satisfacer una necesidad o facilitar una actividad en el mundo real de un determinado sector de la población en función de sus necesidades y problemas.
- Definición. En este paso del proceso se describe con detalle a los usuarios para quienes se diseñará la aplicación. Los diseñadores y desarrolladores deben definir las funciones de la App en consonancia con el perfil de los usuarios y las especificaciones técnicas a fin de establecer los parámetros de acceso al hardware del dispositivo.
- Diseño. En esta etapa se llevan a un plano tangible los conceptos y definiciones anteriores. Primero en forma de wireframes que permiten crear los primeros prototipos para ser probados con usuarios y posteriormente en un diseño visual acabado que será provisto al desarrollador en forma de archivos separados y pantallas modelo para la programación del código.
- Desarrollo. El programador escribe el código mediante un lenguaje de programación. En esta etapa se produce el

código, se prueba el programa, se corrigen los errores y se deja la aplicación completamente lista funcional.

- Publicación. Una vez probada se procede a la liberación de la aplicación móvil para su publicación. Durante toda la vida útil de la App es necesario un seguimiento analítico, estadístico y de comentarios de usuarios, para evaluar el comportamiento y desempeño de la aplicación así como para detectar y corregir errores y realizar mejoras o actualizaciones.

El desarrollo y comercialización de aplicaciones móviles representa una gran oportunidad para los países emergentes. Con un pequeño capital se puede desarrollar una aplicación y comercializarla. No se requiere establecer una empresa con oficinas, almacenes, maquinaria y bienes de capital. La revolución Informática permite trabajar con una computadora y una conexión a Internet como elementos necesarios pero suficientes para producir una aplicación móvil y venderla en el amplio mundo de Internet. Los programas del gobierno que tienen como objetivo fomentar y apoyar los proyectos de base tecnológica deben abrir las puertas y dar la bienvenida a los proyectos para producir y comercializar aplicaciones móviles creativas, diferentes, innovadoras y que sean capaces de satisfacer las necesidades de un amplio número de usuarios.

# -9-

# LA COMPUTACIÓN Y EL SOFTWARE EN MÉXICO

La computación en México inicia el día 8 de junio del año 1958 cuando el Dr. Nabor Carrillo, Rector de la Universidad Nacional Autónoma de México, crea el Centro de Cálculo de la Universidad y nombra Director del mismo al Ingeniero Sergio F. Beltrán López, quien instala una computadora IBM 650, la primera en México y en toda la América Latina. A partir de entonces se ha ido tejiendo una industria que genera empleo, facilita la vida y genera riqueza para las personas, las empresas y el gobierno. En este capítulo abordaremos la historia de la computación y el software en México. Pasaremos revista a la vida de los pioneros de la computación como Sergio F. Beltrán, Harold McIntosh y Victoria Bajar; resaltaremos los primeros y más importantes esfuerzos en la educación; revisaremos la apasionante historia de la industria del software y haremos mención de los importantes aportes a la industria del video y la televisión por Internet en donde México ocupa un lugar destacado en su historia.

## Sergio F. Beltrán López

Tuve la fortuna de conocer personalmente al Ing. Sergio F. Beltrán y formar parte de su equipo de trabajo cuando fue designado en el año de 1971 Director del Departamento Nacional de Sistematización de la Comisión Federal de Electricidad. En aquel tiempo yo era programador de computadoras en la CFE y el Ing. Beltrán me nombró Director del Centro de Procesamiento de Datos de la División Occidente de la CFE con sede en Guadalajara. Así que tuve la oportunidad de disfrutar de su amistad, su agradable conversación y su entusiasmo. En los pocos ratos de descanso que nos dejaba el trabajo con las computadoras me platicaba de sus experiencias en el Centro de Cálculo de la Universidad y de cómo surgió la idea de instalar en México la primera computadora. Ahora comparto aquí aquellos recuerdos complementados con el documento publicado con motivo de los 50 años de la computación en México.

Hacia el año de 1955 el Ing. Beltrán se interesó en las computadoras de una manera un tanto casual. Estaba trabajando en un proyecto desarrollado entre la Universidad Nacional Autónoma de México y la Universidad de California en Los Angeles (UCLA). Al grupo de México, del que formaba parte el propio Ing. Beltrán y también el Dr. Nabor Carrillo, le correspondía resolver un sistema de ecuaciones simultáneas de alta complejidad. Tan complejo estaba el asunto aquél que les tomó nueve meses para resolverlo. Al obtener los resultados finales decidieron enviarlos a la UCLA para que los verificaran. Con gran sorpresa recibieron en sólo tres semanas la verificación de los resultados que a ellos les había tomado nueve meses. Esto dejó sorprendido y atónito al grupo mexicano. El Ing. Beltrán preguntó a la UCLA sobre el método que habían seguido y la respuesta fue breve: **El cálculo se realizó en una computadora**. Por cierto, en aquél tiempo le llamaban cerebro electrónico. A partir de entonces el Ing. Beltrán se interesó en el tema de las computadoras y realizó un viaje a California para conocer la máquina instalada en la UCLA que podía resolver un sistema de ecuaciones simultáneas en sólo tres semanas. Ahí conoció a la IBM-650 y se enamoró de ella.

La instalación de una computadora en la UNAM se convirtió en su obsesión. Lograr el objetivo no era cosa sencilla en aquél tiempo. Las computadoras tenían un costo muy alto y varias voces se levantaron para protestar por un gasto que consideraban oneroso e incluso un lujo innecesario.

Afortunadamente el Dr. Nabor Carrillo, Rector de la UNAM y testigo del resultado obtenido por la computadora de la UCLA decidió apoyar el proyecto para instalar una IBM-650 en la UNAM. Sin embargo, las limitaciones presupuestales de la universidad obligaron a establecer algunas restricciones. La primera de ellas fue que la computadora no se compraría, sino se tomaría en arrendamiento. La segunda fue que el proyecto tendría que ser autofinanciable o de otra manera se cancelaría. Las negociaciones con la IBM tomaron su tiempo y finalmente se acordó tomar en arrendamiento la computadora IBM-650 mediante un pago mensual de $25,000.00 pesos de aquellos días. **El día 8 de junio abrió sus puertas el Centro de Cálculo Electrónico** y poco a poco se fue demostrando que la decisión había sido acertada ya que permitió insertar a México entre las naciones con capacidad de cómputo instalada. El primer director del CCE fue el Ing. Beltrán López y entre sus colaboradores estuvieron Renato Iturriaga, Manuel Álvarez, Lian Karp, Javier Treviño, Luis Varela y Eduardo Molina, quienes se convirtieron en los pioneros de la Informática en México.

La IBM 650 fue una de las primeras computadoras fabricada a gran escala. Fue anunciada en 1953, habiéndose producido 2000 unidades a partir de 1954 y hasta 1962. El modelo 650 era una máquina que codificaba tanto datos como direcciones de memoria en sistema decimal, guardando cada cifra en código binario. Este código guarda, mediante varios bits, dos variables: una con 2 posibles estados y otra con 5 posibles estados. Se trataba de una computadora fabricada con bulbos que operaba con un tambor magnético con capacidad para 20,000 dígitos, efectuaba 1,300 operaciones de suma y resta por segundo y funcionaba con lectora y perforadora de tarjetas, adoptando un sistema numérico llamado bi-quinario. Estaba provista de un lenguaje ensamblador llamado SOAP (Symbolic Optimizer and Assembly Program). Las primeras tareas que se le encomendaron a esta computadora fueron las de resolver problemas de astronomía, física e ingeniería química.

El éxito del Centro de Cálculo Electrónico permitió que en 1960 se agregara la computadora Bendix G-15 fabricada por Bendix Corporation en California, USA. La Bendix G-15 tenía 180 tubos de vacío y 300 diodos de germanio. Su memoria de tambor magnético poseía 2,160 palabras de veintinueve bits. El tiempo de acceso promedio era de 14.5 milisegundos, pero la arquitectura de las instrucciones de direccionamiento podía reducir drásticamente este tiempo con programas bien escritos. El tiempo de una suma era de 270 microsegundos (sin contar el tiempo de acceso a memoria). Las multiplicaciones de simple precisión tomaban 2,439 microsegundos y las de doble precisión tomaban 16,700 microsegundos. Como parte de su equipo contaba con una lectora y una perforadora de cinta de papel y una máquina de escribir que le servía como consola.

La semilla había sido plantada en suelo fértil y empezó a crecer un robusto árbol que poco a poco fue extendiendo sus ramificaciones hacia las instituciones de educación superior, las oficinas de gobierno y las empresas privadas. El Centro de Cálculo Electrónico de la UNAM pasó a ser el motor de la Informática en México. Primero fueron asesorías para difundir el conocimiento de la computación, luego la programación para el procesamiento de información y finalmente la transferencia de tecnología para instalar otros centros de computación: Petróleos Mexicanos, Nacional Financiera, Instituto Nacional de Investigaciones Forestales, Instituto de Física, Instituto de Geofísica, Observatorio Astronómico Nacional y muchos más.

Después de fundar el Centro de Cálculo Electrónico e instalar la primera computadora en México, **Sergio F. Beltrán continuó su labor evangelizadora para impulsar la Informática en otras trincheras**. Durante 1971-72 dirigió el Departamento Nacional de Sistematización en la Comisión Federal de Electricidad. Su proyecto principal en la CFE consistió en transformar el Centro de Procesamiento de Datos de la División Occidente que tenía como equipo central una ya obsoleta computadora IBM 1401. Esta máquina fue el primer miembro de la serie IBM 1400, una computadora decimal de longitud de palabra variable que fue sacada al mercado el 5 de octubre de 1959 y retirada el 8 de febrero de 1971. El Ing. Beltrán preparó un proyecto para integrar el procesamiento de información de tres divisiones de la CFE con sede en los estados de Jalisco, Nayarit y Colima. La computadora que seleccionó fue la Spectra 70/45 fabricada por la división de computadoras de Radio Corporation of America. Un equipo semejante y compatible con la IBM 360 instalada en las oficinas centrales de la CFE. Contaba con unidades de cinta, memoria en disco y lectora de tarjetas.

Fue necesario programar varios sistemas en lenguaje COBOL para sustituir los obsoletos programas que se procesaban en la computadora IBM. Entre estos sistemas estaba el de facturación para las tres divisiones de la Comisión Federal de Electricidad. Gracias a mi formación como programador tuve la oportunidad de arrastrar el lápiz para escribir algunos de los programas. Y cuando digo arrastrar el lápiz es porque en aquél tiempo se escribían a lápiz los programas en formatos de papel y luego cada línea se transcribía en una tarjeta perforada. Las tarjetas pasaban por la lectora a fin de ser almacenadas en la memoria de la computadora para proceder a la compilación del programa. Una vez depurado y corregido se podía ejecutar. Los trabajos iniciaron en febrero de 1971 y a finales de ese mismo año el proyecto culminó de manera exitosa.

El Ing. Sergio F. Beltrán continuó su peregrinar impulsando la Informática en el Instituto Mexicano del Seguro Social y de 1993 a 1998 fue jefe del Departamento de Ingeniería Informática en la División de Estudios de Posgrado de la Facultad de Ingeniería. Falleció en Cuernavaca, Morelos, en 2004.

### Harold V. McIntosh

Uno de los pioneros de la computación en México fue el Dr. Harold V. McIntosh, quien falleció recientemente después de haber dedicado más de cuarenta años a formar generaciones de profesionales en la Informática e impulsar la computación en varias instituciones de educación superior en México. McIntosh, uno de los académicos más influyentes en la historia de esta ciencia en México, es también el hombre que echó por tierra cánones culturales para vivir la libertad del conocimiento que sólo desde la soledad es posible ejercer en plenitud. En 1975 ingresó al Departamento de Aplicación de Microcomputadoras del Instituto de Ciencias de la Benemérita Universidad Autónoma de Puebla (BUAP), espacio que fue responsable de ensamblar las primeras computadoras que tuvo la Institución a la cual profesó gran cariño y dedicó sus últimos 42 años a la noble tarea de enseñar a múltiples generaciones de estudiantes.

El Dr. Harold V. McIntosh nació en Denver, Colorado, EUA, el 11 de marzo de 1929. Cursó la Licenciatura en Ciencias con especialidad en Física en el Colorado A&M College (1949), la Maestría en Ciencias (en Matemáticas) en la Universidad de Cornell (1952) y el Doctorado en Filosofía en Química Cuántica, en la Universidad de Uppsala, Suecia (1972).

Antes de llegar a México trabajó en el Departamento de Física y Astronomía y en el Proyecto de Teoría Cuántica de la Universidad de Florida, y en el RIAS (Research Institute for Advanced Studies, Baltimore, Maryland).

Su primer contacto con México fue en 1961 para impartir una serie de conferencias en la UNAM; posteriormente, entre 1964 y 1965 trabajó en el Departamento de Física del Centro de Investigación y Estudios Avanzados (CINVESTAV) del IPN, periodo en el cual dirigió las tesis de Licenciatura de Adolfo Guzmán Arenas y Raymundo Segovia Navarro, ambas sobre compiladores para el lenguaje de programación Convert, ideado por McIntosh para realizar manipulaciones simbólicas útiles en la solución de problemas de mecánica clásica y cuántica. Posteriormente tanto Guzmán como Segovia desarrollaron brillantes carreras en la computación, siendo el primero director fundador del Centro de Investigación en Computación CIC-IPN. Entre 1965 y 1966 McIntosh fue director del Departamento de Programación del Centro de Cálculo Electrónico de la UNAM, antecedente de lo que hoy es el Instituto de Investigaciones en Matemáticas Aplicadas y en

Sistemas (IIMAS); en ese período construyó el primer compilador del lenguaje REC (Regular Expression Compiler).

En 1965 asesoró la creación del programa de la Maestría en Ciencias con Especialidad en Computación en el CeNaC (Centro Nacional de Cálculo) del IPN, allí impartió un curso donde definió el lenguaje de programación Convert y apoyado por algunos de sus alumnos escribió en Lisp el primer interpretador para el lenguaje. Los principales resultados sobre Convert se publicaron en la tesis profesional de Adolfo Guzmán (1965) y en un artículo en la revista ACM (1966), en lo que parece ser la primera publicación mexicana en una revista internacional en áreas relacionadas a la computación. Entre 1966 y 1975 McIntosh fue Profesor en la Escuela Superior de Física y Matemáticas del IPN y Coordinador de la Academia de Matemáticas Aplicadas. Entre 1970 y 1975 fue consultor del entonces Instituto Nacional de Energía Nuclear en el Centro Nuclear de México, donde desarrolló "PLOT75", un paquete de graficación de reconocimiento mundial.

En 1973 participó como asesor en la creación de la Licenciatura en Computación de la Universidad Autónoma de Puebla (UAP) y en 1975 McIntosh y su grupo de colaboradores que habían trabajado en el Centro Nuclear de México, fueron invitados a integrarse en la UAP. Ahí conformaron el Departamento de Aplicación de Microcomputadoras en el Instituto de Ciencias de esa universidad donde hicieron notables desarrollos en hardware y en software; pero además, durante toda su trayectoria fue una importante influencia en la formación de investigadores mexicanos por lo que con justicia se puede decir que es uno de los pilares de la computación en nuestro país.

## Victoria Bajar

Nació en Buenos Aires, Argentina, el 6 de julio de 1942. Hija de Salomón Bajar y Estrella Simsolo. Dotada de una brillante inteligencia y una afinidad con las matemáticas y las ciencias exactas, Vicky Bajar, como le llamábamos con afecto sus amigos y estudiantes, fue la primera graduada de la carrera de Computador Científico en Argentina.

México la recibió en enero de 1966 y a partir de entonces se dedicó con afán a impulsar la Informática. Fue fundadora de varias escuelas superiores de computación. De 1979 hasta 2009 dirigió cuatro importantes instituciones académicas. En su larga carrera escribió artículos, dirigió tesis de licenciatura y maestría y elaboró materiales para la formación de profesores. Es autora de dos libros técnicos de computación, autora de un libro de gestión académica y de obras de software así como de una aplicación para educación virtual. Organizó y presidió diez congresos nacionales. Fue profesora de universidades de Argentina, Francia y México, investigadora del CINVESTAV, Presidenta de la Asociación Nacional de Instituciones de Educación en Informática ANIEI (1988-1990), Fundadora y Directora por 15 años de la División Académica de Computación del ITAM (1979-1994), Directora fundadora de la Escuela de Informática de la UIC (1995-1996), ex Subdirectora de Investigación Aplicada del CIC-IPN.

**Victoria Bajar fue una de las pioneras de la computación en México.** La huella indeleble de su paso se encuentra en instituciones de educación superior, en asociaciones de profesionales, en libros, tesis y artículos; pero sobre todo, en la memoria de quienes tuvimos la fortuna de ser sus alumnos y recibir de Vicky sus conocimientos, su entusiasmo y su pasión por la computación. En una entrevista que le hiciera Ignacio Uman, Vicky nos comenta sobre sus vivencias en la UNAM y en la CFE. Aquí reproducimos una parte:

"...La experiencia del Instituto de Cálculo y de la Universidad Nacional del Sur fueron también parte sustantiva de mi formación. Lo anterior constituyó la base para todo lo que siguió y que comenzó con el posgrado en la Universidad Nacional Autónoma de México (UNAM), al que llegué becada por la UNESCO en enero de 1966. Por mi formación aprendí rápidamente "Algol", que fue una revelación maravillosa. Así conformé, un año después de mi llegada, determinados cursos que fueron pioneros en Algorítmica, y que impartí en la

UNAM. Volviendo a su pregunta, la formación argentina me posibilitó conseguir trabajo rápidamente en México para encarar un proyecto muy interesante: la preparación formal de graduados universitarios como programadores en la Comisión Federal de Electricidad, lo que significó que por primera vez tuve la oportunidad de diseñar y conformar un programa específico de formación en programación".

Aquí me permito abrir un paréntesis en el relato de la entrevista para comentar que afortunadamente yo fui uno de aquellos graduados universitarios que formaron parte del primer grupo seleccionado por concurso para recibir instrucción como programadores en la Comisión Federal de Electricidad y Vicky Bajar fue mi maestra. Es importante comentar que en el año de 1966, cuando se integró este proyecto, todavía no se impartía la carrera de Informática o computación en ninguna universidad de México. De esta forma, la CFE tuvo que armar un programa para preparar a los programadores que necesitaba para instalar las nuevas y modernas computadoras que estaban por llegar a México.

Ignacio Uman concluye su entrevista a Vicky Majar con esta pregunta: ¿Qué mensaje le daría a los futuros graduados en Computación? Victoria Bajar nos ofrece una inspiradora respuesta:

"Recordemos todos que la Computación, a pesar de su personería y madurez al día de hoy, siempre ha sido víctima de velos que la afectan: confusiones acerca de lo que era o es, desviaciones hacia intereses meramente comerciales, discutibles intereses creados y usos indebidos o éticamente imperdonables. Quienes hacemos Computación seriamente, con estudio y trabajo, debemos descorrer esos velos y erradicarlos, para mejorar día a día nuestra disciplina".

Victoria Raquel Bajar Simsolo falleció en México el 24 de marzo del 2016, precisamente cuando yo estaba escribiendo estas líneas.

## La educación en Informática

**Antes de 1955 no se tenía noticia en México sobre las computa-doras** y en consecuencia no se impartía curso alguno sobre Informática. En los Estados Unidos ya se tenía una experiencia de 10 años en la computación. En 1953 IBM fabricó su primera computadora a escala industrial, la IBM 650. Se extendió el uso del lenguaje ensamblador para la programación de las computadoras y los transistores empezaron a reemplazar a los bulbos marcando el comienzo de la segunda generación de computadoras. En 1957 Jack S. Kilby construyó el primer circuito integrado. Esta diferencia de algo más de 10 años significó una gran brecha en el avance de la tecnología entre los Estados Unidos y México. Entre sus graves consecuencias podemos destacar la dependencia en tecnología y particularmente en computación que existe.

La brecha tecnológica, agravada con la magnitud de la inversión que se requiere para producir computadoras y hardware de comunicaciones, ha dificultado la competencia en la fabricación de computadoras y equipo de comunicación. Sin embargo, México tiene la gran oportunidad de destacar en la producción de software. En este campo no se requieren grandes inversiones como las que son necesarias para producir computadoras y todo tipo de hardware en escala industrial. Se requiere educación e ingenio. Educación en Informática a partir de la instrucción elemental y fortalecida en las instituciones de educación superior. Formación de maestros e instructores en las naciones más avanzadas en la materia para que luego transmitan el conocimiento punta de lanza en México; educación especializada a nivel postgrado para formar expertos con una sólida preparación; cursos de educación continua para que los adultos mayores se integren al uso de las tecnologías. Y de manera muy importante, **una visión de estado que brinde un decidido apoyo a la educación y fortalecimiento de la Informática**, particularmente a la producción de software. Uno de los objetivos que deben cumplirse es la vieja promesa de destinar el 1% del PIB al desarrollo de la tecnología. Pero no obstante las carencias y los rezagos en materia de tecnología, justo es mencionar los importantes avances que se han logrado en la educación y también justo es destacar los programas impulsados por el gobierno para fortalecer el desarrollo del software en México. En este capítulo así lo haremos.

El Centro de Cálculo Electrónico de la UNAM se instaló en el sótano de la Facultad de Ciencias para apoyar el desarrollo de investigaciones en las áreas de matemáticas, física y actuaría y en consecuencia los primeros cursos de cómputo se dictaron precisamente en la Facultad de Ciencias. Ahí nace la educación en Informática en México. En agosto de 1959 se dictó el primer coloquio sobre computadoras electrónicas y sus aplicaciones. La UNAM decidió impulsar la computación y para tal efecto ofreció algunas becas para estudiar "Computer Science" en los Estados Unidos. Los primeros becarios fueron Renato Iturriaga, Enrique Calderón, Adolfo Guzmán, Mario Magadín y Victoria Bajar. Todos ellos retornaron para impulsar el cómputo en México. Victoria Bajar se integró al equipo de instructores que formó en el año de 1966 la primera generación de programadores en la Comisión Federal de Electricidad. Como en aquél tiempo no existía la carrera de Informática o computación fue necesario crear un grupo de instructores a cargo de la CFE para capacitar a egresados de la universidad y prepararlos como programadores y analistas de sistemas. En aquel tiempo los graduados de Ciencias Químicas y Actuaría en Matemáticas eran los más capacitados en ciencias de la computación. De esas carreras surgieron los primeros expertos en Informática quienes después transmitieron sus conocimientos. Aquí recuerdo a mis maestros en Comisión Federal de Electricidad: Enrique Duarte, Rafael Olivera y Héctor Moncayo.

En 1958 el Ing. Raúl Pavón publica un artículo con el título "The Mexican light and power company introduces a direct way for fast computation of industrial services with power factor adjustment" que es considerado como la primera publicación sobre computación en un foro internacional. El artículo fue publicado en las actas de la Association for

Computing Machinery (ACM) con la siguiente información de registro: ACM '58 Preprints of papers presented at the 13th national meeting of the Association for Computing Machinery Pages 1-3 ACM New York, NY, USA ©1958.

En 1963 se crea el Centro Nacional de Cálculo (CENAC) en el Instituto Politécnico Nacional con el propósito de incorporar la computación electrónica al acervo científico y tecnológico del país. Este importante logro se debió en buena parte al Ing. Naval Miguel Ángel Barberena Vega, primer director del CENAC, quien logró la instalación de una IBM-709 (en ese momento la mayor computadora de la América Latina), una CDC-3300, una IBM-1620 y una computadora analógica EIA. En 1965 se comenzaron a impartir estudios de postgrado con la Maestría en Ciencias de la Computación. El 24 de febrero de 1988 fue creado el Centro de Investigación Tecnológica en Computación (CINTEC), con el objeto de formar recursos humanos en el nivel de postgrado en el área de la ingeniería y ciencias de la computación para desarrollar los procesos tecnológicos de los sectores productivo y social del país. En 1989 en el CINTEC se inició la Maestría en Ingeniería de Cómputo. Actualmente el Centro Nacional de Cálculo (CENAC) realiza sus funciones en el Edificio de la Secretaría de Administración y el Centro de Investigación Tecnológica (CINTEC) cambió su denominación a CIDETEC.

El Instituto Politécnico Nacional se ha distinguido como una de las instituciones de educación superior que ha dado mayor impulso a la Informática en México. El Centro de Investigación en Computación (CIC) es un organismo en ciencias de la computación e ingeniería de cómputo del Instituto Politécnico Nacional (IPN) que se ha consolidado como uno de los más importantes en Latinoamérica. Su misión es realizar investigación científica de vanguardia orientada a la enseñanza en el posgrado. **Este centro cuenta con dos premios nacionales de ciencias**, la mayor cantidad de profesores con doctorado y la mayor cantidad de miembros que pertenecen al Sistema Nacional de Investigadores (SNI) entre las instituciones dedicadas a la investigación en computación a nivel nacional.

El Tec de Monterrey se anotó un diez al ser la primera institución en ofrecer la carrera de computación en México. El Instituto Tecnológico y de Estudios Superiores de Monterrey comenzó a impartir cursos introductorios a la computación (a nivel licenciatura) desde mediados de 1960 y en 1967 crea la carrera de Ingeniero en Sistemas Computacionales. Poco después, la Universidad Autónoma de Puebla y la Universidad Autónoma de Nuevo León ofrecieron licenciaturas similares. En el caso de la UNAM existe el antecedente de un programa de maestría en ciencias computacionales que estuvo en funciones en la década de los sesentas financiada por la UNESCO. Los estudiantes de esa maestría provenían en su gran mayoría de la escuela de ciencias e ingeniería de la UNAM. Para la década de los setentas, la UNAM, la Universidad de Chapingo y la Universidad Iberoamericana ofrecían una maestría en ingeniería computacional.

En 1966 surge en la Ciudad de México la primera escuela particular en ofrecer cursos de computación. El Instituto de Computación y Mecanización (ICM de México) ofrecía cursos de RPG, COBOL y FORTRAN. Es importante considerar que en ese tiempo no existía la posibilidad de estudiar una carrera relacionada con la computación en México y que los interesados en las ciencias computacionales tocaban todas las puertas esperando que alguna se abriera para adentrarse en el fantástico mundo de la computación. Tuve la oportunidad de formar parte de la primera generación de alumnos del ICM de México en 1966 y todavía conservo mi Diploma. Más adelante, en ese mismo año, fui aceptado por la Comisión Federal de Electricidad para formar parte de la primera generación de programadores capacitados por la CFE para formar el Departamento de Sistematización. El Lic. Guillermo Martínez Domínguez, entonces Director de la CFE, me hizo entrega de un Diploma que conservo con mucho aprecio.

Ante la ausencia de una oferta de programas por parte de las instituciones de educación superior las empresas fabricantes de computadoras organizaron cursos de computación para satisfacer la demanda de programadores, analistas y diseñadores de sistemas. **Fueron famosos los cursos ofrecidos por la IBM, la empresa francesa Bull y otras compañías establecidas en México.** Las grandes empresas del gobierno también organizaron cursos de computación para formar a sus propios programadores. Importantes en este aspecto fueron los programas de capacitación de la Comisión Federal de Electricidad, PEMEX, el Instituto Mexicano del Seguro Social y algunas dependencias de gobierno. En 1973 se fundó en la Universidad Autónoma de Puebla la Licenciatura en Computación dentro de la Escuela de Ciencias Físico-Matemáticas. Este programa de estudios fue promovido por el Dr. Isidro Romero Medina quien a su vez solicitó la asesoría del Dr. Harold V. McIntosh para el diseño de la currícula de materias, la cual se distinguió desde aquellos años como una de las carreras en computación más orientada hacia los fundamentos matemáticos de todo el país.

Los graves problemas económicos que se presentaron en México durante la década de 1980 ocasionaron un fuerte y lamentable atraso en el desarrollo de la computación en el país. Los programas de educación y la creación de centros de educación se frenaron y no fue sino hasta después de diez años que volvieron a retomar su paso. La llamada década perdida produjo que la gran mayoría de los grupos de investigación en el área de la computación se disgregaran e incluso no pocos de ellos desaparecieron. Un dato significativo es que para 1983, el IIMAS de la UNAM pasó de más de 20 investigadores a sólo 4. En ese contexto rescatamos tres importantes intentos para mantener el avance de la computación en México: La creación en 1983 de la rama de Computación en el Departamento de Ingeniería Eléctrica del I.P.N. Otro centro de investigación importante creado en ese tiempo fue el Centro de Investigación en Matemáticas (CIMAT) con sede en la Ciudad de Guanajuato. A mediados de la década de 1980 la Universidad Autónoma de Guadalajara realizó uno de los esfuerzos más importantes en materia de educación para impulsar la Informática en México. Instaló un centro con 200 microcomputadoras para capacitar a sus alumnos en computación. Los estudiantes lo bautizaron con el nombre de

Laboratorio Azul por las fundas de ese color que cubrían las computadoras cuando no estaban en acción. La misma UAG instaló en su División de Educación Continua un centro de capacitación en Informática para atender la creciente demanda de adultos y egresados que deseaban integrarse al mundo de la computación. Tuve la oportunidad de dirigir la instalación de ese centro de capacitación e impartir cursos de Works y DOS.

## ProSoft

Atento a la importancia del software como motor de desarrollo del sector de las Tecnologías de la Información, el gobierno **de México puso en marcha en el año 2002 un programa para impulsar el software con el atinado nombre de ProSoft.** El ProSoft es el programa de política pública que tiene como objetivo fundamental acelerar el desarrollo de las empresas del sector de TI para mejorar su posicionamiento en el mercado nacional e internacional.

Se han emitido tres versiones de este programa de apoyo gubernamental operado por la Secretaría de Economía. La primera versión, conocida como 2.1, se puso en marcha en el año 2002 y se enfocó a proporcionar el impulso que requería para su despegue una industria naciente con valor cercano a los 4,000 millones de dólares. (Para efectos de comparación anotamos que el valor de mercado de Google en el año 2016 es de 500,000 millones de dólares). Durante esta primera versión los apoyos se canalizaron hacia las empresas del sector de TI y los usuarios del software, otorgando la prioridad más alta a las empresas pequeñas y medianas. La siguiente versión se presentó en el año 2008 con el objetivo de impulsar el desarrollo del capital humano. En esta versión se privilegió la capacitación y certificación de los profesionales dedicados a las TI y se dio un giro en la focalización de los apoyos canalizándolos ya no a las empresas pequeñas y medianas del software sino a organismos y asociaciones empresariales. La actual versión 3.0 se lanza en el año 2016 con el propósito de incrementar el valor agregado y la innovación en las empresas de software.

Los resultados de las primeras dos versiones dieron generosos frutos y lograron el propósito de crear un ambiente favorable a la producción de software: certificación de empresas y desarrolladores para mejorar su calidad; motivación y entusiasmo para crear nuevas empresas; participación de los gobiernos estatales para aumentar la bolsa de los apoyos federales; construcción de instalaciones dedicadas exclusivamente al establecimiento de empresas de tecnología como el Centro del Software de Guadalajara, ambiente favorable para emprender, arriesgar e impulsar empresas de software. Podemos afirmar que el ProSoft en sus primeros años de operación sacudió al sector de las Tecnologías de la Información y le dio a la industria del software un apoyo a todas luces positivo con resultados concretos, medibles y satisfactorios.

En un estudio realizado por el Instituto Tecnológico Autónomo de México (ITAM), la Cámara Nacional de la Industria Electrónica, de Telecomunicaciones y Tecnologías de la Información (CANIETI) y el Centro de Estudios de Competitividad para evaluar los resultados del ProSoft durante el periodo 2007-2012 se obtuvieron interesantes conclusiones. Para medir el impacto del ProSoft se utilizaron dos muestras. La primera se integró por las empresas encuestadas en la Evaluación de Impacto 2008-2009, e incluyó tanto empresas apoyadas como no apoyadas. La segunda muestra se conformó con los datos proporcionados por la Secretaría de Economía (SE) sobre las empresas que hicieron solicitudes de apoyo al ProSoft en el 2012, tanto si se vieron o no beneficiadas.

- Los principales resultados de las encuestas aplicadas a la primera muestra fueron los siguientes:
- Las empresas apoyadas reportan mayores incrementos en el número de empleados.
- Las empresas apoyadas obtuvieron certificaciones de manera casi inmediata al momento que recibieron el apoyo, mientras que las empresas no apoyadas tardaron más en obtenerlas.

- Las empresas apoyadas se certifican sobre todo en CMMI, mientras que las empresas no apoyadas se certifican más en MoProSoft.

- La mayor parte de las empresas encuestadas reportan que no certificaron a su personal a partir de los apoyos otorgados por el ProSoft. Las empresas apoyadas reportan un número mayor de certificaciones personales, entre las que destaca también la certificación individual en CMMI.

- El 28.8% de las empresas apoyadas exporta alrededor del 27% de sus ventas.

- El 26.5% de las empresas no apoyadas exporta, pero estas ventas sólo representan el 7% de sus ventas totales.

- Las empresas apoyadas presentan mayores niveles de ventas que las no apoyadas.

Es importante destacar la participación de quienes han contribuido a impulsar el ProSoft y, de manera particular, a quienes lo hicieron durante sus primeros años, los más fructíferos de esta política pública que ha estado perdiendo fuerza y se ha desviado de su enfoque original.

El principal promotor de ProSoft, la bujía que le dio vida y fuerza fue sin duda alguna el Dr. Francisco Medina Gómez, Director del Consejo Estatal de Ciencia y Tecnología de Jalisco (CoecytJal) durante algo más de diez años a partir de octubre del año 2000. El Dr. Francisco Medina, Paco, como le decimos quienes hemos tenido la fortuna de conocerlo, es dueño de un impresionante currículum ligado con la ciencia y la tecnología: Ingeniero Químico por la Universidad Iberoamericana en México, D.F.; Maestría en Administración, ITESM, Campus Ciudad de México; Maestría en Ciencias en Ingeniería Química Avanzada, (MSc) Universidad de Bradford, Inglaterra; Doctorado en Ingeniería Química, (PhD) Universidad de Bradford, Inglaterra. Postdoctorado en Procesos Biotecnológicos y Químicos en el Instituto Tecnológico de Massachusetts (MIT), Cambridge, Mass. U.S.A. Sin embargo, lo que más distingue al Dr. Francisco Medina es su incansable trabajo para impulsar la ciencia y la tecnología así como un trato personal abierto, sencillo, franco y amigable.

Las posiciones que ha ocupado el Dr. Medina le permitieron ser un factor decisivo en la puesta en marcha del ProSoft, en la vinculación del ProSoft con el Estado de Jalisco, en el fortalecimiento del ProSoft y en el logro de sus mejores frutos. Estas son las trincheras desde las que el Dr. Medina luchó para defender al ProSoft, y cuando decimos que luchó por esta causa no se trata sólo de una frase, porque fue necesario batirse y defender al ProSoft en la Cámara de Diputados para dotarlo de presupuesto y en muchas otras instancias para fortalecerlo:

- Secretario Técnico del Fideicomiso Fondo Jalisco para la Ciencia y la Tecnología, FOCYTJAL a partir del mes de octubre del año 2000.
- Presidente de la Red Nacional de Consejos y Organismos Estatales de Ciencia y Tecnología, REDNACECYT.
- Miembro de la Mesa Directiva del Foro Consultivo Científico y Tecnológico.
- Presidente de la Región Occidente de la Asociación Mexicana de Directivos en Investigación Aplicada y Desarrollo Tecnológico, ADIAT.
- Miembro del Consejo Directivo del Programa Nacional para el Fomento de la Industria del Software, PROSOFT.
- Coordinador de los Clusters Estatales del Programa Nacional de Fomento a la Industria del Software, PROSOFT.

Los resultados están a la vista. **El Consejo Estatal de Ciencia y Tecnología de Jalisco y el ProSoft** lograron impulsar las Tecnologías de la Información y las Comunicaciones de forma tan vigorosa que cuando ya se veía que Guadalajara, conocida como el Silicon Valley de México, empezaba a perder industrias maquiladoras de electrónica, surgió la industria del software como una nueva fuerza para reanimar a las TIC. Se crearon nuevas empresas, se fortalecieron las que ya operaban, se creó el Centro del Software, se certificaron empresas para mejorar su calidad, se incrementó la exportación de software, se estimuló la innovación y se generó un medio ambiente propicio para el emprendimiento y la innovación. Jalisco llegó a ser el líder nacional en tecnologías de la información: una de cada cuatro empresas del sector se encontraba en ese estado y más de 600 empresas formaron el clúster tecnológico industrial más importante del país.

Sin embargo, los astros se desalinearon y se perdió la fuerza y el ritmo que con tanto trabajo se había ganado. El Dr. Francisco Medina dejó el CoecytJal ante el cambio de gobierno. En la Secretaría de Economía también dejaron sus puestos quienes crearon e impulsaron el ProSoft; la desaceleración económica hizo mella en el presupuesto del ProSoft y su orientación cambió. En el 2016 surgió la versión 3.0 que carece de la fuerza y el entusiasmo para mover a la industria del software. El recorte presupuestal obligó a la fusión de programas y el ProSoft quedó atado al FINNOVA. De esta forma, con la fusión de los programas presupuestarios R003 Fondos para Impulsar la Innovación (FINNOVA) y S151 Programa para el Desarrollo de la Industria del Software (PROSOFT), se creó el S151 Programa para el Desarrollo de la Industria del Software (PROSOFT) y la Innovación. Este nuevo programa se ha trazado 14 objetivos para cumplirlos entre el 2016 y el 2024.

- Ser el segundo país exportador de TI (hoy, en 2016, es tercero)
- Ser el tercer destino de outsourcing de TI (hoy es sexto)
- Multiplicar por 4 el valor de mercado de TI (hoy es de 14,390 mdd)
- Ser tercer país en América Latina en uso de TI empresarial (hoy es quinto)
- Tener 1,000 centros de calidad (hoy existen 527)
- Acercamiento a 15 sectores
- Tener 90% de la demanda de talento cubierta (hoy está al 50%)
- Alcanzar 25% de valor agregado de servicios (hoy es 9.4%)
- Llegar al 30% de empresas de TI vinculadas a la academia (hoy 5%)
- Tener 50% de las empresas de TI con actividad innovadora (hoy 25%)
- Llegar al 50% de las empresas con acceso a créditos (hoy es el 23%)

- Tener 5 polos globales de TI en el país (hoy no existen)
- Planeaciones estratégicas anuales
- Ser líder en América Latina en leyes relacionadas con TI (hoy es el quinto)

México tiene una gran oportunidad de participar en la industria del software a nivel internacional. El recurso humano tiene capacidad, creatividad y entusiasmo. La demanda de software es creciente. No se requieren grandes recursos de capital porque no es necesario invertir en plantas industriales de gran tamaño. Lo que hace falta es una visión de estado que impulse de manera decisiva a la industria del software enfocando la atención en la capacitación desde la educación elemental, el estímulo creciente y oportuno del ProSoft, el establecimiento de condiciones para facilitar la creación de empresas dedicadas a la producción de software y más adelante la creación del Instituto Nacional para el Fomento de la Industria del Software como institución de vanguardia que coordine el esfuerzo del gobierno, las universidades, las empresas, las asociaciones de profesionales y de manera especial el esfuerzo de los programadores con espíritu emprendedor.

**Software para microcomputadoras en México**

La industria del software se fortaleció de manera muy importante con la creación de la computadora personal o microcomputadora, nombre que recibió por estar construida en base a un microprocesador. En enero de 1975 se presentó en la portada de la revista Popular Electronics de los Estados Unidos la primera microcomputadora, la Altair 8800. Ed Roberts, el creador de la Altair se concentró en el hardware y no pensó que la máquina necesitaría software para funcionar. Se necesitaba por lo menos de un lenguaje de programación adaptado al microprocesador 8080 de Intel que era el corazón de la microcomputadora.

Ante tal carencia, que representaba una gran oportunidad para quien tuvo la visión de la importancia del software, Ed Roberts recibió en su casa una comunicación de la compañía Traf-O-

Data en la que se le preguntaba si estaría interesado en adquirir una variante del lenguaje de programación BASIC para la máquina Altair. Roberts se interesó y llamó a la compañía. Le contestaron en un hogar privado ya que la comunicación había sido enviada por dos jóvenes estudiantes: Bill Gates y Paul Allen quienes en realidad no tenían ningún lenguaje BASIC que ofrecer ni empresa alguna registrada y en operación. Sin embargo, se comunicaron con Roberts y se comprometieron a entregarle en un mes el lenguaje BASIC para la Altair. Pusieron manos a la obra y una vez que tuvieron una versión funcionando en el simulador, Paul Allen voló a Albuquerque para entregar el programa conocido como MITS 4K BASIC en una cinta de papel. El software funcionó en la Altair en la primera vez que se ejecutó y paso seguido ambos jóvenes, Bill Gates y Paul Allen, crearon la empresa hoy conocida como Microsoft.

La microcomputadora Apple I fue una máquina construida a mano y vendida a los aficionados en 1975. El modelo Apple II fue la primera microcomputadora producido a gran escala e introducida al mercado en el mes de junio de 1977. Algunas otras marcas se lanzaron al mercado como Radio Shack, Atari y Commodore. En 1981 se presentó con bombo y platillo la IBM-PC.

A México llegaron las microcomputadoras con varios años de retraso pero cuando lo hicieron revolucionaron la industria del software. **En 1979 se creó el Instituto Nacional de Informática y Comunicación, A.C., la primera organización formal de profesionales en Informática en México.** Una de sus primeras acciones fue la de organizar cursos de capacitación en microcomputadoras para dar a conocer la nueva maravilla de la computación y promover su uso en las universidades, las empresas y el gobierno. Estos fueron los primeros cursos de capacitación que se impartieron en México en microcomputadoras. Tuve la oportunidad de fundar y ser el primer Presidente del Instituto Nacional de Informática y Comunicación A.C.

En 1983 se empezaron a vender en México las primeras microcomputadoras en tiendas especializadas que ofrecían el servicio de instalación y asesoría para su puesta en marcha. La idea de establecer en México una cadena nacional de tiendas al estilo de Computerland que funcionaba en los Estados Unidos fue concebida por Luis G. Aguilar, quien siempre se había distinguido por impulsar en México los proyectos más ambiciosos en el campo de la Informática. Fundó varias empresas como TeleInformática de México, empresa pionera en el procesamiento remoto de datos; Apoyo Computacional, para brindar servicios de asesoría en Informática para el análisis y diseño de sistemas e Infocentros, compañía experta en la instalación de centros de procesamiento de datos. Con toda esta experiencia, cuando salieron al mercado las microcomputadoras Luis G. Aguilar decidió agregar un eslabón más a su grupo de empresas y establecer una cadena nacional de centros de exhibición y venta de computadoras personales, accesorios y programas de aplicación. Así fue como en el año de 1983 estableció la empresa Telemática de México dotada de una atractiva imagen corporativa.

En los Estados Unidos las microcomputadoras impulsaron la producción de software empaquetado contenido en un disco flexible y un breve manual de instrucciones. Las ventas de este nuevo producto en la industria de la computación alcanzaron cifras de miles de ejemplares dando lugar a la creación de nuevas y prósperas empresas. Podemos mencionar VisiCalc, Lotus 1-2-3 y WordStar. En México se formaron dos vertientes en la producción de software para microcomputadoras: el software empaquetado y el software a la medida.

Para comprender el mercado del software para las microcomputadoras es importante destacar que durante los primeros años de la microcomputación lo más importante era la máquina. La atención del fabricante se centraba en la parte física del equipo y al software se le veía como algo accesorio. Algunos fabricantes de computadoras llegaron a regalar el software a fin de vender la máquina. Otro problema al que se enfrentaron los pioneros de la industria del software empaquetado fue la piratería. Los usuarios de microcomputadoras no querían pagar por el software y buscaban por todos los medios adquirir copias pirateadas. Aquí es importante reconocer la actitud de la Secretaría de Educación Pública y el Instituto Mexicano de la Propiedad Industrial que reconocieron el derecho de autor en el software. Y por supuesto, aquí resalta también el valor de la empresa Microsoft que supo darle al software el valor comercial que merecía y que de esta forma sentó las bases para la creación de una industria que ahora es floreciente y que vale en el mundo cientos de miles de millones de dólares y le da empleo a millones de trabajadores que perciben un sueldo en el rango más alto de la escala.

La industria del software para microcomputadoras empezó a despegar en México en los albores de la década de 1980. Surgieron varias empresas, pequeñas todas ellas, para producir el software que se necesitaba con urgencia a fin de aprovechar el poder de procesamiento de información que ofrecían las pequeñas pero poderosas computadoras. **Aunque parezca evidente, es necesario decir que en aquél tiempo no había Internet** y por lo tanto no era posible vender el software en línea como se hace actualmente. Así que era necesario codificar los programas, probarlos y luego reproducirlos en discos de 5 ¼, para colocarles una etiqueta de identificación y entregarlos para su venta. El disco se acompañaba de una carpeta de argollas con las copias del manual de instrucciones. Las casas de software, como se les decía a las empresas dedicadas a la producción de programas de aplicación, distribuían sus productos a través de las empresas que vendían microcomputadoras, como era el caso de Telemática de México. Realmente era una producción artesanal porque a excepción del proceso que se ejecutaba en la microcomputadora todo el trabajo de producción se hacía en forma manual y de uno en uno.

Los primeros programas que se lanzaron al mercado se orientaron a resolver el proceso de información relacionado con la administración de la empresa: Contabilidad, Nómina,

Inventarios y Facturación. Uno de los primeros paquetes de software administrativo que se posicionó con éxito fue Kuasar. También se produjeron algunos programas para el procesamiento de textos como "Sígueme", que en realidad era un sencillo editor de textos, pero que mucho ayudó en su época a utilizar la computadora para producir textos e incluso libros completos. Debo decir que uno de mis primeros libros fue escrito precisamente en Sígueme allá en el año de 1984.

**En 1986 los hermanos Maldonado crearon un exitoso programa de aplicación con el atractivo nombre de Campeón** que luego se convirtió en Campeón Plus. Empezaron en su natal ciudad de Colima y luego instalaron oficinas en Guadalajara, Monterrey y la Ciudad de México. El software hizo honor a su nombre porque se convirtió en el campeón de la industria de la construcción. Campeón Plus es un sistema para la administración de proyectos que ha logrado solucionar de forma integral las necesidades de la industria contemplando la presupuestación, programación y control. Originalmente se orientó a la industria de la construcción, pero actualmente puede adaptarse a las necesidades de otros sectores. Y es que después de 20 años, es uno de los pocos que orgullosamente se mantienen en el mercado. Por algo será.

Otra empresa que surgió en los orígenes del software para microcomputadoras fue Aspel. Se estableció en 1981 y desde entonces se orientó a la solución del proceso administrativo. Es una de las casas de software con más antigüedad en México y una de las que se ha mantenido en una línea de constante superación. **Su producto Aspel-SAE 6.0 es el sistema administrativo empresarial más vendido en México.** Controla el ciclo de todas las operaciones de compra-venta de la empresa como inventarios, clientes, facturación, cuentas por cobrar, vendedores, compras, proveedores y cuentas por pagar, automatizando eficientemente los procesos administrativos.

**En Guadalajara surgió la empresa Computación en Acción con su producto estrella Contpaq** que después se convirtió en CONTPAQi para procesar la información del proceso administrativo de la empresa y que después de más de 30 años de éxito ha logrado rebasar la marca de 500,000 sistemas instalados. La idea surgió cuando José Luis de Alba González presentó un plan de negocio que formaba parte de un trabajo final de la maestría en Marketing que cursaba en ese año. El proyecto era una empresa de software empresarial. Más tarde la idea comenzó a tomar forma y fue ahí donde se unió René Torres Fragoso a fin de acordar las líneas de acción que permitirían concretar la idea. El grupo inicial estaba compuesto por 5 personas y en los primeros bocetos se presentaron un software contable y uno comercial con inventarios. El reto era crear el primer software de contabilidad con afectación en línea y periodos abiertos. Fue hasta el 23 de marzo de 1984 cuando 11 de los socios iniciales firmaron el acta constitutiva de Computación en Acción (Compac). Sin embargo, el producto que inició con el nombre de CONTAB finalmente se cambió por CONTPAQ ya que fusionaba las palabras paquete y contable. A partir de ahí han sido diferentes los retos y transformaciones que la compañía ha enfrentado para lograr el alcance que actualmente posee como llegar a ser un proveedor autorizado de certificación por el SAT, contar con una cobertura nacional de más de mil 500 distribuidores y 8 oficinas regionales: Distrito Federal, Guadalajara, Monterrey, Mérida, León, Chihuahua, Tijuana y Veracruz así como sus más de 500 mil clientes a nivel nacional a quienes ofrece soluciones de software que pueden ser adaptadas a procesos de la micro, pequeña y mediana empresa.

**Con el establecimiento de Microsoft en México en 1986**, se reestructuró el mercado de software y se fijaron las bases para su comercialización y distribución. Esta empresa nombró representantes exclusivos a dos empresas y también otorgó licencias de sus productos a algunos fabricantes, con lo cual estuvo en mejor disposición de ofrecer máquinas con software incluido. Este hecho contribuyó a que los usuarios tuvieran mejores opciones de compra y permitió cargar el costo proporcional de la licencia de uso del software al precio del equipo. La producción de software artesanal para las microcomputadoras pasó a una etapa de industrialización. Más adelante Internet permitiría la descarga on line y el software pasó de la venta de uno en uno a la descarga de millones en Internet.

## Video y TV por Internet en México

La transmisión de video y televisión por Internet representa el futuro de las comunicaciones en el ámbito mundial. Los grandes saltos en la evolución de la humanidad tienen como plataforma la instauración de algún nuevo instrumento de comunicación. El nuevo instrumento que está revolucionando la comunicación de la humanidad es Internet. Y la forma de romper moldes y crear nuevos canales de comunicación es a través del video y la televisión por Internet.

En México se han hecho importantes esfuerzos para lograr la transmisión de video y TV por Internet. El primero y más importante por su trascendencia se realizó en el Centro del Software de Guadalajara. Fue un proyecto que concibió Reynaldo Nuncio, Director de la empresa NC Edusoft y realizado con la participación de dos empresas mexicanas, dos instancias de gobierno y dos expertos en Tecnologías de la Información y Comunicación. La empresa que desarrolló el proyecto fue NC Edusoft; la compañía que realizó la codificación del software fue Innovación Inteligente (Innox); las instancias de gobierno que brindaron su apoyo para la realización del proyecto fueron el **ProSoft y el Consejo Estatal de Ciencia y Tecnología del Estado de Jalisco. Los dos expertos en TICs fueron Juan Carlos Reyes Solórzano y Alejandro Ceballos Zavala.**

El proyecto fue desarrollado a principios del año 2007 con el atractivo nombre de TuVideo.com.mx. En el documento in extenso que se entregó al ProSoft se presentó el objetivo: "El video en Internet tiene un amplio y prometedor futuro. Un claro ejemplo es el sitio YouTube que con una inversión inicial de 8.5 mdd en poco tiempo se colocó dentro de los cien sitios más visitados y un año después fue vendido a Google en 1,650 millones de dólares. El video en Internet es el precursor de la televisión por Internet. El siguiente paso es la televisión en Internet. Esto es, la difusión en vivo y en directo de la señal captada con cámara Web y transmitida a través de Internet por los mismos usuarios. De ahí su gran importancia y la enorme oportunidad de desarrollar este proyecto en el estado de Jalisco. Toda persona con una cámara de video o con un teléfono celular podrá transmitir la señal directa al portal para transmitir noticias e informar a todo el mundo".

**En noviembre del 2007 se constituyó la empresa MexCast** para aprovechar la tecnología desarrollada en el sitio TuVideo.com.mx y dar el siguiente paso para transmitir TV en vivo por Internet. Reynaldo Nuncio fue nombrado Director, Alejandro Zavala tomó bajo su cargo el desarrollo del software y Juan Carlos Reyes aportó la tecnología del video así como el manejo de cámaras y aparatos de transmisión. En enero del 2008 Instalaron las oficinas de la nueva empresa en el Centro del Software de Guadalajara e instalaron un estudio de televisión. En abril del 2008 se hicieron las primeras pruebas de transmisión de video almacenado al estilo Youtube en el Web site TuVideo.com.mx. Durante todo un año se trabajó en la producción de tecnología streaming para transmitir no solamente video almacenado, sino televisión en vivo por Internet y en abril 26 del 2009 Juan Carlos hizo la primera transmisión. La prueba consistió en tomar una cámara, apuntarla hacia una pecera en donde nadaban alegremente unos pececillos de colores y transmitir en vivo y a todo color la escena. Fue un hito en la historia de la televisión y de Internet en México.

Es importante establecer la distinción entre la transmisión de video almacenado y el streaming para transmitir TV en vivo por Internet. En ese tiempo YouTube transmitía solamente video almacenado y Mexcast, con la magia de Juan Carlos, transmitió televisión en vivo y en directo. Streaming es la distribución digital de multimedia a través de una red de computadoras, de tal manera que el usuario consume el producto (generalmente video o audio) en paralelo mientras se descarga. La palabra streaming se refiere a una corriente continua que fluye sin interrupción. Este tipo de tecnología funciona mediante un búfer de datos que va almacenando lo que se va descargando en la estación del usuario para luego mostrarle el material descargado. Esto se contrapone al mecanismo de descarga de archivos, que requiere que el usuario descargue por completo los archivos para poder acceder a su contenido. Mexcast se colocaba de esta forma un paso adelante de YouTube.

Entusiasmados con los resultados decidieron instalar **el primer estudio de televisión por Internet en el Centro del Software de Guadalajara**. Empezó a funcionar con buenos resultados y el día 5 de julio de 2009 se iniciaron las transmisiones del primer noticiario transmitido por televisión en Internet. Este es un dato importante para la historia del periodismo, de Internet y de la televisión. **El prestigiado periodista y conductor de programas en radio y TV Leonardo SchWebel fue el director y conductor del programa Epicentro Informativo. Leonardo narra de esta forma el histórico momento:**

"Este domingo 5 de julio (2009), Epicentro Informativo hizo historia. Por primera vez se transmitió sin interrupciones más de cinco horas consecutivas por Internet. Gracias a la tecnología de MexCast y el apoyo de Juan Carlos Reyes, esta tecnología que está en Guadalajara es una demostración de cómo puede hacerse video en directo por Internet. No necesita instalar un programa, no requiere de inscribirse, sólo poner la página www.epicentroinformativo.com Es un sistema mejor que cualquier otra herramienta semejante como JustinTV o YouTube. Lo mejor de todo es que está a la mano aquí mismo".

"Gracias a Ramiro Escoto y Norma Barrera, quienes hicieron el vínculo necesario para que este logro tecnológico estuviera en el ciberespacio. No es lo mismo, sin quitarle mérito a nadie, hacer TV que se reproduce en Internet, que hacer una producción de video de Internet para Internet. Eso es histórico".

**Leonardo SchWebel es el primer periodista en transmitir televisión en vivo por Internet en México y quizá en todo el mundo,** porque no hemos encontrado antecedentes de este hecho histórico en otros países. Pero todavía falta anotar un hecho de gran mérito: Leonardo mantuvo algo más de un año la transmisión de lunes a viernes del noticiario Epicentro Informativo con horario de 8:00 a 10:00 AM sin haber faltado un solo día. En su programa incluía noticias, entrevistas, música en vivo, charlas y otras secciones que cautivaron a un público que gracias a la magia de Internet podía verse en todo México, la América Latina, España, toda Europa y en fin, en todo el mundo. Al estudio acudieron para participar en entrevistas el Dr. Francisco Medina, Director del CoecytJal, quien fuera patrocinador del proyecto para transmitir TV por Internet; Aristóteles Sandoval, actual gobernador de Jalisco y muchas personalidades más que hicieron historia al ser entrevistadas en el estudio de Mexcast. Leonardo SchWebel, el primer conductor de un noticiario por televisión en Internet dejó la trinchera para ocupar un puesto de alta responsabilidad como Director de Información y periodista conductor del canal 8 de TV en Guadalajara.

Mexcast fue vendida a la empresa NC Telemática que recibió la estafeta de la televisión en Internet y continuó con las transmisiones en vivo. Se asoció con la empresa Easy Streaming basada en La Florida, Estados Unidos. **Easy Streaming, dirigida por Oscar Nuncio**, fue la primera empresa en transmitir por TV en Internet los servicios de las iglesias cristianas en México, los Estados Unidos y otros países de la América Latina. Es importante destacar que entre sus clientes se encontraba la Universidad de Guadalajara para transmitir por TV en Internet su prestigiado programa Radio Universidad. Esto representó un hecho de singular importancia porque la UdeG tiene un centro de tecnología avanzada y un moderno laboratorio dotado con el equipo más moderno en computación. Aun así, depositó su confianza en Easy Streaming y NC Telemática para transmitir Radio Universidad por TV en Internet.

Uno de los proyectos más exitosos fue la transmisión por TV en Internet del programa Crónicas Jónicas enfocado a la difusión y divulgación de la ciencia, la tecnología y la innovación. **El Director del programa fue el Ing. José de Jesús Langarica Herrera quien se ha especializado en difundir la ciencia y la**

**tecnología**. Lo hizo primero en su revista Galeno y posteriormente se modernizó e hizo historia al convertirse en el primer divulgador de la ciencia por TV en Internet. Su programa fue muy apreciado ya que hacía muy interesantes entrevistas. El CoecytJal reconoció y premió su importante labor en la difusión de la ciencia.

El Fondo de Innovación Tecnológica (FIT), operado por la Secretaría de Economía y el Conacyt apoyó a NC Telemática para desarrollar un proyecto de tecnología streaming con HTML5 y distribución de contenido en la nube a fin de transmitir la señal a dispositivos móviles y aumentar la capacidad de transmisión para un amplio número de espectadores sin demeritar la calidad de la señal transmitida. **El proyecto culminó con éxito y su prueba de fuego consistió en proporcionar el servicio de streaming a María+Visión para transmitir en vivo por televisión en Internet la procesión de la Virgen de Zapopan el día 12 de octubre del año 2012** desde la catedral de Guadalajara hasta la Basílica de Zapopan. La transmisión fue un gran éxito tanto para María+Visión como para la empresas Easy Streaming y NC Telemática. El Lic. Rodolfo Arellano Vega, Director General de María Visión en México extendió una felicitación en los siguientes términos: "Sirva la presente para extenderles una felicitación y manifestar a ustedes nuestro agradecimiento por su participación en la exitosa transmisión en vivo de la Romería de la Virgen de Zapopan por Televisión en Internet a dispositivos fijos y móviles a través de la nube el día 12 de Octubre del presente año" (Fechado el 23 de octubre del 2012).

María † Visión, con más de 15 años de existencia, ha logrado convertirse en una plataforma mundial donde desarrollar proyectos de buena voluntad para el género humano, y en el canal de la familia, al favorecer la educación en los valores trascendentes. Es la plataforma de transmisión de televisión más importante en el mundo católico con oficinas en México, España, Italia, los Estados Unidos y otros países. La confianza que depositó en Easy Streaming y NC Telemática llenó de satisfacción a la empresa y de orgullo bien ganado al recibir su felicitación.

La transmisión de la Romería de Zapopan del 12 de octubre del 2012 por televisión en Internet a dispositivos móviles con un sistema codificado en HTML5 y transmitida en la nube se presentó al Conacyt y a la Secretaría de Economía como prueba fehaciente del exitoso resultado de los proyectos FIT-Conacyt 147869 y 164011 del Fondo de Innovación Tecnológica (FIT) que hicieron historia con la primera transmisión en vivo por Internet a dispositivos móviles de un evento de gran magnitud en las calles de una gran ciudad. **Ese día nació la nueva televisión en México.**

# -10-

# INTERNET

Internet es una infraestructura de información difundida en el ámbito mundial que podemos definir como una red de redes que permite la interconexión descentralizada de computadoras a través de un conjunto de protocolos denominado TCP/IP. (Protocolo de Control de Transmisión (TCP) y Protocolo de Internet (IP).

Su historia es compleja y muy interesante tanto por sus orígenes como por los efectos tan trascendentales que ha generado en la sociedad. Su desarrollo implica aspectos tecnológicos, organizativos y comunitarios en donde gobierno, investigadores, universidades, empresas, organizaciones no gubernamentales y usuarios han participado de manera activa y entusiasta a lo largo de varias décadas para llegar al punto de madurez en que ahora se encuentra. Y seguramente seguirán participando para llevarla hacia fronteras ahora desconocidas que cambiarán todo el quehacer de la humanidad. Internet es una de las más importantes invenciones de la humanidad.

Internet proporciona diversos servicios que utilizan diferentes protocolos para su funcionamiento. Uno de los más importantes es la World Wide Web (WWW), conjunto de protocolos que permite, de forma sencilla, la consulta remota de archivos de hipertexto. En ocasiones se llega a confundir la WWW con Internet. Sin embargo, son dos conceptos diferentes aunque estrechamente relacionados ya que la WWW utiliza a Internet para su transmisión. En este capítulo nos ocuparemos de Internet tomando como base la información de la Internet

Society y en el siguiente revisaremos la historia de la World Wide Web.

Al iniciar la década de 1960 las dos grandes potencias militares del mundo se encontraban en plena guerra fría. La Unión de Repúblicas Socialistas del Soviet (URSS) había lanzado al espacio en 1957 el primer satélite colocándose a la cabeza de la conquista del espacio y los Estados Unidos de América destinaban enormes recursos a la investigación y la tecnología para no perder la carrera por la supremacía militar. En ese entonces, el Departamento de la Defensa de los Estados Unidos tenía una preocupación central en torno a sus comunicaciones: Cómo hacer para que si uno o varios nodos en un sistema de comunicaciones se afectaba, los demás pudieran comunicarse entre sí sin ningún inconveniente. Los Estados Unidos temían un ataque nuclear y necesitaban que aun así su sistema de comunicaciones pudiera seguir funcionando

Con la mira puesta en la solución de ese problema, los Estados Unidos fundaron en 1958 la Advanced Research Project Agency (ARPA) a través del Departamento de Defensa. ARPA estaba formada por unos 200 científicos de alto nivel y tenía un gran presupuesto. Su función principal se enfocó en crear comunicaciones directas entre computadoras para poder enlazar las diferentes bases de investigación. La agencia, denominada en su origen simplemente como ARPA, cambió su denominación en 1972, conociéndose en lo sucesivo como DARPA por sus siglas en inglés. (Defense Advanced Research Projects Agency o Agencia de Proyectos de Investigación Avanzados de Defensa).

Hacia 1962, Paul Baran, un investigador del Gobierno de Estados Unidos nacido en Polonia y educado en la Universidad de California, editó un libro sobre las redes de comunicación distribuidas donde se describen las redes de conmutación de paquetes. Esta idea planteaba la solución a la preocupación del Departamento de Defensa. **Baran propuso un sistema de comunicaciones mediante computadoras conectadas en una red descentralizada**, de manera que si uno o varios nodos eran destruidos, los demás pudieran comunicarse entre sí sin problema alguno. La propuesta de Paul Baran se basaba en dos puntos importantes: A) El uso de una red descentralizada con múltiples caminos entre dos puntos y B) La división de mensajes completos en fragmentos que seguirían caminos distintos. La red estaría capacitada para responder ante sus fallos. De esta manera, la solución estaba planteada; ahora había que llevarla a la práctica.

La primera descripción de las interacciones que se podían habilitar a través de la red fue una serie de documentos escritos por Joseph Carl Robnett Licklider, del Instituto Tecnológico de Massachusetts (MIT) en agosto de 1962, en los que describe su concepto de "Red galáctica". Imaginó un conjunto de computadoras interconectadas globalmente, a través de las que todo el mundo podría acceder rápidamente a datos y programas desde cualquier sitio. En espíritu, el concepto era muy similar a la Internet de hoy en día. Licklider era el director del programa de investigación Informática de DARPA que comenzó en octubre de 1962. Leonard Kleinrock, también del MIT, publicó el primer documento sobre la teoría de conmutación de paquetes en julio de 1961 y el primer libro sobre el tema en 1964. Kleinrock propuso la posibilidad de comunicarse usando paquetes en vez de circuitos, lo que fue un gran paso en el viaje hacia las redes Informáticas. El otro paso clave fue conseguir que las computadoras se comunicaran entre sí.

Licklider concibió una red interconectada globalmente a través de la que cada uno pudiera acceder desde cualquier lugar a datos y programas. En esencia, el concepto era muy parecido a la Internet actual. Licklider fue el principal responsable del programa de investigación en computadoras de la DARPA desde Octubre de 1962. Durante su trabajo en DARPA convenció a sus sucesores Ivan Sutherland, Bob Taylor y el investigador del MIT Lawrence G. Roberts de la importancia del concepto de trabajo en red.

> **La conmutación de paquetes**, tecnología básica en el desarrollo de Internet, es un método de envío de datos en una red de computadoras. Un paquete es un grupo de información que consta de dos partes: los datos propiamente dichos y la información de control que indica la ruta a seguir a lo largo de la red hasta el destino del paquete.

**En Julio de 1961 Leonard Kleinrock publicó desde el MIT el primer documento sobre la teoría de conmutación de paquetes.** Kleinrock convenció a Roberts de la factibilidad teórica de las comunicaciones vía paquetes en lugar de circuitos, lo cual resultó ser un gran avance en el camino hacia el trabajo informático en red. El otro paso fundamental fue hacer dialogar a las computadoras entre sí.

Estas son las principales ventajas de utilizar conmutación de paquetes en lugar de circuitos: 1) Los paquetes forman una cola y se transmiten lo más rápido posible. 2) Permiten la conversión en la velocidad de los datos. 3) La red puede seguir aceptando datos aunque la transmisión sea lenta. 4) Existe la posibilidad de manejar prioridades (si un grupo de información es más importante que los otros, será transmitido antes que los menos importantes).

Para explorar este terreno, en 1965 Roberts conectó una computadora TX2 en Massachusetts con una Q-32 en California a través de una línea telefónica conmutada de baja velocidad, creando así la primera (aunque reducida) red de computadoras de área amplia jamás construida. El resultado del experimento fue la constatación de que las computadoras de tiempo compartido podían trabajar juntas correctamente, ejecutando programas y recuperando datos a discreción en la máquina remota, pero que el sistema telefónico de conmutación de circuitos era totalmente inadecuado para esta labor. La convicción de Kleinrock acerca de la necesidad de la conmutación de paquetes quedó confirmada de esta forma sentando una de las bases tecnológicas fundamentales de Internet.

A finales de 1966 Roberts se trasladó a la DARPA a desarrollar el concepto de red de computadoras y rápidamente confeccionó su plan para ARPANET, publicándolo en 1967. En la conferencia en la que presentó el documento se exponía también un trabajo sobre el concepto de red de paquetes a cargo de Donald Davies y Roger Scantlebury del NPL (The National Physical Laboratory de Inglaterra). Scantlebury le habló a Roberts sobre su trabajo en el NPL así como sobre el de Paul Baran y otros en RAND. La Corporación RAND (Research ANd Development) es un laboratorio de ideas o think tank de los Estados Unidos. El grupo RAND había escrito un documento sobre redes de conmutación de paquetes para comunicación vocal segura en el ámbito militar en 1964.

Ocurrió que los trabajos del MIT (1961-67), RAND (1962-65) y NPL (1964-67) habían discurrido en paralelo sin que los investigadores hubieran conocido el trabajo de los demás. La palabra packet (paquete) fue adoptada a partir del trabajo del NPL y la velocidad de la línea propuesta para ser usada en el diseño de ARPANET fue aumentada desde 2.4 Kbps hasta 50 Kbps (Kilobites por segundo).

En Agosto de 1968, después de que Roberts y la comunidad de la DARPA hubieran refinado la estructura global y las especificaciones de ARPANET, DARPA lanzó en forma abierta una solicitud de oferta o RFQ (Request For Quotation) para el desarrollo de uno de sus componentes clave: los conmutadores de paquetes llamados interface message processors (IMPs, procesadores de mensajes de interfaz).

El RFQ fue ganado en Diciembre de 1968 por un grupo encabezado por Frank Heart, de Bolt Beranek y Newman (BBN). Así como el equipo de BBN trabajó en IMPs con Bob Kahn tomando un papel principal en el diseño de la arquitectura de la ARPANET global, la topología de red y el aspecto económico fueron diseñados y optimizados por Roberts trabajando con Howard Frank y su equipo en la Network Analysis Corporation y el sistema de medida de la red fue preparado por el equipo de Kleinrock de la Universidad de California, en Los Angeles (UCLA).

A causa del temprano desarrollo de la teoría de conmutación de paquetes de Kleinrock y su énfasis en el análisis, diseño y medición, su Network Measurement Center (Centro de Medidas de Red) en **la UCLA fue seleccionado para ser el primer nodo de ARPANET**. Todo ello ocurrió en Septiembre de 1969, cuando BBN instaló el primer IMP en la UCLA y quedó conectada la primera computadora sede conocida como computadora host, término que se ha utilizado ampliamente desde entonces en inglés como muchos otros términos no sólo de Internet, sino de la Informática y la tecnología en general. El proyecto de Doug Engelbart denominado Augmentation of Human Intelect (Aumento del Intelecto Humano) incluyó por vez primera un primitivo sistema de hipertexto. Este trabajo se realizó en el Instituto de Investigación de Stanford (SRI) que proporcionó un segundo nodo. El SRI patrocinó el Network Information Center, liderado por Elizabeth (Jake) Feinler, que desarrolló funciones tales como mantener tablas de nombres de host para la traducción de direcciones así como un directorio de RFCs (Request For Comments o solicitud de comentarios).

Un mes más tarde, cuando el SRI fue conectado a ARPANET, el primer mensaje de host a host fue enviado desde el laboratorio de Kleinrock al SRI. Se añadieron dos nodos: uno en la Universidad de California, Santa Bárbara, y otro en la Universidad de Utah. Estos dos últimos nodos incorporaron proyectos de visualización de aplicaciones mediante el uso de mecanismos que incorporan buffers de monitorización distribuidos en red para facilitar el refresco de la visualización (storage displays) a fin de refrescar la información.

El 21 de noviembre de 1969 se crea el primer enlace entre las universidades de UCLA y Stanford por medio de la línea telefónica conmutada y nace Internet. Durante los siguientes años se siguieron conectando computadoras a la ARPANET y el trabajo continuó para completar un protocolo host a host funcionalmente completo, así como software adicional de red. En Diciembre de 1970, el Network Working Group (NWG) liderado por S. Crocker acabó el protocolo host a host inicial para ARPANET, llamado Network Control Protocol (NCP, protocolo de control de red). Cuando en los nodos de ARPANET se completó la implementación del NCP durante el periodo 1971-72, los usuarios de la red pudieron finalmente comenzar a desarrollar aplicaciones.

En Octubre de 1972 Robert Elliot Kahn, trabajando para la Defense Advanced Research Projects Agency (DARPA) exhibió la red ARPANET conectando 40 computadoras en la International Computer Communication Conference, mostrando el sistema al público por primera vez. Esta fue la primera demostración pública de la nueva tecnología de red. **Se considera a Kahn el inventor del protocolo TCP**, la tecnología usada para transmitir información en Internet. En la primavera de 1973, tras comenzar el trabajo de lo que sería Internet, **Kahn pidió a Vincent Cerf (que entonces estaba en Stanford) que colaborase con él en el diseño detallado del protocolo.** Cerf había estado involucrado de lleno en el diseño y desarrollo original de NCP y ya tenía conocimiento sobre las interfaces de los sistemas operativos existentes. Así que, armados con el enfoque arquitectónico de Kahn para la parte de comunicaciones y con la experiencia de Cerf en NCP, se unieron para crear lo que se convertiría en TCP/IP. TCP (Transmission Control Protocol), Protocolo de Control de Transmisión / IP (Internet Protocol), Protocolo de Internet.

**Los primeros pasos de Internet**

La ARPANET original se convirtió en Internet basada en la idea de que habría múltiples redes independientes con un diseño bastante arbitrario, empezando por ARPANET como red pionera de conmutación de paquetes, pero que pronto incluiría redes de paquetes satélite, redes terrestres de radiopaquetes y otras redes. Internet, tal y como la conocemos hoy en día, mantiene una idea técnica fundamental: es un sistema de arquitectura abierta. En este enfoque, la selección de una tecnología de redes no la dictaba una arquitectura particular de redes, sino que la podía elegir libremente un proveedor y hacerla trabajar con las demás redes a través de una "metaarquitectura de interredes".

Hasta ese momento solo había un método general para integrar redes. Era el método tradicional de conmutación de circuitos, en el que las redes se interconectaban a nivel de circuito, pasando bits individuales de forma síncrona a través de una parte de un circuito completo entre un par de ubicaciones finales. Recordemos que **Kleinrock había demostrado en 1961 que la conmutación de paquetes era un método de conmutación más eficiente**. Además de la conmutación de paquetes, las interconexiones entre redes con fines especiales eran otra posibilidad. Aunque había otras maneras limitadas de interconectar redes diferentes, era necesario usar una como componente de la otra y la primera no actuaba como par de la segunda ofreciendo servicios de extremo a extremo.

En una red de arquitectura abierta, las redes individuales se pueden diseñar y desarrollar por separado, cada una con su propia interfaz única, que puede ofrecerse a usuarios y otros proveedores, incluyendo otros proveedores de Internet. Se puede diseñar cada red según el entorno específico y los requisitos de los usuarios de esa red. En general, no existen restricciones sobre el tipo de redes que se pueden incluir o sobre su alcance geográfico, aunque ciertas consideraciones pragmáticas dictaminan lo que tiene sentido ofrecer.

La idea de las redes de arquitectura abierta la introdujo por primera vez Kahn, poco después de llegar a DARPA, en 1972. Su labor era originalmente parte del programa de radiopaquetes, pero posteriormente se convirtió en un programa independiente por derecho propio. En aquel momento, el programa se llamó "Internetting". La clave para que el sistema de radiopaquetes funcionase era un protocolo de extremo a extremo confiable que pudiera mantener una comunicación efectiva frente a bloqueos y otras interferencias de radio o soportar cortes intermitentes como los causados cuando se entra en un túnel o el terreno bloquean la señal. Kahn se planteó al principio desarrollar un protocolo sólo para la red de radiopaquetes, ya que así evitaría tratar con una multitud de diferentes sistemas operativos y seguir usando NCP.

Sin embargo, NCP no tenía la capacidad de dirigirse a redes (ni a máquinas) que estuvieran más allá de un IMP de destino de ARPANET, de modo que también hacía falta algún cambio en NCP (Se asumía que ARPANET no se podía cambiar en este sentido). NCP dependía de ARPANET para ofrecer fiabilidad de extremo a extremo. Si se perdía algún paquete, el protocolo (y probablemente las aplicaciones a las que este daba soporte) se pararía de repente. En este modelo, NCP no tenía control de errores de host de extremo a extremo, ya que ARPANET sería la única red, y tan fiable que no haría falta un control de errores por parte de los hosts. Así pues, Kahn decidió desarrollar una nueva versión del protocolo que podría cubrir las necesidades de un entorno de redes de arquitectura abierta. Este protocolo se llamaría más adelante Protocolo de Control de Transmisión/Protocolo de Internet (TCP/IP). Mientras que NCP tendía a actuar como un controlador de dispositivo. El nuevo protocolo se parecería más a un protocolo de comunicaciones.

Cuatro reglas básicas fueron fundamentales en la primera concepción de Kahn:

- Cada red diferente debería mantenerse por sí misma y no debía ser necesario hacer cambio interno alguno para que esas redes se conectasen a Internet.

- La comunicación se haría en base al mejor esfuerzo. Si un paquete no llegaba a su destino final, se retransmitía poco después desde el origen.

- Se usarían cajas negras para conectar las redes; después, estas cajas negras se llamarían puertas de enlace y enrutadores. Las puertas de enlace no guardarían información acerca de los flujos individuales de paquetes que pasaban por ellas, manteniendo su sencillez y evitando la complicación de la adaptación y la recuperación a partir de varios tipos de error.

- No habría control global a nivel operativo.

Otros problemas clave que había que resolver eran:

Algoritmos para evitar que los paquetes perdidos impidiesen de forma permanente las comunicaciones y permitir que dichos paquetes se retransmitiesen correctamente desde el origen.

- Ofrecer "segmentación" de host a host para que se pudiesen enviar múltiples paquetes desde el origen hasta el destino, según el criterio de los hosts, si las redes intermedias lo permitían.
- Funciones de puerta de enlace para poder reenviar paquetes de manera adecuada. Esto incluía interpretar encabezados IP para enrutar, manejar interfaces, dividir paquetes en partes más pequeñas si era necesario, etc.
- La necesidad de sumas de verificación de extremo a extremo, reensamblaje de paquetes a partir de fragmentos y detección de duplicados.
- La necesidad de un abordaje global
- Técnicas para el control del flujo de host a host.
- Interfaces con los diferentes sistemas operativos

Había además otras preocupaciones, como la eficacia en la implementación y el rendimiento de las redes, pero estas, en principio, eran consideraciones secundarias.

Kahn comenzó a trabajar en un conjunto orientado a las comunicaciones de principios para sistemas operativos en BBN y documentó algunas de sus ideas iniciales en un memorándum interno de BBN titulado "Principios de comunicación para sistemas operativos". En este momento se dio cuenta de que sería necesario conocer los detalles de implementación de cada sistema operativo para tener la oportunidad de integrar cualquier protocolo nuevo de una forma eficaz. Así pues, en la primavera de 1973, tras comenzar el trabajo de lo que sería Internet, fue cuando pidió a Vint Cerf (que entonces estaba en Stanford) que colaborase con él en el diseño detallado del protocolo. Su colaboración fue muy productiva y la primera versión escrita del enfoque resultante se distribuyó en una reunión especial del International Network Working Group (INWG), que se había creado en una conferencia de la Universidad de Sussex en septiembre de 1973. Se había invitado a Cerf a presidir ese grupo, y aprovechó la ocasión para celebrar una reunión con los miembros del INWG que eran numerosos en la Conferencia de Sussex.

Emergieron algunos enfoques básicos de esta colaboración entre Kahn y Cerf:

La comunicación entre dos procesos consistiría lógicamente en una secuencia larguísima de bytes (los llamaron octetos). Se usaría la posición de un octeto en la secuencia para identificarlo. El control de flujo se haría usando ventanas deslizantes y confirmaciones (acks). El destino podría decidir cuándo confirmar, y cada ack devuelta se acumularía para todos los paquetes recibidos hasta ese momento. No se concretó la manera exacta en la que el origen y el destino acordarían los parámetros de división de particiones que se usaría. Al principio se usaban los valores predeterminados.

Aunque en ese momento se estaba desarrollando Ethernet en Xerox PARC (Palo Alto Research Center), la proliferación de LAN no se imaginaba entonces, y mucho menos la de las computadoras personales y las estaciones de trabajo. El modelo original era de redes nacionales como ARPANET y se esperaba que existiese un pequeño número de las mismas. Así pues, se usó una dirección IP de 32 bits, en la que los primeros 8 bits indicaban la red y los 24 bits restantes designaban el host de esa red. Fue evidente que habría que reconsiderar esta suposición, la de que sería suficiente con 256 redes en el futuro inmediato, cuando empezaron a aparecer las LAN a finales de los años 70.

**El artículo original de Cerf y Kahn sobre Internet describía un protocolo llamado TCP que ofrecía todos los servicios de transporte y reenvío de Internet.** La intención de Kahn era que el protocolo TCP soportase una serie de servicios de transporte, desde la entrega secuenciada totalmente fiable de datos (modelo de circuito virtual) hasta un servicio de datagrama, en el que la aplicación hacía un uso directo del servicio de red subyacente, lo que podía implicar la pérdida, la corrupción y la reordenación de paquetes. Sin embargo, el primer intento de implementar TCP produjo una versión que solo permitía circuitos virtuales. Este modelo funcionó bien para aplicaciones de inicio de sesión remoto y transferencia de archivos, pero algunos de los primeros trabajos en aplicaciones de red avanzadas, en particular la voz por paquetes de los años 70, dejaron claro que en algunos casos la pérdida de paquetes no podía ser corregida por TCP, y la aplicación debería encargarse de ella. Esto llevó a reorganizar el TCP original en dos protocolos: el IP simple, que solo dirigía y reenviaba paquetes individuales y el TCP por separado, que se ocupaba de funciones como el control de flujos y la recuperación de paquetes perdidos. Para las aplicaciones que no requerían los servicios de TCP se añadió una alternativa llamada Protocolo de Datagramas de Usuario (UDP) para ofrecer acceso directo a los servicios básicos de IP.

Una de las principales motivaciones iniciales de ARPANET e Internet era compartir recursos, por ejemplo, permitir a los usuarios de las redes de radiopaquetes acceder a sistemas de tiempo compartido conectados a ARPANET. Conectar ambos era mucho más económico que duplicar estas computadoras tan caras. Sin embargo, aunque la transferencia de archivos y el inicio de sesión remoto (Telnet) eran aplicaciones muy importantes, el correo electrónico ha sido, probablemente, la innovación de aquella época con mayor impacto. **El correo electrónico ofreció un nuevo modelo de comunicación entre las personas**, y cambió la naturaleza de la colaboración, primero en la creación de la propia Internet (como se comenta a continuación) y después para gran parte de la sociedad.

Se propusieron otras aplicaciones en los primeros tiempos de Internet, incluyendo la comunicación de voz basada en paquetes (el precursor de la telefonía por Internet), varios modelos para compartir archivos y discos y los primeros programas "gusano" que mostraron el concepto de agentes y, por supuesto, virus. Un concepto clave de Internet es que no se había diseñado sólo para una aplicación, sino como una infraestructura general en la que se podían concebir nuevas aplicaciones, como se ilustró más adelante con la aparición de la World Wide Web. Es la amplia capacidad del servicio que ofrecen TCP e IP la que lo hace posible.

En 1979 ARPA crea la primera comisión de control de la configuración de Internet y en 1981 se termina de definir el protocolo TCP/IP (Transfer Control Protocol / Internet Protocol) y ARPANET lo adopta como estándar en 1982, sustituyendo a NCP. TCP/IP había sido adoptado como un estándar por el ejército norteamericano. Esto permitió al ejército empezar a compartir la tecnología DARPA basada en Internet y llevó a la separación final entre las comunidades militares y no militares. En 1983 ARPANET estaba siendo usada por un número significativo de organizaciones operativas y de investigación y desarrollo en el área de la defensa. La transición desde NCP a TCP/IP en ARPANET permitió que el segmento militar se separara del segmento de la investigación.

De esta forma, en 1983 el segmento militar de ARPANET decide formar su propia red denominada MILNET. Y ya, sin fines militares, ARPANET abre las puertas a universidades, empresas y todo tipo de instituciones. Desde ese momento ARPANET y todas sus redes asociadas empiezan a ser conocidas como Internet.

En 1984 la NSF (National Science Foundation) Fundación Nacional para la Ciencia permitió el uso de sus seis centros de supercomputación a otras universidades a través de la ARPANET. La NSF inicia de esta forma una nueva "red de redes" a través de nuevas y más rápidas conexiones. A esta red se le conoció como NSFNET y adoptó también como protocolo de comunicación a TCP/IP. **A partir de ahí se conectan más y más redes e, incluso, aparecieron nuevas redes como USENET y BitNet. La inter-conexión de todas ellas dio lugar a Internet.**

Desde entonces, el desarrollo y extensión de Internet es imparable. Cada vez se conectan más máquinas a la red y se van mejorando los servicios. Por ejemplo, en 1985 se termina el desarrollo del protocolo FTP (File transfer protocol) para la transmisión de archivos en Internet basado en la filosofía de cliente-servidor. En 1987 es cuando empieza la verdadera explosión de Internet y ese año se incorporan diversas redes de

Europa.    Aparece la primera aplicación Informática de hipertexto de uso popular, el Hypercard para Macintosh.

A NSFNET empezaron a conectarse no solamente centros de supercomputación, sino también instituciones educativas con redes más pequeñas. El crecimiento exponencial que experimentó NSFNET así como el incremento continuo de su capacidad de transmisión de datos, determinó que la mayoría de los miembros de ARPANET terminaran conectándose a esta nueva red y en 1989 ARPANET se declara disuelta.

Como el modelo original estaba previsto para un conjunto muy reducido de redes de ámbito nacional, se usó la dirección IP de 32 bits, de la cual los primeros 8 identificaban la red y los restantes 24 designaban el host o servidor dentro de dicha red. Entonces se pensó que 256 redes serían suficientes, puesto que no se había previsto la proliferación de LANs y mucho menos la de PCs y estaciones de trabajo. Por su parte, Ethernet estaba desarrollándose en el PARC de Xerox desde 1973 por Bob Metcalfe y, lo que antes eran unas pocas redes con un número muy reducido de servidores, se convierte ahora en un gran número de redes con numerosos servidores.

Así pues, eran precisos nuevos cambios tecnológicos para atender a la nueva situación. Lo primero que se hizo fue definir los tipos de redes A, B y C. El tipo A representaba a las grandes redes de escala nacional (pocas redes con muchas computadoras); el tipo B a las redes regionales y el tipo C a las redes de área local (muchas redes con pocas computadoras).

En segundo lugar, se asignaron nombres a los hosts para que fueran más fáciles de recordar que las largas secuencias numéricas de sus direcciones. Cuando había un número muy limitado de computadoras bastaba con una simple tabla con el nombre de la computadora y su dirección, pero cuando el número creció había que idear otra fórmula. **Esto llevó a Paul Mockapetris de USC/ISI a inventar el DNS (Domain Name System) o sistema de nombres de dominio**. El DNS permitía resolver de forma jerárquica los nombres de los hosts o servidores de las direcciones de Internet (por ejemplo, www.google.com).

Como NSFNET no sólo conectaba computadoras en Estados Unidos, sino también en otros países, se decidió también una división por categorías de computadoras conectadas. Nacieron así los dominios geográficos para las redes de fuera de los Estados Unidos. Por ejemplo, el de México es mx. En el interior, los integrantes de NSFNET se agruparon bajo seis categorías básicas o dominios: "gov" (gobierno), "mil" (instituciones militares), "edu" (instituciones educativas), "com" (instituciones comerciales), "org" (para instituciones sin fines lucrativos) y "net" (para las computadoras que servían de enlace entre las diferentes sub-redes o gateways). En 1988 se agregó el sufijo "int" para instituciones internacionales derivadas de tratados entre gobiernos.

**En 1984 se alcanzó la notable cifra de 1,000 computadoras conectadas en Internet.** En 1987 ya eran 10,000 las computadoras en red. Solamente dos años después se llegó a la cantidad de 100,000 computadoras conectadas. En 1992 se alcanza el primer millón; sí 1,000,000 de computadoras conectadas en Internet. Y en 1996 se llega a la cifra de 10,000,000 de computadoras en red. En el año 2010, según un estudio realizado por IMS Research, se alcanzó la cifra de 5,000 millones de dispositivos conectados a Internet incluyendo computadoras, smartphones, tablets, celulares, libros digitales y todo tipo de dispositivos móviles como el fantástico Smartwatch de Apple. Sin embargo, calcular el número de dispositivos conectados a Internet es una tarea cada vez más difícil porque hay que incluir aviones, barcos y automóviles con acceso a la red, televisores inteligentes, máquinas y aparatos de todo tipo. Y sin duda alguna, dentro de poco tiempo habrá que incluir también a las personas.

**Los primeros pasos de Internet** se presentan a continuación en forma resumida:

El 21 de noviembre de 1969 se crea el primer enlace entre las universidades de UCLA y Stanford por medio de una línea telefónica conmutada y nace Internet.

En 1971 Ray Tomlinson desarrolló un nuevo medio de comunicación: el correo electrónico o e-mail.

En julio de 1972 Lawrence G. Roberts mejoró la tecnología de Tomlinson para el correo electrónico y desarrolló la primera aplicación para enumerar, leer selectivamente, archivar y responder o reenviar un correo electrónico. Desde ese momento, el e-mail no ha cesado de crecer convirtiéndose en el uso más común de Internet a comienzos del siglo XXI.

En octubre de 1972 se realizó la primera demostración pública de ARPANET, una nueva red de comunicaciones financiada por la DARPA que funcionaba de forma distribuida sobre la red telefónica conmutada.

En 1980 Tim Berners-Lee, un investigador del CERN en Ginebra, diseñó un sistema de navegación de hipertexto y desarrolló, con la ayuda de Robert Cailliau, un software denominado Enquire para la navegación.

A finales de 1990, Tim Berners-Lee terminó el protocolo HTTP (Protocolo de transferencia de hipertexto) y el protocolo HTML (Lenguaje de marcado de hipertexto) para navegar por las redes a través de hipervínculos. Así nació la World Wide Web. La WWW significó un gran paso en el desarrollo de Internet y por ello le dedicaremos el siguiente capítulo.

El 1 de enero de 1983 ARPANET cambió el protocolo NCP por TCP/IP. Ese mismo año se normalizó el protocolo TCP/IP a fin de proporcionar recursos de investigación a Internet.

En ese mismo año de 1983 Paul V. Mockapetris junto con Jonathan Postel inventaron el Internet Domain Name System (DNS) o Sistema de Nombres de Dominio.

En 1986 La National Science Foundation (NSF) comenzó el desarrollo de NSFNET que se convirtió en la principal red en árbol de Internet, complementada después con las redes NSINET y ESNET, todas ellas en Estados Unidos.

En 1989 con la integración de los protocolos OSI en la arquitectura de Internet se inició la tendencia actual de permitir no sólo la interconexión de redes de estructuras dispares, sino también la de facilitar el uso de distintos protocolos de comunicaciones.

En la Cumbre de la Sociedad de la Información celebrada en Túnez en noviembre de 2005 se decidió proponer a la ONU la designación del 17 de mayo como el Día Mundial de la Sociedad de la Información. **Desde entonces el 17 de mayo se celebra el Día de Internet.**

En enero del 2015 se alcanzó la cifra de tres mil millones de personas conectadas a Internet. La Internet Live Stats e Internet Society anunciaron el logro de esta meta que significa que el 42% por ciento de la población del mundo ya cuenta con algún tipo de acceso frecuente a la autopista de la información y la comunicación.

## El software detrás de Internet

El software que facilita el funcionamiento de Internet se basa en un conjunto de protocolos o reglas que permiten que dos o más entidades de un sistema de comunicación se comuniquen entre sí para transmitir información por medio de cualquier tipo de variación de una magnitud física. Es un sistema de reglas que definen la sintaxis, semántica y sincronización de la comunicación, así como también los posibles métodos de recuperación de errores. Los protocolos pueden ser implementados por hardware, por software, o por una combinación de ambos.

Aquí es importante hacer un paréntesis para explicar el término "protocolo" a fin de que nos permita comprender con más precisión los protocolos de Internet. Un protocolo, en términos generales, es un reglamento o una serie de instrucciones que se fijan por tradición o por convenio. Existen diferentes tipos de protocolos. En la sociedad el protocolo es el conjunto de normas para regular el trato social. En la Diplomacia también existe un protocolo para normar los actos diplomáticos y las ceremonias oficiales. En las Telecomunicaciones un protocolo es el conjunto de reglas y estándares que controlan la secuencia de mensajes que ocurren durante una comunicación entre entidades que forman una red, como teléfonos o computadoras, así como el ser humano tiene una forma de cómo comunicarse, así también las computadoras y su comunicación con una red.

Como hemos visto anteriormente, los trabajos que llevaron a cabo Robert Elliot Kahn y Vincent Cerf a principios de la década de los setenta, dieron como resultado el protocolo para regular la comunicación entre computadoras sentando la base tecnológica de Internet. **Este protocolo recibió el nombre de Protocolo de Control de Transmisión/Protocolo de Internet (TCP/IP).**

Al hacer referencia a los protocolos de Internet es necesario destacar el importante papel que ha jugado Radia Joy Perlman en el desarrollo de la Red, al punto en el que se la considera La Madre de Internet. Su más importante contribución ha sido la creación del protocolo Spanning Tree (STP), spanning-tree protocol, mientras trabajó en Digital Equipment Corporation; el protocolo es fundamental para permitir la redundancia de caminos en las redes de área local (LAN). Actualmente trabaja para la empresa Intel.

La creciente comunicación entre computadoras y la enorme expansión de Internet han requerido que se regulen las diferentes funciones que ejecutan y esto ha dado lugar a la generación de muchos más protocolos. En la actualidad existen cien o más. En virtud de su importancia en el ámbito de Internet, revisaremos a continuación los más importantes.

**Protocolos de Internet**

Internet Protocol (en español 'Protocolo de Internet') o IP es un protocolo de comunicación de datos digitales clasificado funcionalmente en la Capa de Red según el modelo internacional OSI. El modelo de interconexión de sistemas abiertos (ISO/IEC 7498-1), mejor conocido como "modelo OSI" (Open System Interconnection), es el modelo de red descriptivo que fue creado en el año 1980 por la Organización Internacional de Normalización (ISO, International Organization for Standardization), como respuesta al desorden que se empezaba a generar en las redes para conectar computadoras.

Al iniciar la década de 1980 se aceleró de manera importante la generación de redes produciendo un avance importante en Internet, pero generando desorden en muchos sentidos. A medida que las empresas tomaron conciencia de las ventajas de usar tecnologías de conexión, las redes se agregaban o expandían a casi la misma velocidad a la que se introducían las nuevas tecnologías de red.

Hacia mediados de 1980, estas empresas comenzaron a sufrir las consecuencias de la rápida expansión. De la misma forma en que las personas que no hablan un mismo idioma tienen dificultad para comunicarse, las redes que utilizaban diferentes especificaciones tenían dificultades para intercambiar información. El mismo problema surgía con las empresas que desarrollaban tecnologías de conexiones privadas o propietarias. "Propietario" significa que una sola empresa o un pequeño grupo de empresas controlan todo uso de la tecnología. Las tecnologías de conexión que respetaban reglas propietarias en forma estricta no podían comunicarse con tecnologías que usaban reglas propietarias diferentes.

Para enfrentar el problema de incompatibilidad de redes, la ISO investigó modelos de conexión como la red de Digital Equipment Corporation (DECnet), la Arquitectura de Sistemas de Red (Systems Network Architecture, SNA) y TCP/IP, a fin de encontrar un conjunto de reglas aplicables de forma general a todas las redes. Con base en esta investigación, la ISO desarrolló un modelo de red para ayudar a los fabricantes a crear redes que tuvieran la característica de ser compatibles con otras redes. Los fabricantes de equipos y de software fueron abandonando poco a poco sus propios protocolos de comunicaciones y adoptando TCP/IP y a partir de este protocolo base fueron surgiendo otros protocolos hasta llegar a crear una familia. Estos son los más importantes:

- ARP (Address Resolution Protocol), Protocolo de Resolución de Direcciones, para la resolución de direcciones,
- FTP (File Transfer Protocol), Protocolo de Transferencia de Archivos, para transferencia de archivos o ficheros,

- HTTP (HyperText Transfer Protocol), Protocolo de Transferencia de HiperTexto, que es popular porque se utiliza para acceder a las páginas Web,
- POP (Post Office Protocol), Protocolo de Oficina Postal, para correo electrónico,
- SMTP (Simple Mail Transfer Protocol), Protocolo de Transferencia Simple de Correo, para correo electrónico,
- Telnet (Teletype Network), para acceder a equipos remotos.

Finalmente se adoptó el protocolo TCP/IP y gracias a que no pertenecía a una empresa en particular y a que el Departamento de la Defensa estadounidense permitió su uso por parte de cualquier fabricante, abrió la puerta al nacimiento de Internet y a su florecimiento en un ambiente de libertad.

## El Futuro de Internet

Internet tiene solamente 50 años de haber entrado en la escena de la vida de la humanidad. En esos 50 años ha transformado prácticamente todas las actividades del ser humano. Así que podríamos preguntarnos cómo será Internet en los próximos 50 años. Para conocer la respuesta acudiremos a Vinton Cerf, uno de los creadores de Internet y a Eric Smith, el CEO de Google, una de las empresas que más han contribuido al desarrollo de Internet.

**Vinton Cerf** ha recibido importantes reconocimientos por su contribución a la tecnología y se le ha otorgado el bien merecido calificativo de Padre de Internet. Estos son algunos de los premios que ha recibido: En 1997 el presidente Clinton le otorgó la Medalla Norteamericana de Tecnología por la creación de Internet. En 2002 recibió el premio Príncipe de Asturias a las 'Comunicaciones y Humanidades', dos años más tarde recibió el premio ACM Alan M. Turing, conocido como el 'Premio Nobel a la Ciencia de la computación. Y en 2005, el Presidente George Bush le otorgó la Medalla Presidencial a la Libertad por su trabajo, la más alta condecoración civil que otorga Estados Unidos a sus ciudadanos. Actualmente (2016) Vinton Cerf es el vicepresidente mundial y Chief Internet

Evangelist de Google. Es miembro del Consejo Asesor Internacional del Centro Cultural Internacional Oscar Niemeyer de Avilés, Asturias.

En una entrevista concedida a la Universidad de Murcia, en España, Vinton dio respuesta a las preguntas que se le formularon sobre el futuro de Internet. Aquí presentamos un resumen de las preguntas y las interesantes respuestas:

P: Usted asegura que cada diez años Internet avanza un paso de gigante. El último fue en el 2003, la VoIp (Voz transmitida en protocolo de Internet) ¿Cuál será el siguiente gran paso? ¿Lo vislumbra ya?

R: Vislumbro varios. El primero, más accesibilidad móvil; en segundo, más instrumentos en la red, con aplicaciones en la casa, en la oficina, en el coche, alrededor nuestro, las llaves de conexión de las luces, hasta las bombillas estarán en Internet. Habrá billones de sensores, de bits.

Otro paso, que ya se está comenzando a dar, es la expansión de Internet a través del sistema solar. El pasado domingo, la Phoenix amarizó en el polo Norte de Marte, y tenía software dentro, que es parte del sistema interplanetario de Internet. En las próximas dos o tres décadas vamos a expandirnos a través del sistema solar. Phoenix Mars Lander es una sonda espacial construida por la NASA lanzada el 4 de agosto de 2007 desde la base de Cabo Cañaveral con destino al planeta Marte. Su llegada se produjo a las 11:54 pm GMT del 25 de mayo 2008.

P: No me resisto a pedir a uno de los padres de Internet que vio nacer a la criatura, que me cuente qué es lo que más le ha sorprendido de Internet.

R: Puedo hablarle de dos sorpresas: la primera es el deseo de la gente por compartir esta información. Es una avalancha la que cae en la red. En cierto modo, Internet se podría comparar con una catedral: es necesaria mucha gente para construir una catedral, e Internet ha tenido la suerte de contar con millones de personas que han ayudado a construir Internet. La información que está en la red viene de todos nosotros, y esto es lo más excitante que existe: gente que quiere compartir información con otros.

Me impresiona mucho eso. La segunda cosa que me sorprende es la facilidad con la que hacemos la videoconferencia ahora. Me comunico con mi familia, nos vemos las caras, las sonrisas. Es una manera muy cómoda de estar en contacto con la familia y con los amigos.

Eric Schmidt, CEO de la empresa Google, ha participado a lo largo de los años en varias conferencias para expresar su pensamiento sobre el futuro de Internet. Aquí presentamos algunos de sus pensamientos para tener una visión más amplia de lo que será Internet en el futuro.

En el año 2009 en el Gartner Symposium/ITxpo, el encuentro más importante de CEO's a nivel mundial, Eric Schmidt expresó lo siguiente sobre el futuro de Internet:

1. El rol de los adolescentes
2. Para Schmidt, los adolescentes actuales constituyen el mejor ejemplo de cómo se usará Internet en el futuro. Se refiere básicamente a saltar de una aplicación a otra sin mayores esfuerzos lo que será habitual en los próximos años.
3. Chino mandarín
4. Este idioma será el dominante en Internet en los próximos años y desplazará al inglés. Cabe recordar que esta lengua es la segunda más hablada en el mundo y que actualmente la utilizan, en el mundo cibernético, 321 millones de personas.
5. Banda Ancha
6. Schmidt señala que en los próximos años la mega banda ancha, es decir, la velocidad de 100 MB, estará ampliamente extendida en el mundo. Este será el canal donde se distribuirán todos los contenidos de televisión, radio y, por supuesto, Internet.
7. Aumento de smartphones
8. Dentro de los próximos cinco años la utilización de computadoras para conectarse a Internet disminuirá y la mayoría de las personas llevará consigo una supercomputadora de bolsillo. Actualmente estos

dispositivos proporcionan muchas utilidades, entre ellas cámaras, acceso a la red, servicio de GPS, etc. Por lo tanto, pensar que la masificación de los smartphones desplazará a las computadoras no resulta descabellado.

9. Redes sociales

10. Para Schmidt el video será el contenido primordial en la red durante los próximos cinco años. Portales como Youtube se verán enormemente beneficiados de esta tendencia que tendrá su nicho, principalmente, en las redes sociales, otro sistema que experimentará una fuerte explosión en cuanto a crecimiento. Declara el titular de Google que el nuevo paradigma a nivel de ocio y entretenimiento será la televisión 3D y en red, en la cual se puede contactar, a través de las redes sociales, con personas que están viendo el mismo programa en ese momento. Gran importancia tendrán las opiniones que emitirán las personas en las redes, argumentos que condicionarán la confianza de otros consumidores respecto a un producto por sobre lo que digan fuentes tradicionales.

11. Tiempo real

12. Las búsquedas funcionarán en tiempo real. Si bien ya es posible indexar contenido en redes sociales como Facebook y Twitter, Schmidt asegura que en el futuro habrá compañías con el mismo nivel de importancia y popularidad que las dos anteriores.

Varios años después, durante la presentación de su libro escrito en conjunto con Jared Cohen "The New Digital Age: Reshaping the Future of People, Nations and Business" (La nueva era digital: Reorganizando el futuro de las personas, naciones y negocios) en Abril del 2013, Eric Schmidt expresó interesantes ideas sobre el futuro de Internet.

1. Se enseñará privacidad en línea junto con educación sexual en las escuelas.

2. "Los padres... necesitarán estar más involucrados si desean asegurarse que su hijo no cometa errores en línea que puedan dañar su futuro físico. A medida que

los niños vivan vidas significativamente más rápidas de lo que permite su madurez física, la mayoría de los padres se percatará que la manera más valiosa de ayudar a sus hijos es por medio de una plática sobre privacidad y seguridad incluso antes de tener una plática sobre sexo. Algunos padres deliberadamente escogerán nombres únicos o inusuales para que sus hijos tengan una ventaja en los resultados de búsqueda, lo que los hará fáciles de localizar".

3. El aumento de la Web móvil significa que todos estarán en línea en el 2020.

4. "Lo que podría parecer como un pequeño avance para algunos (como un smartphone que cuesta menos de 20 dólares), puede ser tan profundo para un grupo como para otro es ir a trabajar en un automóvil sin conductor. Los teléfonos móviles transforman la forma en la que las personas en el mundo en desarrollo acceden y utilizan la información y las tasas de adopción se han disparado. Ya son más de 650 millones de usuarios de teléfonos móviles en África, y cerca de 3,000 millones en Asia".

5. Las organizaciones de noticias no podrán seguir el ritmo de las noticias de última hora, ya que será imposible seguir fuentes en tiempo real como Twitter

"Cada generación futura podrá producir y consumir más información que la anterior y las personas tendrán poca paciencia o uso de los medios que no podrán seguir el ritmo. Las organizaciones de noticias permanecerán como una parte importante e integral de la sociedad en varias formas, pero muchos medios no sobrevivirán en su forma actual; y aquellos que sobrevivan tendrán que ajustar sus metas, métodos y estructura organizacional para cumplir con las demandas cambiantes de un nuevo público global".

1. El almacenamiento de datos en la nube continuará como la norma, y eso va a cambiar radicalmente cómo vemos la privacidad.

"La posibilidad de que el contenido de cada persona sea publicado y salga a la luz un día; ya sea por error o a través de interferencia criminal, siempre existirá. Las personas serán responsables de sus asociaciones virtuales, pasadas y presentes, lo que aumenta el riesgo para casi todas las personas debido a que las redes en línea tienden a ser más grandes y más difusas que sus redes físicas".

"Ya que la información quiere ser libre, no escribas nada que no quieras que lean desconocidos o que salga impreso en la primera plana de un periódico, como dice el dicho. En el futuro, esto se ampliará para incluir no sólo lo que dices y escribes, sino los sitios Web que visitas, a quién incluyes en tu red en línea, lo que te 'gusta', y lo que dicen y comparten otros que están conectados a ti".

2. A medida que la Web se expande, comenzarán a surgir revoluciones "más casualmente y más a menudo que en cualquier otro momento en la historia" en naciones con gobiernos opresivos

"Con nuevo acceso al espacio virtual y a sus tecnologías, las poblaciones y grupos en todo el mundo aprovecharán su momento, abordando quejas presentes desde hace mucho tiempo o nuevas preocupaciones con tenacidad y convicción. Muchas personas que liderarán estos cambios serán jóvenes, no sólo porque muchos de los países en línea tienen poblaciones increíblemente jóvenes... sino también porque la mezcla de activismo y arrogancia en los jóvenes es universal".

3. Más personas utilizarán la tecnología para el terror. Pero una presencia Web también facilitará encontrar a esos terroristas.

"Muchas de las poblaciones que entrarán en línea en la próxima década son muy jóvenes y viven en áreas agitadas, con oportunidades económicas limitadas y largas historias de conflictos internos y externos. Por supuesto, el terrorismo nunca desaparecerá y continuará con un impacto destructivo. Pero a medida que los terroristas del futuro sean forzados a vivir en el mundo físico y virtual, su modelo de secretismo y discreción sufrirá. Habrá más ojos digitales en observación, más interacciones grabadas y, por más cuidadosos que son los terroristas más sofisticados, no pueden esconderse completamente en línea".

Un par de años más tarde, en su participación en el Foro Económico Mundial de Davos (Enero del 2015), Eric Schmidt sorprendió a su audiencia con una declaración inquietante: **Internet "desaparecerá" en un futuro próximo.** Con esta frase quiso decir que Internet será tan omnipresente en nuestras vidas que pasará a un segundo plano puesto que será imperceptible.

"Internet desaparecerá. Habrá tantos puntos de conexión que sentiremos que muchos dispositivos no están a nuestro alrededor. Su presencia estará ahí todo el tiempo sin que nos demos cuenta de ello. Imagina que entras en una habitación e interactúas con todas las cosas que ocurren. Un mundo altamente personalizado, interactivo y muy interesado en lo que emerge en el mundo".

Para Schmidt, la idea de un mundo dinámico queda representada por un mundo muy "personalizado, altamente interactivo y muy interesante". Además, durante su intervención ha querido disipar las dudas sobre los ataques al rápido avance de la tecnología que algunas voces comienzan a señalar como uno de los motivos de destrucción del empleo. "La tecnología crea puestos de trabajo no sólo en el espacio de la tecnología sino también fuera del mismo".

Para el CEO de Facebook, Mark Zuckerberg, los smartphones, apps o tablets formarán parte del pasado. Las tecnologías del futuro que cambiarán el futuro de la sociedad son un mundo totalmente conectado a Internet, la telepatía, la Inteligencia Artificial, vivir muchos años y la realidad virtual. Dos de ellas, un mundo completamente conectado a Internet y la realidad virtual, afectarán a la conducción del futuro.

# -11-

# WORLD WIDE WEB

**Internet y World Wide Web son dos conceptos diferentes** que a menudo se confunden en uno solo. Internet es un conjunto de redes de comunicación interconectadas que utilizan la familia de protocolos TCP/IP. Sus orígenes se remontan al año 1969. World Wide Web es un sistema de distribución de documentos de hipertexto interconectados y accesibles vía Internet integrado por un conjunto de protocolos que permite, de forma sencilla, la consulta remota de archivos de hipertexto. Con un navegador Web, un usuario puede visualizar sitios Web compuestos de páginas Web que pueden contener texto, imágenes, videos u otros contenidos multimedia. Es un servicio que opera sobre la Internet, como también lo hace el correo electrónico.

## Los orígenes de la WWW

La primera idea de la Web se remonta a la propuesta de Vannevar Bush en los años 40 sobre un sistema similar. Esto es, un entramado de información distribuida con una interfaz operativa que permitiría el acceso tanto a la misma como a otros artículos relevantes determinados por claves. Este proyecto nunca fue materializado, quedando relegado al plano teórico bajo el nombre de Memex. En la década de los 50 Ted Nelson realiza la primera referencia a un sistema de hipertexto, donde la información es enlazada de forma libre. Esta aportación también se queda a nivel idea sin llegar a concretarse. Más adelante, en la década de los 80, el avance de la tecnología y la posibilidad de disponer de un soporte operativo tecnológico para la distribución de información en redes Informáticas, permite que Tim Berners-Lee genere la idea de ENQUIRE, refiriéndose a Enquire Within Upon Everything, en español Preguntando de Todo Sobre Todo, donde se materializa la realización práctica de la Web. Tim trabajaba en ese tiempo en el CERN, la institución Europea de mayor prestigio en investigación nuclear.

**En marzo de 1989, Timothy Berners-Lee redactó el primer borrador que definió la Web y el hipertexto**, una propuesta que fue desarrollándose en los siguientes años y que daría pie a la gran red global de conocimiento colectivo que es la Web. La WWW como se conoce a la World Wide Web se encuentra íntimamente relacionada con Tim Berners-Lee y por tal motivo iniciaremos la historia de la WWW con una breve semblanza de Tim.

Timothy Berners-Lee nació en Londres en 1955. Su afición por las matemáticas y la Informática le vienen de herencia: Sus padres eran matemáticos y formaron parte del equipo que construyó el Manchester Mark I. Tim se graduó en física en 1976 en el Queen's College de la Universidad de Oxford. En 1978 trabajó en D.G. Nash Limited donde escribió un sistema operativo.

Berners-Lee trabajó en el CERN (European Organization for Nuclear Research, en español Organización Europea para la Investigación Nuclear) desde junio hasta diciembre de 1980. Durante ese tiempo propuso un proyecto basado en el hipertexto para facilitar la forma de compartir y la puesta al día de la información entre investigadores. Dejó el CERN y se fue a trabajar a la empresa de John Poole Image Computer Systems Ltd., pero regresó al CERN otra vez en 1984.

En 1989 el CERN era el nodo de Internet más grande de Europa y Berners-Lee vio la oportunidad de unir Internet y el hipertexto (HTTP y HTML Hypertext Transfer Protocol y HyperText Markup Language), de lo que surgiría la World Wide Web. Desarrolló su primera propuesta de la Web en marzo de 1989, pero no tuvo mucho eco, por lo que en 1990 y con la ayuda de Robert Cailliau, hicieron una revisión que fue aceptada por su gerente, Mike Sendall. Usó ideas similares a las que había aplicado en el sistema Enquire para crear la World Wide Web, para esto diseñó y construyó el primer navegador (llamado WorldWideWeb y desarrollado con NEXTSTEP) y el primer servidor Web al que llamó httpd (HyperText Transfer Protocol daemon).

**La primera página de Internet fue creada por Tim Berners-Lee y publicada el día 23 de Agosto del año 1991**. Se construyó en una computadora NeXT. Su objetivo era informar sobre la World Wide Web. En la página se define la hipermedia y muestra un ejemplo de cómo sería una página en hipertexto, se enseña cómo contribuir a la Web, menciona a las personas involucradas en ese proyecto, cómo se clasifica la información en la Web, los servidores y el software que existía, enseña cómo insertar una bibliografía, proporciona la terminación de cada tipo de software que existe para así identificarlo más fácilmente, menciona el nacimiento de la página, da a conocer el colisionador de partículas CERN, e incluso viene un manual de usuario para utilizar la World Wide Web y proporciona ayuda en línea. Durante mucho tiempo dejó de existir esta página, pero la abrieron 20 años después el 30 de abril de 2013 como conmemoración del nacimiento de la tecnología Web

En 1994 Tim se integró al Laboratorio de Ciencias de la Computación e Inteligencia Artificial del Massachusetts Institute of Technology (MIT) en los Estados Unidos y puso en marcha el W3C, que dirige actualmente. El W3C es un organismo internacional de estandarización de tecnologías Web dirigido conjuntamente por el Instituto Tecnológico de Massachusetts, el ERCIM francés y la Universidad de Keiō en Japón. Este organismo decidió que todos sus estándares fuesen libres, es decir, que los pudiese utilizar todo el mundo libremente sin costo alguno, lo que sin lugar a dudas fue una de las grandes razones para que la Web haya llegado a tener la importancia que tiene hoy en día.

En 1999 publicó el libro "Tejiendo la Red" en donde explica por qué la tecnología Web debe ser libre y gratuita. Tim se considera al mismo tiempo el inventor y el protector de la Web. Ha recibido varios reconocimientos por su contribución al desarrollo de la tecnología y en particular de Internet y la Web. En 1997 fue nombrado oficial de la Orden del Imperio Británico y es miembro de la Royal Society desde 2001. En 2002 recibió el Premio Príncipe de Asturias compartido con Lawrence Roberts, Robert Kahn y Vinton Cerf en la categoría de investigación científica y técnica.

La World Wide Web es en esencia la integración del protocolo HTTP y HTML (Hypertext Transfer Protocol y HyperText Markup Language). En el capítulo anterior hicimos referencia al protocolo HTTP. En este enfocaremos nuestra atención en el lenguaje HyperText Markup Language (HTML).

HyperText Markup Language

HTML es un estándar que sirve de referencia para la construcción de páginas Web. Define una estructura básica y un código (denominado código HTML) para la definición de contenido de una página Web como texto, imágenes, videos, entre otros. Su normalización se encuentra a cargo de la W3C, organización dedicada a la estandarización de casi todas las tecnologías ligadas a la Web, sobre todo en lo referente a su escritura e interpretación. Se considera el lenguaje Web más importante siendo su invención crucial en la aparición, desarrollo y expansión de la World Wide Web. Es el estándar que se ha impuesto en la visualización de páginas Web y es el que todos los navegadores actuales han adoptado.

En 1989 existían dos técnicas que permitían vincular videos electrónicos, por un lado los hipervínculos (links) y por otro lado un poderoso lenguaje de etiquetas denominado SGML. Por entonces, Tim Berners-Lee da a conocer a la prensa que estaba trabajando en un sistema que permitiría acceder a ficheros en línea, funcionando sobre redes de computadoras o máquinas electrónicas basadas en el protocolo TCP/IP. A principios de 1990, Tim Berners-Lee define por fin el HTML como un subconjunto del conocido SGML y crea algo más valioso aún, el World Wide Web. **En 1991, Tim Berners-Lee crea el primer navegador Web**, que funcionaría en modo texto y sobre un sistema operativo UNIX.

Los trabajos para crear un sucesor del HTML, denominado HTML +, comenzaron a finales de 1993. HTML+ se diseñó originalmente para ser un súper conjunto del HTML que permitiera evolucionar gradualmente desde el formato HTML anterior. A la primera especificación formal de HTML+ se le dio, por lo tanto, el número de versión 2 para distinguirla de las propuestas no oficiales previas. Los trabajos sobre HTML+ continuaron, pero nunca se convirtió en un estándar, a pesar de ser la base formalmente más parecida al aspecto compositivo de las especificaciones actuales.

El borrador del estándar HTML 3.0 fue propuesto por el recién formado W3C en marzo de 1995. Con él se introdujeron muchas nuevas capacidades, tales como facilidades para crear tablas, hacer que el texto fluyese alrededor de las figuras y mostrar elementos matemáticos complejos. Aunque se diseñó para ser compatible con HTML 2.0, era demasiado complejo para ser implementado con la tecnología de la época y, cuando el borrador del estándar expiró en septiembre de 1995, se abandonó debido a la carencia de apoyos de los fabricantes de navegadores Web. El HTML 3.1 nunca llegó a ser propuesto oficialmente y el estándar siguiente fue el HTML 3.2, que abandonaba la mayoría de las nuevas características del HTML 3.0 y, a cambio, adoptaba muchos elementos desarrollados inicialmente por los navegadores Web Netscape y Mosaic. La posibilidad de trabajar con fórmulas matemáticas que se había propuesto en el HTML 3.0 pasó a quedar integrada en un estándar distinto llamado MathML.

El HTML 4.0 también adoptó muchos elementos específicos desarrollados inicialmente para un navegador Web concreto, pero al mismo tiempo comenzó a limpiar el HTML señalando algunos de ellos como «desaprobados».

**El lenguaje HTML ha sido la piedra angular para construir el desarrollo de la WWW.** Basa su filosofía de desarrollo en la diferenciación. Para añadir un elemento externo a la página (imagen, vídeo, script, entre otros), este no se incrusta directamente en el código de la página, sino que se hace una referencia a la ubicación de dicho elemento mediante texto. De este modo, la página Web contiene sólo texto mientras que recae en el navegador Web (interpretador del código) la tarea de unir todos los elementos y visualizar la página final. Al ser un estándar, HTML busca ser un lenguaje que permita que cualquier página Web escrita en una determinada versión, pueda ser interpretada de la misma forma (estándar) por cualquier navegador Web actualizado.

Sin embargo, a lo largo de sus diferentes versiones, se han incorporado y suprimido diversas características con el fin de hacerlo más eficiente y facilitar el desarrollo de páginas Web compatibles con distintos navegadores y plataformas (PC de escritorio, portátiles, teléfonos inteligentes, tabletas, etc.). No obstante, para interpretar correctamente una nueva versión de HTML, los desarrolladores de navegadores Web deben incorporar estos cambios y el usuario debe ser capaz de usar la nueva versión del navegador con los cambios incorporados. Normalmente los cambios son aplicados mediante parches de actualización automática (Firefox, Chrome) u ofreciendo una nueva versión del navegador con todos los cambios incorporados en un sitio Web de descarga oficial (Internet Explorer). Por lo que un navegador desactualizado no será capaz de interpretar correctamente una página Web escrita en una versión de HTML superior a la que pueda interpretar, lo que obliga muchas veces a los desarrolladores a aplicar técnicas y cambios que permitan corregir problemas de visualización e incluso de interpretación de código HTML. Así mismo, las páginas escritas en una versión anterior de HTML deberían ser actualizadas o reescritas, lo que no siempre se cumple. Es por ello que ciertos navegadores aún mantienen la capacidad de interpretar páginas Web de versiones HTML anteriores. Por estas razones, aún existen diferencias entre distintos navegadores y versiones al interpretar una misma página Web.

El Hypertext Markup Language (Lenguaje de Marcado de Hipertexto) se escribe en forma de «etiquetas», rodeadas por corchetes angulares (<,>). HTML también puede describir, hasta un cierto punto, la apariencia de un video, y puede incluir un script (por ejemplo Javascript), el cual puede afectar el comportamiento de navegadores Web y otros procesadores de HTML.

HTML también es usado para referirse al contenido del tipo de MIME text/html o todavía más ampliamente como un término genérico para el HTML, ya sea en forma descendida del XML (como XHTML 1.0 y posteriores) o en forma descendida directamente de SGML (como HTML 4.01 y anteriores).

La primera descripción de HTML disponible al público fue un video llamado HTML Tags (Etiquetas HTML) publicado por primera vez en Internet por Tim Berners-Lee en 1991. Describe 22 elementos comprendiendo el diseño inicial y relativamente simple de HTML. Trece de estos elementos todavía existen.

Berners-Lee consideraba a HTML una ampliación de SGML, pero no fue formalmente reconocida como tal hasta la publicación a mediados de 1993 por la IETF (Internet Engineering Task Force), de una primera proposición para una especificación de HTML: el boceto Hypertext Markup Language de Berners-Lee y Dan Connolly, el cual incluía una Definición de Tipo de Video SGML para definir la gramática. El boceto expiró luego de seis meses, pero fue notable por su reconocimiento de la etiqueta propia del navegador Mosaic usada para insertar imágenes sin cambio de línea, reflejando la filosofía del IETF de basar estándares en prototipos con éxito.

HTML consta de varios componentes incluyendo elementos y sus atributos, tipos de data, y la declaración de tipo de video.

**Elementos.** Son la estructura básica de HTML. Los elementos tienen dos propiedades básicas: atributos y contenido. Cada atributo y contenido tiene ciertas restricciones para que se considere válido al video HTML. Un elemento generalmente tiene una etiqueta de inicio (p.ej. <nombre-de-elemento>) y una etiqueta de cierre (p.ej. </nombre-de-elemento>). Los atributos del elemento están contenidos en la etiqueta de inicio y el contenido está ubicado entre las dos etiquetas (p.ej. <nombre-de-elemento atributo="valor"> Contenido </nombre-de-elemento>). Algunos elementos, tales como <br>, no tienen contenido ni llevan una etiqueta de cierre.

**Estructura general de una línea de código en el lenguaje HTML.** El marcado estructural describe el propósito del texto. Por ejemplo, <h2>Golf</h2> establece «Golf» como un encabezado de segundo nivel, el cual se mostraría en un navegador de una manera similar al título «Marcado HTML» al principio de esta sección. El marcado estructural no define cómo se verá el elemento, pero la mayoría de los navegadores Web han estandarizado el formato de los elementos. Un formato específico puede ser aplicado al texto por medio de hojas de estilo en cascada.

El marcado de presentación describe la apariencia del texto, sin importar su función. Por ejemplo, negrita indica que los navegadores Web visuales deben mostrar el texto en negrita, pero no indica qué deben hacer los navegadores Web que muestran el contenido de otra manera (por ejemplo, los que leen el texto en voz alta). En el caso de negrita e <i>itálica</i>, existen elementos que se ven de la misma manera pero tienen una naturaleza más semántica: énfasis fuerte y énfasis. Es fácil ver cómo un lector de pantalla debería interpretar estos dos elementos. Sin embargo, son equivalentes a sus correspondientes elementos presentacionales: un lector de pantalla no debería decir más fuerte el nombre de un libro, aunque éste se encuentre en itálicas en una pantalla. La mayoría del marcado presentacional ha sido desechada con HTML 4.0, en favor de hojas de estilo en cascada.

**El marcado hipertextual se utiliza para enlazar partes del video con otros videos o con otras partes del mismo video.** Para crear un enlace es necesario utilizar la etiqueta de ancla <a> junto con el atributo href, que establecerá la dirección URL a la que apunta el enlace. Por ejemplo, un enlace a la Wikipedia sería de la forma <a href="es.wikipedia.org">Wikipedia</a>. También se pueden crear enlaces sobre otros objetos, tales como imágenes <a href="enlace"><img src="imagen" /></a>.

**Atributos.** La mayoría de los atributos de un elemento son pares nombre-valor, separados por un signo de igual «=» y escritos en la etiqueta de comienzo de un elemento, después del nombre de éste. El valor puede estar rodeado por comillas dobles o simples, aunque ciertos tipos de valores pueden estar sin comillas en HTML (pero no en XHTML). De todas maneras, dejar los valores sin comillas es considerado poco seguro. En contraste con los pares nombre-elemento, hay algunos atributos que afectan al elemento simplemente por su presencia (tal como el atributo ismap para el elemento img).

**Códigos HTML básicos.** <html>: define el inicio del video HTML y le indica al navegador que lo que viene a continuación debe ser interpretado como código HTML. Esto es así de facto, ya que en teoría lo que define el tipo de video es el DOCTYPE, significando la palabra justo tras DOCTYPE el tag de raíz, por ejemplo:

<!DOCTYPE html PUBLIC "-//W3C//DTD HTML 4.01 Strict//EN" "http://www.w3.org/TR/html4/strict.dtd">

<script>: incrusta un script en una Web, o se llama a uno mediante src="url del script". Se recomienda incluir el tipo MIME en el atributo type, en el caso de Java Script text/javascript.

<head>: define la cabecera del video HTML; esta cabecera suele contener información sobre el video que no se muestra directamente al usuario. Como por ejemplo el título de la ventana del navegador. Dentro de la cabecera <head> podemos encontrar:

<title>: define el título de la página. Por lo general, el título aparece en la barra de título encima de la ventana.

<link>: para vincular el sitio a hojas de estilo o iconos. Por ejemplo: <link rel="stylesheet" href="/style.css" type="text/css">.

<style>: para colocar el estilo interno de la página; ya sea usando CSS, u otros lenguajes similares. No es necesario colocarlo si se va a vincular a un archivo externo usando la etiqueta <link>.

<meta>: para metadatos como la autoría o la licencia, incluso para indicar parámetros http (mediante http-equiv="") cuando

no se pueden modificar por no estar disponible la configuración o por dificultades con server-side scripting.

<body>: define el contenido principal o cuerpo del video. Esta es la parte del video html que se muestra en el navegador; dentro de esta etiqueta pueden definirse propiedades comunes a toda la página, como color de fondo y márgenes. Dentro del cuerpo <body> podemos encontrar numerosas etiquetas. A continuación se indican algunas a modo de ejemplo:

<h1> a <h6>: encabezados o títulos del video con diferente relevancia.

<table>: define una tabla.

<tr>: fila de una tabla.

<td>: celda de una tabla (debe estar dentro de una fila).

<a>: hipervínculo o enlace, dentro o fuera del sitio Web. Debe definirse el parámetro de pasada por medio del atributo href. Por ejemplo: <a href="http://www.wikipedia.org">Wikipedia</a> se representa como Wikipedia).

<div>: división de la página. Se recomienda, junto con css, en vez de <table> cuando se desea alinear contenido.

<img>: imagen. Requiere del atributo src, que indica la ruta en la que se encuentra la imagen. Por ejemplo:

<img src="./imágenes/mifoto.jpg" />. Es conveniente, por accesibilidad, poner un atributo alt="texto alternativo".

<li><ol><ul>: etiquetas para listas.

<b>: texto en negrita (etiqueta desaprobada. Se recomienda usar la etiqueta <strong>).

<i>: texto en cursiva (etiqueta desaprobada. Se recomienda usar la etiqueta <em>).

<s>: texto tachado (etiqueta desaprobada. Se recomienda usar la etiqueta <del>).

<u>: texto subrayado.

La mayoría de etiquetas deben cerrarse como se abren, pero con una barra («/») tal como se muestra en los siguientes ejemplos:

<table><tr><td> Contenido de una celda </td></tr></table>.

<script> Código de un [[script]] integrado en la página</script>.

**Nociones básicas de HTML.** El lenguaje HTML puede ser creado y editado con cualquier editor de textos básico, como puede ser Gedit en Linux, el Bloc de notas de Windows, o cualquier otro editor que admita texto sin formato como GNU Emacs, Microsoft Wordpad, TextPad, Vim, Notepad++, entre otros.

Existen además otros editores para la realización de sitios Web con características WYSIWYG (What You See Is What You Get, o en español: «lo que ves es lo que obtienes»). Estos editores permiten ver el resultado de lo que se está editando en tiempo real, a medida que se va desarrollando el video. Ahora bien, esto no significa una manera distinta de realizar sitios Web, sino una forma un tanto más simple ya que estos programas, además de tener la opción de trabajar con la vista preliminar, tiene su propia sección HTML la cual va generando todo el código a medida que se va trabajando. Algunos ejemplos de editores WYSIWYG son KompoZer, Microsoft FrontPage, o Macromedia Dreamweaver.

Combinar estos dos métodos resulta muy interesante, ya que de alguna manera se ayudan entre sí. Por ejemplo; si se edita todo en HTML y de pronto se olvida algún código o etiqueta, simplemente se acude al editor visual o WYSIWYG y se continúa ahí la edición o viceversa, ya que hay casos en que sale más rápido y fácil escribir directamente el código de alguna característica que queramos adherirle al sitio, que buscar la opción en el programa mismo.

Existe otro tipo de editores HTML llamados WYSIWYM que dan más importancia al contenido y al significado que a la apariencia visual. Entre los objetivos que tienen estos editores es la separación del contenido y la presentación, fundamental en el diseño Web.

HTML utiliza etiquetas o marcas que consisten en breves instrucciones de comienzo y final, mediante las cuales se determinan la forma en la que debe aparecer en su navegador el texto, así como también las imágenes y los demás elementos en la pantalla de la computadora.

Toda etiqueta se identifica porque está encerrada entre los signos menor que y mayor que (<>), y algunas tienen atributos que pueden tomar algún valor. En general las etiquetas se aplicarán de dos formas especiales:

Se abren y se cierran, como por ejemplo: negrita que se vería en su navegador Web como negrita.

No pueden abrirse y cerrarse, como <hr /> que se vería en su navegador Web como una línea horizontal.

Otras que pueden abrirse y cerrarse, como por ejemplo <p>.

Las etiquetas básicas o mínimas son:

```
<!DOCTYPE HTML PUBLIC "-//W3C//DTD HTML 4.01//EN"
"http://www.w3.org/TR/html4/strict.dtd">
 <html lang="es">
<head>
<title>Ejemplo</title>
</head>
<body>
<p>ejemplo</p>
</body>
</html>
```

### HyperText Markup Language versión 5

HTML5 es la quinta revisión importante del lenguaje básico de la World Wide Web. HTML5 especifica dos variantes de sintaxis para HTML: un «clásico» HTML (text/html), la variante conocida como HTML5 y una variante XHTML conocida como sintaxis XHTML5 que deberá ser servida como XML (XHTML) (applica-tion/xhtml+xml). Esta es la primera vez que HTML y XHTML se han desarrollado en paralelo. El desarrollo de este código es regulado por el Consorcio W3C dirigido por Tim Berners-Lee.

**HTML5 establece una serie de nuevos elementos y atributos que reflejan el uso típico de los sitios Web modernos.** Algunos de ellos son técnicamente similares a las etiquetas <div> y <span>, pero tienen un significado semántico, como por ejemplo <nav> (bloque de navegación del sitio Web) y <footer>. Otros elementos proporcionan nuevas funcionalidades a través de una interfaz estandarizada, como los elementos <audio> y <video>.

Mejoras en el elemento <canvas>, capaz de renderizar en algunos navegadores elementos 3D. Algunos elementos de HTML 4.01 han quedado obsoletos, incluyendo elementos puramente de presentación, como <font> y <center>, cuyos efectos son manejados por el CSS. También hay un renovado énfasis en la importancia del scripting DOM para el comportamiento de la Web.

Entre las novedades que ofrece HTML5 destacan las siguientes:

*   Incorpora etiquetas (canvas 2D y 3D, audio, video) con codecs para mostrar los contenidos multimedia. Actualmente hay una lucha entre imponer codecs gratuitos (WebM+VP8) o de pago (H.264/MPEG-4)
*   Etiquetas para manejar grandes conjuntos de datos: Datagrid, Details, Menu y Command. Permiten generar tablas dinámicas que pueden filtrar, ordenar y ocultar contenido en cliente.
*   Mejoras en los formularios. Nuevos tipos de datos (eMail, number, url, datetime) y facilidades para validar el contenido sin Javascript.
*   Visores: MathML (fórmulas matemáticas) y SVG (gráficos vectoriales). En general se deja abierto a poder interpretar otros lenguajes XML.
*   Drag & Drop. Nueva funcionalidad para arrastrar objetos como imágenes.

El futuro de la Web

Tim Berners-Lee ha sostenido que en el futuro hay que cambiar la forma del uso de la Red dado que su acceso se ha convertido en algo universal. Esta es su visión acerca del devenir de su creación resumida en seis puntos:

- La información debe ser regulada y controlada, especialmente nuestros datos de salud. Berners-Lee opina que toda la información médica debería ser protegida y el acceso a la misma restringido para las personas que no tengan nada que ver con la medicina. Sólo los hospitales pueden utilizarla.
- Los negocios necesitarán practicar una mayor transparencia. Las grandes compañías tienen que aprender a ser más transparentes interna y externamente.
- Los bancos necesitan ejercer mayor seguridad. En vez de preguntar las contraseñas por teléfono deberían pedir a los consumidores que llamen al número indicado en la parte trasera de sus tarjetas de crédito.
- Las pantallas tendrán una resolución más alta de lo que los ojos puedan ver, dice el ingeniero informático. El estéreo sonará como orquesta. El mejoramiento de la calidad de imagen y de audio es esencial para el futuro de la Red.
- Los datos públicos son muy importantes y tendremos acceso a ellos. "Cuando todas las compras se realicen por computadora, lo importante van a ser los datos", afirma.
- Por último asegura que habrá necesidad de un proyecto de ley que proteja los derechos de los usuarios. Es esencial, según el inventor, que quienes usan la Red sepan cómo se utilizan sus datos.

## Las versiones de la Web

La Web es un concepto dinámico que cambia rápidamente, se adapta a las necesidades de los usuarios y nos sorprende con diferentes aplicaciones, mejores recursos y nuevas ideas. Es imprescindible estar atentos y seguirle la pista para aprovechar su vertiginoso desarrollo. Aquí mencionamos sus diferentes versiones conocidas como Web 1.0, 2.0, 3.0 y 4.0.

**Web 1.0 Internet básica**. Es la forma más básica que existe. Su funcionalidad se basa en navegadores de texto bastante rápidos y eficientes. Después surgió el HTML que hizo las páginas Web más atractivas y agradables a la vista, así como los primeros navegadores visuales tales como Netscape y Explorer en sus primeras versiones. Como principal característica podemos apuntar que la Web 1.0 es de sólo lectura. El usuario no puede interactuar con el contenido de la página (no puede comentar ni responder directamente) y está limitado a lo que el Webmaster sube a la página. La Web 1.0 es un término acuñado para describir la Web antes del impacto de la fiebre punto com en el 2001, que es visto por muchos como el momento en que el Internet dio un giro y se lanzó a la conquista de nuevos espacios.

**Web 2.0 Comunicación bidireccional**. La red social. La versión Web 2.0 está asociado a aplicaciones Web que facilitan la comunicación bidireccional, el compartir información, la interoperabilidad y la colaboración en la World Wide Web. Un sitio Web 2.0 permite a los usuarios interactuar y colaborar entre sí como creadores de contenido generado por usuarios en una comunidad virtual, a diferencia de sitios Web donde los usuarios se limitan a observar pasivamente los contenidos creados para ellos.

En la Web 2.0 un mismo contenido puede propagarse en muchos medios, se puede publicar un contenido y éste a la vez puede ser republicado en otros sitios gracias a las redes sociales, produciendo un efecto viral del contenido. (Efecto viral es el término con el que se llama al hecho de que un contenido haya recorrido la Red de forma rápida y exitosa, consiguiendo que miles de personas lo hayan visto o compartido).

Para compartir recursos, ideas, noticias y comentarios en la Web 2.0 se utiliza una serie de herramientas, entre las que se pueden destacar los Blogs, las Wikis, las comunidades y otros servicios para compartir recursos.

Un blog (del inglés Web log) o bitácora es un sitio Web que incluye, a modo de diario personal de su autor o autores, contenidos de su interés, actualizados con frecuencia y a menudo comentados por los lectores. Sirve como publicación en línea de historias con una periodicidad muy alta que son presentadas en orden cronológico inverso, es decir, lo más reciente que se ha publicado es lo primero que aparece en la pantalla. Es muy frecuente que los blogs dispongan de una lista de enlaces a otros blogs, a páginas para ampliar información, citar fuentes o hacer notar que se continúa con un tema que empezó otro blog

Una wiki es un espacio Web corporativo organizado mediante una estructura hipertextual de páginas donde varias personas elaboran contenidos de manera asíncrona. Las comunidades, los servicios Web, las aplicaciones, los servicios de red social, los servicios de alojamiento de videos nos permiten almacenar recursos en Internet, compartirlos y visualizarlos desde Internet. Constituyen una inmensa fuente de recursos y lugares donde publicar materiales para su difusión mundial tales como documentos, videos, presentaciones, fotos, etc.

**Web 3.0 La red semántica.** En este concepto se incluye la transformación de la red en una base de datos, un movimiento social con el objetivo de crear contenidos accesibles por múltiples aplicaciones sin navegador, el empuje de las tecnologías de Inteligencia Artificial, la Web semántica, la Web Geoespacial o la Web 3D, por lo que los contenidos ahora ya no son tratados por su sintáctica sino por su semántica.

Es la Web que facilita la accesibilidad de las personas a la información, sin depender de qué dispositivo use para el acceso a ella, una Web con la que interactuar para conseguir resultados más allá del hecho de compartir "información", que esta información sea compartida por cada persona de una forma inteligible y de provecho para ella y sus necesidades en cada circunstancia, y que, además, está diseñada bajo parámetros de rendimiento eficiente, optimizando los tiempos de respuesta, optimizando los consumos energéticos globales del sistema, optimizando las exigencias técnicas y tecnológicas, optimizando los conocimientos y capacidades ya que es una Web más intuitiva y podríamos decir más "humanizada".

**Web 4.0 La red móvil**. La Web 4.0 es un término que se ha acuñado recientemente y trata de movernos hacia una Web ubicua (continuo movimiento, presente a un mismo tiempo en todas partes) donde el objetivo primordial será el de unir las inteligencias, para que tanto las personas como las cosas se comuniquen entre sí para generar la toma de decisiones. La Web 4.0 propone una nueva manera de interacción con el usuario a fin de lograr que sea más completa y personalizada. No limitándose simplemente a mostrar información, sino dando respuestas como un espejo mágico que ofrezca soluciones concretas a las necesidades del usuario.

La Web 4.0 es el siguiente paso a la Web semántica basada en cinco puntos de apoyo: Comprensión del lenguaje natural, comunicación máquina-máquina, comprensión de información de contexto, un nuevo modelo de interacción con el usuario y eliminar la frontera entre el mundo 'on line' y el 'off line'.

Raymond Kurzweill el gurú más futurista de la Web afirma que una computadora pasará el test de Turing hacia el 2029, demostrando tener una mente (inteligencia, consciencia de sí misma, riqueza emocional...) indistinguible de un ser humano. Este momento se ha denominado singularidad tecnológica (término popularizado por el matemático, informático y autor de ciencia ficción Vernor Vinge). Kurzweil prevé que la primera Inteligencia Artificial será construida alrededor de una simulación por computadora de un cerebro humano, lo que será posible gracias a un escáner guiado por nanobots. Una máquina dotada de Inteligencia Artificial podría realizar todas las tareas intelectuales humanas y sería emocional y autoconsciente. Kurzweil sostiene que esa Inteligencia Artificial llegará a ser, inevitablemente, más inteligente y poderosa que la de un ser humano.

### El impacto de la World Wide Web

La Web, como se conoce coloquialmente a la World Wide Web, ha permitido un flujo de comunicación global a una escala sin precedentes en la historia humana. **Desde la invención de la imprenta por Gutenberg no se había dado un paso tan**

**importante para facilitar la comunicación de la humanidad.**
Los conocimientos, las ideas, las experiencias, los
pensamientos, los deseos, los comentarios, las opiniones, todo
lo que el hombre quiere comunicar lo hace a través de Internet
gracias a la Web. Y no solamente mediante la palabra escrita tal
y como fue posible gracias a la imprenta, sino con fotografías,
video, música y todo tipo de medio audiovisual.

La comunicación inmediata, universal, libre y sin fronteras que
permite la Web no sólo abre nuevos cauces a la comunicación,
sino que produce por si misma efectos revolucionarios en todas
las ramas del quehacer del hombre: En la educación, el arte, la
cultura, la música, el periodismo, la salud, la economía, las
finanzas, el comercio, la diversión, el deporte, la religión...en
todo.

La propagación de la información a través de la Web no está
limitada por el movimiento de volúmenes físicos, copias
manuales o materiales de información como son los libros, los
periódicos, las fotografías impresas, los discos con música o las
películas. Gracias a su carácter virtual, la información en la
Web puede ser buscada y consultada de manera más fácil,
rápida y eficiente que en cualquier medio físico. En un tiempo
más corto, con menor esfuerzo y menor gasto, una persona
puede buscar y obtener más información a través de la Web
que mediante un viaje, correo, teléfono o cualquier otro medio
de comunicación. La Web, transmitida a través de Internet, es
por sí misma la más importante aportación de la tecnología a la
comunicación para el desarrollo de la humanidad.

**El crecimiento de la Web ha sido explosivo y su tendencia
indica que seguirá creciendo de manera exponencial en el
futuro.** De acuerdo con el Web site Live Stats, para el año 2015
se estimaba una cantidad de 1,000 millones de páginas Web y
sigue aumentando a ritmo acelerado. Los idiomas más usados
en la Web son Inglés, Mandarín, Español, Japonés y Francés.

La creciente cobertura de Internet en el mundo permitirá que la
Web se expanda rápidamente. Se estima que actualmente el
40% de la población tiene acceso a la Red y que el número de
usuarios ya rebasa los 3,000 millones. Los países con mayor

población de usuarios son China, Estados Unidos, India, Japón, Brasil, Rusia, Alemania, Nigeria, Inglaterra y Francia. Los países con mayor proporción de la población que utiliza Internet son Estados Unidos, Alemania, Francia, Inglaterra y Canadá. En estos países aproximadamente el 80% de la población tiene acceso a Internet.

La Web ha tenido un crecimiento vertiginoso gracias a que se mantiene vigente la filosofía de Tim expresada en estas palabras: "Si la Web fuera propiedad de una empresa, todo el mundo tendría que esperar a que su departamento de investigación produjera la siguiente versión de su navegador, y esto no sería bueno. **Para que algo como la Web exista y se expanda, tiene que basarse en estándares públicos y gratuitos. La red no debe tener dueño**".

# -12-

# MOTORES DE BÚSQUEDA

Un motor de búsqueda es software. Esto es, un programa para computadora que tiene la función de buscar contenidos almacenados en servidores Web de manera rápida y eficiente para luego presentarlos en forma de direcciones Web de manera jerarquizada. En este capítulo revisaremos su historia, resaltaremos los buscadores más importantes, estudiaremos los algoritmos que se han desarrollado para hacer las búsquedas más eficientes y expondremos algunas ideas para obtener más provecho de esta formidable herramienta que ha revolucionado la forma de acceder al conocimiento universal.

La vertiginosa expansión de la tecnología relacionada con Internet ha provocado el surgimiento de nuevos conceptos que han logrado impactar en la sociedad y han ganado su rápida aceptación. Sin embargo, algunas veces se llega a confundir su significado, por lo que resulta conveniente dedicar un poco de espacio a explicar la diferencia entre algunos de ellos antes de entrar al tema de la historia de los buscadores. En el capítulo anterior explicamos la diferencia entre Internet y la World Wide Web. Ahora marcaremos la diferencia entre otros conceptos relacionados con Internet.

Iniciamos con navegador y buscador. **Un navegador Web es un software que permite el acceso a la Web** interpretando la información de distintos tipos de archivos y sitios Web para que estos puedan ser visualizados. Su función básica es permitir la visualización de documentos. Entre los más conocidos se encuentran Mosaic, Netscape, Explorer, Mozilla, Google Chrome y Safari.

**Un buscador es un software al que se ingresa a través de un navegador para buscar sitios Web en Internet** mediante palabras claves que realizarán la búsqueda. Entre los buscadores más populares en la actualidad tenemos a Google, Yahoo! y Bing, destacando Google como el más importante.

Continuamos con sitio Web y página Web. Un sitio Web (en inglés Web site o Website) es una colección de páginas de Internet relacionadas y comunes a un dominio de Internet o subdominio en la World Wide Web. Una página Web es un documento HTML/XHTML que es accesible generalmente mediante el protocolo HTTP de Internet. Para ampliar la explicación podemos agregar que sitio Web es una localización en la World Wide Web que contiene documentos (páginas Web) organizados jerárquicamente. Cada documento (página Web) contiene texto y o gráficos que aparecen como información digital en la pantalla de una computadora. Un sitio puede contener una combinación de gráficos, texto, audio, vídeo y otros materiales dinámicos o estáticos. Cada sitio Web tiene una página de inicio (en inglés Home Page) que es el primer documento que ve el usuario cuando entra en el sitio Web poniendo el nombre del dominio de ese sitio Web en un navegador. El sitio normalmente tiene otros documentos (páginas Web) adicionales. Cada sitio pertenece y es gestionado por una persona, una compañía o una organización. Si lo comparamos con un libro, un sitio Web sería el libro entero y una página Web de ese sitio Web sería un capítulo de ese libro. El título del libro sería el nombre del dominio del sitio Web. Un capítulo, al igual que una página Web, tiene un nombre que lo define. Decimos que sería un capítulo y no una página del libro porque a menudo es necesario desplazarse hacia bajo en la pantalla para ver todo el contenido de una página Web, al igual que en un libro te desplazas a través de varias páginas para ver todo el contenido de un capítulo. El índice de los capítulos del libro sería el equivalente al mapa del sitio Web.

**Los sitios Web están escritos en código HTML** (Hyper Text Markup Language), o dinámicamente convertidos a éste y se acceden mediante un software llamado navegador Web, también conocido como un cliente HTTP. Los sitios Web pueden ser visualizados o accedidos desde un amplio abanico de dispositivos con conexión a Internet como computadoras personales, portátiles, PDAs y teléfonos móviles. Un sitio Web está alojado en una computadora conocida como servidor Web, también llamada servidor HTTP, y estos términos también pueden referirse al software que se ejecuta en esta computadora y que recupera y entrega las páginas de un sitio Web en respuesta a peticiones del usuario.

## Historia de los buscadores

El surgimiento de Internet y posteriormente de la World Wide Web generó una creciente cantidad de páginas, documentos y sitios almacenados en servidores Web en diversas partes del mundo. Localizar esta información era un trabajo relativamente sencillo al principio, pero al aumentar rápidamente su número se convirtió en un trabajo que excedía la clasificación manual y requería de la intervención de un software especializado para buscar información y presentarla de manera ordenada. Imaginemos que al principio de la década de los 90 existían solamente unos cuantos cientos de páginas Web y que 25 años después existen más de mil millones de páginas y la cifra no para de crecer.

El primer buscador se desarrolló en el Instituto Tecnológico de Massachusetts (MIT) en el año de 1993 llamado **World Wide Web Wanderer**, conocido de forma abreviada como "Wandex". Este buscador organizaba la información en forma de índices. Cuando se le solicitaba una página buscaba en el índice y la presentaba. Su funcionamiento dejó de ser eficiente al crecer el número de páginas y pocos años después desapareció.

En 1994 Martijn Koster, un ingeniero de origen alemán desarrolló un buscador más eficiente que Wandex al que bautizó con el nombre de AliWeb y lo presentó oficialmente en la Primera Conferencia Internacional sobre el mundo Web en el mes de mayo del año 1994 en Ginebra, Suiza. AliWeb significa

Archie Like Indexing for the Web La principal diferencia con Wandex consiste en que AliWeb es un motor de búsqueda de datos y no un índice como su predecesor. Es decir, permite agregar descripciones y palabras claves escritas para encontrar las páginas y no solamente la dirección donde se encuentra, que era la función que Wandex realizaba. AliWeb es considerado como el buscador más antiguo activo de la red porque todavía se puede consultar.

El primer buscador de texto completo que se parece más a lo que hoy en día conocemos como motor de búsqueda fue **WebCrawler**. La diferencia principal entre WebCrawler y los buscadores que hemos comentado anteriormente es que WebCrawler hace una búsqueda real en las páginas que previamente ha indexado en la red. Es decir, rastrea el texto que escribimos en el buscador entre las páginas que el propio buscador ha catalogado después de visitarlas y estudiarlas. Fue creado por Brian Pinkerton en la Universidad de Washington. Se publicó en Internet el 20 de abril de 1994 y fue comprado por America Online el 1 de junio de 1995 y luego vendido a Excite el 1 de abril de 1997. En 2001fue adquirido por InfoSpace. WebCrawler es un metabuscador que combina las búsquedas tope de Google, Yahoo!, Bing, Ask.com, About.com, MIVA, LookSmart y otros motores de búsqueda populares. WebCrawler también proporciona a los usuarios la opción de búsqueda de imágenes, audio, vídeo, noticias, páginas amarillas y páginas blancas. WebCrawler es una marca registrada de InfoSpace. Inc. Poco después se presentó Lycos, muy parecido a WebCrawler y con la misma metodología de búsqueda. Más tarde aparecieron otras opciones como Excite o Altavista. Este último fue un buscador en inglés y español, propiedad de la empresa Overture Service Inc., la cual a su vez fue comprada por Yahoo!. AltaVista fue uno de los sitios más antiguos en la web. Fue lanzado en los primeros meses de 1995 y, en su momento, llegó a ocupar el primer lugar como índice de búsqueda. Su sede se encontraba en California y se llegaron a realizar unas 61,000 búsquedas cada día. El 8 de julio de 2013, Altavista fue finalmente cerrado. **Y así llegamos a Yahoo!**, que establece una marca y un concepto diferente para adaptarse a los nuevos tiempos de Internet y finalmente a Google el más importante hasta ahora. Revisaremos los buscadores que más han destacado, incluyendo a Baidu que es uno de los más importantes en el ámbito mundial y es consultado por millones de usuarios en China.

## Yahoo!

En el año de 1994 Jerry Yang y David Filo estudiaban el postgrado en la Universidad de Stanford, California; la misma universidad en donde años después Larry Page presentaría su tesis doctoral y la tomaría como base para fundar junto con su amigo Sergei Brin la empresa Google. David Filo tuvo la oportunidad de utilizar el navegador Mosaic y esto fue suficiente para que prendiera la chispa de una idea genial. Comentó con Jerry Yang, su amigo y compañero de estudios, la idea de desarrollar un software para llevar el registro de todas las páginas que visitaban. Ambos pusieron manos a la obra y en poco tiempo organizaron las páginas por temas, integraron un directorio y publicaron el resultado en la Web. Los primeros nombres que recibió su proyecto fueron "Vía rápida de Jerry a Mosaic", "Guía de Jerry Yang a la WWW" y "Guía de Jerry y Dave a la World Wide Web".

Finalmente Yang y Filo decidieron cambiar todas ellas por algo más adecuado para su directorio y llegaron a la palabra Yahoo! Hay diferentes versiones sobre la idea que inspiró el nombre de Yahoo! y la más aceptada es que proviene del nombre de unos personajes del libro "Los viajes de Gulliver" de Jonathan Swift, los Yahoos. Resulta que en casa de David Filo su padre decía que David y Jerry eran un par de Yahoos por su naturaleza inquieta y ellos decidieron usar el nombre Yahoo! para su portal. Otras versiones aseguran que Yahoo! es un acrónimo de "Yet Another Hierarchical Officious Oracle" que se traduciría como 'Otro oráculo jerárquico oficioso'. Cualquiera que haya sido el origen de su nombre, **el buscador registró de inmediato un éxito sorprendente. Hacia finales de ese mismo año Yahoo! sobrepasó las 100,000 visitas por día** convirtiéndose en la página más visitada en el mundo. Un año después las visitas diarias a la página Web de Yahoo! alcanzaron un millón.

Como todo proyecto desarrollado por estudiantes, inicia con una idea, se colocan los cimientos en la cochera, el pequeño departamento o la casa rodante de alguno de ellos, participan dos o tres amigos y cuando la idea prende lo primero que les hace falta es capital para fortalecer el proyecto y convertirlo en empresa. Afortunadamente existen personas e instituciones que están dispuestas a invertir capital de riesgo para apoyar un proyecto interesante y darle el impulso que necesita para lanzarla al triunfo. Y así fue en el caso de Yahoo!. En 1995 Sequoia, empresa de capital de riesgo, invirtió en Yahoo! un millón de dólares por el 25% de participación y el 2 de marzo de 1995 Yahoo! se constituyó como empresa. En mayo de ese mismo año se mudaron del campus de Stanford a una oficina en Silicon Valley y nombraron a Tim Koogle, Presidente y CEO de la naciente compañía. Para la segunda ronda de capitalización en enero de 1996, el Softbank de Japón resultó ser uno de los actores más sólidos y visionarios.

El proyecto estudiantil se convirtió en una empresa y Yahoo! hizo su aparición pública en el mercado de valores de Nueva York en el índice NASDAQ el día 12 de abril de 1996 vendiendo 2.6 millones de acciones a 13 dólares cada una para alcanzar un valor de mercado de 849 millones de dólares. Una gran fortuna para una empresa de estudiantes en ese tiempo.

Conforme la popularidad de Yahoo! aumentaba, crecía la gama de servicios que ofrecía. Esto convirtió a Yahoo! en el único lugar donde alguien puede acudir para encontrar cualquier cosa que busca, para comunicarse con cualquier persona o comprar lo que sea. Los servicios que Yahoo! ha llegado a ofrecer son: Yahoo! Correo, Yahoo! Messenger, Yahoo! Grupos, Yahoo! Juegos, Yahoo! Compras, Yahoo! Subastas, Yahoo! Finanzas, Yahoo! Streaming y muchos más.

Yahoo! inició sus actividades en los Estados Unidos pero en poco tiempo se convirtió en una empresa internacional celebrando contratos estratégicos con empresas de telecomunicaciones y búsqueda local a nivel mundial, tales como British Telecom en el Reino Unido, Rogers Communications en Canadá, Ideas Interactivas en México y en poco tiempo ya se encontraba en el Reino Unido, Francia, Alemania, Suecia, Noruega, Dinamarca, Italia, Corea, Singapur, Japón, Australia, Nueva Zelanda, Canadá, China y Yahoo! en español. Hoy en día Yahoo! opera en más de 70 países en los cuales son respetados los diseños de página Web que dieron tantos resultados al dúo dinámico formado por Jerry y David. Es importante destacar que la rama más importante es Yahoo! Japón.

Las acciones de Yahoo! subieron como la espuma y otras empresas de Internet seguirían sus pasos para formar la burbuja especulativa conocida como dot com (.com). **En 1997 las acciones de Yahoo! subieron un 511 por ciento**, al año siguiente otro 584 por ciento. Una sola acción de Yahoo que se vendió el día de su lanzamiento en el mercado bursátil alcanzó el precio equivalente a $1,335 en enero de 1999 después de varios splits. Quien tuvo la oportunidad de invertir $9,738.00 dólares en acciones ese día de Abril de 1996, tendría un millón tres años después. A partir del año 2,000 el precio de su acción inició su descenso con la crisis bursátil al romperse la burbuja de las dot com. Yahoo! registró un nuevo impulso en los años de 1913 a 1914 y parecía que en las manos de Marissa Mayer, su nueva Directora, volvería a triunfar. Sin embargo, la fuerte competencia contra Google y Microsoft provocó que su buena estrella dejara de brillar y hacia el año 2015 empezó a declinar. Su valor de mercado empezó a disminuir después de haber alcanzado más de cincuenta mil millones de dólares. La oficina de Yahoo! en México cerró sus puertas y tiempo más tarde la empresa Yahoo! se puso a la venta en los Estados Unidos.

## Google

En 1996 ya se encontraban disponibles varios buscadores en Internet. AliWeb y WebCrawler, dos de los primeros en hacer su aparición, seguían activos. Altavista, Excite y Lycos ganaban adeptos, pero el mejor y más ampliamente utilizado era Yahoo! En ese entonces parecía que ningún otro buscador podría ganarle la batalla. Pero en la Universidad de Stanford empezaba a surgir una idea en la mente de dos brillantes estudiantes: **Larry Page y Sergey Brin.**

Se conocieron en 1995 durante un evento en la universidad y de inmediato hicieron sinapsis porque ambos tenían la idea de desarrollar un buscador más eficiente en Internet. Sumaron conocimientos, experiencia y entusiasmo para poner manos a la obra a fin de desarrollar un buscador al que le dieron originalmente el nombre de BackRub. Este proyecto se convirtió en la base de su tesis doctoral y más tarde en una de las empresas más importantes del mundo.

En 1996 la tecnología utilizada por BackRub para analizar los links empezaba a ser conocida en todo el campus de la universidad ganando reconocimiento entre los estudiantes que empezaron a utilizar el buscador con profusión. El siguiente año decidieron cambiar su nombre por el de Google inspirados en el término matemático "googol", acuñado por Milton Sirotta, sobrino del matemático norteamericano Edward Kasner, para referirse al número representado por un 1 seguido de 100 ceros. La elección del nombre refleja la misión del proyecto de organizar la inmensa cantidad de información disponible en la Web y en el mundo.

Durante los primeros meses de 1998 Larry y Sergey continuaron trabajando para perfeccionar la tecnología que habían desarrollado. Sus primeras oficinas fueron sus propios dormitorios al estilo de Jerry Yang y David Filo, quienes estudiaron en la misma universidad. Cuando sintieron que tenían en las manos un proyecto que podía servir de sustento para crear una empresa ambos decidieron buscar apoyo financiero. Comentaron la idea con David Filo, quien era su amigo y David les animó a buscar un inversionista independiente para crear su propia empresa.

Encontraron una respuesta positiva en Andy Bechtolsheim, uno de los fundadores de Sun Microsystems, quien recibió una demostración y enseguida vio que Google tenía un potencial enorme. Sin pensarlo demasiado firmó un cheque por valor de 100,000 dólares a nombre de la compañía Google Inc., pero como la empresa todavía no estaba registrada se dieron a la tarea de pedir ayuda a la familia y a los amigos para fundar la empresa. Un par de semanas después nació Google y pudieron cobrar el cheque. **La empresa Google Inc. fue fundada oficialmente el día 4 de septiembre de 1998** y estrenó su motor de búsqueda el 27 de septiembre de ese mismo año. A fin de fortalecer el crecimiento de la empresa en 1999 consiguieron 25 millones de dólares de dos importantes inversores: Sequoia Capital y Kleiner Perkins Caufield & Buyers, lo que les permitió establecer sus oficinas en Googleplex, la actual sede central de Google en Mountain View, California.

**El 18 de agosto del 2004 Google debutó en el mercado bursátil.** Durante las semanas previas se había especulado que el valor de las acciones del buscador rondarían los 135 dólares por título. El día de la oferta pública inicial el precio quedó establecido en 85 dólares. A finales del 2005 superaron los 400 dólares y elevaron la capitalización bursátil de Google hasta los 112,000 millones de dólares. Justamente un año después alcanzaron el precio de 500 dólares y sigue subiendo. El valor de una acción de Google ha llegado a ser superior a los 700 dólares y el valor de mercado de la empresa ha rebasado los 500,000 dólares; uno de los más altos en el mundo. Los analistas del mercado bursátil le siguen la pista a Google y Apple para saber cuál de las dos empresas será la primera en alcanzar el emblemático valor de capitalización de mercado de un billón de dólares.

El 10 de Agosto del 2015 Google integró un conglomerado de empresas con el nombre de Alphabet, siendo Google la más importante y la que administra el buscador y otros servicios como Gmail, Maps y Youtube. El conglomerado integra otras empresas como Calico, compañía biotecnológica de investigación sobre longevidad; Google Capital; Google Fiber, proyecto para construir una infraestructura de red de banda ancha usando comunicación con fibra; Verity (anteriormente Google Life Sciences), división de investigación médica; Google X, división de investigación y desarrollo de nuevos productos; y Sidewalk Labs, que investiga cómo mejorar ciudades para elevar la calidad de vida.

Larry Page y Sergey Brin son dos apasionados del software y de la innovación tecnológica. No se han limitado a administrar la mina de oro que tienen en el buscador Google, sino que han incursionado en nuevos y apasionantes proyectos de tecnología disruptiva. Revisaremos brevemente la biografía de cada uno.

**Lawrence Edward Page**, mejor conocido como Larry, nació en East Lansing, Míchigan, Estados Unidos, el 26 de marzo de 1973. Es hijo de dos profesores universitarios, Gloria Page, profesora de programación en la Universidad de Míchigan y Carl V. Page, profesor de Ciencias de la Computación e Inteligencia Artificial de la Universidad de Carolina del Norte en Chapel Hill y de la Universidad de Míchigan, un pionero y autoridad en el campo de la Inteligencia Artificial, quien falleció prematuramente en 1996. La pasión de Larry Page por las computadoras y la Informática le viene de herencia. A los seis años se despertó su interés por la tecnología y por los inventos a los doce. Siguiendo los pasos de sus padres y bajo su orientación, cursó estudios en la East Lansing High School y se graduó con honores en la Universidad Estatal de Míchigan, obteniendo el grado en Ingeniería de Computadoras (Computer Engineering). Se doctoró en Ciencias de la Computación en la Universidad de Stanford. El Instituto de Empresa lo premió con un máster honorífico en Administración de Empresas y fue el primero en recibir el premio Alumni society recent engineering graduate de la Universidad de Míchigan. Está casado con Lucinda Southworth. En el año 2004 recibió el Premio Marconi, una de las más altas distinciones en el campo de la tecnología. Actualmente es CEO de Alphabet Inc.

**Sergey Mijáilovich Brin** nació el día 21 de agosto de 1973 en Moscú, República Socialista Federativa Soviética de Rusia, Unión Soviética. Actualmente tiene las dos nacionalidades: de los Estados Unidos y de Rusia. Sergey emigró a Estados Unidos con su familia desde la Unión Soviética cuando tenía apenas seis años de edad. Realizó sus primeros estudios en la Paint Branch Montessori School en Adelphi, Maryland. Su afición por el estudio de las matemáticas fue fomentada por sus padres. Es hijo de Eugenia Brin, investigadora del Goddard Space Flight Center de la NASA y de Michael Brin, profesor de Matemáticas en la Universidad de Maryland. Sergey continuó sus estudios en la Universidad de Maryland donde se graduó con honores en 1993 en matemáticas y ciencias de la computación. Gracias a una beca de la National Science Foundation logró continuar sus estudios de postgrado en la Universidad de Stanford donde recibió el grado de doctor en ciencias de la computación. Fue en esa universidad donde conoció a Larry Page y donde ambos habrían de sumar sus conocimientos, experiencia y esfuerzo para producir el buscador Google y crear una de las empresas más importantes del mundo. Sergey ha participado activamente en el desarrollo de la empresa Google Inc. Cuando se creó el Conglomerado de empresas Alphabet, Inc. fue nombrado Presidente de ese gran conglomerado de empresas en agosto del 2015. Sergey es un científico inquieto, amante de la tecnología y filántropo interesado en el uso de la energía limpia y no contaminante para el bien de la humanidad.

El software que mueve a Google es el resultado de una genial idea de Larry Page y Sergey Brin que concibieron en la Universidad de Stanford como parte central de su tesis de postgrado. Larry Page y Sergei Brin querían ser académicos, no empresarios. En 1997 ofrecieron el algoritmo a Yahoo! por un millón de dólares, pero la empresa declinó la oferta. Una vez que Larry y Sergey vieron que no había empresa que les comprara su algoritmo decidieron buscar capital y se convirtieron en empresarios. En 2002, Yahoo! intentó hacerse con PageRank por 3,000 millones de dólares y Google la rechazó.

PageRank fue el algoritmo clave para desarrollar Google. A partir de un modelo matemático se desarrolló un algoritmo como base del software de Google. Cuentan los anales que la idea original fue de Larry, quien bautizó al algoritmo con su apellido Page para formar el nombre PageRank. El nombre resultó afortunado porque page significa en inglés página y rank se traduce como rango. Y precisamente de eso se trata el algoritmo, de asignar un rango a las páginas Web para facilitar su búsqueda y presentación en forma ordenada.

El texto completo del documento que presentaron Larry y Sergey se puede consultar en Internet. Aquí presentamos solamente la introducción a uno de los documentos más famosos en la historia de la tecnología y de Internet. El texto original se encuentra escrito en inglés.

# The Anatomy of a Large-Scale Hypertextual Web Search Engine

*Sergey Brin and Lawrence Page*
*{sergey, page}@cs.stanford.edu*
*Computer Science Department, Stanford University, Stanford, CA 94305*

## Abstract

In this paper, we present Google, a prototype of a large-scale search engine which makes heavy use of the structure present in hypertext. Google is designed to crawl and index the Web efficiently and produce much more satisfying search results than existing systems. The prototype with a full text and hyperlink database of at least 24 million pages is available at http://google.stanford.edu/

To engineer a search engine is a challenging task. Search engines index tens to hundreds of millions of Web pages involving a comparable number of distinct terms. They answer tens of millions of queries every day. Despite the importance of large-scale search engines on the Web, very little academic research has been done on them. Furthermore, due to rapid advance in technology and Web proliferation, creating a Web search engine today is very different from three years ago. This paper provides an in-depth description of our large-scale Web search engine --

the first such detailed public description we know of to date.

Apart from the problems of scaling traditional search techniques to data of this magnitude, there are new technical challenges involved with using the additional information present in hypertext to produce better search results. This paper addresses this question of how to build a practical large-scale system which can exploit the additional information present in hypertext. Also we look at the problem of how to effectively deal with uncontrolled hypertext collections where anyone can publish anything they want.

**Keywords**: *World Wide Web, Search Engines, Information Retrieval, PageRank, Google*

1. Introduction

(Note: There are two versions of this paper -- a longer full version and a shorter printed version. The full version is available on the Web and the conference CD-ROM.)

The Web creates new challenges for information retrieval. The amount of information on the Web is growing rapidly, as well as the number of new users inexperienced in the art of Web research. People are likely to surf the Web using its link graph, often starting with high quality human maintained indices such as Yahoo! or with search engines. Human maintained lists cover popular topics effectively but are subjective, expensive to build and maintain, slow to improve, and cannot cover all esoteric topics. Automated search engines that rely on keyword matching usually return too many low quality matches. To make matters worse, some advertisers attempt to gain people's attention by taking measures meant to mislead automated search engines. We have built a large-scale search engine which addresses many of the problems of existing systems. It makes especially heavy use of the additional structure present in hypertext to provide much higher quality search results. We chose our system name, Google, because it is a common spelling of googol, or $10^{100}$ and fits well with our goal of building very large-scale search engines.

**PageRank es un algoritmo basado en un modelo matemático** para asignar un valor numérico a cada página mediante la relevancia que tiene en la Web. La relevancia se calcula a partir de los "votos" que realizan todas las páginas de la Web a través de los enlaces o links que realizan. Ilustraremos con un sencillo ejemplo la relevancia de Google: Asumimos que la página B recibe un enlace de la página A, al mismo tiempo recibe un enlace de la página C y C recibe enlaces de las páginas D y E. Como A, D y E no tienen enlaces que apunten hacia ellos, su PageRank es el mínimo. Como D y E enlazan a C, C tiene un PageRank alto. Como A y C enlazan a B, B también tiene un PageRank alto, pero C enlaza a B, y como C también tiene dos links, el puntaje que le entrega a B es mayor, convirtiendo a B en la página más relevante. Los valores reales del PageRank varían desde un valor pequeño fijo situado generalmente en 0.15 hasta una magnitud de millones y los valores que presenta Google a través de interfaces visibles como Google Toolbar o Google Directory son valores escalados. PageRank presenta un interesante tema para los estudiosos de los buscadores y de los interesados en encontrar la forma de colocar su página entre los primeros resultados que ofrece Google. Sin embargo, su importancia relativa en los resultados de Google es desconocida y esto es parte de los secretos mejor guardados de la empresa. Algo comparable con el secreto de la fórmula de la Coca-Cola.

El algoritmo PageRank ha sufrido modificaciones en el curso del tiempo a fin de asignar otros valores o puntos de referencia para clasificar las páginas y determinar el orden en que se presentan. Aquí mencionamos algunos de ellos, pero existen otros que forman parte del secreto de Google:

- La autoridad del dominio del que proviene el enlace.
- La relevancia temática que tiene la página que la enlaza.
- El texto mediante el cual se enlaza la página.
- El lugar que ocupa el enlace en la página. Porque no tiene la misma autoridad un enlace en el contenido del artículo que en el pie de página.

## BAIDU, el motor de búsqueda en China

Baidu (百度 en chino) es un motor de búsqueda en idioma chino con sede en Beijing, Pekín fundado a finales de 1999 por Robin Li y Eric Xu. Su nombre proviene de un poema chino clásico del poeta Xin Qiji, durante la dinastía Song, acerca de un hombre que buscaba el amor de su vida. Baidu se traduce literalmente como "cientos de veces" y es la representación de la persistencia en la búsqueda de lo ideal. Su diseño es similar al de Google e incluye la posibilidad de búsqueda de noticias, imágenes y canciones, entre otras funciones. La característica más popular de Baidu es la posibilidad de efectuar búsquedas de archivos de audio (MP3, WMA/SWF y otros). Esa facilidad es aprovechada para la búsqueda de música pop china y los resultados de la búsqueda son muy precisos. Baidu puede realizar estas búsquedas debido a que las leyes de la República Popular China no prohíben poner música en Internet y Baidu se encuentra bajo jurisdicción china. **Es líder en las búsquedas en Internet con el 77% de la cuota de mercado,** en tanto que Google alcanza sólo el 17.8%. La principal fuente de ingresos de Baidu es la plataforma de pago por clic denominada Tuiguang; es similar a Google AdWords en sus principales aspectos. Tuiguang permite a los anunciantes mostrar sus anuncios en las páginas de resultados del buscador y en otros sitios Web que hacer parte de Baidu.

Baidu es semejante a Google, aunque presenta algunas características propias que es importante tener en cuenta cuando se desea contratar el servicio para posicionar un sitio Web. Estas son algunas de ellas:

- Maneja un algoritmo propio que determina el posicionamiento natural.
- Ofrece espacios publicitarios variados.
- Dispone de formas de comercialización específicas.
- Ofrece herramientas de gestión de campaña diferentes.
- Maneja métodos distintos de optimización de campañas publicitarias.

Baidu ha crecido de manera consistente en China y se ha posicionado como el motor de búsqueda más importante. Su campo de acción es amplio y lo confirman las siguientes cifras:

✓ Hay más de 530 millones de usuarios únicos al mes en Internet.

✓ Los chinos dedican 20 horas a la semana a navegar por Internet.

✓ 420 millones de personas usan el móvil para navegar.

✓ Los usuarios de redes sociales alcanzan los 309 millones y 202 millones de chinos acceden desde el móvil.

Las búsquedas se incrementaron un 11% hasta alcanzar 451 millones en 2012.

Las compras online aumentaron un 25% en 2012 con respecto al año anterior hasta alcanzar los 242 millones.

El vigoroso crecimiento de la economía en China y la creciente participación de la población a la comunicación en Internet aseguran una firme expansión de Baidu. Este crecimiento se ve fortalecido por el incremento en el uso de dispositivos móviles para la búsqueda de información y el comercio electrónico en China.

### El paseo de las arañas en la Web

Los buscadores realizan un trabajo previo a la ejecución de la orden para buscar y entregar un resultado. Este trabajo previo es la clave para lograr una búsqueda rápida y eficiente. El primer objetivo es identificar la información que contienen las páginas Web para luego integrarlas en el PageRank. Esto lo hace Google con un ejército de arañas que se pasean por la Web. **Una araña es un software especial cuya función principal consiste en inspeccionar las páginas de la World Wide Web** de forma metódica y automatizada. Es un software que ejecuta funciones de forma automática, por lo que recibe también el nombre de robot o en forma corta se dice que es un bot. Estos pequeños robots se dedican a rastrear todos los sitios Web a lo largo y ancho de Internet. A las arañas les encanta el cambio, el movimiento, el contenido nuevo y fresco, así que cuanto más frecuentemente se actualiza una página más visitas habrá de recibir de las arañas y más páginas indexará para luego devolverlas en forma de resultados.

Las arañas Web comienzan visitando una lista de URLs (Uniform Resource Locator o Localizador de Recursos Uniforme), identifica los hiperenlaces en dichas páginas y los añade a la lista de URLs a visitar de manera recurrente de acuerdo a un determinado conjunto de reglas. La operación normal consiste en darle al programa un grupo de direcciones iniciales, la araña descarga estas direcciones, analiza las páginas y busca enlaces a páginas nuevas. Luego descarga estas páginas nuevas, analiza sus enlaces y así sucesiva-mente. Entre las tareas más comunes de las arañas de la Web tenemos:

- Crear índices a partir de las palabras que encuentran en la Web.
- Emplear los enlaces para saltar de un contenido a otro.
- Rastrear los textos en busca de palabras clave para hacerlas relevantes en los resultados de búsqueda.
- Asignar un PageRank según la cantidad de enlaces externos que apuntan a la página Web.

Una vez que la araña llega a una página nueva, comienza a rastrear el contenido a fin de buscar palabras clave para hacerla relevante en los resultados de búsqueda correspondientes y va creando índices a partir de estas palabras ordenando y agrupando toda la información que va encontrando en la Red. Es importante considerar que para seguir rastreando la información, la araña va saltando a través de los "links" que va encontrando. Si encuentra un enlace roto, no podrá continuar y todo ese contenido será como si no existiera. Por eso es importante revisar con frecuencia la página Web y asegurar que no existen links rotos, en cuyo caso se deben reparar o simplemente eliminarlos.

La araña rastrea y categoriza la información de la página atendiendo a ciertos criterios que establece Google en su algoritmo de PageRank. De esta forma, para asegurar que una página es indexada en los primeros lugares, es necesario atender a los criterios de búsqueda de Google. Sin embargo, Google hace pequeños cambios cada semana y grandes cambios cada mes o cada varios meses a fin de mantener en secreto su algoritmo. Atinarle al algoritmo de Google es toda una tarea que ha dado lugar al nacimiento de un servicio que se denomina posicionamiento en buscadores y que veremos en el siguiente apartado. Para Google es importante mantener la información en secreto porque de esta manera obliga a quienes desean que su página aparezca entre los primeros resultados a pagar por lo que se denomina anuncio patrocinado. Este es el servicio AdWords de Google. Es una herramienta rápida y fácil de utilizar que permite adquirir anuncios con un costo por clic. Los anuncios de AdWords se publican junto con los resultados de las búsquedas realizadas en Google, así como en los sitios de búsqueda y de contenido de la creciente red de Google.

## Posicionamiento en buscadores

El posicionamiento de las páginas Web en los buscadores y el orden en que se presentan los resultados de la búsqueda ha dado lugar a una técnica conocida con el nombre de SEO (Search Engine Optimization). En español se traduce como optimización en motores de búsqueda o simplemente optimización Web. Existen empresas de mercadotecnia y de tecnología Web dedicadas exclusivamente a brindar este servicio. Y es que se justifica plenamente el disponer de una eficiente estrategia SEO para diseñar, producir, registrar y subir una página en la World Wide Web a fin de que sea fácilmente localizada por los buscadores y presentada en los primeros resultados de la búsqueda. De otra forma, la página puede ser ignorada por las herramientas de búsqueda y no aparecer en los resultados. Lo cual sería fatal para una campaña publicitaria en Internet o simplemente sería infructuoso el trabajo y la inversión en una página Web que nadie puede ver. El posicionamiento en buscadores u optimización de motores de búsqueda es el proceso de mejorar la visibilidad de un sitio Web en los resultados orgánicos de los diferentes buscadores. **Los resultados orgánicos son los que se muestran cuando una persona teclea una frase clave relacionada con productos y servicios en contraposición a los resultados patrocinados que son también conocidos como**

**Pago por Clic (PPC).** Estos son anuncios por los que se paga una cantidad al buscador cada vez que alguien hace clic en el anuncio. Al construir el sitio Web se seleccionan las frases clave que hacen referencia a la página y el anuncio se mostrará cuando el cliente potencial teclea esa frase clave en el buscador. El Pago por Clic genera tráfico inmediato, independientemente de la calidad de la página Web. Una vez que el presupuesto asignado se consume, el anuncio deja de aparecer. Es importante diseñar una página atractiva, amigable y eficiente para que una vez que el cliente potencial entre, se decida por hacer la compra de inmediato ya que en la Web los impulsos cuentan.

El posicionamiento en buscadores inició como una actividad rudimentaria que realizaban los mismos diseñadores de páginas Web para lograr un mayor número de clics. Los programadores, administradores de páginas Web y proveedores de contenido comenzaron a optimizar sitios Web en los motores de búsqueda a mediados de la década de 1990, tan pronto como los motores de búsqueda comenzaron a catalogar las páginas en Internet. En un principio, sitios como Yahoo! ofrecían como parte de su servicio la asesoría para realizar el posicionamiento de la página Web y esta actividad se hacía prácticamente en forma manual.

De esta forma, en un principio el trabajo de los administradores de páginas Web consistía en enviar la dirección de una página Web o URL a los diferentes motores, los cuales enviarían una araña Web para inspeccionar esa página, extraer los vínculos hacia otras páginas de esa Web y devolver la información recogida para ser indexada. El proceso involucra una araña Web como motor de búsqueda, descargar la página y almacenarla en los servidores del motor de búsqueda. Posteriormente un segundo programa, conocido como indexador, habría de extraer información sobre la página como las palabras que contiene, su localización, relevancia de palabras específicas y todos los vínculos que la página contiene, los cuales se almacenan para ser analizados más tarde.

Los propietarios de las páginas Web comenzaron a reconocer el valor de tener sus páginas Web bien posicionadas y visibles para los motores de búsqueda, lo que creó una oportunidad para los expertos en técnicas SEO. De acuerdo con los análisis del experto Danny Sullivan, el término "optimización de motores de búsqueda" comenzó a usarse en 1997. El primer uso documentado del término «optimización de motores de búsqueda» se asocia con John Audette y su compañía Multimedia Marketing Group, documentado por una página Web del sitio Web MMG en agosto de 1997.

Los primeros algoritmos de búsqueda se basaban en la información provista por los administradores de páginas Web como las palabras clave meta-tag o archivos indexados en motores como AliWeb. Las meta-tags ofrecen una guía para el contenido de cada página. Usar metadatos para indexar una página fue un método común pero no suficientemente preciso, ya que las palabras provistas por el administrador del sitio Web en las meta-tags podría ser una representación no precisa del contenido real de la página Web. Unos datos imprecisos, incompletos e inconsistentes en las meta-tags podrían causar y de hecho llegaron a causar que las páginas se posicionaran para búsquedas irrelevantes. Los proveedores de contenido Web también integraban una serie de atributos en el código fuente HTML de sus páginas en un intento de hacer un buen posicionamiento en los motores de búsqueda. Otros sitios como Altavista, admitían pagos por aparecer en los primeros lugares o daban más importancia a los sitios más antiguos.

En virtud de la importancia de algunos factores como la densidad de palabras clave, la cual dependía totalmente del administrador de la página Web, los primeros motores de búsqueda sufrieron el abuso y la manipulación de las clasificaciones. Para proveer de mejores resultados para sus usuarios, los motores de búsqueda tenían que adaptarse para asegurar que sus páginas de resultados mostraran las búsquedas más relevantes en vez de páginas no relacionadas, llenas de palabras clave por administradores de páginas Web sin escrúpulos. Contando con que el éxito y popularidad de un motor de búsqueda está condicionado por su capacidad de producir los resultados más relevantes para cualquier búsqueda, permitir que los resultados fueran falsos haría que los usuarios se fueran a otros motores de búsqueda. Los motores de búsqueda respondieron desarrollando algoritmos de clasificación más complejos para indexar sitios Web, tomando en cuenta factores adicionales para que fueran más difíciles de manipular por los administradores Web.

En el curso de un par de décadas posteriores al surgimiento de Yahoo!, el posicionamiento de las páginas Web se ha convertido en toda una ciencia y ha dado lugar a la creación de empresas de tecnología y mercadotecnia que se dedican exclusivamente a esta materia. La importancia de su trabajo salta a la vista: de poco vale invertir tiempo, dinero y esfuerzo para producir una página atractiva, amigable y eficiente si el buscador no la encuentra para colocarla a la vista en los primeros lugares. Aquí dejamos una serie de consejos para el posicionamiento de páginas en la Web. Su autor es Bruno Vázquez-Dodero. Anotamos solamente 6 de sus valiosos consejos. Si te interesa el tema puedes encontrar muchos consejos más en su **blog brunovd.com.**

Posicionamiento en Google a través de las Palabras clave

- Elige bien tus palabras clave: define para qué búsquedas que hace la gente vas a intentar posicionar. Ten en cuenta el número de búsquedas de cada término para encontrar tus mejores palabras clave. Puedes usar Google Trends para definir tu estrategia de posicionamiento natural en Google.

- Comprueba la competencia: Puedes usar la siguiente herramienta para comprobar no solo el número de búsquedas de cada palabra clave, sino también la competencia que tienen. Así sabrás qué palabras son más asequibles según la popularidad de tu Web: Herramienta para palabras clave de Google Adwords

- Mide la densidad de las palabras: Analiza tu página y descubre qué palabras estás utilizando más. Intenta repetir más aquellas que quieras posicionar bien. Usa esta herramienta de Internet Ninja.

- Usa las palabras clave: Utilízalas en tus textos, etiquetas y categorías. Las 200 primeras palabras de cada página tienen más valor, es buena idea hacer una entradilla resumiendo el artículo.

- Palabras clave en títulos y negritas: Si puedes utilízalas para crear títulos y de paso para basarte en ellas para tus contenidos. Si puedes destacar algunas negritas en cada artículo se lo pondrás más fácil a Google para catalogarte.

- Mide y analiza tu posicionamiento natural para distintas palabras clave: Consulta tu clasificación en los buscadores para todas tus palabras clave. Puedes usar la siguiente herramienta gratuita para instalar en tu ordenador: CuteRank. Te dirá el número de página en el que sales en Google para cada búsqueda.

### Para sacarle más jugo a Google

Google es reconocido como el mejor buscador y la mayor parte de las personas lo utilizan como una herramienta de búsqueda al teclear una o varias palabras para recibir como respuesta una serie ordenada de páginas Web. Sin embargo, Google ofrece funciones más amplias, variadas, interesantes y útiles con las que se puede obtener un mayor beneficio de esta excelente herramienta que ha revolucionado la forma en que los seres humanos obtienen conocimientos. Incluso se pueden utilizar operadores para acotar una búsqueda o presentar una fórmula matemática y obtener el resultado. Veamos algunas de ellas para que Usted pueda sacarle más jugo a esta sensacional herramienta de la tecnología en Internet:

- Quizá la más conocida y utilizada es el uso de comillas dobles para obtener una respuesta exacta. Por ejemplo: "Cómo descorchar una botella de vino sin sacacorchos" en lugar de Descorchar botella de vino.

- Para obtener el significado de una palabra se puede utilizar el comando define. Por ejemplo: define estetoscopio.

- Se puede especificar el tipo de archivo que se desea buscar y excluir todos los de otro tipo utilizando el comando filetype: Por ejemplo para buscar automóviles deportivos en archivos tipo pdf se escribe "automóviles deportivos" filetype: pdf.
- Se pueden excluir palabras de la búsqueda. Para buscar determinadas palabras, pero otras no, por ejemplo para buscar hoteles pero que no sean moteles, se escribe: hoteles -moteles.
- Para buscar imágenes asociadas a la palabra que se busca se usa el comando imagen. Por ejemplo: Tiburones imagen
- El asterisco sirve para varias funciones, una de las más empleadas es para buscar la palabra que falta en una frase. Ejemplo, La capital de Colima es *
- Se pueden buscar libros sobre un tema específico con solo escribir la frase libros seguida del tema. Por ejemplo libros sobre Internet
- Se puede usar Google como una calculadora. Simplemente escribes la fórmula con operadores matemáticos y obtienes el resultado.

### Los proyectos de Google

Google inició sus actividades en 1997 como un motor de búsqueda en la Web. Las cifras que ha alcanzado en sus dos décadas de operación son sensacionales. Procesa tres mil millones de consultas cada día y sus arañas se pasean en mil millones de páginas Web para indexar su información. Pero además de ser el mejor buscador, se ha dado tiempo para desarrollar nuevos servicios que ofrece a sus usuarios de manera gratuita casi todos ellos. Es importante resaltar que todas estas aplicaciones están basadas en software. Han sido desarrolladas en diferentes lenguajes de programación y se ejecutan en todo tipo de computadoras, pero a fin de cuentas, todo es software. Y esto nos brinda una idea del enorme campo de acción que tiene la programación de computadoras y de su futuro sin más límite que la imaginación. Veamos algunas de las más interesantes aplicaciones desarrolladas por Google:

**YouTube** es propiedad de Google desde su compra el día 14 de octubre de 2006 por la cantidad de 1,650 millones de dólares. En este sitio Web los usuarios pueden subir y ver vídeos.

**Google+** o simplemente G+ es un servicio de red social. El servicio fue lanzado el 28 de junio de 2011. Los usuarios tienen que ser mayores de 13 años de edad para crear sus propias cuentas. Google+ ya es la segunda red social más popular del mundo con aproximadamente 540 millones de usuarios activos.

**Google Maps** es el servicio que nos permite visualizar el mundo a través de imágenes vía satélite, imágenes de mapas o combinar estas dos. Las imágenes de satélite comparten la base de datos de Google Earth, lo que significa que son las mismas imágenes que veremos en dicho programa y con la misma resolución.

**Google Play** es una tienda online de aplicaciones, dispositivos electrónicos, accesorios, música, películas y libros mantenida por Google.

**Google Noticias** es un servicio automatizado de recopilación de noticias. El sitio fue introducido en su versión beta en abril de 2002. Existen diferentes versiones del sitio en más de 20 idiomas. La actualización de cada tema es de 15 minutos, haciendo que cada vez que se reingrese al sitio, aparezca una nueva noticia dentro de sus destacados.

**Gmail.** El 31 de marzo de 2004 Google lanzó su servicio de Gmail que se destacó entre los servicios de correo más populares por proporcionar un gigabyte de capacidad. Este servicio de mensajería destacó, entre otras cosas, por utilizar un sistema de búsqueda de mensajes simple e innovador al mismo tiempo, similar al del buscador Web al cual debe su eslogan "No organices, busca". Además, ofrece otras características adicionales como las etiquetas, filtros avanzados, posibilidad de múltiples cuentas para correo saliente, chat integrado, etc. que lo hacen muy atractivo. Actualmente se encuentra disponible en 39 idiomas.

**Google Drive** es un servicio de alojamiento de archivos. Fue introducido por Google el 24 de abril de 2012. Google Drive es un reemplazo de Google Docs que ha cambiado su dirección de enlace de docs.google.com por drive.google.com. Cada usuario cuenta con 15 Gigabytes de espacio gratuito para almacenar sus archivos, ampliables mediante pago.

**Google Calendar** es una agenda que permite tener diferentes calendarios diferenciados por colores. Permite compartir los calendarios privados con otros usuarios pudiendo darles diferentes niveles de permisos. Dispone de la posibilidad de incorporar calendarios públicos realizados por otros usuarios, tales como guía de programación de televisión, agenda de tu club favorito de fútbol, santoral, etc. El calendario se puede configurar para que envíe un recordatorio antes que pase un evento a la cuenta de correo electrónico del usuario.

**Traductor Google** es una herramienta Web que permite traducir textos entre un gran número de idiomas. Si el dispositivo cuenta con micrófono, la aplicación permite el uso de reconocimiento de voz como fuente de la traducción. El resultado se puede leer en el alfabeto del idioma fuente o en el traducido. También se puede escuchar la traducción sintetizada en dispositivos que dispongan de altavoz.

**Google Libros** es un servicio de Google que busca el texto completo de los libros que Google escanea, convierte el texto por medio de reconocimiento óptico de caracteres y los almacena en su base de datos en línea.

**Google Chrome**. Es el software navegador de la empresa Google. Es el navegador más utilizado en Internet. Está disponible gratuitamente bajo condiciones de servicio específicas.

**Google AdWords** es una herramienta rápida y fácil de utilizar que permite adquirir anuncios con costo por clic. Los anuncios de AdWords se publican junto con los resultados de las búsquedas realizadas en Google, así como en los sitios de búsqueda y de contenido de la creciente red de Google.

**AdSense**. Servicio para administradores de páginas Web y empresas de publicidad vía Internet. Este servicio se caracteriza por ser un marco HTML en el que se muestra texto con el aspecto de una búsqueda de Google, en él aparecen los enlaces de los anunciantes y los Webmasters reciben un pago por cada clic que se haga en los enlaces de AdSense de su Web.

**Google Imágenes** es una especialización del buscador principal para imágenes que fue implementado en el año 2001. Contiene en su interfaz distintas herramientas de búsqueda que sirven para filtrar los resultados de las imágenes.

**Picasa** es un organizador y visor de imágenes y una herramienta para editar fotografías digitales. Adicionalmente, Picasa posee un sitio Web integrado para compartir fotos. Está disponible para Mac, Linux y Windows.

**Google Earth** es un software similar a un Sistema de Información Geográfica (SIG) creado por la empresa Keyhole Inc., que permite visualizar imágenes del planeta combinando imágenes de satélite, mapas y el motor de búsqueda de Google para ver imágenes a escala de un lugar específico del planeta.

**Google Académico** es un buscador de Google enfocado en el mundo académico que se especializa en literatura científica-académica.

**Google Sites** es una aplicación online gratuita ofrecida por la empresa Google. Esta aplicación permite crear un sitio Web o una intranet de una forma tan sencilla como editar un documento.

**Android** es un sistema operativo basado en el núcleo Linux. Fue diseñado principalmente para dispositivos móviles con pantalla táctil, como teléfonos inteligentes o tablets; y también para relojes inteligentes, televisores y automóviles.

## Google hacia el futuro

Google inició sus actividades como un motor de búsqueda. Veinte años después la búsqueda de información en la Red sigue siendo su principal actividad, pero ahora su horizonte es mucho más amplio. Como hemos visto, Google ha puesto al servicio de sus usuarios interesantes y útiles aplicaciones y continúa trabajando en nuevos y sorprendentes proyectos que seguramente habrán de transformar la vida del ser humano. Estos proyectos se integran en el conglomerado Alphabet Inc.

de reciente creación en donde Google continúa como motor de búsqueda. Veamos algunos de los más interesantes que ya son del dominio público, porque seguramente habrá otros que se encuentran encerrados bajo siete llaves:

**Vehículos autónomos.** Este es quizá uno de los más comentados por los medios en virtud de sus efectos en la sociedad. Google ha estado trabajando los últimos 4 años desarrollando este proyecto en conjunto con el Laboratorio de Inteligencia Artificial de la Universidad de Stanford. Después de estos 4 años de investigación y desarrollo los avances son significativos, el último modelo presentado ya no cuenta con ningún tipo de pedales o volante. Aparte de su peculiar diseño, el software que los controla, de nombre Google Chauffeur, parece haberse vuelto sumamente inteligente dando resultados muy satisfactorios en las pruebas que se han hecho. Esto ha motivado a Google a buscar aliados en la industria automotriz que se aventuren a utilizar la tecnología, datos y herramientas que han desarrollado para avanzar aún más y llevar esta tecnología al mercado.

**Google Loon.** Mark Zuckerberg, el creador de Facebook, ha manifestado su interés en llevar Internet a todos los rincones del mundo mediante la utilización de satélites. Por su parte, Google está trabajando en este mismo objetivo pero con la diferencia de usar globos aerostáticos en lugar de satélites. El propósito es lograr que los globos permanezcan en la estratósfera por aproximadamente 100 días, tiempo durante el cual crearán una red 3G/4G que dará Internet a las zonas de difícil acceso. El proyecto se inició en junio del 2014 y aunque se encuentra en una fase temprana, los avances se están enfocando en aumentar el tiempo en que los globos puedan permanecer en órbita.

**Calico Labs** es un proyecto dedicado al estudio de la longevidad del ser humano. Su sede se ubica al Sur de San Francisco. Es una compañía que investiga y desarrolla maneras para hacer que las personas vivan vidas más largas y saludables. Calico se creó en septiembre de 2013 y ahora que ya no es una división de la compañía de búsquedas ha recibido más atención y está captando más fondos para su desarrollo. Calico será responsable de generar ingresos como una compañía independiente de Alphabet mediante la venta de medicamentos terapéuticos para quienes padecen de enfermedades de la tercera edad.

**Robots.** Alphabet está desarrollando en conjunto con Boston Dynamics una serie de robots que tengan la capacidad de moverse por entornos con obstáculos y seguir una ruta predefinida. Por el momento las pruebas se están llevando a cabo con entregas de paquetes en entornos urbanos. Sin embargo, el hecho de que los robots de Google estén siendo entrenados por la Marina de Estados Unidos, nos da una idea de su importancia y orientación hacia el futuro.

**Makani Power.** Es una turbina eólica voladora que flota en el aire como una cometa y que es capaz de captar la energía de los vientos a una gran altitud. Tiene dos grandes ventajas sobre las turbinas eólicas tradicionales: Produce más energía y su costo de operación es mucho más bajo que los grandes molinos eólicos que vemos en algunos lugares a la orilla de la carretera.

En todos estos proyectos interviene el desarrollo de software. En los autos, los robots, los globos, las cometas de viento y la investigación de la longevidad. El software ya no se encuentra asociado solamente a las computadoras tradicionales, ahora lo encontramos presente en aparatos de comunicación, televisiones, automóviles, formando parte de las cosas que nos rodean y aun insertado dentro de las mismas personas. El futuro del software no tiene más límites que la imaginación del ser humano. Y si consideramos los avances en Inteligencia Artificial, podríamos decir que puede llegar aún más allá.

# -13-

# COMERCIO ELECTRÓNICO

**El comercio es una de las actividades fundamentales del ser humano**. Inicia cuando el hombre comienza a vivir en sociedad porque en las primeras etapas de la humanidad el hombre satisfacía sus necesidades procurando obtener alimento de manera individual cazando y recolectando algunos frutos y semillas. En aquellos remotos tiempos, hace cosa de diez mil años, el hombre se protegía de la intemperie y de los animales salvajes buscando refugio en cavernas y su vestido se reducía al uso de la piel de los animales que cazaba.

Posteriormente aparece el núcleo familiar y la organización social dio sus primeros pasos. Las familias se unieron para formar organizaciones más amplias con sistemas de gobierno apropiados para la época. El incremento del grupo humano y sus nuevas formas de vida social eran las razones para encontrar nuevas formas de satisfacción como la alimentación, el vestido y la vivienda. Originalmente los productos de la caza y pesca sirvieron en forma exclusiva para la alimentación de un núcleo humano y, más adelante, cuando los métodos mejoraron, además de encontrar lo suficiente para la alimentación tenían un excedente que servía para soportar tiempos de escasez.

En algunas ocasiones las necesidades no eran plenamente satisfechas con el producto de la caza, pesca y recogimiento de frutos silvestres del lugar; **era necesario cambiar alimentos con otras personas de la comunidad** y luego con personas de otras comunidades para que el menú diario fuera más agradable y así apareció el intercambio de bienes alimenticios como carne, pescado, frutas, etc. Estos bienes, producto del intercambio o trueque, llegaron a satisfacer mejor las necesidades tanto individuales como colectivas, razón por la que buscaban la forma de mejorar el sistema de trueque para obtener mejores productos y entregar sus excedentes.

Cuando la humanidad alcanzó una mejor organización social, crecieron las necesidades y la comercialización de los bienes encontró nuevos instrumentos perfeccionados para el intercambio. Los pueblos ampliaron sus mercados para los productos intermedios y finales. Con el transcurso del tiempo los hebreos, indios, chinos y fenicios llegaron a ser excelentes comerciantes cubriendo rutas mercantiles por tierra y mar que excedían de los mil kilómetros. Mejoraron sus sistemas de transporte terrestre y marítimo para llegar cada vez más lejos con sus mercancías y traer consigo nuevos productos desconocidos de la región de origen. Los productores se preocupaban de mejorar la calidad de sus productos, mejorar los sistemas de conservación y hacer más eficientes los sistemas de transporte y entrega de mercancías. Los consumidores encontraron por su parte nuevos medios de adquirir productos indispensables para la subsistencia humana y de adaptar para su consumo productos provenientes de lejanas culturas.

**El intercambio de mercancías se realizaba en un principio mediante el trueque.** Esto es, se intercambiaban productos por otros productos tratando de hacer equivalente la operación. "Te cambio cien manzanas por un saco de maíz", pero con el tiempo el trueque no facilitaba las operaciones porque no era sencillo encontrar alguien que quisiera manzanas y a la vez tuviera maíz. Así que fue necesario encontrar una medida común para realizar el comercio. En la India apareció una especie de letra de cambio como papeles portadores de valor, en Cartago aparecieron unos pedazos de cuero que constituían signos monetarios de la época con representación de valores, en algunos pueblos los granos de sal se usaron como moneda y **en México encontramos que los metales preciosos y aun los granos de café constituyeron la base de un primer sistema de pago.** Finalmente se perfeccionó el sistema monetario como medida de cambio y portador de valor. Posteriormente el sistema bancario se hizo indispensable y el comercio comenzó a disponer de mejores elementos para su desarrollo.

**En este capítulo estudiaremos cómo ha influido el software en el comercio y en el medio de pago.** Han sido necesarios miles de años para que el comercio evolucionara desde los tiempos del trueque como simple intercambio de productos hasta la instalación de los modernos supermercados en donde las personas pueden encontrar miles de productos y pagar con una tarjeta de plástico. Sin embargo, el software ha logrado revolucionar en sólo treinta años la forma en que el ser humano adquiere los productos que necesita y la forma en que paga por ellos. En el transcurso de una sola generación el software ha cambiado al comercio y al sistema de pago desarrollando el nuevo concepto de comercio electrónico conocido también como e-commerce.

El software y la imaginación de los empresarios ha llevado al desarrollo de tres modelos diferentes de e-commerce que tienen sus manifestaciones más acabadas y exitosas en tres grandes empresas: Amazon, eBay y Alibaba. El sistema de pago tiene dos grandes exponentes: PayPal y Alipay. Estudiaremos cada uno de ellos y pondremos los reflectores en sus creadores porque han llegado a revolucionar el comercio y han logrado acumular una riqueza impresionante que los coloca entre los personajes más ricos del mundo. Sin embargo, más allá del capital se encuentran las ideas, la perseverancia, el trabajo, el conocimiento, el apego a sus ideales y la fe inquebrantable para triunfar.

## Jeff Bezos

Jeffrey Preston Jorgensen, mejor conocido como **Jeff Bezos**, nació el 12 de enero de 1964 en el seno de una familia humilde en Alburquerque, New Mexico. Su infancia no fue fácil. Su madre era una joven que no había cumplido la mayoría de edad cuando tuvo a Jeffrey. Poco después se complicó aún más la vida en casa. Cuando no había cumplido ni un año sus padres se separaron y tres años más tarde su madre conoció a

Miguel Bezos, un cubano que había emigrado a Estados Unidos a la edad de 15 años y que terminó convirtiéndose en la figura paterna que Jeffrey nunca había tenido.

Miguel Bezos, el padre cubano de Jeff, encontró trabajo en Texas y la familia entera se mudó a Houston, donde él trabajaba como ingeniero para Exxon, una de las mayores petroleras del mundo. Jeff Bezos recuerda aquellos primeros años de vida con el entusiasmo de cualquier niño pequeño. Desde una temprana edad Bezos mostró su interés por la electrónica y la tecnología. Dicen quienes lo conocieron en aquella época que sentía obsesión por las ciencias y las matemáticas, hasta el punto de haber construido una alarma eléctrica para evitar que sus hermanos pequeños entrasen en su habitación. Esto ya sucedió en Miami, ciudad a la que se mudó la familia siguiendo los pasos de Miguel y su oportunidad de encontrar trabajo.

Jeff disfrutó en Florida su adolescencia y tuvo oportunidad de asistir a varias clases en la universidad. Cuando llegó la hora de cursar estudios superiores se fue lejos de allí, al estado de Nueva Jersey, donde tiene su sede Princeton, una de las universidades más prestigiosas de los Estados Unidos. Se inscribió en la carrera de ingeniería electrónica y de telecomunicaciones (Electrical Engineering), graduándose en 1986. Después de valorar diferentes opciones de trabajo Bezos decidió adentrarse en el mundo de la banca de inversión y las finanzas. Trabajó en Wall Street durante varios años desarrollando diferentes sistemas para los bancos y fue a principios de la década de los 90 cuando Internet cambió las cosas y su vida para siempre.

En ese tiempo apenas comenzaba a tenerse consciencia de lo que Internet podía llegar a significar. Aparecían las primeras empresas online y, aunque no existía una masa crítica de usuarios, se presentaban las primeras oportunidades de negocio. Cuenta la leyenda que Bezos estudió con profundidad esta tendencia y llegó a la conclusión de que **no quería perder el tren de la innovación que Internet lideraba**. En virtud de lo que se conoce como el "regret minimization framework" (minimizar los arrepentimientos) Bezos decidió abandonar su anterior carrera en Wall Street para lanzarse de lleno a la aventura de convertirse en empresario.

## Amazon

La lectura de un libro prendió la chispa. Después de leer un estudio que auguraba un crecimiento del e-commerce del 2,300%, Bezos puso rumbo a Seattle en el estado de Washington, animado por el reducido impuesto al valor agregado del estado y por el ecosistema de empresas que ya existía en la zona gracias a la labor de Microsoft. No quería dejar pasar la oportunidad de los negocios online y cruzó en su coche casi todo el territorio de los Estados Unidos. Cuenta la leyenda que durante su viaje escribió el Plan de Negocio de lo que sería una de las empresas más prósperas y con mayor valor de capitalización de mercado en todo el mundo.

Y como han nacido muchos de los grandes proyectos, la cochera de la casa ubicada en Bellevue, Washington se convirtió en la cuna donde se desarrollaría una empresa que actualmente vende de todo en todo el mundo. Y Jeff llegaría a ser uno de los diez hombres más ricos del planeta.

**Todo comenzó con los libros.** En el informe sobre comercio electrónico que Bezos había leído con detenimiento se mencionaba que cinco eran los productos que presentaban una mayor oportunidad de negocio: discos de música, hardware para computadoras, software, videos y libros. Las características de Internet y el comercio online podrían permitir a aquellos que se lo propusiesen reducir costos de operación hasta unos límites insospechados para las tiendas físicas. Animado por la demanda mundial de literatura, los bajos precios de los libros y el amplio catálogo existente, Bezos decidió construir una empresa de e-commerce de libros.

**En 1994 fundó la empresa Cadabra**, pero su contador le recomendó cambiar el nombre porque tenía un tufo a cadáver y entonces **escogió Amazon en memoria del río más grande y caudaloso del mundo.** En julio de 1995 la compañía comenzó a vender el que sería su primer libro, Fluid Concepts and

Creative Analogies: Computer Models of the Fundamental Mechanisms of Thought de Douglas Hofstadter. En octubre del mismo año se produjo el lanzamiento oficial de la tienda y en los dos primeros meses de vida ya estaba presente en 50 estados de la Unión Americana y en 45 países de todo el mundo cumpliendo un ambicioso plan de internacionalización desde el primer día de actividades. A los dos meses las ventas ya superaban los 20,000 dólares por semana y poco a poco su dominio en el mundo de la literatura era más significativo.

El negocio tradicional de la venta de libros presentaba una serie de características que lo convertían en un claro objetivo de la revolución online: límites físicos para el almacenamiento de libros en las tiendas, un catálogo limitado, una audiencia global y unos precios no demasiado elevados.

Antes de continuar con la fantástica historia de Jeff Bezos y de su empresa Amazon, es importante recordar que la esencia de este formidable desarrollo se encuentra en el software y en la genial capacidad de Jeff para convertir una idea en una gran empresa. Jeff tomó conciencia de la importancia de Internet y aprovechando sus conocimientos en Informática se dio a la tarea de diseñar y construir un Web site para vender libros. También aprovechó sus conocimientos para construir una base de datos a fin de registrar y actualizar la información de los libros que ponía a la venta, manejar su inventario y acrecentar su catálogo. Por supuesto, también realizó él mismo los primeros programas para la computadora en donde almacenaría su base de datos y manejaría su Web site. La empresa Amazon exteriormente aparece como una gran tienda virtual para la venta de libros, pero detrás de esa fachada se encuentra un software controlando y administrando todas las actividades. Antes que ser un centro comercial, Amazon es un centro de desarrollo de software. Y esto lo podemos ver en sus posteriores desarrollos como Alexa y Cloud Drive, el futuro de la computación en la nube. Y ahora continuamos con la historia de esta gran empresa.

**Los libros fueron tan solo el principio**. Con el tiempo Bezos y el resto de directivos de la empresa observaron que esas mismas características eran aplicables a productos de consumo de todo tipo y aplicaron la misma receta para aumentar el catálogo de ventas y poco a poco llegar a vender de todo. Esta filosofía ha convertido a Amazon en una de las empresas más grandes del mundo, con una capitalización bursátil de 250,000 millones de dólares y 30,000 millones en ingresos en el primer trimestre de 2015 y 150,000 empleados. **A ese paso llegará a ser más grande e importante que Walmart** o cualquier cadena de tiendas en el mundo entero y esas ya son palabras mayores.

La mejor forma de entender al Amazon actual es como una base sobre la que se construye otra estructura y después otra y otra más. La primera fue Amazon venta de libros, luego se agregó la venta de todo: discos, productos de consumo, venta de contenidos audiovisuales, Amazon Web Services (AWS), etc. La extensión de la empresa la puede convertir en un gran monopolio en el futuro. La receta que ha seguido para su extraordinario crecimiento es la reinversión de las utilidades. En un principio esta filosofía causaba resquemor entre los inversionistas porque no veían utilidades, pero poco a poco han comprendido el modelo de crecimiento de Amazon y aceptan la expansión a cambio de la utilidad presente. Este crecimiento ha dado lugar no solamente a la expansión de Amazon como gran supermercado, sino a la creación de otras empresas con muy diferentes objetivos. Veamos algunas de ellas:

**Amazon Marketplace**. En marzo de 1999 Amazon presentó Auctions, un servicio de subastas para competir con eBay pero no le funcionó. Lo cerró, lo volvió a pensar y lanzó Marketplace. Este proyecto está orientado al dominio de los tres segmentos del e-commerce: B2C, B2B y C2B. Esto es, Business to Consumer (Del negocio al consumidor), Business to Business (Del negocio al negocio) y Consumer to Business (Del consumidor al negocio). Lanzado oficialmente en noviembre del año 2000, Marketplace permite a cualquier usuario vender productos para aprovechar la infraestructura de Amazon. Los usuarios pueden vender productos de segunda mano. De igual manera, los fabricantes y las tiendas pueden vender sus productos dentro de Amazon. La compañía de Seattle se encarga de la logística y el envío de los productos y, a cambio, se queda con un porcentaje de cada venta. Un elemento clave en este negocio de Amazon son los centros de distribución que la empresa tiene en todo el mundo y que se han convertido en una pieza fundamental para su trabajo de colocar, recoger y distribuir los pedidos que realizan los clientes para que estén lo más rápido posible en sus domicilios.

**Kindle.** Amazon comenzó a vender sus primeros libros en el año 1995 y después tomó la decisión de dar el salto a los libros electrónicos con el Kindle. Presentado en noviembre de 2007, Kindle permite a los usuarios comprar y leer los libros que Amazon distribuye a través de su tienda. Libros que están protegidos con DRM (Digital Rights Management o gestión de derechos digitales) y que por lo tanto no pueden ser utilizados en los productos de la competencia. Esta expansión al mundo del hardware y de los libros electrónicos ha continuado con el paso de los años. En septiembre de 2011 Bezos presentó al mundo el Kindle Fire, una tableta que permitía hacer muchas más cosas que leer libros y que, por 199 dólares, pretendía hacerse un hueco en un mercado dominado por Apple y su iPad. En los últimos años la empresa ha continuado actualizando su gama de dispositivos, siendo el Kindle Paperwhite y Fire HDX los lanzamientos más recientes.

**Amazon Web Services**. Presentado oficialmente en 2002, Amazon Web Services se ha convertido con el paso de los años en una de las principales armas de la empresa. En un mundo en el que los servicios en la nube tienen cada vez mayor relevancia, Amazon ha puesto a disposición de usuarios y empresas una serie de servicios que permiten almacenar archivos, páginas Web o dar alojamiento a toda la información de una empresa. AWS está formado por una oferta de diversos productos, entre los que destacan: Mechanical Turk, Amazon Simple Store Service (S3), Amazon Elastic Compute Cloud (EC2), Amazon Glacier y un largo etcétera. Aquí vemos nuevamente la presencia del software y el papel que ha desempeñado en el desarrollo de Amazon.

## eBay

**El modelo de negocio de eBay es diferente de Amazon** y su historia también es diferente. **eBay es básicamente una empresa de subastas**. Fue fundada en 1995 por Pierre Omydiar en San José, California. Hijo de padre iraní y madre francesa, Pierre nació en París. El interés de Omidyar por las subastas en línea comenzó a raíz de una conversación que tuvo en 1995 con su novia, quien era una coleccionista de las figuras que acompañaban a los caramelos PEZ y deseaba ampliar su colección. Omidyar desarrolló un pequeño servicio de subastas en línea en una de las páginas de su sitio llamado AuctionWeb para formar una red de compradores y vendedores potenciales en los Estado Unidos a fin de que pudieran encontrarse con coleccionistas de figuras.

De esta forma, eBay comenzó más como un gesto de ayuda, un sentimiento de amor o un deseo de colaboración que como un lucrativo negocio. En los primeros días de la tienda de subastas en Internet Omydiar vendió un puntero láser inservible por un precio de 14.83 dólares; asombrado contactó al ganador de la subasta con el fin de averiguar si realmente éste entendía lo que había comprado. La respuesta fue más asombrosa aún: "Me gusta coleccionar punteros láser inservibles". Lo que dio pauta para pensar que el negocio tendría un futuro prometedor, esto lo llevó a que, en la primavera de 1996, Omidyar renunciara a su empleo para dedicarse por completo a la nueva empresa.

Al año siguiente de su fundación, el negocio contaba con cerca de 40,000 usuarios y secciones como coleccionismo, filatelia, numismática, Informática y electrónica. En 1998 eBay dio un gran paso al contratar a Meg Whitman como CEO de la empresa y un año más tarde presentó su oferta pública inicial en el mercado bursátil de Nueva York. El éxito de eBay despertó un renovado interés por las subastas y el mundo punto.com se convulsionó de tal manera que la red se inundó de sitios semejantes. En América Latina aparecieron Deremate.com, Lokau y Mercadolibre. En Europa, las francesas Aucland e iBazar, la alemana Ricardo y la británica QXL. Por supuesto, no faltaron a la cita los propios portales que, como Yahoo! lanzaron su propio sitio o Amazon que se apuntó a la moda aunque este último tuvo que hacer reingeniería sobre el proyecto original para luego relanzarlo con el nombre de Marketplace. **En eBay se aplica bien la frase que dice: "El que pega primero, pega dos veces".** Mientras los competidores gastaban millones de dólares para incrementar su presencia y atraer tráfico a sus sitios, eBay disponía ya de una de las mayores comunidades con un elevado poder de atracción, lo que es fundamental en un sitio donde tan importante es la cantidad de productos ofertados como de potenciales compradores interesados en hacerse con ellos. eBay supo aprovechar muy bien el momento y se convirtió en la gran empresa de subastas en Internet para beneplácito de su fundador y de sus accionistas.

Para explicar el éxito de eBay podemos anotar dos causas. 1) La primera es que eBay maximiza el excedente total del mercado, incrementando el valor para los vendedores y disminuyendo el costo para los compradores. En eBay se venden productos para los que el oferente no tenía un valor real asignado. Es decir, si te regalan una gabardina de buena marca pero que no piensas usar, ¿A qué precio la vendes? La experiencia demuestra que a un precio muy inferior al de mercado, porque el costo de producirlo u obtenerlo es prácticamente nulo y entonces cualquier ingreso es utilidad. Y por la parte del comprador sucede algo semejante porque el costo para adquirirlo es mucho menor de lo que pagaría normalmente en el mercado. 2) La segunda es que el pago de impuestos es nulo o simplemente menor del que se pagaría por un producto nuevo al precio normal.

eBay subió como la espuma, pero en el año 2,000 la crisis de las .com hizo bajar el precio de sus acciones de manera considerable. Esta crisis propició toda una serie de fusiones y cierres de empresas de tecnología, sobre todo las de nueva creación. Una buena administración de la empresa permitió que este tiempo de crisis se convirtiera en tiempo de oportunidad para eBay porque aprovechó para adquirir algunas empresas como ibazar en Francia y Lokau en Brasil, estableció acuerdos de colaboración con Yahoo! y se expandió en América Latina de la mano de mercadolibre.com. Sin embargo, **la adquisición más importante fue PayPal**, sistema de pagos electrónicos en el año 2002, lo que permitió que a través de eBay este sistema se masificara. En 2005 compró el portal de clasificados loquo y la empresa de telefonía por Internet Skype, sistema de VoIp (Voz sobre protocolo de Internet) con el que se realiza una comunicación verbal a distancia.

En eBay se han vendido cosas increíbles como un avión privado Gulf Jet Stream por el cual se pagaron 7.5 millones de dólares, muñecas Barbie recicladas que marcaron un historia en su camino hacia el éxito comercial, obras de arte, libros antiguos, computadoras, teléfonos, automóviles de colección, etc. El mismo Pierre Omidyar llegó a pagar 2,375 dólares por un muñeco de caramelos PEZ con forma de novia para regalárselo a su novia real, quien mucho le ayudó desde el primer momento a convertir su afición en un negocio y una gran empresa.

eBay es una empresa de subastas y también de venta directa. Tiene tres tipos de operaciones principales:

**Subasta.** Es la transacción más común en eBay. El vendedor pone un precio de salida y una duración determinada para el anuncio y mientras dure ese periodo de tiempo, los compradores podrán presentar ofertas. Quien presente la mejor oferta se llevará el artículo bajo las condiciones de entrega y devoluciones impuestas por el vendedor.

**¡Cómpralo ya!** El vendedor establece un precio fijo y, si el demandante está dispuesto a pagarlo, podrá comprarlo directamente.

**Anuncio clasificado.** Es la venta de bienes y servicios bajo esta forma de anuncio en el que se exponen las características del artículo en cuestión y su precio. En marzo de 2009 se lanzó en España el nuevo servicio de anuncios clasificados: eBay pisos (anuncios clasificados inmobiliarios) y también eBay coches (anuncios clasificados de motor). Estos nuevos servicios son una novedad mundial, habiéndose seleccionado a España como primera plataforma para la nueva estrategia local de eBay Inc.

Es importante destacar que en el tiempo en que Pierre desarrolló eBay se tenía que escribir todo el software desde el principio. Empezar por el diseño y producción del Web site para luego agregar las bases de datos y la operación misma del sistema. En la actualidad ya existe software empaquetado y listo para lanzar un sitio de e-commerce en Internet. Las grandes empresas como Amazon, eBay o Alibaba disponen de equipos especializados de diseñadores, analistas, programadores y toda una amplia gama de especialistas para mantener el sistema en óptimas condiciones y hacerle continuamente cambios y mejoras para mantenerse a la vanguardia. Sin embargo, las pequeñas empresas pueden adquirir algún paquete de software para iniciar operaciones y participar en el fascinante mundo del e-commerce.

### Jack Ma

**Ma Yun, mejor conocido como Jack Ma**, nació el 15 de octubre de 1964 en Hangzhou, la capital y la ciudad más grande de la provincia de Zhejiang en la República Popular China. Situada en las orillas del río Qiantang, cerca de la desembocadura y con una población cercana a los 9 millones de habitantes. Las industrias tradicionales de Hangzhou son la seda, maquinaria y textil, pero la industria electrónica se está desarrollando con rapidez en la zona, sobre todo después del cambio en el sistema económico del país ocurrido en 1992.

Su infancia transcurrió en el seno de una familia tradicional, de recursos económicos limitados, con un hermano mayor y una hermana menor. Sus padres eran dos actores de 'ping tan', un espectáculo teatral chino prohibido durante la Revolución Cultural de 1966. Acudió a la escuela elemental en la ciudad y no fue sino hasta el año 1972, cuando Jack tenía ocho años, que se produjo el primer cambio en su mentalidad al enterarse de la visita de Richard Nixon a su ciudad y abrirle una ventana al mundo occidental. Cuentan sus vecinos que, desde los 12 años, y durante ocho años seguidos, se desplazaba cada mañana con su bicicleta hasta un hotel donde servía de guía para los turistas. Lo hacía gratis, pero a cambio aprendía inglés. El nombre con el que lo registraron es Ma Yun, pero años después un turista le dio el apodo de Jack y desde entonces se le conoce como Jack Ma. El turista estadounidense se convirtió en su amigo por correspondencia.

Ma presentó varias solicitudes a universidades de prestigio y fue rechazado. Incluso intentó ser aceptado en Harvard y nada. Finalmente se registró en la Universidad Normal de su localidad para estudiar idiomas y se graduó como profesor de inglés. En la obtención de trabajo tampoco tuvo suerte. Presentó más de 20 solicitudes y en todas fue rechazado. Entre ellas McDonalds, Burger King y Kentucky Fried Chicken. Finalmente obtuvo un trabajo temporal ganando 12 dólares al mes, pero después de un cortó tiempo lo abandonó porque no le producía la satisfacción que buscaba.

Cansado de no encontrar trabajo, Jack Ma estableció una empresa de traducciones en 1994 y **en 1995 aprovechó una invitación como traductor para viajar al estado de Washington en los Estados Unidos.** Fue hasta entonces que tuvo la oportunidad de sentarse frente a una computadora, poner sus manos sobre el teclado, introducir algunos caracteres y voilá, estaba conectado al mundo a través de Internet. Introdujo en el motor de búsqueda de Yahoo! la palabra cerveza y de inmediato recibió varias respuestas. Buscó si había alguna página de China ligada con la palabra cerveza y nada. Ningún resultado. Entonces pensó: ¡Esto es lo que se necesita en China! Regresó a su país natal con la mente llena de ideas y puso manos a la obra.

Tan pronto como llegó a su natal Hangzhou puso en marcha la construcción de un Web site. Aquí hay que tomar en cuenta que en ese tiempo la conectividad a Internet era limitada en todo el mundo y de manera particular en China y otros países comunistas. Así mismo, no había empresas dedicadas a la construcción de sitios Web ni personas que manejaran la tecnología de Internet. **Sin embargo, con recursos propios y la**

**ayuda de algunos amigos logró poner en marcha el sitio Web Yellowpages en el mismo año de 1995.** Este portal de páginas amarillas es considerado la primera compañía de Internet en China y por su innovación temprana está posicionado como el pionero de Internet. El haberse adelantado a explorar este territorio virgen en el país más poblado del planeta constituye uno de los secretos de su éxito. Entre los socios de la empresa se encontraba su propia esposa, Zhang Ying, antigua compañera del Instituto de Profesores, con quien se había casado a finales de los ochenta, y quien aceptó que, pese a haber sido nombrado Ma como uno de los 10 mejores profesores jóvenes de Hangzhou, ambos dejaran el trabajo para volcarse en aquel mundo nuevo de Internet. Según dijo Zhang en una ocasión, el pequeño y delgado Jack Ma, con su espíritu decidido, convincente y buen contador de historias, por el que a menudo parecería capaz de inspirar y entusiasmar a cualquiera, "no es un hombre guapo, pero me enamoré de él porque puede hacer muchas cosas que no hacen los hombres guapos".

Es importante destacar la tenacidad, la confianza en sí mismo, la audacia, la visión y el buen tino para los negocios que tiene Jack Ma. De origen humilde, rechazado en las universidades y con enormes dificultades para conseguir empleo ha logrado levantar todo un imperio en China hasta llegar a ser uno de los empresarios más ricos y poderosos no solamente de su país, sino del mundo entero. Jack Ma es un hombre controvertido, bajito de estatura, delgado, de fuerte personalidad y con gran carisma. Ha recibido el alias de guerrero Feng Qingyang en China y fuera de su país algunas personas no se miden para llamarle Crazy Jack o Jack el loco. Pero cuántos deschavetados ya quisieran haber levantado desde la nada una empresa que en el 2016 llegó a tener más de 36,000 empleados y un valor de capitalización de mercado superior a los 200,000 mil millones de dólares. Para los jóvenes estudiantes de Informática, los emprendedores y aun los empresarios, Jack Ma nos deja estas lecciones:

Lecciones para los emprendedores:

1. "Las oportunidades están ahí, donde los demás no las ven".
2. "Un emprendedor debe tener habilidades que le permitan aguantar los golpes del destino y superar los inevitables fracasos".
3. "Su potencial socio debe ser una persona que complemente sus habilidades. No es necesario apegarse a alguien exitoso. Busque a las personas adecuadas y no a las mejores. La cosa menos fiable en este mundo es la relación entre personas".
4. "Las peores cualidades de un emprendedor es ser arrogante, no saber evaluar adecuadamente una situación y ser incapaz de ver hacia el futuro".
5. "Cuando decida iniciar un negocio, significa que ha renunciado a un ingreso estable y demás beneficios económicos y sociales que puede tener cuando trabaja para otros... Por otro lado, significa que sus ingresos no están limitados por nada, que puede administrar de manera más efectiva su tiempo y no tendrá que pedirle permiso a otras personas".

Lecciones sobre Liderazgo:

6. "Las destrezas de los empleados deben ser mejores que las del jefe. De lo contrario, usted ha contratado a las personas equivocadas".
7. "El empresario debe tener una visión del futuro de su compañía. Un líder debe tener un carácter fuerte y ser perseverante para soportar todo lo que no es capaz de hacer un empleado ordinario".
8. "Es mucho más fácil reunir a la gente en torno a una idea en común, que en torno a un líder, por más extraordinario que éste sea".
9. "Veo que los jóvenes de Alibaba tienen sueños mejores y más brillantes que los míos, y son más capaces de construir un futuro que les pertenece a ellos".

Lecciones sobre Trabajo en Equipo:

1. 1"No se puede unificar el pensamiento de todos pero se puede unificar a todo el mundo a través de un objetivo común".

2.  1"Si en una reunión de trabajo el 90% de los presentes votan a favor de una propuesta, yo la tiro al cubo de la basura. La razón es simple: si todas estas personas tienen claro que esa es una buena oportunidad, es probable que otras compañías también estén trabajando en este proyecto, por lo que nosotros nos quedaríamos sin el liderazgo en esto".

Lecciones para Empresarios:

1.  "Tu actitud hacia el trabajo y las decisiones que tomas son más importantes que tus habilidades".
2.  "Haga que sus empleados lleguen al trabajo alegres".
3.  "En primer lugar están sus clientes, en segundo lugar sus empleados y sólo después los accionistas".
4.  "Sólo los tontos tratan a sus competidores de forma agresiva. Si trata a todos como a sus enemigos, ellos serán sus enemigos. Si está compitiendo con alguien, evite el odio, porque esto lo hundirá".
5.  "Un verdadero empresario no tiene enemigos, una vez que entienda esto, nadie lo podrá detener".
6.  "Si no conoce todo a cerca de sus competidores, o si los subestima o no les ve como una amenaza, entonces usted ya ha perdido la batalla".
7.  "Si su competidor es menor que usted o demasiado débil, de todas formas hay que tratarlo como si fuera fuerte. De la misma forma, si su contrincante es mucho más fuerte, no tenga miedo de él".
8.  "La competencia es como una partida de ajedrez. Si perdió una vez, se puede jugar una partida más. No es necesario pelear".
9.  "La política y el dinero rara vez se pueden encontrar en las mismas manos. Si se involucró en la política, olvídese de los negocios. Y viceversa".
10. "Olvídese del dinero y de la forma cómo lo va ganar. En lugar de implementar pequeñas tácticas y trucos, céntrese en los planes de estabilidad y a largo plazo. Su actitud determinará cuán lejos llegará".

11. "Mientras los accionistas esperan de su empresa que haga dinero, la sociedad espera que resuelva problemas sociales. Debemos incorporar la responsabilidad social corporativa en nuestro modelo de negocio".

12. "Los deberes de un empresario son ser diligente, trabajador y ambicioso".

Lecciones de vida:

13. "Solo los tontos usan la boca para hablar, mientras que el inteligente habla con la cabeza y el sabio con el corazón".

14. "A veces puede darse el gusto de lamentarse, no existe nada malo en esto. Pero si se deprime regularmente y con frecuencia se queja de la vida, entonces esto se parecerá al alcoholismo. Mientras más bebe, más difícil será de parar".

15. "En su camino hacia el éxito se dará cuenta que las personas exitosas no se lamentan y no se quejan".

16. "Estamos aquí para disfrutar de la vida. Siempre me digo que nosotros no nacimos para trabajar, sino para disfrutar de la vida. Para hacer que la vida de los demás sea mejor, y no para pasar todo el tiempo en el trabajo".

17. "Los jóvenes deben ser más activos, trabajar más y tener más ambiciones".

18. "Si no hubiera sido optimista no habría sido capaz de sobrevivir quince años trabajando en el sector de Internet en China"

19. "¿Qué es el fracaso? No hay mayor fracaso que darse por vencido".

20. "Al mundo no le importa lo que dices, sino lo que has hecho".

## Alibaba

A su regreso de los Estados Unidos en 1955, Jack Ma pone en marcha su primera empresa de Internet con el nombre de China Yellowpages, un portal de páginas amarillas que hacía las veces de directorio y trataba de ayudar a las empresas a cerrar operaciones comerciales. La empresa tuvo un resultado reducido y poco tiempo después fue cerrada. Jack Ma no cejó en su intento de impulsar una empresa para aprovechar las ventajas de Internet y cuatro años más tarde promovió una reunión de negocios con sus amigos y posibles inversionistas. Se reunió en el salón de su casa con 18 conocidos, les lanzó un discurso de dos horas "**Nuestros competidores no están en China; están en Silicon Valley. Nuestros cerebros son tan buenos como los suyos**" les dijo para convencerlos y dio por fundada, con 60,000 dólares, la compañía de e-commerce Alibaba.

Sin tiempo que perder, en 1999 fundó Alibaba sin llegar a pensar que ese sería el proyecto que lo catapultaría a la fama. Sus primeros pasos fueron pequeños. Al principio se enfocó en el sector B2B (Business to Business, relacionado con los negocios entre empresas) y que tiempo después revolucionaría la forma de hacer negocios con China. Esta idea sencilla creció como la espuma cuando entró en funcionamiento una plataforma que conectaba a todas las empresas chinas que buscaban vender al exterior con empresas extranjeras que quisieran comprar productos chinos, facilitando el contacto y la búsqueda y, más importante aún, ofreciendo seguridad en la compra con un sistema creativo de puntos y evaluaciones para cada empresa china. Este joven de Hangzhou les dio la solución a las empresas para vender en el extranjero, ahorrando costos y, sobre todo, estableciendo la confianza entre cliente y vendedor, en un mapa de dudas frente a las empresas chinas por historias generalizadas de robos y estafas. Luego de esta plataforma surgieron negocios y servicios paralelos que hicieron de su empresa un gran grupo de la red. Quizá una de las más importantes fue el servicio de Alipay, que funciona similar a PayPal, pero pensado para la mentalidad de los chinos. Hoy cuenta con más de 700 millones de usuarios registrados y con un récord de 105 millones de pagos realizados en 24 horas.

## La historia de Jerry Yang y Jack Ma

Una historia muy interesante en el mundo de las grandes empresas de tecnología es la que se refiere al punto donde se cruzan las vidas de Jerry Yang y Jack Ma. Historia que al año del 2016 todavía no termina y que seguramente dará mucho más para contar. Vale la pena dedicarle un tiempo para aprender valiosas lecciones en el mundo de los negocios.

Nacido en Taipei, Taiwán, Jerry Yang tenía dos años cuando su padre murió de una enfermedad pulmonar, dejando a su madre, una profesora de inglés y teatro, al cuidado de Jerry y su hermano. A finales de 1970, la familia se mudó a San José, California. Su abuela y su numerosa familia en San José se hicieron cargo de él, mientras que su madre enseñaba inglés a otros inmigrantes.

La vocación de Jerry le orientó hacia las matemáticas y las ciencias en la preparatoria, lo que le llevó a construir su primera computadora y luego a tomar un curso de ingeniería en Stanford, donde entabló amistad con el cofundador de Yahoo!, David Filo. En enero de 1994 creó la Jerry and David's Guide to the World Wide Web (la Guía de Jerry y David para Internet), un directorio de vínculos al que varios meses más tarde le dieron el nombre de Yahoo!

Yang hizo su primer viaje a China en 1997. Durante su viaje le asignaron **un guía para recorrer la Muralla China. Su nombre era Jack Ma**, un traductor y ex profesor de inglés que había tratado infructuosamente de iniciar una versión china de la Sección Amarilla. Concluyó el recorrido por la Muralla China y ambos se despidieron sin imaginar que sus caminos se volverían a cruzar, pero la semilla de una fructífera relación había caído en terreno fértil. Varios meses después, Ma comenzó a construir su startup con un plan tan ambicioso como vago para conectar a las empresas chinas con el resto del mundo. Lo llamó Alibaba. En otra parte, para la primavera de 1999, el punto más alto de la burbuja de las puntocom, Yahoo! se había convertido en uno de los sitios Web más populares en el mundo.

En mayo de 2005 Jerry Yang y Jack Ma fueron invitados a una cumbre inaugural de ejecutivos de China y Silicon Valley en Pebble Beach, California. Ma estuvo a punto de no llegar debido a las festividades de la Semana de Oro en China, pero el destino le tenía reservada una agradable sorpresa y llegó puntualmente a la cita. En el coctel de recepción ese mismo día, Yang comenzó a hablar con Ma, su guía turístico desde ocho años atrás. En 30 minutos habían hablado —sobre todo en mandarín— acerca de una asociación que cambiaría el destino de sus dos empresas. Hay que recordar, para medir las distancias, que en ese tiempo Yahoo! era la gran estrella de Internet y Alibaba apenas empezaba a brillar.

El equipo de Yahoo! presentó una propuesta en la que pondrían 1,000 millones de dólares en efectivo a cambio del 40% de Alibaba. El trato era sumamente complejo y tanto Yahoo! como Ma estuvieron a punto de retirarse de las negociaciones hasta que Jerry Yang, según escribió después el Wall Street Journal, invitó a Jack Ma a cenar en un pequeño restaurante japonés en San Francisco para hablar del asunto. Más tarde, Ma recordaría que Yang lo convenció "con un vaso de sake". El trato de Alibaba siempre lució un poco arriesgado. La mitad del valor de Alibaba se atribuyó a Alipay, su servicio de pago en línea y a Taobao, el sitio de comercio electrónico que competía con el EachNet de eBay. El trato fue cerrado entre Jerry Yang y Jack Ma. Yahoo! compraría por mil millones de dólares el 40% de la empresa Alibaba. Con esos mil millones de dólares Alibaba logró impulsar su crecimiento hasta llegar a convertirse en la empresa de comercio electrónico más importante de China y una de las más poderosas del mundo. Pero quince años después esa inversión de mil millones de dólares se convirtió para Yahoo! en veinte mil millones de dólares y sería la parte más importante de su valor de capitalización. Una excelente operación para ambas empresas. En la oficina de Jack Ma cuelga una foto de Jerry Yang y Jack Ma tomada en la Gran Muralla en 1997, es un agradable recuerdo y una buena lección de negocios.

## El modelo de negocios de Alibaba

El modelo de negocios de Alibaba es diferente de Amazon y de eBay. Alibaba es básicamente una plataforma de B2B. Esto es, Business to Business o en español de negocio a negocio. Amazon vende productos directamente al consumidor en tanto eBay es un sitio de subastas. Alibaba, por su parte, realiza el contacto entre dos empresas. Obtiene sus ingresos por la venta de publicidad y también por comisión sobre ventas. Es importante destacar que esta línea de separación en el modelo de negocio se ha estado diluyendo en virtud de que las tres empresas se han extendido a otros campos para tener un horizonte más amplio. Amazon ha crecido para manejar centros de distribución y hacerle una competencia más fuerte a Walmart, pero también maneja una línea de B2B cuando hace la publicidad y el contacto entre vendedor y comprador. En este caso transfiere las órdenes de venta y deja que sus empresas asociadas realicen el empaque y envío de los productos. Hemos visto también como eBay ha entrado al negocio de los anuncios clasificados para extender su campo de acción. Según Juro Osawa, periodista de Wall Street Journal, el modelo de negocio de Alibaba se asemeja al de eBay en el sentido de que cobra comisión por producto vendido. También se acerca al modelo de Google, porque cobra a los vendedores por ubicar piezas publicitarias (banners) en sus sitios. Otra opción disponible es la de pagar para lograr una ubicación preferencial en los resultados de búsqueda.

Un capítulo interesante en el desarrollo de Alibaba fue su lucha comercial contra eBay. El documental **'Un cocodrilo en el Yangtsé'**, del estadounidense Porter Erisman, cuenta con videos y fotografías reales, facilitadas a 'Business Insider', la batalla por el dominio del comercio electrónico entre la pequeña empresa Alibaba que apenas despuntaba y la gran compañía de subastas eBay que ya se había establecido en los Estados Unidos y quería expanderse a China.

Corría el año 2002 cuando eBay dio los primeros pasos para conquistar China, un mercado que apenas se abría a la tecnología y particularmente a Internet pero que prometía un gran futuro comercial para una empresa de comercio electrónico. Jack Ma reunió a su pequeño equipo de colaboradores y pronunció una frase que se conserva como tesoro en los anales de su empresa: "eBay es un tiburón en el océano y nosotros somos un cocodrilo en el río Yangtsé. Si peleamos en el océano vamos a perder, pero luchando en el río nosotros ganaremos". Paso seguido puso en marcha la producción del Web site Taobao para enfrentar a eBay con un portal de subastas en Internet.

El lanzamiento de Taobao fue una declaración de guerra por parte de Alibaba a eBay por el mercado chino, aunque era una competencia desigual por los enormes recursos con los que contaba el gigante estadounidense y de los que su competidor chino carecía. Sin embargo, Ma y su equipo conocían mejor el mercado chino, por lo que aplicó estrategias y programas que les gustó a sus usuarios y la gente empezó a dejar eBay para pasarse a Taobao. En 2006, tras una serie de altibajos, Taobao finalmente había sobrepasado a eBay en el mercado chino. Ese mismo año eBay cerró sus oficinas en China dejando el camino libre a Alibaba.

Alibaba se ha extendido territorialmente de manera impresionante. Empezó en China y tiempo después ya se encontraba en más de 150 países. También se ha extendido en la cobertura de los servicios que proporciona. Inició como un Web site para hacer el enlace entre los negocios y en el curso de los años ha desarrollado más servicios y ha creado más empresas. Aquí una lista de los sitios que maneja:

**Alibaba International** (alibaba.com): sitio que reúne a importadores y exportadores de más de 240 países. Es una plataforma B2B que conecta a negocios con negocios. Es también el nombre del conglomerado.

**Alibaba China** (www.1688.com): enfocada en conectar negocios (tanto proveedores como fabricantes) dentro del mercado chino.

**Taobao**: es una suerte de eBay chino (www.taobao.com). Se enfoca en la venta de bienes y servicios de negocios a consumidores y de consumidores a consumidores. Fue fundado en 2003.

**Tmall**: se asemeja a Taobao, pero los productos que se ofrecen son de la más alta calidad (www.tmall.com). Fue lanzado en 2008.

**Juhuasuan**: es un sitio que ofrece descuentos en ventas de productos al por mayor (www.juhuausan.com). Maneja un modelo de ofertas por periodo de tiempo limitado. Funciona en China. Fue lanzado en marzo de 2010.

**AliExpress:** sitio de venta de productos a bajo precio. (www.aliexpress.com). Despacha de fábricas chinas a otros países del mundo. Enfocado en vender a mercados de países como Estados Unidos, Brasil y Rusia Es equivalente a Taobao, pero para compradores internacionales.

**Alimama:** es una plataforma de venta de publicidad en línea (www.alimama.com). Se estableció en 2007. En este sitio las marcas pueden pagar por espacio publicitario en los portales del grupo Alibaba o en otros sitios.

**Aliyun:** es una empresa que ofrece servicios relativos a computación en la nube, a bases de datos y a Big Data. (www.aliyun.com)

**Alipay:** es una plataforma de pagos en línea a través de Web y dispositivos móviles (www.alipay.com). Funciona principalmente en China y en otros países.

**China Smart Logistics:** es una empresa encargada de la logística relacionada con el comercio electrónico.

Sistemas de pago electrónico por Internet

El comercio electrónico por Internet representa un nuevo canal de distribución sencillo, económico y con alcance mundial las 24 horas del día todos los días del año y esto sin los gastos y limitaciones de una tienda construida con cemento y ladrillos: personal, local, horario, infraestructura, etc. Sin embargo, para su operación 24 horas del día necesita de un eficiente y seguro sistema de pago electrónico por Internet. Existen varios sistemas que se han desarrollado por los bancos y por las mismas empresas que ofrecen el comercio electrónico. Los dos más utilizados son PayPal y Alipay. Veamos su historia, características y funcionamiento:

**PayPal.** El servicio de pago por Internet fue desarrollado inicialmente bajo el nombre de Confinity en 1998 por Peter Thiel, Max Levchin y Elon Musk (El dinámico CEO de Tesla). Después de su fusión con X.com fue renombrado PayPal. Originalmente se estableció en Palo Alto, California, cuna de varias empresas de tecnología en Silicon Valley. En principio PayPal era un servicio para transferencias de dinero vía PDAs (del inglés Personal Digital Assistant, asistente digital personal o computadora de bolsillo). Pero el pago en la Web se convirtió en un negocio más rentable. Una agresiva campaña de marketing ofreciendo primero 10 dólares y luego 5 dólares por registrarse en el sistema, provocó que el crecimiento fuese meteórico: entre un 7 y un 10% al día entre enero y marzo del 2000.

Aun cuando eBay desarrolló BillPoint, su propio sistema de pago electrónico para facilitar el pago de las subastas, sus clientes preferían utilizar PayPal. Esta situación llevó a eBay a comprar la empresa PayPal en octubre de 2002, cuando ya era el método de pago usado por más del 50% de los usuarios de eBay. PayPal ha seguido creciendo y captando más usuarios tanto entre los clientes de eBay como usuarios que lo utilizan para sus pagos y transacciones financieras personales gracias a su facilidad de uso y a la ventaja de que no requiere compartir la información financiera con el destinatario. A través de los años ha demostrado ser un sistema rápido y seguro para enviar y recibir dinero.

**Su funcionamiento es fácil de aprender y sólo requiere que los usuarios dispongan de una cuenta de correo electrónico.** Sus funciones básicas son: Pagar las compras realizadas por Internet. Cobrar las ventas realizadas por Internet. Enviar y Recibir dinero entre familiares, amigos o particulares. El destinatario puede ser cualquier persona o empresa, tenga o no una cuenta PayPal que disponga de una dirección de correo electrónico. Ofrece tres opciones de pago: Con tarjeta de Crédito o Débito. Con el saldo de la Cuenta que tenga el usuario en PayPal. Con cargo a una cuenta bancaria. PayPal realiza el envío del dinero al instante, sin compartir la información financiera con el destinatario. El destinatario recibe el mensaje de PayPal sobre los fondos en su correo electrónico. El dinero queda depositado en su cuenta de PayPal de donde podrá retirarlo o bien transferirlo a su cuenta bancaria.

**Abrir una cuenta en PayPal es fácil.** Se abre el sitio Web de PayPal en donde aparece un cuestionario que debe ser requisitado empezando con    seleccionar el país, el idioma y elegir la modalidad de cuenta: Personal para particulares que compran. Premier para particulares que compran y venden. Business para empresas que venden en Internet. Finalmente, llenar un formulario de registro con el correo electrónico, una contraseña, nombre, apellidos, dirección postal, teléfono y tipo de tarjeta.

PayPal es un método seguro para realizar pagos y transferencias de dinero porque usa tecnología de encriptación SSL de 128 bits para proteger toda la información confidencial y el destinatario nunca recibe datos financieros como el número de tarjeta o cuenta bancaria ni información personal. Además, ofrece programas de protección, donde el comprador puede pedir la devolución total o parcial de su dinero. PayPal ofrece hasta 1,000 dólares de protección para artículos no recibidos, artículos muy diferentes a la descripción del vendedor y transacciones no autorizadas realizadas desde la cuenta PayPal.

Por cada transacción PayPal cobra al vendedor una comisión variable de entre el 1.9% y el 3.95%. PayPal se ha convertido en una empresa exitosa y representa uno de los ingresos más importantes de eBay, la compañía de subastas que realizó una excelente operación al comprarla.

**Alipay** es el sistema de pago electrónico de Alibaba. Cuando Alibaba empezó a funcionar en China lo primero que necesitó fue un sistema de pago electrónico que fuera eficiente y seguro a la vez. En ese tiempo ya estaba funcionando PayPal, pero resulta que era el sistema de pago de eBay, la empresa rival de Alibaba, así que no compaginaba la idea de promover los servicios de comercio electrónico de Alibaba con el sistema de pago de eBay. Había que hacer algo y el equipo de Jack Ma puso manos a la obra para producir un sistema con el software adecuado para lograr eficiencia y seguridad. Y lo lograron. Crearon Alipay y ahora los compradores y los vendedores de Alibaba están satisfechos.

Alipay funciona de la misma forma que PayPal pero tiene un par de ventajas para el comprador. Una es el reembolso íntegro en caso de que no se reciba la compra y otra es la posibilidad de un reembolso parcial si no se recibe el producto con las características especificadas sin tener que devolver el producto. Por ejemplo, si compra una camisa de color azul y la recibe de color verde, puede conservar la camisa y solicitar un reembolso parcial.

El servicio de pagos Alipay informó en su blog que el volumen de pagos móviles efectuados a través de su plataforma en 2013 alcanzó los 150,000 millones de dólares. Esta cifra supera la suma de pagos móviles de su rival PayPal y consolida a Alipay como la plataforma líder en pagos móviles a nivel mundial. El resumen de operaciones de Alipay indica que más de 100 millones de personas usaron el servicio. El crecimiento de Alipay ha sido impresionante y seguramente seguirá creciendo como el medio de pago más usado a nivel mundial.

Software para comercio electrónico

El comercio electrónico está creciendo de manera vertiginosa en todo el mundo. Un estudio realizado por la Asociación Mexicana de Internet (Amipci), arrojó que México tiene 52 millones de usuarios en Internet (2015); de los cuales el 50% ha realizado una compra en línea. Las ventas generadas por el comercio electrónico en el 2013, según Amipci, alcanzaron 9,000 millones de dólares, que representan un 42% en la venta de productos y bienes de consumo.

Las ventajas de participar en el comercio electrónico son realmente importantes como para que un empresario considere subirse al carro de la tecnología, expanda su horizonte y coloque su empresa en el mercado a nivel mundial. Ya no es necesario pasar las dificultades que enfrentaron Jeff Bezos y Jack Ma para participar del comercio electrónico. Actualmente se puede encontrar en el mercado software empaquetado para instalar una tienda online en pocos días. Aquí presentamos las ventajas del comercio electrónico para lograr la motivación y luego una lista de software para encontrar la solución.

Ventajas del comercio online:

1. Reduce costos. Abrir una tienda virtual es más económico pues permite a las empresas crecer con menos recursos al evitar el pago de renta del local, servicios, sueldos, etcétera. También es más económico  porque al anunciar sus productos online están haciendo publicidad por Internet, medio de promoción más barato que la publicidad impresa, en la radio o la televisión.
2. Genera lealtad con los clientes. No existen muchas empresas que ofrezcan una buena  experiencia de compra electrónica, incluso todavía hay miles que no tienen presencia en línea.  Esta es una oportunidad para lograr que sus clientes disfruten esa experiencia, a través de ofrecerles un amplio catálogo de productos,  buenos precios y facilidad en el uso de las plataformas, así como las  diversas opciones de pago principalmente.
3. Atención y Garantía de Satisfacción Total. Los sitios de e-commerce conocen la importancia de la atención al cliente y  saben que en la mayoría de los casos hasta no ver o tocar un producto se toma la decisión final de compra, por ello cuenta con un chat para asesorarle durante la elección del producto, así como una Garantía de Satisfacción Total, en la que los clientes tienen 30 días después de que les llegue el producto para devolverlo y pedir el reembolso de su dinero si los artículos no cumplieron con sus expectativas. Si un cliente está satisfecho con su experiencia de compra del algún producto seguramente regresará al sitio y hará su recomendación corriendo la voz.
4. Mayor alcance de público. Al comprar y vender  por Internet, los productos están al alcance de todos desde cualquier lugar y a cualquier hora los 365 días del año. Además, en Internet hay más de 350 millones de usuarios activos. Es decir, cuenta con un público mucho mayor del que podría transitar por una tienda física. Sin lugar a dudas, las posibilidades de crecimiento y el alcance de Internet son espectaculares.
5. Seguridad para el vendedor y el comprador. Una de las principales causas por las que los internautas aún no se atreven a comprar en línea es por el desconocimiento y/o

desconfianza en el uso de los sistemas de pago online; sin embargo, vendiendo a través de plataformas electrónicas se tiene la seguridad de contar con un sello de confianza y garantía. Con esto se protegen los datos de los usuarios y se evita que la tarjeta sea utilizada con fines maliciosos. Si los usuarios tienen la seguridad de realizar compras online con su tarjeta de crédito, las ventas aumentan pues los clientes podrán disfrutar de grandes beneficios como rebajas y/o facilidades de pago.

6. Facilidad de entrega de productos. Algunos usuarios consideran que un riesgo de las compras por Internet es que la mercancía no llegue bien o a tiempo, pero cada vez existen más empresas de logística que ofrecen servicios de entrega rápidos, eficaces y seguros, con precios accesibles. También se puede utilizar una plataforma que cuente con rastreo de pedido, para que los clientes comprueben el estado del envío de su producto y tengan la confianza de que su compra llegará en tiempo y forma.

7. Mayor participación en la cartera de los clientes. Otro de los beneficios que reciben las empresas al vender por Internet es que generan mayor participación en la cartera de los clientes, pues el 50% de los usuarios investiga los productos en Internet antes de buscarlos en la tienda física, por lo que es importante para cualquier compañía crear vínculos e interacción con el consumidor a través de Internet pues es una parte relevante en su proceso de compra.

## Software empaquetado para e-commerce

El software empaquetado para establecer un sitio de comercio electrónico en Internet se encuentra disponible para su compra en tiendas de computación o mediante compra online, por supuesto. Aquí presentamos una lista:

**BigCommerce** Uno de los primeros en salir al mercado y en sostenerse a través de varios años. Además de disponer de una interfaz amigable facilita a los usuarios personalizar las páginas con plantillas predefinidas o HTML. Esto permite darle a la tienda online una presencia singular. Otra característica de BigCommerce es su herramienta de marketing para integrar sitios de redes sociales como Facebook, que mucho ayuda a promover el sitio Web. Su precio varía entre los $24.95 y los $299.95, dólares dependiendo del paquete. (https://www.bigcommerce.com/)

**Magento** Salió al mercado en el año 2007 por lo que podemos deducir que es un proyecto suficientemente probado. Se ha ganado el respeto de programadores y empresarios siendo hoy en día uno de los sistemas más utilizados. Tiene capacidades prácticamente ilimitadas, entre ellas multitienda, multilenguaje, gestión de características y atributos, compleja edición de pedidos y todas ellas lo convierten en un sistema realmente completo. Recomendado para empresas medianas y grandes en virtud de que su instalación es relativamente compleja y requiere de personal capacitado en Informática. (https://magento.com/)

**3DCart** Es un software de comercio electrónico amigable, sencillo y muy fácil de utilizar para los principiantes y también para los experimentados en el comercio electrónico. Algunas de sus características distintivas son sus plantillas completamente adaptables, 300 MB de espacio de almacenamiento y su galería de imágenes que se redimensiona automáticamente. Viene equipado con una opción de zoom que permite a los clientes obtener una visión más detallada de los productos. Su precio varía entre $19.99 y $99.99, dependiendo del paquete. Tienen una versión de prueba gratuita. (http://www.3dcart.com/).

**Oleoshop** Es un software de comercio electrónico que se encuentra en la nube. Su uso se paga mensualmente, como si fuera una renta. Esto permite minimizar la inversión inicial en la creación de una tienda online. Oleoshop es una empresa experta en e-commerce que ofrece una solución "llave en mano" de comercio electrónico. Entregan el Web site listo para funcionar (dominio, hosting, gestor de contenido, crm, diseño, maquetación, etc.) a cambio del pago de una mensualidad bastante accesible. (http://www.oleoshop.com/).

# -14-

# REDES SOCIALES

Las redes sociales en Internet han registrado un crecimiento vertiginoso en la última década gracias a la expansión, potencia y facilidad de uso de la Red. Algunas redes sociales como Facebook, LinkedIn, Twitter, Youtube o SnapChat han crecido rápidamente y se han convertido en florecientes empresas cuyo valor de mercado asciende a miles de millones de dólares. Su éxito descansa en la necesidad que tiene el ser humano de sociabilizar y un desarrollo tecnológico favorable basado en Internet.

## El ser humano es un ser sociable

**Las redes sociales no nacen con Internet.** Son casi tan antiguas como la humanidad y para comprender su expansión y éxito en Internet es necesario conocer la necesidad que tiene el ser humano -el hombre y la mujer- de unirse socialmente. Para realizar nuestro enfoque debemos reconocer en primer lugar que el ser humano pertenece al reino animal y por lo tanto debemos tener en cuenta sus condicionamientos biológicos para comprender su naturaleza y comportamiento. Y como paso seguido, necesitamos reconocer que el hombre es un animal social, vive en sociedad y se desarrolla en grupos sociales.

Desde la Grecia Clásica hasta nuestros días los pensadores y filósofos han dedicado su atención al estudio del ser humano como ente social. **Aristóteles afirmó que el hombre es un ser social por naturaleza.** Cada persona tiene habilidades y carencias; necesidades y atributos diferentes que pueden contribuir al bien de la sociedad, complementando las cualidades de otras personas. De ahí surge la noción de un bien común que edifica sobre el bien del individuo, permitiéndonos alcanzar bienes fuera de nuestro alcance individual. La amistad es una manifestación de la naturaleza social del hombre. La vida sería un espacio vacío sin amigos, aun con la posesión de todos los bienes materiales e intelectuales. Un amigo es como si fuera mi otro yo. El bien del amigo se convierte en el bien mío. Por eso es que las redes sociales han alcanzado un éxito tan grande. Porque satisfacen una de las necesidades primarias más importantes del ser humano como ente social. Eso explica que Facebook registre más de mil millones de miembros activos en todo el mundo y siga creciendo.

**La Biblia afirma la naturaleza social del ser humano**: "Y dijo Jehová Dios: No es bueno que el hombre esté solo; le haré ayuda idónea para él". (Gen 2:18). Y en esas mismas páginas del primer libro de la Biblia se describe a Adán viviendo en un jardín bello, rodeado de hermosos paisajes donde podía obtener frutos y semillas para subsistir...pero se sentía solo. Y Dios le envió una compañera para formar el primer grupo social entendido éste como un sistema que consta de dos o más personas en interacción e implicados en actividades conjuntas.

**La amistad es una de las relaciones interpersonales más fuertes que las personas pueden tener en la vida**. Y sobre este lazo que une a los seres humanos la Biblia nos dice: "Dos son mejores que uno; porque tienen una buena recompensa por su trabajo. Porque si caen, uno levantará a su compañero: pero que desgracia para aquel que no tiene a otro que lo ayude a levantarse" Eclesiastés 4:9-10. Y las redes sociales en Internet tienen éxito porque facilitan tender lazos de amistad. Permiten encontrar amigos de la infancia, de la escuela, de la juventud, de las actividades comunes y de los grupos de interés facilitando la conservación y el enriquecimiento de la amistad.

## Seis grados de separación

La facilidad, la rapidez y la eficiencia que ofrece Internet en las comunicaciones interpersonales ha sido el factor determinante para que las redes sociales encuentren el medio idóneo para su desarrollo. En la última década su crecimiento ha sido explosivo. Sin embargo, sus principios y fundamentos se remontan a la década de 1930 cuando el escritor húngaro Frigyes Karinthy enuncia en un cuento llamado Chains la teoría de los seis grados de separación para probar que cualquiera en la Tierra puede estar conectado a cualquier otra persona del planeta a través de una cadena de conocidos que no requiere más de cinco intermediarios conectando a ambas personas con sólo seis enlaces. Años más adelante, en 2003, Duncan J. Watts profesor de sociología en la Universidad de Columbia y autor del libro "**Seis grados: la ciencia de una era conectada**" asegura que es posible acceder a cualquier persona del planeta en tan sólo seis «saltos».

Veamos cómo funciona esta teoría: Supongamos que una persona tiene 100 conocidos entre amigos, familiares y compañeros de la escuela o del trabajo. Ahora bien, si suponemos que cada uno de esos conocidos se relaciona a su vez con otros 100 contactos, podríamos tener una red de 10,000 personas (100 * 100 = 10,000). Esto significa que cualquier individuo puede pasar un recado a 10,000 personas pidiendo a sus amigos que pasen el mensaje a sus conocidos.

Si continuamos con el funcionamiento de nuestra red a partir de los 10,000 y suponemos que esos 10,000 conocen a otros 100, la red crecería hasta llegar 1,000,000 de personas conectadas en un tercer nivel, a 100,000,000 en un cuarto nivel, a 10,000,000,000 en un quinto nivel y a 1,000,000,000,000 en el sexto nivel. **De esta manera, en seis pasos se podría enviar un mensaje a cualquier individuo del planeta.**

En la vida diaria utilizamos este tipo de red para diferentes actividades sin percatarnos que estamos haciendo uso de nuestra red social. Por ejemplo, si necesitamos los servicios de un médico especializado en oncología y preguntamos a varios de nuestros amigos si conocen alguno, ellos pondrán a funcionar también su red social y le preguntarán a sus conocidos hasta que alguno encuentre en menos de seis pasos o grados el médico oncólogo que necesitamos.

En la realidad esta teoría tiene algunas restricciones que no permiten que el modelo se cumpla tan fácilmente. Una de estas restricciones es que existen amigos comunes que disminuyen el impacto de la red. Otra restricción es que no todos los conocidos transmiten el recado y se pueden perder de esta forma algunas conexiones. Sin embargo, en el curso de varias décadas investigadores de diversas disciplinas del conocimiento se han dado a la tarea de comprobar la Teoría de los Seis Grados de Separación.

Hacia 1950 dos matemáticos, Ithiel de Sola Pool (Profesor del MIT) y Manfred Kochen (De la empresa IBM) se propusieron demostrar la teoría apoyados en las matemáticas. Lograron hacer el enunciado del problema: Dado un conjunto de N personas, ¿Cuál es la probabilidad de que cada miembro de estos N estén conectados con otro miembro vía X1, X2, X3,..., Xn enlaces?". Pasaron veinte largos años y no fueron capaces de hacer la demostración en forma elegante y satisfactoria.

Stanley Milgram, un psicólogo graduado de la Universidad de Yale ideó una nueva manera de probar la teoría que denominó **"El problema del pequeño mundo"**. El experimento de Milgram consistió en la selección al azar de varias personas del medio oeste estadounidense para que enviaran tarjetas postales a un extraño situado en Massachusetts, ubicado a varios miles de millas de distancia. Los remitentes conocían el nombre del destinatario, su ocupación y la localización aproximada. Se les indicó que enviaran el paquete a una persona que ellos conocieran directamente y que pensaran que fuera la que más probabilidades tendría, de todos sus amigos, de conocer directamente al destinatario. Esta persona tendría que hacer lo mismo y así sucesivamente hasta que el paquete fuera entregado personalmente a su destinatario final. Aunque los participantes esperaban que la cadena incluyera al menos cientos de intermediarios, la entrega de cada paquete solamente llevó, como promedio, entre cinco y siete intermediarios. Los descubrimientos de Milgram fueron publicados en "Psychology Today" e inspiraron la frase "seis grados de separación".

Sin embargo, los descubrimientos de Milgram fueron criticados porque estaban basados en el número de paquetes que alcanzaron el destinatario pretendido, que fueron sólo alrededor de un tercio del total de paquetes enviados. Además, muchos reclamaron que el experimento de Milgram era parcial en favor del éxito de la entrega de los paquetes seleccionando sus participantes de una lista de gente con alta probabilidad de tener ingresos por encima de lo normal y, por tanto, no representativo de la persona media.

Los seis grados de separación se convirtieron en una idea aceptada en la cultura popular después de que Brett C. Tjaden publicase un juego de computadora en el sitio Web de la University of Virginia basado en el problema del pequeño mundo. Tjaden usó la Internet Movie Database (IMDb) para documentar las conexiones entre diferentes actores. La Revista Time llamó a su sitio, "The Oracle of Bacon at Virginia", uno de los "Diez mejores sitios Web de 1996". Programas similares se siguen usando hoy en clases de introducción de ciencias de la computación.

En 2011 la empresa Facebook realizó un estudio denominado "Anatomy of Facebook" con todos los usuarios activos de su página que en ese momento eran 721,000,000 (alrededor del 10% de la población mundial) y se analizó el conjunto de amigos en común, para sacar el promedio de cuántos eslabones hay entre cualquier usuario y otro cualquiera. De esta prueba se excluyó a celebridades y famosos. Los resultados mostraron que el 99,6% de pares de usuarios estuvieron conectados por 5 grados de separación. Esta es la prueba más cercana de la teoría a la fecha de hoy y da un resultado aproximado de 4,75 eslabones.

En 2008 el usuario chileno de Facebook Iván Jara Solar intentó comprobar esta teoría creando una versión en español del experimento que llamó "6 grados de separación". En un principio, el resultado de todas las separaciones posibles de quienes se agregaban al grupo se podía visualizar gracias a una aplicación que al cabo de unos meses fue eliminada. La popularidad de este grupo generó un espacio de interacción entre sus miles de usuarios. El crecimiento de "6 grados de separación" llegó a su momento más álgido cuando alcanzó entre 10 y 15 usuarios inscritos por segundo. Este grupo llegó a tener más de 2.4 millones de miembros antes de su migración por parte de Facebook en 2012.

En 2013 el belga Michiel Das utilizó la teoría de los seis grados para encontrar trabajo en la ciudad de Barcelona. Creó tres tarjetas de visita y las dio a tres personas diferentes, que a su vez iban pasando sus tarjetas de visita hasta llegar a las manos de una persona que le quería contratar. Después de pasar por las manos de 4 contactos, consiguió entrar en SEAT gracias a la primera tarjeta de visita, lo cual le llevó a salir en varios medios de comunicación nacionales con su proyecto.

## Orígenes de las redes sociales en Internet

El origen de la red social en Internet es difuso. No es posible determinar una fecha exacta como en el caso de la World Wide Web porque su desarrollo ha sido gradual, paso a paso hasta llegar a configurar las grandes redes sociales que integran a millones y hasta cientos de miles de millones de usuarios. Si tomamos en cuenta que una red se integra con un mínimo de dos personas, podemos ubicar el origen de la red social en el correo electrónico y de ese punto hacia adelante hasta llegar a Facebook.

El correo electrónico o e-mail como se le conoce en casi todo el mundo, es un servicio de red que permite a los usuarios enviar y recibir mensajes mediante sistemas de comunicación electrónica. Por medio de mensajes de correo electrónico podemos enviar no solamente texto, sino todo tipo de documentos digitales dependiendo del sistema que utilicemos. Su origen es anterior a Internet ya que en una demostración del MIT (Massachusetts Institute of Technology) que se llevó a cabo en 1961, se exhibió un sistema que permitía a varios usuarios ingresar a una IBM 7094 desde terminales remotas y así guardar archivos en el disco. Esto hizo posible generar nuevas formas de compartir información. El correo electrónico comenzó a utilizarse en 1965 en una supercomputadora de tiempo compartido y para 1966 se había extendido rápidamente para utilizarse en las redes de computadoras.

En 1971, Ray Tomlinson incorporó el uso de la arroba (@) como divisor entre el usuario y la computadora en la que se aloja el correo, porque no existía la arroba en ningún nombre ni apellido. En inglés la arroba se lee «at» (en). De esta forma, la dirección de un correo electrónico sería así: minombre@máquina.com.

La estructura del mensaje es simple:

- Destinatario: Una o varias direcciones a las que se envían el mensaje.
- Asunto: Una descripción corta que verá la persona antes de abrirlo.
- El contenido del mensaje. Puede ser sólo texto o incluir otros archivos.

Una vez que Internet fue penetrando en la sociedad, se empezaron a generar aplicaciones para utilizarla. El correo fue una de las primeras y más extendidas. Más adelante se originó la red social en Internet.

**El pionero de las redes sociales en Internet fue Randy Conrads** quien creo en el año 1995 el sitio Web "Classmates" que consistía en una red social que brindaba la posibilidad de que las personas de todo el mundo pudieran recuperar o continuar manteniendo contacto con sus antiguos amigos, ya sea compañeros de colegio, de la universidad, de distintos ámbitos laborales y demás, en medio de un mundo totalmente globalizado.

A partir de Classmates y durante toda la segunda mitad de la década de los 90 aparecen varias redes sociales en Internet. Un común denominador es el interés de aprovechar la Red para comunicar amigos, antiguos compañeros de la universidad o personas con algún interés común. No existía la idea de crear una empresa para administrarla y no se perseguía el lucro como fin principal.

Algunas de estas redes sociales son Theglobe que inicia sus actividades como una comunidad global de usuarios con capacidad de crear sus perfiles e interactuar con otros. **En 1997 nace SixDegrees, considerada por algunos investigadores como la primera red social** que refleja mejor la definición de los sitios de redes sociales. Ofrecía a sus usuarios la posibilidad de crear perfiles personales, invitar a sus amigos, conectarse a grupos y visitar los perfiles de otras personas. Su vida fue corta ya que cerró en el año 2000.

En 1999 nace BlackPlanet.com y en 2000, MiGente.com., el primer sitio para los usuarios latinos. Las redes que surgen en los años 2000 marcan una diferencia con sus antecesoras. Ryze (2001) y LinkedIn (2003) adquieren un aspecto más sobrio y se orientan hacia la promoción de las conexiones profesionales y empresariales. Sin embargo, las redes sociales Friendster, MySpace y Facebook serán las que realmente logren el éxito y popularicen los servicios de redes sociales. Después vendrían otras más.

**La red social Friendster fue lanzada en 2002** por el programador canadiense Jonathan Abrams como competencia de la página de citas Match.com con un concepto distinto para ese entonces. Esto es, conocer nuevas personas a partir de los círculos de amigos, por lo que ofrecía a los usuarios un lugar más confiable para hacer nuevas amistades; fórmula que le resultó exitosa, llegando a tener alrededor de tres millones de usuarios en sus primeros meses de lanzamiento. Hacia el año 2010 ya tenía algo más de ocho millones de usuarios. Posteriormente dio un fuerte giro y se estableció como un Web site de juegos en Kuala Lumpur. Con esta nueva modalidad llegó a ser la red más importante en Asia y rebasó los cien millones de usuarios en el año 2011. No había red social más importante en Filipinas, Indonesia, Malasia, Singapur que Friendster. Sin embargo, no logró prosperar como empresa y el 14 de Junio del año 2015 salió del espacio cibernético. Es importante destacar que Friendster fue una de las redes sociales más exitosas y de más rápido crecimiento, al punto en el que hacia el año 2003 Google trató de adquirirla y ofreció 30 millones de dólares. La oferta no fue aceptada y doce años después cerró Friendster sin mayor pena ni gloria.

**MySpace salió al mercado en 2003** para convertirse en la favorita de las redes sociales durante varios años. Con un estilo dirigido a adolescentes y jóvenes, se inicia como un competidor directo de Friendster y de otras redes que a la sazón ya registraban un éxito consistente como Xanga y AsianAvenue. La fuga de usuarios de esos servicios incrementó rápidamente la base de usuarios de MySpace. En Estados Unidos muchas bandas de música rock abrieron sus cuentas en la nueva red social y usaron sus perfiles para promocionar sus trabajos y contactarse con su público. MySpace entendió la oportunidad y alentó estas prácticas, consiguiendo más usuarios que buscaban un lugar para compartir con sus artistas.

MySpace cambió poco tiempo después la S mayúscula para llamarse Myspace y llegar a ser la red social consentida de la juventud. Se integró con perfiles de amigos, blogs, fotografías, música y videos. Estableció sus oficinas en Beverly Hills, California y en poco tiempo se convirtió en líder de las redes sociales en Estados Unidos. Otros países tuvieron sus propios servicios exitosos de redes sociales. Friendster seguía siendo el favorito en Asia, Orkut se consolidó en la India y Brasil, Mixi en Japón, LunarStorm en Suecia, Hyves en Holanda, Hi5 en varios países latinoamericanos y Bebo en Reino Unido, Nueva Zelanda y Australia. **Enfocaremos nuestra atención en Hi5 por haber llegado a ser la red social consentida en América Latina** aun cuando fue producida y administrada en los Estados Unidos.

El reinado de Myspace no duraría mucho más. La historia de las redes sociales tomaría otro rumbo. Ya en 2004, otra red social se preparaba para cautivar al público. La llegada de Facebook al mercado de las redes sociales trajo graves consecuencias a Myspace en los últimos años hasta el punto de cambiar sus estrategias y despedir a casi la mitad de sus empleados. A fines del año 2015 anunciaron un nuevo diseño para presentarse ahora como una plataforma de entretenimiento. Ya no sería más una red social, incluso se asoció con Facebook para no perder más público.

En Junio del 2003 fue lanzada la red social Hi5 creada por Ramu Yalamanchi. Después de cuatro años registraba más de 70 millones de usuarios que para ese tiempo era una cifra impresionante. No sin acusar un cierto dejo de sorpresa, la mayor parte de sus usuarios se encontraban en América Latina y particularmente en México, Guatemala, Honduras, Nicaragua, El Salvador, Costa Rica, Colombia, Ecuador y Perú.

Hi5 se constituyó como empresa, contrató a importantes ejecutivos para administrarla y en enero del 2010 comenzó a evolucionar desde una red social hacia un sitio centrado en juegos y abierto a los desarrolladores de nuevos juegos enfocando su atención hacia la juventud. El cambio de actividad no resultó exitoso y a principios del año 2011 empezó a perder usuarios. Hacia finales de ese mismo año arrojó la toalla y fue vendida a Tagged, uno de sus competidores por una suma no revelada. "Me di cuenta de la oportunidad de que Hi5 podría pasar a conectarse con nueva gente en línea y por eso Tagged sería el hogar perfecto para Hi5, a fin de que pueda seguir siendo un competidor importante en la vida social", dijo Alex St. John, ex presidente y director de tecnología de Hi5 en un comunicado de despedida.

## Facebook

Facebook merece un capítulo aparte o un todo un libro para enfocar sus diferentes aristas. Trataremos de relatar los puntos más importantes de su historia. Nace al igual que otras redes sociales como un proyecto de red universitaria para los alumnos de Harvard, pero se expande aún más para aceptar alumnos de otras universidades y luego crece y crece hasta llegar a ser la red social más importante del mundo con más de mil millones de usuarios registrados. El correo electrónico, los juegos virales y el "boca a boca" fueron en su inicio sus únicas armas publicitarias. Después se convertiría ella misma en la mejor arma publicitaria para toda empresa que quisiera figurar en Internet. Facebook es todo un gran acontecimiento en el mundo del software, de la tecnología, de la comunicación social, de la empresa y del devenir de la sociedad.

**Para comprender el éxito de Facebook es necesario estudiar el software detrás de la red**, el momento de oportunidad que ofrecía Internet para el desarrollo de empresas de alta tecnología y la capacidad del empresario para convertir un proyecto estudiantil en una de las empresas más prósperas y con mayor capitalización en el mercado de valores.

**Mark Elliot Zuckerberg** nace en la ciudad de White Plains, Estado de New York, en los Estados Unidos de América el 14 de mayo de 1984. Es el único hijo varón del matrimonio formado por Edward Zuckerberg y Karen Kempner. Tiene tres hermanas: Randi, Arielle y Donna Zuckerberg. Está casado con Priscilla Chan, una estudiante de origen chino que estudiaba medicina en la Universidad de Harvard. La pareja contrajo matrimonio el 19 de mayo de 2012, en una ceremonia celebrada en su casa. Actualmente viven en Palo Alto, California.

Sus primeros estudios los realizó en el Colegio Ardsley y posteriormente en la Academia Philips Exeter. En 2003 ingresó en Harvard y formó parte de la fraternidad Alpha Epsilon Pi. Desde entonces empezó a desarrollar programas para computadoras como el Coursematch, que permitía a los estudiantes ver la lista de otros compañeros de clase o una Web en la que se podía calificar a las estudiantes de la universidad, Facemash.com. Por ello, el Departamento de Servicios Informáticos de Harvard llevó a Zuckerberg ante la administración con cargos de infringir la seguridad Informática y violación de las políticas de privacidad y de propiedad intelectual. Cuando tenía 18 años lanzó con su amigo Adam D'Angelo el programa Synapse Media Player cuyo notable éxito se debió a la facilidad para reproducir canciones basándose en la preferencia y selecciones previas del usuario. En 2004 Zuckerberg creó Facebook y se ausentó un año de la Universidad. Un año después abandonó la carrera. Este abandono de los estudios universitarios para formar una empresa de alta tecnología nos recuerda la vida de otros grandes personajes del software entre quienes destaca de manera singular Bill Gates, el fundador de Microsoft.

Mark Zuckerberg, fundador y CEO de Facebook, anunció el día martes primero de diciembre del 2015 el nacimiento de Max Chan, su primera hija. Y para celebrar la llegada de la nueva integrante en la familia, Mark y su esposa anunciaron que durante el curso de sus vidas donarán el 99% de sus acciones de Facebook, valuadas actualmente en alrededor de USD 45,000 millones, para una causa solidaria con la sociedad. Según comentó en su mensaje por Facebook, el dinero estará destinado a "impulsar el potencial y promover la equidad en áreas como salud, educación, investigación científica y energía" a través de una nueva organización llamada Chan Zuckerberg Initiative. Esta fundación trabajará sin fines de lucro y se centrará inicialmente en el aprendizaje personalizado, la curación de enfermedades, la reducción de la pobreza, la conexión de la gente y la construcción de comunidades fuertes. Y aquí encontramos otra línea paralela con Bill Gates, uno de los genios del software y también uno de los más grandes filántropos de la historia.

En el nombre se encuentra el origen de la gran idea. Facebook es el libro que se publica anualmente en las escuelas y universidades con la fotografía de cada alumno. En el idioma español se le conoce con el nombre de Anuario.

El origen de Facebook es controvertido y ha dado lugar a desencuentros, rivalidades, enemistades, supuestas traiciones y pleitos legales. Aun cuando los tribunales han dictado sentencia en favor de Mark Zuckerberg, aún persisten los enconos y los malos recuerdos entre quienes fueron amigos y compañeros de la universidad. La historia ha sido llevada a la pantalla con el título The Social Network dirigida por David Fincher. Está basada en el libro "Multimillonarios por accidente" de Ben Mezrich. La adaptación del guion estuvo a cargo de Aaron Sorkin y sus protagonistas son Jesse Eisenberg, Andrew Garfield y Justin Timberlake, quienes interpretan a Mark Zuckerberg, Eduardo Saverín y Sean Parker, uno de los fundadores de Napster, quien en el 2004 se unió a la presidencia de Facebook. La primera exhibición de la película fue el 24 de septiembre de 2010, al comenzar el Festival de Cine de Nueva York.

En la Universidad de Harvard se reconocía a Mark Zuckerberg como un excelente programador de computadoras y un hacker capaz de quebrar los códigos de seguridad de los sistemas universitarios. En el año 2003 tuvo la idea de crear un sitio Web para calificar el atractivo de sus compañeras de universidad después de que su novia Erica Albright terminara con él. Con sus habilidades Informáticas, Mark logró extraer nombres y fotografías de varias estudiantes desde las bases de datos de los servidores de Harvard. Usando un algoritmo de ranking que codificó su amigo Eduardo Saverin, Mark creó una página llamada FaceMash, donde sus compañeros elegían a la chica más atractiva. Finalmente, Mark fue castigado con seis meses de suspensión académica cuando el tráfico de su sitio colapsó la red de la universidad.

En otra parte de la universidad un grupo de estudiantes trabajaba en la producción de una red social. **El grupo se integraba por los gemelos Cameron y Tyler Winklevoss**, destacados deportistas y miembros del equipo de remo de Harvard, así como de Divya Narendra, compañero de estudios y socio de alguna idea de negocios. Se enteraron de la producción de FaceMash y decidieron ponerse en contacto con Mark para que los ayudara a concretar la idea de un nuevo sitio Web: Harvard Connection que más tarde se convertiría en ConnectU. La respuesta fue positiva y Mark decidió ayudarlos aunque (Y este aunque ha sido la clave para dirimir una controversia por millones de dólares) nunca se firmó un contrato en papel. Al tiempo en que codificaba el programa, Mark comprendió el verdadero potencial de la idea. Es importante destacar que el proyecto en términos generales no era diferente de otros que habían dado lugar a la producción de algunas redes sociales como Geocities en 1994, un servicio gratuito de Webhosting en el que los usuarios podían crear sus propias páginas Web. La misma idea inspiró la producción de

Classmates.com, una plataforma social bastante interesante para su época que servía para encontrar antiguos compañeros de estudios. Por el estilo estaban Ryce.com, Fotolog, Friendster, Photobucket y Myspace, la número uno en aquella época.

**Zuckerberg tomó la decisión de desarrollar de manera personal un proyecto propio** que tuviera una variante diferente, no centralizado solamente en información estática y común de las personas, sino en hacerlo mucho más personal, más íntimo y, sobre todo, más dinámico. Y con esta idea en la mente puso manos a la obra para desarrollar en forma paralela su propia red social que permitiera a los estudiantes de Harvard conectarse entre sí, compartiendo información personal, similar a la contenida en los tradicionales anuarios publicados por las universidades americanas, llamados usualmente "Facebook".

Después de algunos meses de trabajo Zuckerberg registró en enero de 2004 el dominio "theFacebook.com" y antes de que transcurriera un mes lanzó su propia red social en la Universidad de Harvard. Para ganar popularidad y aumentar el número de usuarios envío un email a todos los estudiantes de la Universidad, ya que tenía acceso a esos correos como estudiante. El éxito fue instantáneo. Al cumplirse solo 2 semanas theFacebook.com ya tenía más de cuatro mil usuarios, algo más del 65% del total de estudiantes de Harvard. Fue un éxito absoluto.

Años después, los gemelos Winklevoss y Narendra demandaron a Zuckerberg por presuntamente robarle ideas y retrasar el proyecto deliberadamente para terminar Facebook. Pero Zuckerberg declaró que no había sido firmado ningún contrato, que él no era un socio y que lo que estaban buscando sus ex compañeros era un daño económico. Los hermanos alegan que Mark Zuckerberg les robó la idea para crear Facebook. Después de un largo juicio, que fue la trama central de la película "La Red Social", los Winklevoss y su socio Divya Narendra llegaron a un acuerdo con Zuckerberg y recibieron US$65 millones divididos en dinero y acciones.

**Mark integró un equipo de trabajo con Eduardo Saverin, Chris Hughes y Dustin Moskovitz**, sus amigos y compañeros de cuarto en la universidad, a fin de expandir la red en su propia universidad y en otras universidades. Este proceso de expansión fue clave para el desarrollo de Facebook en las universidades y posteriormente para su apertura al mundo entero. La penetración de Facebook en las universidades fue un proceso interesante que le dio carta de naturalización y que vale la pena examinarlo para que sea tomado en cuenta por las futuras generaciones.

Al principio la red sólo permitía el registro como usuario a estudiantes universitarios quienes recibían una invitación a través de su e-mail de la universidad. Mark y sus amigos se las ingeniaban para obtener listas de correos y enviar mensajes de invitación. De esta forma, los estudiantes deseaban ser invitados para pertenecer a la red social y al mismo tiempo se sentían dentro de un círculo que les otorgaba la suficiente confianza para registrar su información personal, subir sus fotografías, contar anécdotas y ponerse en contacto con amigos. Desde un principio ya se sentía diferente de Friendster y otras redes sociales que habían llegado primero al espacio cibernético.

Algunos meses después de su lanzamiento la red ya tenía registrados cien mil usuarios. Entonces se empezó a generar una presión para abrir la red a más personas que deseaban registrarse. Fue así como Facebook abrió sus puertas a los estudiantes de escuelas de preparatoria, exalumnos de universidades y empleados de algunas empresas. El crecimiento explosivo de la red era sin duda una señal de éxito, pero también mandaba un aviso de solicitud de más recursos de todo tipo: equipo, software, personal y, por supuesto, recursos financieros. Fue necesario buscar el apoyo de un inversionista para apoyar el crecimiento de Facebook y lo encontraron en Peter Thiel, un millonario ex-fundador de PayPal, quien comprendiendo la trascendencia y potencial de un producto como The Facebook, invirtió con gusto y gran visión 500,000 dólares en la compañía a cambio del 10,2% de las acciones. Fue un gran negocio para Peter Thiel.

Con esta inyección de recursos financieros la red se abrió a todo público y hacia el año 1995 ya se encontraba presente en todo el territorio de los Estados Unidos. La siguiente etapa habría de ser su internacionalización para llevar Facebook a otros países. Para lograr este propósito fue necesario contratar más personal, adquirir más equipo y claro, conseguir más capital. En abril del año 2005 la compañía recibió su segunda ronda de apoyo financiero al invertir Accel Partners la cantidad de 12.7 millones de dólares. **Fue por ese tiempo cuando el sitio Web dejó de ser TheFacebook para llamarse solamente Facebook.** Por cierto, como este nombre de domino ya estaba registrado, fue necesario comprarlo en la cantidad de 200,000 dólares.

El gran día de Facebook como empresa llegó el 18 de mayo de 2012 al lanzar su oferta pública inicial en el mercado bursátil. Ese día rompió el record con el IPO (Initial Public Offering) más alto para las empresas de tecnología y de Internet, habiendo alcanzado la fantástica cifra de 104 mil millones de dólares. Aun cuando en las siguientes semanas el precio de la acción bajó a causa de un mal manejo bursátil, poco después tomo su paso ascendente hasta llegar a 320 mil millones de dólares en el mes de enero del 2016, para quedar incluida entre el selecto grupo de las empresas de tecnología con mayor valor de mercado en el mundo.

El software dentro de Facebook

Para construir una red social de la dimensión de Facebook se requiere de un software sofisticado y poderoso que permita administrar la impresionante cifra de 1,500 millones de usuarios activos, estar presente en más de 100 países, manejar 150,000 millones de conexiones entre amigos, publicar 220,000 millones de fotografías y seguir creciendo a un ritmo constante. Facebook lo ha logrado gracias a la integración de un conjunto de herramientas de software disponibles en el mercado y a la producción de software en su centro de desarrollo de tecnología. En consecuencia, una parte del software es de dominio público y otra parte es información confidencial que la empresa guarda celosamente. Aquí revisaremos las herramientas de software abierto.

**La base de la plataforma de software de Facebook es Linux,** el software libre por excelencia. El desarrollo de Linux es uno de los ejemplos más importantes del software libre, ya que todo su código fuente puede ser utilizado, modificado y redistribuido libremente por quienquiera bajo los términos de la GPL (Licencia Pública General de GNU, en inglés: General Public License) y otra serie de licencias libres. Richard Matthew Stallman inició en 1983 la producción de GNU con la idea de desarrollar un sistema operativo UNIX completo y compuesto enteramente de software libre. Años después, en 1991, Linus Torvalds empezó a trabajar en el desarrollo de un conjunto de herramientas que llegarían a ser el Kernel o núcleo del sistema. El nombre de Linux se deriva a su vez del nombre de Linus, su autor. Aquí nos referimos a Linux como el sistema completo formado por el Kernel y el sistema operativo GNU.

Linux es el sistema operativo que tiene como función principal administrar los recursos de cada servidor en Facebook. La elección ha dado excelentes resultados porque Linux es el sistema operativo preferido por su confiabilidad, seguridad y libertad para modificar el código. Es también el más aceptado para el desarrollo de sistemas en computadoras de oficina, en móviles y también en las supercomputadoras como la Titan y la Cray XK7.

**El servidor de páginas Web seleccionado por Facebook es Apache** cuyo desarrollo se inició en 1995 y actualmente es el servidor HTTP más usado. Jugó un papel fundamental en el desarrollo de la World Wide Web y alcanzó su máxima cuota de mercado en 2005 siendo el servidor empleado en el 70% de los sitios Web en el mundo. No obstante, en 2009 se convirtió en el primer servidor Web que alojó más de 100 millones de sitios Web. Alguien se preguntará el porqué del nombre Apache y la respuesta es una anécdota interesante para contarla. Resulta que su nombre se debe a que alguien quería que tuviese la connotación de algo que fuese firme y enérgico pero no agresivo y la tribu Apache fue la última en rendirse ante el naciente gobierno de los Estados Unidos. Actualmente el servidor Apache es desarrollado y mantenido por una comunidad de usuarios bajo la supervisión de la Apache Software Foundation dentro del proyecto HTTP Server.

La información de los más de 1,500 millones de usuarios de Facebook es administrada por una eficiente y poderosa base de datos. Imagine por un momento la cantidad de información que se requiere para almacenar los datos de mil quinientos millones de personas y además para manejarlos de manera eficiente sin que se produzcan errores. **Esta base de datos es administrada por el software MySQL** que almacena de forma estructurada los datos de todos los usuarios de Facebook. MySQL es un sistema de gestión de base de datos relacional y multiusuario que ha sido instalado en más de seis millones de sistemas a partir de enero del 2008 en que fue lanzado por Sun Microsystems y Oracle Corporation como software libre en un esquema de licenciamiento dual. Al contrario de proyectos como Apache, donde el software es desarrollado por una comunidad pública y los derechos de autor del código están en poder del autor individual, MySQL es patrocinado por una empresa privada, que posee el copyright de la mayor parte del código. Esto es lo que posibilita el esquema de licenciamiento anteriormente mencionado. Además de la venta de licencias privativas, la compañía ofrece soporte y servicios. Para sus operaciones contratan trabajadores alrededor del mundo que colaboran vía Internet. MySQL fue fundado por David Axmark, Allan Larsson y Michael Widenius.

> **Una base de datos** es una colección estructurada de tablas que contienen datos. Esta puede ser desde una simple lista de compras, una galería de pinturas o el vasto volumen de información en una red corporativa. Para agregar, acceder y procesar datos guardados en una computadora se necesita un administrador como MySQL Server. Dado que las computadoras son muy buenas manejando grandes cantidades de información, los administradores de bases de datos juegan un papel central en computación, como aplicaciones independientes o como parte de otras aplicaciones.

Una base de datos relacional archiva datos en tablas separadas en vez de colocar todos los datos en un gran archivo. Esto permite velocidad y flexibilidad. Las tablas están conectadas por relaciones definidas que hacen posible combinar datos de diferentes tablas sobre pedido. MySQL es software de fuente abierta. Fuente abierta significa que es posible para cualquier persona usarlo y modificarlo. Cualquier persona puede bajar el código fuente de MySQL y usarlo sin pagar. Cualquier interesado puede estudiar el código fuente y ajustarlo a sus necesidades. MySQL usa el GPL (GNU General Public License) para definir qué puede hacer y qué no puede hacer con el software en diferentes situaciones.

Si bien podemos considerar que el complejo sistema de Facebook utiliza diferentes lenguajes de programación para el desarrollo de las herramientas que emplea, **también podemos afirmar que PHP (Hypertext Pre-processor) es el lenguaje de programación que automatiza la creación de páginas Web.** PHP es un lenguaje de programación de uso general originalmente diseñado para el desarrollo Web de contenido dinámico. Fue uno de los primeros lenguajes de programación del lado del servidor que se podían incorporar directamente en el documento HTML en lugar de llamar a un archivo externo para procesar los datos. El código es interpretado por un servidor Web con un módulo de procesador de PHP que genera la página Web resultante. PHP ha evolucionado por lo que ahora incluye también una interfaz de línea de comandos que puede ser usada en aplicaciones gráficas independientes. Puede ser usado en la mayoría de los servidores Web al igual que en casi todos los sistemas operativos y plataformas sin ningún costo. PHP se considera uno de los lenguajes más flexibles, potentes y de alto rendimiento conocidos hasta el día de hoy lo que le ha permitido atraer el interés de múltiples sitios con gran demanda de tráfico como Facebook y Wikipedia para optar por el mismo como tecnología de servidor. Fue creado originalmente por Rasmus Lerdorf en 1995. Actualmente sigue siendo desarrollado con nuevas funciones por el grupo PHP. Este lenguaje forma parte del software libre publicado bajo la licencia PHP que es incompatible con la

Licencia Pública General de GNU debido a las restricciones del uso del término PHP.

El almacenamiento de los datos de los usuarios en forma estructurada y distribuida ha requerido de una herramienta aún más sofisticada para facilitar el escalamiento. La solución a este planteamiento técnico ha sido resuelta por Facebook con la base de datos Cassandra. Esta es una base de datos del tipo NoSQL basada en un modelo de almacenamiento de «clave-valor», de código abierto que está escrita en Java. Permite grandes volúmenes de datos en forma distribuida. Por ejemplo, lo usa Twitter para su plataforma y también Facebook. Su objetivo principal es la escalabilidad lineal y la disponibilidad. La arquitectura distribuida de Cassandra está basada en una serie de nodos iguales que se comunican con un protocolo P2P con lo que la redundancia es máxima. Está desarrollada por Apache Software Foundation.

En Informática, NoSQL (También conocida como "no sólo SQL") es una amplia clase de sistemas de gestión de bases de datos que difieren del modelo clásico del sistema de gestión de bases de datos relacionales (RDBMS) en aspectos importantes, el más destacado es que no usan SQL como el principal lenguaje de consultas. Los datos almacenados no requieren estructuras fijas como tablas, normalmente no soportan operaciones JOIN, ni garantizan completamente ACID (atomicidad, consistencia, aislamiento y durabilidad), y habitualmente escalan bien horizontalmente. Los sistemas NoSQL se denominan a veces "no sólo SQL" para subrayar el hecho de que también pueden soportar lenguajes de consulta de tipo SQL. Por lo general, los investigadores académicos se refieren a este tipo de bases de datos como almacenamiento estructurado, término que abarca también las bases de datos relacionales clásicas. A menudo, las bases de datos NoSQL se clasifican según su forma de almacenar los datos y comprenden categorías como clave-valor, las implementaciones de BigTable, bases de datos documentales y Bases de datos orientadas a gráficas.

Los sistemas de bases de datos NoSQL han crecido de la mano de las principales compañías de Internet como Google, Amazon, Twitter y Facebook. Estas tenían que enfrentarse a mayores desafíos con el tratamiento de datos que las tradicionales bases de datos relacionales no solucionaban. Con el crecimiento de la Web en tiempo real existía una necesidad de proporcionar información procesada a partir de grandes volúmenes de datos que tenían unas estructuras horizontales más o menos similares. Estas compañías se dieron cuenta de que el rendimiento y sus propiedades de tiempo real eran más importantes que la coherencia, en la que las bases de datos relacionales tradicionales dedicaban una gran cantidad de tiempo de proceso.

Facebook es una empresa de tecnología que ha crecido rápidamente. **Ha pasado de cuatro empleados en el año 2004 a más de doce mil en el año 2016.** Una buena parte del equipo de trabajo se dedica a programar. Esto es, a pensar y escribir programas para computadoras. Y lo hacen en varios lenguajes de programación según convenga para la función a realizar o la computadora en que se habrá de ejecutar. Los lenguajes que utilizan pueden ser tan diferentes como Java, C++, Cappuccino, Cocoa, Delphi, Erlang, Go, Haskell, Perl, PHP, Python, Ruby, Smalltalk y otros más. En ocasiones es necesario que estos programas operen en forma conjunta. Para lograr esta interoperabilidad Facebook cuenta con Thrift, un conjunto de herramientas agrupadas en un lenguaje que ejecuta la función de interface y a la vez es un protocolo de comunicación binaria que permite definir y crear servicios para varios lenguajes de programación. Thrift es un conjunto de herramientas y librerías de software creadas por el equipo de programadores de Facebook para acelerar el desarrollo e implementación de servicios backend eficientes y escalables. Su principal objetivo es permitir comunicaciones eficientes y fiables a través de lenguajes de programación mediante la abstracción de porciones de cada lenguaje en una librería común. Thrift permite a los desarrolladores definir los tipos de datos e interfaces de servicios en un archivo único en lenguaje neutral y generar todo el código necesario para construir clientes RPC

LA MAGIA DEL SOFTWARE

y servidores. Originalmente fue creado por Facebook y actualmente es una herramienta de software libre administrada por la Fundación Apache. Thrift significa en español Ahorro y en su nombre explica la esencia de su función.

El análisis de grandes conjuntos de datos requiere herramientas sofisticadas y poderosas para buscar, preguntar, organizar, analizar y obtener información útil de grandes conjuntos de datos. Y la palabra grande quiere decir aquí millones de datos que una persona por si sola jamás podría manejar. **Para realizar este análisis Facebook desarrolla Hive**, una herramienta para el análisis de grandes conjuntos de datos. La palabra Hive significa en español Colmena y es una herramienta para el manejo de bases de datos desarrollada en el lenguaje de programación Java. Esta herramienta fue desarrollada inicialmente por Facebook para realizar las funciones de resumir, consultar y analizar las bases de datos de los usuarios. Posteriormente fue liberada para su utilización como software libre bajo la licencia de uso administrada por la Fundación Apache.

La distribución y registro de mensajes entre los miles de servidores de Facebook es una tarea increíblemente complicada que puede hacerse de manera eficiente gracias a Scribe, herramienta también desarrollada por Facebook en 2008 y liberada como software libre. Scribe es un servidor para la integración de datos de registro y control de la estabilidad del flujo de información en tiempo real. Su principal virtud es la de ser un sistema de distribución y registro de mensajes robusto, tolerante a fallas y capaz de funcionar sobre una gran cantidad de equipos. Además, es fácilmente escalable para permitir el crecimiento de la base instalada de Facebook en más de cien países.

La velocidad de proceso de información es un asunto clave en Facebook. Cuando Mark Zuckerberg inició la programación de la red social eligió a PHP como su plataforma principal. PHP es uno de los primeros lenguajes de programación del lado del servidor que se pueden incorporar directamente en el documento HTML en lugar de llamar a un archivo externo para procesar los datos. El código es interpretado por un servidor Web con un módulo de procesador de PHP que genera la página Web resultante. Sin embargo, PHP resultó demasiado lento para el tamaño y la cantidad de información de la red social. Había que hacer algo para disminuir el tiempo de procesamiento y Facebook lo hizo. Siendo un lenguaje interpretado, PHP tiene algunas limitaciones de desempeño que los lenguajes compilados no tienen, así que el equipo de Mark Zuckerberg se puso a trabajar y produjo HipHop for PHP, un transformador de código PHP en código C++, de tal manera que el resultado es un software de igual funcionalidad, pero optimizado para un alto desempeño. De hecho, **Facebook afirma que gracias a HipHop for PHP ha utilizado hasta 50% menos CPU que antes.** Pero no satisfecho con las ventajas de HipHop, Facebook lo reemplazó a principios del 2013 por el sistema HipHop Virtual Machine (HHVM) que tiene la ventaja de ejecutar la compilación just-in-time para hacerlo todavía más rápido y eficaz.

La competencia entre Facebook y otras redes sociales no baja de intensidad. Aun cuando sea la más importante red social necesita evolucionar, mejorar su tecnología y brindar mejores servicios a los usuarios para mantener su liderazgo. Esto la obliga a realizar un intenso esfuerzo de Investigación y Desarrollo, a contratar personal mejor calificado, a generar mejores ideas y a desarrollar más herramientas de tecnología. Este es el caso de Tornado, la herramienta que desarrolló Facebook para hacer frente a la creciente popularidad de Twitter por la forma sencilla de compartir información en tiempo real. Tornado es un servidor Web para hacer más fácil la creación de aplicaciones que permitan hacer actualizaciones en tiempo real a los usuarios. "Tornado es la pieza central de la infraestructura que le da poder a la función de tiempo real de FriendFeed, la cual planeamos mantener activamente", afirmó David Recordon quien fuera el Gerente de los programas abiertos de Facebook y actualmente Director de Tecnología e Información de la Casa Blanca.

Aun cuando Facebook es la red social con más usuarios activos, establecida en más países y con mayor valor de capitalización en el mercado bursátil, no es la única en el espacio cibernético. Otras redes sociales han logrado cautivar al público y han logrado crecer rápidamente porque la red social se ha convertido en el medio de comunicación preferido por funcionarios de gobierno, artistas, deportistas, periodistas, empresas, organizaciones, instituciones, grandes corporativos y toda persona que quiera comunicar alguna idea, informarse de algo en tiempo real, buscar algún amigo o familiar o bien promover su marca en el espacio cibernético. Esta es la frase de Mark Zuckerberg para definir a la red social: **"Facebook nació para dar a la gente el poder de compartir y hacer del mundo un lugar más abierto y conectado"**.

### LinkedIn

**LinkedIn es una red social orientada al segmento laboral.** Cuando se registra un usuario coloca su Curriculum Vitae para darlo a conocer al mundo. Aparte de subir su foto y datos de contacto, podrá especificar sus trabajos actuales, trabajos anteriores, experiencias, un breve extracto, intereses, cursos realizados, los títulos que posee, donde estudió y mucho más. Contar con un perfil en LinkedIn sirve para establecer redes de contactos con otros profesionales, lo que permite una ventaja considerable al momento de buscar un nuevo trabajo, establecer nuevas relaciones comerciales y formar parte de grupos de discusión dentro de esta red. Fue fundada por Reid Hoffman, Allen Blue, Konstantin Guericke, Eric Ly y Jean-Luc Vaillant.

El propósito fundamental de esta red social es que los usuarios registrados puedan mantener una lista con información de contactos de las personas con quienes tienen algún nivel de relación, llamado Conexión. Los usuarios pueden invitar a cualquier persona, ya sea un usuario del sitio o no para unirse a dicha conexión. Sin embargo, si el invitado selecciona "No lo sé" o "Spam", esto cuenta en contra de la persona que invita. Si la persona que invita obtiene muchas de estas respuestas, la cuenta puede llegar a ser restringida o cerrada.

Fundado en 2002 y lanzado oficialmente al año siguiente, LinkedIn contaba en su primer mes de vida con alrededor de 4,500 usuarios. En la actualidad posee más de 120 millones de miembros distribuidos en 200 países y territorios y cada día se agregan más profesionales a esta red, a una rapidez promedio de dos perfiles nuevos por segundo. El sitio Web de LinkedIn está disponible en diversos idiomas entre ellos inglés, español, italiano, alemán y francés, lo que demuestra su alcance global y ayuda a la popularización del mismo, considerando que más de la mitad de sus miembros viven fuera de los Estados Unidos.

**LinkedIn permite la creación de cuentas gratuitas y de pago.** Estas últimas están enfocadas hacia profesionales independientes -como consultores- y a quienes se encargan de contactar potenciales candidatos a desempeñar un cargo.

Una cuenta gratuita permite, entre otras cosas: Crear un perfil personal profesional, buscar trabajo en la bolsa de trabajo de LinkedIn, conectarse con otros profesionales que ya sean conocidos del usuario, enterarse de quienes son los últimos usuarios que han visto el perfil personal propio y conocer sus datos básicos, ser parte de grupos de discusión que permiten compartir información y enterarse de nuevas ofertas laborales.

Una cuenta pagada permite acceder a beneficios tales como: Enviar solicitudes para conectarse a otros profesionales que no son contactos conocidos, conocer el listado completo de quienes han revisado el perfil personal propio y ver su información detallada, acceder a más filtros al momento de buscar a otros profesionales.

**Es importante señalar que LinkedIn es una red profesional.** No es un portal de empleo. Al ser una red social orientada a profesionales permite conectar con colegas, compartir conocimientos y experiencias e interactuar en un medio profesional.

## Twitter

**La historia de Twitter no es tersa.** Aquí no encontramos la idea genial en una sola persona que después se convierte en el gran empresario como ha sucedido con Microsoft, Amazon y Oracle. La historia de Twitter está llena de conflictos, egoísmo, traiciones entre viejos amigos y afanes de triunfalismo personal. Pero no obstante su contradictorio pasado, la red social ha logrado subsistir y convertirse en uno de los grandes fenómenos de la comunicación en Internet.

Nick Bilton, el prestigiado periodista de The New York Times ha realizado un escrupuloso trabajo de investigación para investigar y relatar la historia de Twitter. Aquí tomamos algunas de las expresiones de Nick para tratar de desentrañar la truculenta historia detrás de Twitter.

**Primero debemos decir que Twitter es un servicio de microblogging** con sede en San Francisco, California y oficinas filiales en San Antonio (Texas) y Boston (Massachusetts) en los Estados Unidos. Diez años después de su fundación en el 2006 Twitter ha ganado popularidad mundialmente y se estima que tiene más de 500 millones de usuarios, generando 65 millones de tweets al día y manejando más de 800,000 peticiones de búsqueda diarias. La red permite enviar mensajes de texto con un máximo de 140 caracteres, llamados tweets, que se muestran en la página principal del usuario. Los usuarios pueden suscribirse a los tweets de otros usuarios – a esto se le llama "seguir" y a los usuarios registrados se les llama "seguidores". Los mensajes son públicos, pudiendo difundirse en forma privada mostrándolos únicamente a unos seguidores determinados. Los usuarios pueden twittear desde la Web del servicio con aplicaciones externas (teléfonos inteligentes) o mediante el servicio de mensajes cortos (SMS) disponible solamente en algunos países. El servicio es gratuito en términos generales.

Ahora la historia con sus pasajes de un claroscuro cuyo significado va quedando a la interpretación de los lectores y a la claridad que el paso del tiempo le quiera dar. Eran cuatro amigos, jóvenes todos ellos, que trabajaban para la empresa de tecnología Odeo: Jack Dorsey, Noah Glass, Evan Williams y Biz Stone. La empresa Odeo empezó a hacer agua como canoa vieja y los cuatro amigos y empleados se preguntaban inquietos cuál sería su futuro. Para comentar sus inquietudes deciden producir un sistema para enviarse mensajes cortos y platicar sus pensamientos, deseos y algo más. Dorsey define aquel momento como «la posibilidad de compartir a través de Internet lo que estamos haciendo en cada momento». Y es así como los cuatro ponen manos a la obra para producir una red social que al paso de algunos meses empezó a dar señales de convertirse en una empresa. Noah Glass fue quien le puso el nombre de Twitter, pero también fue el primero en abandonar el proyecto después de sostener una rencilla con Jack Dorsey. Una vez que Noah Glass quedó fuera de escena, Jack Dorsey asumió el cargo de CEO en Twitter, una empresa que en principio se consideró como mero entretenimiento, pero que pronto empezó a adquirir peso en el mercado al comprobarse su potencial para compartir información en tiempo real. No obstante, a medida que la compañía fue aumentando en tamaño y relevancia, se hizo evidente que Dorsey no tenía las cualidades necesarias para llevar las riendas y el co-fundador fue relevado en el cargo.

Evan Williams, creador del Blogger y parte fundamental de ese equipo de «cuatro amigos» tomó el mando de la empresa que Jack Dorsey no fue capaz de administrar pero de la que no llegó a separarse en forma definitiva. Sintiendo que seguía siendo el jefe supremo y creador de Twitter, Dorsey incrementó sus apariciones en los medios, en las que se presentaba como cabeza visible de la red social a pesar de haber sido sustituido por Williams. En 2010 y después de que tampoco el fundador del Blogger demostrara aptitudes para el cargo, Dorsey regresó a su castillo como presidente ejecutivo y presenció cómo Williams, siguiendo los pasos de Noah Glass, se convertía en el segundo co-fundador en abandonar la empresa. A los pocos meses le tocó el turno a Biz Stone, quien decidió abandonar la empresa al verse sin suficientes apoyos en la compañía.

Nick Bilton narra en «La verdadera historia de Twitter» que la obsesión de Dorsey por aparecer en la prensa como líder imprescindible en la compañía era tal que no paraba de aparecer en los medios y que además le deleitaba que le compararan con el «Ave Fénix» que había resurgido de sus cenizas para salvar Twitter. Durante sus conferencias, que también se multiplicaron, Dorsey puso además todo su empeño en asemejarse a Steve Jobs. Para ello imitaba las maneras, las costumbres e incluso las palabras del genio de Apple.

Jack Dorsey logró su objetivo y consiguió que su popularidad aumentara como la espuma. En un breve espacio de tiempo se quitó de encima a tres de los creadores de Twitter, compañía que ahora él preside y, además, logró ser tratado como toda una celebridad por la opinión pública. Dorsey, cuenta Bilton, fue el último superviviente de un barco que echó por la borda a tres de sus fundadores. ¿Feliz por haberlo conseguido? El periodista del «New York Times» no está tan seguro: «Puede que consiguiera su propósito, pero perdió a sus amigos tras haberlos utilizado como escalones para escalar a la cumbre».

Moraleja para los amigos y socios que se convierten en emprendedores de proyectos de tecnología: Desde un principio se debe producir un documento con las obligaciones y derechos de cada socio y llevarlo ante la fe de un Notario Público para que lo certifique y sirva como base para establecer las futuras relaciones de negocios y en su caso la creación de una empresa.

# -15-

# E-TRADING

Después de que el peso mexicano registró una importante depreciación en los primeros meses del 2016, el gobernador del Banco de México, Agustín Carstens, hizo una declaración que sorprendió a los medios y dejó asombrados a quienes leyeron la nota de prensa publicada en los medios. A continuación presentamos un extracto de la noticia que publicó "El Financiero" como prueba de la importancia que tiene el software de e-trading en la actividad bursátil y como elemento protagónico del mercado de valores. Es importante aclarar que Agustín Carstens es uno de los banqueros centrales más reconocidos y respetados tanto en México como en el ámbito internacional.

## Con informacion de El Financiero

**La 'mano invisible' de... robots**

**Por Víctor Piz  09.03.2016**

El uso de tecnologías avanzadas, como 'robots cibernéticos', es uno de los factores que explican la marcada depreciación que sufrió el peso frente al dólar en las primeras semanas del año, según el reciente informe trimestral del Banco de México (Banxico).

Lo que está detrás de la depreciación del tipo de cambio, que lo llevó a un nivel máximo de 19.45 pesos por dólar el 11 de febrero en operaciones al mayoreo, no sólo es la volatilidad en los mercados financieros internacionales.

De acuerdo con el gobernador del Banxico, Agustín Carstens, en el comportamiento del tipo de cambio incidieron "factores desestabilizadores externos, como la debilidad de la economía

> de China, la divergencia en las economías de los países
> avanzados, el reajuste de portafolios, la caída del precio del
> petróleo y la acción de 'robots cibernéticos'.".

## El Flash Crash.

Otro caso de manipulación del mercado por medio de software
se presentó el día 6 de mayo del 2010. Justo a las 14:42, cuando
el índice Dow Jones acumulaba una caída de más de 300
puntos en el día el mercado de valores comenzó a caer
rápidamente, bajando en más de 600 puntos en 5 minutos hasta
alcanzar una pérdida de cerca de 1000 puntos en el día hacia
las 14:47. Veinte minutos más tarde, hacia las 15:07, el mercado
había recuperado la mayor parte de los 600 puntos de caída. La
súbita caída del mercado se sometió a una investigación.
Durante varios años no se encontró la justificación a la
repentina e inexplicable caída del mercado. La investigación
continuó y finalmente en abril de 2015 Navinder Singh Sarao,
un operador con sede en Londres, fue detenido por su
presunta participación en el Flash Crash. De acuerdo con los
cargos penales presentados por el Departamento de Justicia de
los Estados Unidos, Sarao supuestamente utilizó un programa
automatizado para generar grandes órdenes de venta,
empujando a la baja los precios, que luego canceló para
comprar a los precios más bajos del mercado. La Commodity
Futures Trading Commission presentó cargos civiles contra
Sarao. En agosto de 2015, Sarao fue liberado bajo una fianza de
50 000 £ con una audiencia de extradición completa prevista
para septiembre con el Departamento de Justicia de Estados
Unidos. Sarao y su compañía, Nav Sarao Futures Limited,
presuntamente obtuvo más de 40 millones en ganancias de la
negociación durante el Flash Crash causado por un programa
informático para manipular el stock market de los Estados
Unidos.

A estas notas podemos agregar otras más que se han publicado
recientemente y que nos hablan de la importancia del software
en la actividad del mercado bursátil. Incluso se llegan a
preguntar si el software podrá desplazar al ser humano como
un operador bursátil más eficiente para ganarle al mercado.

Así se lo preguntan Lisa Kramer y Scott Smith en un artículo publicado en el Web site de MarketWatch con el título "Can robo advisers replace human financial advisers?" (¿Los asesores robóticos pueden sustituir a los asesores financieros humanos?). En este capítulo encontraremos la respuesta.

## El mercado bursátil

**El mercado bursátil** es la integración de las empresas, instituciones e individuos que realizan transacciones de productos financieros, entre ellos se encuentran la bolsa de valores, corredores de bolsa de valores, emisores, inversionistas e instituciones reguladoras de las transacciones que se llevan a cabo en la bolsa de valores. De esta forma, un mercado bursátil cuenta con todos los elementos que se requiere para que sea llamado mercado. Esto es, un local fijo que es el edificio de la bolsa de valores, demandantes, que son los inversionistas o compradores y oferentes que pueden ser los emisores directamente o los corredores de bolsa y una institución reguladora.

**La bolsa de valores** es una organización privada que brinda las facilidades necesarias para que sus miembros, atendiendo los mandatos de sus clientes, introduzcan órdenes y realicen negociaciones de compra y venta de valores, tales como acciones de sociedades o compañías anónimas, bonos públicos y privados, fondos cotizados (ETF Exchange-trading Funds), certificados, títulos de participación y una amplia variedad de instrumentos de inversión.

El origen de la bolsa de valores se remonta a los siglos XIII y XIV. La ciudad de Brujas en Bélgica llegó a tener 100 000 habitantes en el siglo XIII superando en población a ciudades como Londres y París y fue un centro comercial de primer orden, el principal del norte de Europa, tanto por su condición de ciudad portuaria como por su muy intensa producción de textiles y especialmente los famosos "paños flamencos" reconocidos por su calidad, además de ser el centro de comercialización de diamantes más antiguo de Europa. **Los comerciantes de Brujas se reunían para sus negocios en un** edificio propiedad de una familia noble llamada **Van Der Büerse**, cuyo escudo de armas eran tres bolsas de piel. Por extensión, comenzó a llamarse Bolsa en toda la región a los lugares donde se efectuaban las transacciones comerciales. No obstante, la que se considera la primera bolsa fue creada en Amberes, Bélgica, en 1460, y la segunda en Ámsterdam, en los primeros años del siglo XVII, cuando esa ciudad se convirtió en el centro del comercio mundial. En 1602 la Compañía Holandesa de las Indias Orientales (Verenigde Oostindische Compagnie, o "VOC"), primera sociedad anónima de la historia, comenzó a ofrecer participaciones en sus negocios para financiar su expansión comercial. De esta forma, era posible captar grandes sumas de dinero a través de pequeñas inversiones de los ahorros de un gran número de personas a cambio de una participación (las acciones) en los resultados de ese negocio. Esta función de financiación por parte de una empresa e inversión por parte de un particular, nacida de las necesidades de las compañías mercantiles colonialistas de la época sigue siendo la principal función de las bolsas actuales.

**La Ámsterdam Bourse fue la primera en negociar formalmente con activos financieros** y también funcionó como mercado de productos coloniales. Publicaba semanalmente un boletín que servía de punto de referencia de las transacciones. La institución de la Bolsa de valores terminó de desarrollarse en los siglos siguientes, coincidiendo con la expansión del capitalismo y la empresa privada. Así surgieron la de Londres (1570), la de Nueva York (1792), la de París (1794) y la de Madrid (1831). En todas ellas se compran y se venden las acciones de las principales empresas de cada país y de otros países. De este modo, la Bolsa de Valores es una organización que provee un mercado donde las compañías pueden ofrecer sus acciones y los inversionistas, normalmente a través de unos intermediarios llamados corredores de bolsa, pueden comprarlas. Este mercado establece unas normas y exige unos requisitos que permite operar con ciertas garantías de transparencia. **El volumen promedio de acciones compradas y vendidas en un día en el S&P es de 500 millones de títulos.**

Este volumen no podría ser operado manualmente como se hacía antes del software de e-trading.

## La crisis de los tulipanes

Una historia interesante en el desarrollo de la bolsa de valores es la crisis de los tulipanes, la primera burbuja económica en la historia y que todo inversionista debe aprender. Ocurrió en un periodo de gran prosperidad en Holanda cuando las flores se convirtieron en símbolo de ostentación de riqueza y desembocó en una locura compradora de tulipanes durante varios años, llegando a provocar la primera gran crisis financiera de la historia reciente. Entre estas flores, el tulipán era el mayor exponente de riqueza, gracias a las variaciones inexplicables que surgían en algunos de sus bulbos, resultando bulbos multicolores e irrepetibles.

El exotismo de los bulbos de tulipán provocó una euforia productora y compradora, provocando que los precios de los tulipanes aumentasen exponencialmente. Todo el mundo quería invertir en tulipanes, era un mercado siempre al alza, nadie podía perder. La gente incluso llegó a dejar sus trabajos para dedicarse al cultivo de tulipanes. En 1623 un solo bulbo de tulipán se podía llegar a vender fácilmente por 1000 florines, mientras que el sueldo medio anual de un holandés era de 150 florines. El récord de precio lo batió el bulbo de tulipán Semper Augustus en 1635, cuando un sólo bulbo se llegó a intercambiar por una lujosa mansión en el centro de Amsterdam. Se publicaron cientos de catálogos de tulipanes, incluso se dejaron de cultivar otros productos para cultivar tulipanes, todo el mundo quería participar en este lucrativo negocio. Todas las clases sociales querían invertir en el negocio de los tulipanes, desde mercaderes, hasta artesanos y albañiles. La locura se había desatado. Entonces el mercado de los tulipanes entró en la bolsa de valores. Todavía nadie se percataba que los desorbitados precios no tenían ni sentido ni sustento y que podía producirse una crisis de los tulipanes.

La euforia del mercado provocó que el negocio de los tulipanes dejara de ser un producto de temporada como el resto de los cultivos y pasó a negociarse durante todo el año. La floración de un tulipán desde su cultivo dura 7 años, lo que conllevaba muchos riesgos y esto no cuadraba con la euforia compradora de tulipanes que había en Holanda. ¿Cómo se podía negociar un producto de temporada durante todo el año? La solución fue comenzar a vender los bulbos de tulipán antes de que se hubieran recolectado. Negociándose el precio y la cantidad de compra antes de que los bulbos florecieran. Aunque suene muy descabellado, aquello fue el primer paso para la aparición de uno de los mercados más importantes en la actualidad, el mercado de los futuros financieros. **En 1637 la burbuja estalló, el precio de los tulipanes empezó a caer en picada.** Todo el mundo se quería deshacer de los bulbos de tulipán, provocando numerosas bancarrotas y el pánico en todo el país. La gran cantidad de contratos que no podían hacerse frente y la falta de garantías de este extraño mercado financiero llevaron a la economía holandesa a la quiebra.

## Principales bolsas de valores

**Entre las Bolsas de Valores más importantes del mundo destacan la de Nueva York o NYSE (New York Stock Exchange),** el principal mercado de valores del mundo, ubicado en Wall Street (Nueva York) y donde cotizan indicadores como el Dow Jones y el Nasdaq; la Bolsa de Tokio o TSE, que acoge al índice Nikkei 225, donde cotizan las 225 empresas con mayor liquidez de la economía japonesa; la London Stock Exchange, el mercado británico, donde cotiza el índice FTSE-100 y la Bolsa de Madrid, que acoge al índice Ibex 35, formado por las cotizaciones de las 35 empresas más importantes del país.

En sus orígenes, los parqués de las bolsas se llenaban de operadores bursátiles que corrían de un lado a otro ofreciendo de viva voz y algunas veces a gritos sus ofertas para encontrar compradores y enlazar las operaciones. Algo semejante a lo que todavía sucede en los palenques de gallos en México en donde los corredores casan las apuestas. En algunas bolsas todavía se pueden ver a los operadores gritando sus ofertas para encontrar a un comprador y cerrar la operación. Sin embargo, esta forma de vender y comprar acciones está pasando a la historia. El software está tomando el lugar de los operadores bursátiles.

Algunos conceptos como "El parqué" están dejando de usarse y aquí lo explicamos como parte de la cultura bursátil. Por cierto, bursátil se deriva de la palabra bolsa (Recordemos el escudo de armas formado por tres bolsas de piel de la familia Büerse donde nació la primera bolsa de valores). En el mundo bursátil se suele denominar parqués o parquets a dos cosas diferentes: el lugar físico de la bolsa y el mercado bursátil mismo. En la acepción original, el parqué de bolsa es el recinto donde funcionan las bolsas de valores, vale decir el edificio donde funciona la bolsa, su sede física y más específicamente, el parqué es el recinto o salón de negociaciones. Un parqué bursátil es el lugar físico donde funciona la contratación bursátil mediante el mercado de corros, donde se opera en bolsa comprando y vendiendo acciones cara a cara y en voz alta.

La Bolsa de Nueva York (New York Stock Exchange, NYSE) es el mayor mercado de valores del mundo en volumen monetario y el primero en número de empresas registradas. La Bolsa de Nueva York cuenta con un volumen anual de transacciones de 21 mil millones, incluyendo los 7 mil millones de compañías no estadounidenses. Fue creada en 1817, cuando un grupo de corredores de bolsa se organizó formando un comité llamado «New York Stock and Exchange Board» (NYS&EB) con la finalidad de poder controlar el flujo de acciones que era negociado libremente y principalmente en la acera de Wall Street. En 1918, después de la Primera Guerra Mundial, se convierte en la principal casa de bolsa del mundo, dejando atrás a la Bolsa de Londres. **El jueves 24 de octubre de 1929**, llamado a partir de entonces el Jueves Negro, se produjo una de las más grandes caídas de la bolsa que condujo a la recesión económica más importante de los Estados Unidos en el siglo XX, la «Gran Depresión».

La Bolsa Mexicana de Valores, S.A.B. de C.V. es una entidad financiera privada que opera por concesión de la Secretaría de

Hacienda y Crédito Público, con apego a la Ley del Mercado de Valores. Proporciona la infraestructura material y tecnológica para llevar a cabo el intercambio de valores en nuestro país consolidando así el Mercado Bursátil en México. La Bolsa Mexicana de Valores se fundó el 31 de octubre de 1894 con sede social en la calle de Plateros No. 9 (actual calle de Madero) y su inauguración oficial fue el día 21 de octubre de 1895.

Importancia del mercado bursátil

El mercado bursátil o mercado de valores es una de las fuentes de recursos más importantes para las empresas y también para el Gobierno. Cotizando en la bolsa, las empresas pueden captar capital adicional para su expansión, ya sea mediante la venta de acciones o de bonos. Las acciones son valores representativos de capital sobre el patrimonio de una sociedad (anónima) y los bonos son valores representativos de deuda emitidos por el gobierno de un país, personas jurídicas privadas (sociedades) o públicas a un plazo generalmente mayor de un año. A través de todo este proceso el mercado cumple la función de orientar los recursos desde aquéllos que poseen ahorros sin un destino específico, hacia otros que necesitan dinero para producir bienes y servicios o construir plantas industriales, carreteras y otros servicios.

Es la forma más eficiente para suplir de recursos al sector generador de riqueza y empleos. Y no sólo eso, el mercado de valores posee el atractivo de la liquidez, aventajando significativamente en ese sentido al mercado inmobiliario porque las acciones y valores se pueden vender de inmediato. **El mercado de valores constituye además una de las fórmulas más eficientes para una verdadera democratización del capital.** Mediante la compra o cesión de acciones o valores representativos de capital, el ciudadano común tiene la oportunidad de convertirse en "dueño de empresa" y participar en el sistema de propiedad, o de invertir en bonos de gobierno y de otras entidades públicas como el banco central o de empresas públicas y privadas. Una característica de las economías de países desarrollados o en vías de alcanzarlo, es poseer un mercado de valores amplio y desarrollado. En esos países, el ahorro interno de los ciudadanos es en buena parte canalizado hacia el mercado de valores y de capitales, para que éste sirva eficientemente en la asignación de recursos. Para que este mercado funcione se debe crear un ámbito de inversión dinámico, transparente, libre y atractivo para que aquellos que disponen de fondos, los inversionistas, puedan invertir sus recursos en el mercado bursátil y canalizarlo a fines productivos.

Al finalizar la Segunda Guerra Mundial los países entraron en un periodo de relativa tranquilidad permitiendo las condiciones para un pleno desarrollo de los mercados de valores. En los Estados Unidos, Europa, algunos países de Asia y América Latina se establecieron las bases para el fortalecimiento de los mercados bursátiles. Florecieron con fuerza los de Estados Unidos, Francia, Alemania, Inglaterra, España, Japón y Corea principalmente. Se puede afirmar que existe una correlación directamente proporcional entre el desarrollo del mercado bursátil de un país y la fortaleza de su economía. **Los países más desarrollados y con un nivel de ingreso per cápita más alto son los que tienen un mercado bursátil más eficiente y más vigoroso.**

## La historia del e-trading

E-trading es el sistema electrónico por medio del cual se ejecutan órdenes de compra y venta de activos financieros en línea y en tiempo real.

En la década de los 60 ya se encontraban en las grandes computadoras instaladas en oficinas de gobierno y grandes empresas. En ese tiempo la serie de computadoras 360 de IBM era la meta por alcanzar. Hacia 1969 se desarrolló un sistema de apoyo a las casas de bolsa conocido como red de comunicaciones electrónicas (Electronic Communications Networks ECN) que permitía desplegar en una pantalla instalada dentro de la misma casa de bolsa los precios de oferta y demanda de las acciones. Hacia finales de la década de los 80 se combinaron dos factores que provocaron un desarrollo vertiginoso de algunos mercados de valores, principalmente en los Estados Unidos, Europa y Japón. Estos dos factores fueron Internet y la computadora personal. A partir de entonces las principales casas de bolsa empezaron a desarrollar software para que las personas pudieran tener acceso directo a las operaciones del mercado bursátil.

El resultado de combinar Internet, computadora personal y software provocó una verdadera explosión en el crecimiento de las operaciones del mercado de valores particularmente en los Estados Unidos. Fue precisamente en el año de 1982 cuando la empresa North American Holding Corp. Establecida en East Hartford, Connecticut  puso en operación el sistema llamado NAICO-NET. El sistema se basaba en el estándar ANSI (American National Standards Institute) que permitía su operación con una computadora IBM a la que se le podían conectar computadoras personales para enlazar compradores y vendedores en todo el mundo. Las operaciones se enviaban directamente a la casa de bolsa Pershing Corp. (Donaldson Lufkin & Jenrette) para su ejecución. En poco tiempo ya se habían registrado cinco mil personas y de ahí en adelante el e-trading empezó a crecer. En los siguientes años su crecimiento fue poco a poco pero a paso firme. Una de las empresas pioneras en ese tiempo fue Trade*Plus que en combinación con America Online y Compuserve logró construir una de las primeras plataformas para el e-trading abierta al público.  El crack del mercado bursátil en 1987 y posteriormente la Guerra del Golfo detuvieron el avance del e-trading. Sin embargo, en 1991 William Porter, uno de los creadores de Trade*Plus desarrolló un software eficiente, amigable y de fácil operación para lanzar la compañía E*Trade Securities Inc.

Para los pequeños inversionistas, entre quienes podemos mencionar a los profesionistas y empresarios en una primera instancia y luego empleados, amas de casa, estudiantes y jubilados, **la facilidad de poder comprar y vender acciones, bonos, certificados y todo tipo de instrumento financiero a través de Internet resultó un gran atractivo**. Para mediados de la década de los 90 aproximadamente el 20% de la población activa de los Estados Unidos ingresó al mundo del e-trading para comprar y vender acciones online. Una década antes solamente participaba en esta actividad el 5% de la población. El éxito de E*Trade fue tan importante que en 1994 fue seleccionada como la empresa de más rápido crecimiento en los Estados Unidos. Este éxito despertó el interés de otras empresas y en poco tiempo la oferta de servicio de e-trading creció hasta convertirse en una práctica cotidiana para millones de personas.

Otra empresa que registró un rápido crecimiento en el campo del e-trading fue TD Ameritrade. Originalmente inició operaciones financieras con el nombre de First Omaha Securities. En 1995 adquirió la empresa K. Aufhauser & Company, Inc. que incluía su sistema WealthWeb que ofrecía el servicio de online trading. En los siguientes años adquirió otras empresas financieras y de servicios hasta constituirse con el nombre de TD Ameritrade y convertirse en una de las empresas de e-trading más importantes y con operaciones a nivel mundial. Otras empresas de reconocido prestigio en el mundo de la banca y las finanzas como Charles Schwab también se integraron a la tecnología con un eficiente servicio de trading online. Scottrade.com lanzó un servicio de eficiente operación al atractivo precio de $7 dólares por trade rompiendo esquemas y abriendo la puerta del e-trading a todo el mundo. El salto en el número de casas de e-trading fue impresionante al pasar de 12 en 1995 a 140 para el año dos mil.

El e-trading generó varios cambios importantes en la historia del mercado bursátil de los Estados Unidos. Aquí anotamos algunos de ellos: El número de inversionistas pasó de diez millones en 1980 a 60 millones en 2015. El volumen de operaciones se multiplicó por cincuenta en virtud no solamente de un incremento en el número de inversionistas, sino en la facilidad de poder ejecutar un solo inversionista varias operaciones al día. **El poder del mercado pasó de unas cuantas casas de bolsa a cientos de operadores y millones de pequeños inversionistas**. Por su volumen de operaciones y por el número de inversionistas, el mercado bursátil tiene una influencia decisiva en la economía real. Si el mercado bursátil se desploma, se viene abajo también toda la economía del país.

El e-trading también ha creado nuevas oportunidades para miles de personas que se han integrado a diferentes ocupaciones. Analistas, expertos y consejeros ofrecen sus servicios en sus páginas de Internet. Por una cuota mensual envían a sus clientes el análisis técnico y fundamental del mercado, consejos sobre las acciones que se deben adquirir y el mejor tiempo para entrar o salir del mercado. Escritores y reporteros publican sus notas y columnas en sitios de Internet.

**Una de las ocupaciones más importantes en el campo del e-trading es el desarrollo de software**. Las casas de bolsa requieren de software eficiente, sofisticado, poderoso y a la vez amigable para el usuario. Los desarrolladores de software tienen un enorme campo de acción y a la vez un gran reto para producir software que les permita a las casas de bolsa de México, Argentina, Chile, Brasil y todos los países emergentes integrarse al mercado bursátil electrónico. Esto es algo urgente para que los países en desarrollo puedan fortalecer su mercado bursátil y retener los capitales en beneficio de sus empresas. De otra manera los inversionistas de México y otros países abren cuentas de e-trading para invertir en mercados del extranjero y beneficiar a empresas establecidas en el exterior. Las casas de bolsa de México se encuentran ante el reto de ofrecer el servicio de e-trading y requieren los servicios de los desarrolladores de software que puedan crear los sistemas. Esto es urgente para el desarrollo económico del país.

### Funciones del software para e-trading

El e-trading ha llegado a una etapa de madurez en los Estados Unidos y en algunos países de Asia y Europa. Sin embargo, esto no significa que se encuentren saturadas las oportunidades para el e-trading y para los desarrolladores de software. Existen varios campos que requieren el desarrollo de software para satisfacer una demanda creciente de servicios. Aquí anotamos algunos campos de acción y señalamos los requerimientos mínimos para cada uno de ellos:

- Software para empresas de e-trading. Ver "1" por debajo.
- Software para el e-trading en móviles. Ver "2" por debajo.
- Software para analizar el mercado bursátil. Ver "3" por debajo.

1. **Software para empresas de e-trading.** Las empresas que ofrecen el servicio de e-trading han crecido exponencialmente. Se estima que en los próximos años esta tendencia entrará con fuerza en los países emergentes, México entre ellos. Esto representa una gran oportunidad para los desarrolladores de software que quieran participar en este interesante campo. Para desarrollar un sistema de e-trading que satisfaga las necesidades de la casa de bolsa y de los inversionistas es necesario que ofrezca una serie de características para colocarse en el top ten. Aquí apuntamos los requisitos que debe cumplir un buen sistema de e-trading agrupados en varias categorías de acuerdo con su función:

Facilitar la operación de un amplio abanico de productos financieros:

- Bonos. (Bonds)
- Acciones de empresas. (Stocks)
- ETFs (Exchange-trading Funds.)
- Operaciones en corto. (Short)
- Forex (Foreign exchange markets)
- Futuros del mercado.
- Mercados Internacionales.
- Mutual Funds.
- Opciones.
- Over-the-counter (OTC) securities.

Herramientas y tecnología

Las herramientas de e-trading y la tecnología permiten ejecutar con facilidad una operación de compra-venta de instrumentos financieros así como ejecutar operaciones condicionadas o a futuro cuando se cumplen ciertas condiciones. Esta es una de las funciones que los inversionistas buscan en un sistema de e-trading a fin de poder obtener el mejor precio y en el mejor momento. Estas son algunas de las herramientas y tecnología que debe incluir un sistema de e-trading:

- Un eficiente sistema de alertas.
- Ejecución de órdenes bajo ciertas condiciones
- Posibilidad de acceso al nivel II para ver operaciones en tiempo real.
- Posibilidad de modificar la interface de operación según preferencias.
- Operación eficiente para ejecutar las órdenes con el mínimo de clics.
- Despliegue de gráficas en tiempo real.
- Ejecución inmediata de la orden de compra-venta.
- Facilidad para manejar diferentes tipos de stops.
- Aviso claro e inmediato de las órdenes de compra-venta ejecutadas.

## Soporte y asistencia para el usuario

El soporte es la forma en que la casa de bolsa interactúa con el cliente para brindarle apoyo en la toma de decisiones y facilitarle la consulta de información que requiere para satisfacer dudas o recabar información que necesita para diversos propósitos. Estos son algunos de los puntos que debe incluir:

- Servicio de soporte las 24 horas. En el mundo siempre hay actividad a toda hora.
- Interacción en diferentes idiomas.
- Asistencia técnica disponible 24/7
- Una dirección de correo y un eficiente servicio de respuesta.
- Una línea telefónica disponible y abierta 24/7
- El software puede incluir también un servicio de chat.
- Liga a otras fuentes de información como Facebook y twitter.
- Proporcionar al cliente informes con estados de cuenta mensual y anual.
- Muy importante el informe fiscal para pago de impuestos.
- Un centro de capacitación virtual con video y demos en streaming

2. **Mobile Trading.** Es la facilidad de realizar transacciones financieras a través de un dispositivo móvil. Es importante considerar que las personas se conectan a Internet a un ritmo más acelerado que a través de computadoras de escritorio. Por lo tanto, un sistema de e-trading debe facilitar la operación mediante un móvil. Aquí incluimos algunas de las facilidades que debe ofrecer el sistema móvil de e-trading:

- Funcionar en el sistema operativo Windows, Android, Apple y BlackBerry
- Facilidad para comprar y vender desde el móvil todos los productos.
- Crear alertas sobre precios, volúmenes y noticias.
- Permitir la transferencia de fondos a la cuenta del usuario.
- Conectar con herramientas de análisis técnico y fundamental del mercado.
- Posibilidad de crear un portafolio y darle seguimiento.
- Servicio de streaming para ver comentarios y noticias.
- Incluir una demo virtual.

3. **Análisis e investigación.** El análisis y la investigación del mercado es algo que le agrada al inversionista porque le ayuda a estar mejor informado y le permite tomar mejores decisiones. Un sistema de e-trading debe proporcionar noticias, comentarios, análisis, gráficas y elementos importantes para la toma de decisiones. Aquí mencionamos algunos de los más importantes:

- Gráficas sobre el comportamiento de los productos de inversión. Incluir gráficas de diversos tipos: lineales, barras, velas japonesas, circulares. Y también gráficas de los diversos indicadores financieros.
- Un blog con información financiera del mercado
- Comentarios sobre el mercado y los resultados del día.
- Noticias financieras actualizadas constantemente.
- Artículos escritos por analistas y consejeros bursátiles.
- Message board

## Trading Algorítmico

El trading algorítmico, conocido también como algorithmic trading, algo trading y blackbox trading es una modalidad de operación en los mercados bursátiles que se caracteriza por el uso de algoritmos, reglas y procedimientos para ejecutar operaciones de compra y venta de instrumentos financieros.

Recordemos que un algoritmo es un grupo finito de operaciones organizadas de manera lógica y ordenada que permite solucionar un determinado problema. Se trata de una serie de instrucciones o reglas establecidas que, por medio de una sucesión de pasos, permiten arribar a un resultado o solución. En las ciencias de la computación los algoritmos permiten trabajar a partir de un estado básico o inicial y, tras seguir los pasos propuestos, llegar a una solución. Los algoritmos suelen estar asociados al ámbito matemático ya que permiten, por ejemplo, obtener el cociente entre un par de dígitos o determinar cuál es el máximo común divisor entre dos cifras pertenecientes al grupo de los enteros, aunque no siempre implican la presencia de números. Sin embargo, los algoritmos también se pueden desarrollar con operadores de matemáticas finitas u operadores lógicos. Un algoritmo se puede expresar originalmente con fórmulas matemáticas, con operadores lógicos o con palabras del lenguaje común, después se convierte en una serie de pasos mediante un diagrama de flujo y finalmente se transcribe en un lenguaje de computación para convertirlo en un software ejecutable en una computadora. Un programa de computadora o software es un algoritmo codificado en un lenguaje de programación.

El trading algorítmico Toma como entrada la información del análisis bursátil, la procesa de acuerdo con ciertas reglas establecidas y toma una decisión de compra o venta. Esto lo hace el software de una forma objetiva sin que intervengan las emociones del ser humano que muchas veces complican y entorpecen las decisiones. De hecho, una de las principales ventajas del trading algorítmico es que al estar guiado por un conjunto de reglas o procedimientos que no involucran la emocionalidad humana, permiten evitar los sesgos conductuales más comunes entre los inversionistas, como son el exceso de confianza, los sesgos heurísticos, la aversión a la ambigüedad y la aversión al riesgo miope entre otros identificados por el campo de las finanzas conductuales.

La entrada de información proviene de los indicadores del análisis bursátil que tiene como objetivo el estudio del comportamiento de los mercados financieros y de los valores que los constituyen. Con ese análisis se pretende conseguir información relevante que ayude en las decisiones de inversión en situaciones de incertidumbre. Implica un incremento o dimensión de la bolsa de valores teniendo en cuenta el mercado fluctuante por la oferta y la demanda en un tiempo determinado, lo cual permite mejorar y cerrar favorablemente las operaciones. El análisis bursátil se divide en una doble categoría: Técnico y Fundamental

**Análisis Técnico**. Es el estudio de los indicadores del mercado bursátil que tienen valor por sí mismos como entrada de un algoritmo y que también se pueden expresar mediante gráficas para su mejor comprensión por el ser humano. El análisis técnico tuvo sus orígenes en EEUU a finales del siglo XIX con Charles Henry Dow creando la Teoría de Dow y posteriormente el indicador bursátil del mismo nombre. Más tarde adquirió un gran impulso con Ralph Nelson Elliott dentro de los mercados accionarios con su Teoría de las Ondas de Elliott, y después se extendió al mercado de futuros. Sin embargo, sus principios y herramientas son aplicables al estudio de las gráficas de cualquier instrumento financiero. En la actualidad existe un amplio abanico de indicadores del mercado de valores que sirven para analizar el mercado y tomar decisiones entre los que destacan los siguientes:

- Precio o cotización del instrumento financiero. Es la variable más importante de la acción del mercado.
- Volumen es la cantidad de unidades o contratos operados durante un cierto período.
- Media Móvil Simple. (Simple Moving Average, SMA). Es la media aritmética de los n datos anteriores. En esta técnica elemental de predicción, cuanto más grande sea n,

mayor será la influencia de los datos antiguos. En contrapartida, si se selecciona una n baja, se tendrán en cuenta datos más recientes para nuestra predicción.

- Media Móvil Exponencial. (Exponential Moving Average, EMA). Es una media móvil ponderada exponencialmente. Se trata de la media aritmética de los n valores anteriores con factores de ponderación que decrecen exponencialmente. La ponderación para cada punto de datos más antiguo decrece exponencialmente, nunca llegando a cero
- Indice de Flujo de Dinero. (Money Flow Index, MFI). Mide la fuerza con la que el dinero fluye hacia dentro o hacia fuera de una acción o instrumento financiero. Al analizar el Money Flow Index hay que tener en cuenta las divergencias entre el indicador y movimiento de precios. Si los precios suben y el valor del Money Flow Index baja (o al revés) es muy probable que los precios den la vuelta. El valor del Money Flow Index superior a 80 e inferior a 20 señaliza el pico o la base potencial del mercado, respectivamente.
- Convergencia/Divergencia del Promedio Móvil. (Moving Average Convergence Divergence, MACD). Es un indicador que ayuda a seguir la tendencia del mercado. El indicador MACD tiene tres componentes: El MACD propiamente dicho, la señal y el histograma.
- Indice de Fuerza Relativa (Relative Strength Index, RSI). Es un indicador tipo oscilador utilizado en análisis técnico que muestra la fuerza del precio mediante la comparación de los movimientos individuales al alza o a la baja de los sucesivos precios de cierre.
- Gráficas. Todos estos indicadores se pueden graficar para facilitar la interpretación por el ser humano. Con el software apropiado se pueden hacer gráficas muy complicadas en cuestión de segundos. Existen empresas que se dedican solamente a la producción de software para graficar indicadores bursátiles y empresas que se dedican a su interpretación. De esta forma, el análisis e interpretación de las gráficas forma parte del análisis técnico que atrae a

millones de inversionistas en todo el mundo. En virtud del creciente interés que ha despertado este tema, aquí lo ampliaremos con una breve explicación. Y decimos breve porque se han publicado extensos libros cuyo tema fundamental es el análisis de un solo tipo de gráfica como es el caso de las velas japonesas.

El análisis gráfico o "chartista" es un método de análisis que se basa en observar la evolución a lo largo del tiempo de los movimientos que realizan las cotizaciones y otros indicadores bursátiles mediante la utilización de gráficos o charts. Por tanto, un chart (Palabra de origen inglés que ha tomado carta de aceptación en el idioma español) es un gráfico en el que se representa la evolución de los indicadores tanto de los mercados como de las empresas, de los activos financieros, de las divisas, índices, materias primas, derivados financieros, fondos de inversión, etc. En el eje vertical del gráfico se ubican las cotizaciones o precios y en el eje horizontal se indica el tiempo, es decir, las sesiones de negociación, sean diarias, semanales, mensuales, etc. Según el análisis gráfico, el precio o cotización se forma, exclusivamente, por la libre concurrencia de la oferta y la demanda, reflejándose en el precio las opiniones de todos los participantes en los mercados, desde los expertos y altamente informados a los profanos y todo tipo de inversionista que se ve influido por su psicología produciéndose comportamientos racionales o irracionales, optimistas y pesimistas. El objetivo del análisis gráfico consiste en determinar en qué situación se encuentran las cotizaciones y procurar predecir cuál va a ser su evolución futura con base en su evolución pasada o historia gráfica. De esta forma, el análisis técnico se integra de dos partes complementarias: el análisis cuantitativo de los indicadores y el análisis de su expresión en una gráfica o chart. **Tanto los indicadores bursátiles cuantitativos como las gráficas se producen de manera más rápida, precisa y oportuna con el software apropiado.**

**Análisis Fundamental.** Es una metodología de análisis bursátil cuyo objetivo es determinar el auténtico valor del título o acción, llamado valor fundamental. Este valor se usa como estimación de su valor como utilidad comercial que a su vez se supone es un indicador del rendimiento futuro que se espera del título. Este tipo de análisis fue introducido por Benjamin Graham y David Dodd en 1934 en el libro "Security Analysis" con varias reediciones entre 1934 y 1962. La hipótesis fundamental asume que cuando el precio de mercado es inferior al valor esencial o fundamental, la acción o título está infravalorada y su precio se elevará en el futuro cuando el mercado se ajuste propiamente. Por tanto, un analista fundamental debería ser capaz de calcular el valor esencial del título o acción y su precio actual. El signo de la diferencia dará una idea si la tendencia a subir es positiva o negativa. De esta forma, el problema principal es la tarea de estimar cuál debería ser el valor intrínseco del título o acción y en consecuencia lo que el mercado "debería" hacer. Otro problema mayor es predecir cuándo se van a producir los movimientos predichos. En general, el análisis se aplica a inversiones a largo plazo, esperando que el mercado refleje el valor esperado.

A diferencia del análisis técnico, las herramientas del análisis fundamental, dado el objetivo de obtener el verdadero valor de un título, son todos aquellos elementos que pueden afectar al valor entre los que destacan: Estados financieros periódicos, técnicas de valuación de empresas, previsiones económicas, análisis del entorno, información económica en general y cualquier tipo de información adicional que afecte al valor de un instrumento financiero.

Los indicadores técnicos y fundamentales que hemos revisado son solamente algunos del amplio espectro de indicadores bursátiles que existen para tomar decisiones a fin de comprar o vender instrumentos financieros. Para calcular cada uno de ellos se requiere información precisa del mercado y realizar cálculos matemáticos siguiendo un conjunto de fórmulas que para una persona común representa una tarea complicada. Aquí es precisamente en donde el software de e-trading algorítmico puede ofrecer un servicio eficaz. El software de e-trading se encarga de recabar la información de entrada, procesarla para elaborar complejas operaciones matemáticas y obtener diez o más indicadores bursátiles para efectuar el análisis técnico, hacer comparaciones para llegar a conclusiones del análisis fundamental y aun analizar la información de las noticias del día. Toda esta información la puede procesar en segundos, tomar una decisión y el mismo software ordenar la compra o venta en el mercado bursátil sin la intervención de ser humano alguno.

Trading de alta frecuencia (High-Frequency Trading HFT).

El software para ejecutar operaciones bursátiles de alta frecuencia fue puesto en operación después de que la U.S. Securities and Exchange Commission autorizara en 1988 las operaciones electrónicas en el mercado bursátil. Los sofisticados algoritmos de este software permiten ejecutar miles de órdenes en solamente una fracción de segundo. Estas operaciones no son del dominio público y no constituyen la norma en la compra-venta de instrumentos financieros, pero en virtud de su extrema velocidad pueden lograr ganancias de millones de dólares en solamente un par de segundos. Debido a su extrema velocidad un ser humano sería incapaz de ejecutar órdenes con esta velocidad. Imagine por un momento el tiempo que le tomaría a un ser humano ver una noticia en su computadora, elaborar un juicio para determinar que es altamente positiva y puede generar utilidades en el mercado bursátil, teclear la orden en su computadora, oprimir una tecla para hacer clic, enviar la orden y finalmente ejecutarla a través de su casa de bolsa. Esto puede consumir fácilmente 20 segundos. Para el software de High-Frecuency Trading esto es una eternidad. Y ya ni mencionamos si la orden de compra o venta se hace por teléfono o e-mail porque eso ya no es eficiente y solamente funciona en los mercados bursátiles de países emergentes.

El software de HFT puede tomar datos de otra computadora, analizarlos y ejecutar una orden en el mercado bursátil en tan solo unos cuantos milisegundos. Resulta evidente la diferencia en tiempo a favor del software de HFT. Ahora bien, ¿Cómo se puede aprovechar esta velocidad y capacidad de ejecución a una velocidad extrema? Hay varias formas en las que las grandes empresas de casa de bolsa la aprovechan. Ejemplificaremos con una de ellas. La Universidad de Michigan publica cada mes un indicador de la confianza del consumidor. Este informe es completamente secreto porque si alguien lo conoce con anticipación podría utilizarlo para adquirir acciones en forma anticipada y ganar fácilmente un millón de dólares. Si el indicador es positivo en su resultado compra en largo y, si es negativo, pues compra en corto y el mismo día puede tomar utilidades. El indicador de confianza lo entrega la universidad a la empresa Reuters para que lo haga público en sus medios de noticias. Reuters puede incluir en su informe datos que el software puede analizar sin intervención humana, tomar la decisión, comprar con ventaja, esperar y luego vender para ganar.

Ahora veamos cómo se puede convertir en utilidades millonarias el HFT: Este estudio lo entrega la Universidad de Michigan a Reuters acompañado de una factura por un millón de dólares anuales. Reuters puede vender a algunas empresas la información que publica entregando los datos solamente un par de segundos antes de publicarlos. Y por supuesto, cobra por el servicio a estas empresas sin la obligación de manifestar la cantidad. El software HFT toma la información y para cuando el estudio ya es del dominio público dos segundos después, su trabajo de ejecutar miles de operaciones en el mercado bursátil ha sido terminado.

Incluso, con la extrema velocidad del software HFT no es imprescindible obtener la información con anticipación de un par de segundos. Es suficiente con la mayor velocidad de proceso de información para ganarle la carrera al software algorítmico normal para llegar antes a la meta y, por supuesto, a las utilidades. Existen muchos indicadores elaborados por instituciones honestas tanto en su elaboración como en su publicación. Algunos de estos indicadores son la pieza clave para los movimientos bursátiles en una hora o en todo el día si es muy importante su efecto. La información se puede conservar en forma secreta hasta su publicación en los medios.

Una vez publicada todos quienes la vean tendrán la misma oportunidad para analizarla, tomar decisiones y ejecutar una orden. La gran diferencia se encuentra en la intervención del tipo de software que contiene algoritmos que pueden analizar la información, tomar decisiones y ejecutar las órdenes sin intervención de un ser humano y a una velocidad de milisegundos. Aquí la velocidad del software HFT sí cuenta.

Este tipo de software es producido por programadores que lo venden a muy alto precio. El reto es saber producirlo. Este reto lo han tomado programadores de alta capacidad en los Estados Unidos, Europa y Japón, principalmente. Quizá lo tome también una casa de software establecida en México o en algún país de América Latina. Las oportunidades están a la espera.

# -16-

# SOFTWARE EMBEBIDO

Mire a su alrededor y seguramente tendrá a su alcance algún aparato controlado por software embebido: teléfonos, refrigeradores, lavadoras, televisiones, relojes, automóviles, aviones, barcos, juegos, equipo médico, calculadoras, cámaras fotográficas, etc., etc.

El software embebido es un sistema informático diseñado para realizar una o varias funciones específicas que se encuentra incrustado en un sistema de computación que funciona en tiempo real. El nombre de embebido le viene del galicismo embedded que significa incrustado o integrado. Y así es. Un software que se escribe de manera permanente en un chip. Por lo tanto, es de sólo lectura, no se puede modificar y está diseñado para ejecutar una o unas pocas funciones específicas en tiempo real.

Una computadora tiene como parte fundamental un chip programable. Esto es, un circuito integrado en cuya memoria se puede escribir un programa, borrarlo y escribir uno diferente. Esto es lo que permite que la computadora sea una máquina programable de propósito general. Se puede grabar en su memoria un programa de procesamiento de textos y entonces se convierte en una excelente procesadora de la palabra. Pero se puede borrar ese programa y grabar uno de hoja de cálculo y entonces tendremos una máquina para hacer cálculos matemáticos. Y lo mismo se puede grabar un programa para transmitir video en streaming y se convierte en una televisión.

## Software permanente en un chip

El software embebido se graba en un chip para ejecutar una sola función. Por ejemplo, se puede instalar en una calculadora y eso es lo que hará siempre. Si se graba un programa para controlar las funciones de una lavadora, pues eso es lo que hará durante toda su vida útil. Podemos preguntarnos ahora ¿Cuál es la razón de producir chips con un solo programa si se pueden fabricar chips programables? El sentido común nos diría que siempre habría de ser mejor producir chips programables que se pueden usar en una lavadora o en una televisión o en un automóvil. Un solo chip que podría servir para controlar todo tipo de aparato. La respuesta es muy simple: El costo de producción. Esa la razón principal de producir chips con software embebido.

**El secreto se encuentra en la complejidad del diseño del circuito integrado y en el volumen de producción.** Producir un circuito integrado (También conocido como CI o chip) para una computadora requiere de un diseño complicado y por lo tanto su precio es mayor al de un chip que tiene un diseño sencillo y un menor número de componentes electrónicos para ejecutar una o algunas pocas funciones. Por otra parte, un chip para ejecutar una sola función que se habrá de integrar al equipo electrónico de un aparato doméstico se puede fabricar en cientos de miles o millones de unidades a un precio reducido y esto baja el costo de producción.

Recordemos que un circuito integrado (CI), también conocido como chip o microchip por su reducido tamaño, es una estructura de pequeñas dimensiones de material semiconductor, normalmente silicio, de algunos milímetros cuadrados de superficie, sobre la que se fabrican circuitos electrónicos generalmente mediante fotolitografía y que está protegida dentro de un encapsulado de plástico o de cerámica. El encapsulado posee conductores metálicos apropiados para hacer conexión entre el circuito integrado y un circuito impreso.

El avance en la tecnología ha permitido integrar miles, cientos de miles y más de un millón de componentes electrónicos en una pequeña pieza de silicio del tamaño de la uña de un dedo. Si pensamos por un momento en el espacio que necesitaría un millón de válvulas electrónicas, en la cantidad de energía que consumiría, la generación de calor y la probabilidad de fallas podremos apreciar la tecnología que se encuentra detrás de la producción de circuitos integrados. Actualmente se producen de diferentes tamaños y capacidades para ajustarse a las necesidades del usuario. Atendiendo al nivel de integración - número de componentes- los circuitos integrados se pueden clasificar en:

- SSI (Small Scale Integration) pequeño nivel: de 10 a 100 transistores
- MSI (Medium Scale Integration) medio: 101 a 1, 000
- LSI (Large Scale Integration) grande: 1,001 a 10,000
- VLSI (Very Large Scale Integration) muy grande: 10, 001 a 100, 000
- ULSI (Ultra Large Scale Integration) ultra: 100, 001 a 1, 000,000
- GLSI (Giga Large Scale Integration) gigante: más de un millón

Para diseñar y producir un sistema embebido se requiere generalmente de un chip con un número reducido de componentes ya que realizará solamente una o pocas funciones y esto es lo que reduce su precio y lo hace más atractivo para la industria que necesita controlar las funciones de un dispositivo con un chip. La industria del software embebido tiene un gran horizonte. Cada vez más aparatos son controlados con un chip. Veamos cómo se inició el software embebido.

El primer sistema con software embebido del que se tiene registro fue la computadora de navegación de la nave Apolo (Apollo Guidance Computer, en adelante AGC) para guiar a la nave Apolo desarrollada por Charles Stark Draper en el laboratorio de Instrumentación del Instituto Tecnológico de Massachusetts. Su función en el programa espacial fue proporcionar la capacidad de cálculo necesaria para controlar la orientación y la navegación del módulo de mando (CM, de Command Module) y del módulo lunar (LM, de Lunar

Module). El AGC y su interfaz DSKY se desarrollaron a principios de la década de los 60s.

La AGC se diseñó bajo la dirección de Charles Stark Draper, habiendo diseñado el hardware Eldon C. Hall. Los primeros trabajos sobre la arquitectura llegaron de manos de J.H. Laning Jr., Albert Hopkins, Ramón Alonso y Hugh Blair-Smith. La empresa Raytheon fabricó el hardware de vuelo.

**La computadora de vuelo del Apolo fue la primera en usar circuitos integrados (CIs).** Los CIs de Fairchild Semiconductor se implementaron usando lógica resistencia-transistor (RTL) en un flat-pack. Fueron conectados mediante wire wrap y luego el cableado se incorporó en un molde plástico de epoxy. Al usar un único tipo de integrado se evitaron los problemas que plagaban los primeros diseños de computadoras basados en circuitos integrados.

La computadora tenía 2048 palabras de memoria de núcleos magnéticos borrable y 36 kilo palabras de memoria de núcleos cableados de solo lectura. La longitud de la palabra de memoria era de 16 bits: 15 bits de datos y 1 bit de paridad impar. El formato de palabra de la CPU de 16 bits eran 14 bits de datos, 1 bit de over Flow, y 1 bit de signo (en representación complemento a uno).

La interfaz de usuario con la que se accedía al AGC era la DSKY (Abreviatura del inglés Display and Keyboard, que en castellano significa teclado y pantalla), pronunciado comúnmente como dis-key. Poseía un vector de indicadores luminosos, varios visualizadores numéricos y un teclado tipo calculadora. Los comandos se introducían como números de dos dígitos: Verbo y Nombre. El Verbo describía el tipo de la acción a realizar y el Nombre especificaba el dato afectado por la acción indicada por dicho verbo. Los numerales se mostraban a través de visualizadores de siete segmentos electroluminiscentes de alto voltaje de color verde. Para controlar estos visualizadores se usaban relés electromecánicos que limitaban su velocidad de refresco (la versión posterior Block II usaban rectificadores controlados de silicio más veloces). En ellos se podían visualizar tres números de 5 dígitos con signo en base octal o decimal.

La industria militar se ha distinguido por su innovación en tecnología para producir mejor equipo bélico. En el caso del software embebido también participó de manera importante en su lanzamiento y desarrollo inicial. La serie de misiles Minuteman liberados en 1961 requería de un sistema de control y para tal efecto se diseñó la computadora Autonetics D-17 con circuitos integrados y software embebido. Esta fue la primera producción masiva de un circuito integrado con software embebido.

A partir de entonces el software embebido ha registrado un sorprendente avance dentro de la industria de la computación. **Cada vez más aparatos son controlados por esos pequeños chips** que algunas veces no vemos, pero que se encuentran incrustados en la computadora del automóvil, del avión, del barco, del teléfono, de la televisión, del refrigerador y de casi todo moderno aparato que utilizamos.

### Integración del software embebido

Un sistema embebido (SE) está integrado por circuitos integrados, memoria flash o ROM, el correspondiente circuito impreso y el software embebido o empotrado como parte esencial del mismo sistema, conocido en inglés como embedded software. El software integrado se utiliza para controlar los productos electrónicos y usualmente se ejecuta sobre un microprocesador interno, en un microcontrolador, en un procesador digital de señal (DSP), en una compuerta programable en campo (FPGA), en un controlador lógico programable (PLC) y a veces en una computadora de propósito general adaptada para fines específicos.

Un procesador digital de señales o DSP (En inglés de Digital Signal Processor) es un sistema basado en un procesador o microprocesador que posee un conjunto de instrucciones, un hardware y un software optimizados para aplicaciones que requieran operaciones numéricas a muy alta velocidad. Debido a esto es especialmente útil para el procesado y representación de señales analógicas en tiempo real: en un sistema que trabaje de esta forma (tiempo real) se reciben muestras normalmente provenientes de un conversor analógico/digital.

---

**Un FPGA (En inglés Field Programmable Gate Array)** es un dispositivo programable que contiene bloques de lógica cuya interconexión y funcionalidad puede ser configurada 'in situ' mediante un lenguaje de descripción especializado. La lógica programable puede reproducir desde funciones tan sencillas como las llevadas a cabo por una puerta lógica hasta complejos sistemas en un chip.

**Un Controlador Lógico Programable** (En inglés Programmable Logic Controller) es una computadora utilizada en la ingeniería automática para automatizar procesos electromecánicos. Los PLC son utilizados en muchas industrias y máquinas. A diferencia de las computadoras de propósito general, el PLC está diseñado para múltiples señales de entrada y de salida, rangos de temperatura ampliados, inmunidad al ruido eléctrico y resistencia a la vibración y al impacto.

---

El software embebido difiere del software convencional de una computadora de propósito general en varias características que justifican considerarlo como un nuevo campo de investigación y desarrollo dentro de las tecnologías de la información. Estas son las características que lo hacen diferente:

- Tiene una interfaz directa con el hardware del dispositivo y es el intermediario entre el software de alto nivel y las funciones del hardware. Su lenguaje de programación en la mayoría de los casos es de bajo y mediano nivel.

- Debido a que un sistema embebido está dedicado a una tarea específica, el diseño puede ser optimizado reduciendo los costos, el tamaño del producto y el consumo de potencia, a la vez de incrementar la confiabilidad y eficiencia.

- Los sistemas informáticos incluidos en productos electrónicos que controlan fábricas, tráfico aéreo y la distribución eléctrica se denominan sistemas de tiempo real. Los sistemas de tiempo real se diferencian de los sistemas informáticos de aplicación general  en que deben cumplir con requisitos de tiempo que no sólo   implica velocidad de respuesta, sino garantía de acción en el instante requerido de acuerdo a lo especificado.

---

**Un sistema operativo de tiempo real** (En inglés Real Time Operating System) es un sistema operativo que ha sido desarrollado para funcionar como soporte de aplicaciones con respuesta en tiempo real. Como tal, se le exige el cumplimiento de sus respuestas bajo ciertas restricciones de tiempo y debe respetarlas.

---

- La naturaleza dedicada en tiempo real del sistema conduce a un mayor grado de dependencia y a una mayor integración con el hardware. Son una combinación de hardware y software en un mismo paquete. Sobre el principio de esta interrelación software-hardware es que se basa, en forma creciente,  la producción de equipos electrónicos de nueva tecnología.

- Para alcanzar la meta de desarrollar sistemas insertados eficientes es  necesario emplear sistemas de arquitectura apropiados, hardware de interface, dispositivos periféricos y sensores, así como implementar robustos programas de software para su control. Todos ellos son utilizados en equipos y sistemas electrónicos que requieren el diseño integrado de Hardware/Software.

- Generalmente se ejecuta en un hardware limitado tanto en velocidad como en cantidad de memoria.

- En numerosos casos requiere capacidad de auto-prueba, tanto del software como del hardware.

- El software debe ser extremadamente confiable, muy eficiente y compacto, así como preciso en su respuesta. Su tolerancia a fallas debe ser muy baja porque una vez en manos del usuario es muy difícil o imposible de realizar cambios.

- El software embebido que se diseña para grabarse de manera permanente en un circuito integrado puede agruparse en varias categorías:

- El software original o básico, indispensable para el funcionamiento del aparato, el cual constituye su sistema operativo ad-hoc. El lenguaje de programación es assembler, C/C++ o VHDL. Este tipo de software, de carácter eminentemente tecnológico, está incorporado en el aparato desde su salida al mercado.

VHDL es un lenguaje definido por el IEEE (En inglés Institute of Electrical and Electronics Engineers) usado por ingenieros y científicos para describir circuitos digitales o modelar fenómenos científicos respectivamente. VHDL es el acrónimo que representa la combinación de VHSIC y HDL, donde VHSIC es el acrónimo de Very High Speed Integrated Circuit y HDL es el acrónimo de Hardware Description Language. Para el modelado físico existe la derivación del lenguaje VHDL-AMS. Originalmente el lenguaje VHDL fue desarrollado por el departamento de defensa de los Estados Unidos a inicios de los años 80's basado en ADA, con el fin de realizar simulación de circuitos eléctricos digitales.

- El software embebido requiere un elevado esfuerzo de creación inicial a cargo de programadores de alta especialización. Usualmente su costo se reparte en la cantidad de equipos entregados al mercado. En la mayor parte de los casos no se modifica a lo largo de su vida activa, siendo reemplazado al aparecer un nuevo modelo de aparato o dispositivo electrónico.
- Un segundo tipo de software embebido es el requerido por algunos de los equipos o aparatos incluidos en el apartado anterior, pero que por condiciones específicas, como pueden ser requerimientos regulatorios de una determinada comunidad o por condiciones existentes o simplemente modalidades o costumbres se hace necesario adaptar el equipo original al uso específico requerido.
- Otro tipo de SW de carácter embebido o tecnológico, generalmente insertado en una computadora personal dedicado a este fin específico es el dedicado al manejo, supervisión y control de sistemas complejos cuyo funcionamiento implica la interrelación de gran cantidad de equipos o aparatos. Este software es el que permite el funcionamiento de las redes de comunicaciones de voz,

video, audio y datos en la industria de las comunicaciones y el funcionamiento y control de los distintos procesos en la industria manufacturera. Dada la posibilidad muy frecuente en la práctica de que dichas redes estén conformadas por elementos de muy diversa procedencia y tecnología, la creación y optimización de este software es particularmente crítica y requiere de mayor especialización.

- El software embebido que se diseña para cumplir condiciones específicas de requerimientos regulatorios o costumbres establecidas, así como el que se produce para controlar el funcionamiento de las redes de comunicaciones tiene algunas características especiales que se mencionan a continuación:

- Requiere de mano de obra sumamente especializada no sólo de carácter informático y electrónico sino de otra con conocimientos profundos del funcionamiento de los diferentes elementos que conforman el entorno en el que debe funcionar el equipo. Incluye alta capacidad para el diseño y desarrollo.

- No es posible el desarrollo por especialistas en una única disciplina. Deben integrarse equipos multidisciplinarios para atender los diferentes requerimientos. Además de los programadores, analistas y otros expertos en Informática, se requiere el concurso de matemáticos, peritos en telecomunicaciones, electrónica, transmisión de datos, mecánicos, de procesos y en ocasiones de expertos en las regulaciones particulares de la región o de los países para los que se habrá de producir el software embebido.

México y los países de América Latina tienen una gran oportunidad para participar en esta gran ola de tecnología. Se requiere de conocimientos en software, de creatividad y de espíritu emprendedor. Algunas grandes empresas del software en México han aprovechado este nicho y han logrado importantes avances en tecnología y en la conquista del mercado nacional y más allá de las fronteras. **Un caso singular**

**es el de Softtek, empresa regiomontana que ha alcanzado un gran prestigio en el desarrollo de software.**

La compañía fue fundada en diciembre de 1982 en la ciudad de Monterrey. A principios del 2016 contaba con centros de desarrollo en Argentina, Brasil, China, España, Estados Unidos, India y México, su país de origen. De acuerdo con el New York Times, Softtek es el proveedor independiente de servicios de tecnologías de información más grande de América Latina y Bloomberg la señala como la primera en utilizar el término nearshore para referirse a la terciarización o traslado de operaciones a regiones cercanas en el contexto de los negocios internacionales. En 2007, **Blanca Treviño**, su fundadora y directora general, fue seleccionada por la revista Fortune como uno de los talentos emergentes globales en la edición dedicada a las cincuenta mujeres más poderosas del mundo.

**El éxito de Softtek se basa en la excelencia en ingeniería, agilidad y una actitud centrada en el cliente.** Los Servicios de software embebido de Softtek ayudan a las empresas a desarrollar productos y soluciones inteligentes, interconectados con los mayores estándares de seguridad e integradas con éxito en el ecosistema de la organización. De un único procesador a un sistema complejo en chip (SoC): Reconocimiento facial y de movimiento, sensores remotos, dispositivos piloto, etc. Las soluciones de Softtek están diseñadas utilizando tecnologías emergentes, apegadas a las mejores prácticas y metodologías y aprovechando la experiencia de profesionales ampliamente calificados en diversas industrias tales como: automotriz, telecomunicaciones, dispositivos inteligentes, sistemas industriales y electrónica de consumo.

El desarrollo de software embebido requiere del espíritu emprendedor que rompe fronteras y que aprovecha todas las condiciones para florecer. **Un ejemplo de este espíritu es el de Francisco López Lira Hinojo y Marcos Quintana quienes en Europa están haciendo letra en la producción de software embebido.** El Diario La Jornada nos cuenta su historia:

"Dos mexicanos radicados en Europa identificaron un nicho de oportunidad en el software especializado para exportar, desde América Latina, no solo nuevos productos sino también recursos humanos altamente calificados hacia el segundo mercado más importante del orbe.

**A través de la empresa de reciente creación Cualli-Software,** el doctor Marcos Quintana y el ingeniero Francisco López Lira Hinojo buscan atraer talento, proyectos e inversión latinoamericana, en particular de México, para ofrecer soluciones al mercado europeo de software embebido; una industria en franco crecimiento debido a la tendencia tecnológica conocida como "Internet de las cosas".

La firma tecnológica tiene su sede en Eindhoven, Países Bajos, en una región conocida como Brain Port (Puerto de cerebros), donde se han establecido empresas de alta tecnología, tanto de la región (que incluye a Bélgica y Alemania), como de otras latitudes. Esta característica del polo de innovación tuvo como consecuencia la necesidad de captar talento de otros países, por lo que surgió la idea de crear Cualli-Software.

"El nombre de la empresa es emblemático para nosotros, ya que viene del náhuatl Cualli, que significa bueno, y eso es lo que queremos traer a esta zona, lo mejor de nuestros países latinoamericanos en torno al software embebido", explicó el doctor Quintana, quien es graduado de la Universidad Nacional Autónoma de México y radica en Europa desde hace 15 años.

El software embebido se refiere a todo aquel programa diseñado específicamente para controlar o generar información sobre un objeto que a su vez pueda interaccionar con otros, pero sin que dependa de una computadora para su operación. Por ejemplo, en el caso de los automóviles son los programas de los sensores que detectan los movimientos a su alrededor.

De hecho, industrias como la automotriz, aeronáutica, espacial o de dispositivos médicos cada vez se valen más de productos con software embebido. Y de acuerdo con valoraciones internacionales, se estima que esta industria representa cada año 350 mdd con una tendencia de crecimiento de 4.15 % para 2015.

Para Francisco López Lira Hinojo, co fundador de Cualli-Software, la idea de establecer la compañía en Europa surgió debido a que se trata del segundo mayor mercado para estos productos, después de Estados Unidos, por lo que existe una "necesidad clara" de ingenieros especialistas en el área.

"Ya algunos países están exportando el talento, porque aun cuando Europa produce ingenieros especialistas en estas áreas, la cantidad no va a ser suficiente para el nicho que se está generando. Lo que queremos (con la empresa) es llegar al mayor número de empresarios y especialistas que tengan la visión de involucrarse en esta industria con Europa como punto de partida", señaló López Lira Hinojo, quien es graduado del Instituto Tecnológico Autónomo de México y actualmente reside en España.

Ambos empresarios mexicanos forman parte de la Red de Talentos Mexicanos en el Exterior, capítulos Madrid y Países Bajos, por lo que mantienen vínculos con instituciones mexicanas para identificar a personal que pueda incorporarse a algún proyecto de software embebido. Pero la intención de Cualli-Software es que también puedan contar con empresarios nacionales dispuestos a apostar a este nicho de oportunidad.

"El software embebido puede emplearse en la industria de manufactura, que tiene gran presencia en México, y trae la ventaja de añadirle valor a un producto. Incluso en el sector agropecuario puede ser de gran utilidad, al aplicarse para hacer un monitoreo del estado de suelo o de los cultivos, de modo que puede ser de gran atractivo para el sector productivo nacional", refirió el doctor Quintana.

"La ventaja de trabajar con el desarrollo de software es que no se requiere de gran infraestructura para su realización. Incluso estamos pensando que no todos los socios o talento captado desde Latinoamérica deben venir a Países Bajos, ya que muchos proyectos pueden desarrollarse a distancia, para reducir costos", explicó el Ing. López Lira Hinojo.

Ambos empresarios coincidieron en que la tendencia de software embebido es una gran oportunidad para México, pero es necesario que el país no deje pasar esta oportunidad, como lo ha hecho con otras tecnologías que no se pudieron aprovechar en su momento y que actualmente se deben importar".

## La perspectiva del software embebido

En un excelente estudio sobre el software embebido producido por la Universidad Nacional de La Matanza (UNLaM) y coordinado por el Ing. Andrés E. Dmitruk del Departamento de Ingeniería e Investigaciones Tecnológicas que hemos seguido en este capítulo, se hace un enfoque tecnológico del software embebido a mediano y corto plazo. Es importante señalar que la Universidad Nacional de La Matanza (UNLaM) es una universidad pública de Argentina, fundada el 29 de septiembre de 1989 en San Justo, ciudad cabecera del partido de La Matanza. Es la segunda universidad más grande de la provincia de Buenos Aires, sólo detrás de la Universidad Nacional de La Plata, al contar con más de 50 mil alumnos. Es una de las universidades más prestigiosas de la provincia de Buenos Aires. Este es el enfoque de la UNLaM:

La opinión de los expertos, tanto a nivel nacional cuanto internacional, es que la creación de nuevos componentes micro electrónicos y nano electrónicos, microprocesadores multinúcleos, sensores y actuadores tipo MEMs que ofrecen mayor velocidad de procesamiento, mayor densidad de dispositivos y nuevas arquitecturas continuará en la próxima década, dando lugar a la aparición de nuevas aplicaciones y al reemplazo de funciones que hoy se ejecutan en forma mecánica o electromecánica, lo que permitirá el ingreso de nuevos actores, pero también peligros para aquellos productores que sigan utilizando tecnologías más maduras en sus productos y no se adapten a los cambios.

Los continuos avances en el dominio de la física, la química, la biología, la mecánica, las comunicaciones y la electrónica entre otras disciplinas, permitirán desarrollar productos cada día más complejos como una composición tecnológica de sistemas embebidos los cuales estarán especialmente concebidos para producir resultados significativos en términos de desempeño, calidad y costo en su área específica de aplicación.

Los sistemas embebidos son y serán un componente crucial en la mayoría de los dispositivos electrónicos incluyendo los productos de consumo diario o los equipos más complejos. Las comunicaciones, los equipos de monitoreo, supervisión y control industrial, equipamientos electro médicos, industria automotriz y del transporte son sólo algunos de los ejemplos de su utilización. En general, una creciente cantidad de equipos de uso diario serán controlados por software y a su vez estos mismos equipos crecerán constantemente en prestaciones.

Por su lado, la propia industria electrónica seguirá cambiando, requiriendo para ello modelos y estructuras de diseño que permitan atender ciclos de vida de producto cada vez más reducidos. Así como el microprocesador significó un cambio profundo en el diseño electrónico al integrar hardware y software pasando de la lógica cableada a la programada, la creciente utilización de componentes versátiles y reconfigurables como los FPGA significa el cambio hacia un hardware que pueda evolucionar al paso de los requerimientos tecnológicos conservando sus atributos de eficiencia y costo competitivo. Si a ello se agrega la creación de una mayor capacidad en el diseño de circuitos integrados de aplicación específica y de sensores y actuadores se puede concluir que se crearán oportunidades para generar innovaciones tecnológicas en nichos de mercado.

A pesar de su enorme inserción en todos los órdenes de la actividad productiva de la sociedad, el software embebido tiene un atraso relativo respecto del de aplicación general en computadoras y de los grandes sistemas de cómputo donde se alcanzan eficiencias productivas mayores. Esta menor productividad que existe a nivel mundial representa una oportunidad para países emergentes, pues todavía se trata de una tarea artesanal, no automatizada, donde la creatividad y la capacidad innovativa son un factor competitivo de gran importancia. Desde el punto de vista del software, resulta imprescindible el desarrollo de metodologías que permitan un tratamiento del sistema en forma modular pero manteniendo una fuerte coherencia con el dominio del problema. De esta manera, cada una de las partes interactúa con las restantes, teniendo el menor traslape funcional.

Las nuevas arquitecturas de los procesadores generan capacidades que deben ser consideradas y aprovechadas para la eficiencia del desarrollo. Por ejemplo, la irrupción del paralelismo de los microprocesadores es un factor que permite incrementar sustancialmente la potencia del cómputo y eficiencia del sistema y por ende debe ser incorporado en el codiseño del sistema embebido.

Los retos para el desarrollo del software embebido

Si bien es cierto que el software embebido ofrece un campo promisorio, también es cierto que se enfrenta a importantes retos que debe vencer para lograr su florecimiento. Esto es particularmente válido en países de América Latina. **En un estudio sobre el software embebido y los retos que implica su desarrollo coordinado por el M. C. José Isidro Hernández Vega** del Departamento de Ingeniería en Sistemas Computacionales del Instituto Tecnológico de Nuevo León y publicado en la Red de Revistas Científicas de América Latina y el Caribe, España y Portugal se enfoca la atención sobre el tema. Aquí incluimos la parte medular del estudio:

**Retos al desarrollar software embebido**. Su desarrollo presenta grandes retos debido a sus particularidades, el software embebido se preocupa por el mundo físico y por lo tanto se enfoca en problemas como medir el tiempo, ser capaz de detectar y responder a eventos en el ambiente, lidiar con restricciones físicas, así como dar respuestas en tiempo real. Los clientes de estos sistemas desean obtener características como alto grado de reutilización, mantenibilidad y flexibilidad que históricamente no han sido prioridad en el desarrollo de software embebido. La posibilidad de combinar estos atributos presenta dificultades de ingeniería de software en la búsqueda de mayores niveles de abstracción en el desarrollo de software embebido. Existen 4 grandes retos en su desarrollo: en la planeación del proceso de desarrollo de software embebido, en el establecimiento de una metodología, en el aseguramiento de la calidad del software embebido, en las herramientas de diseño.

**Tendencias en el desarrollo de software embebido.** Conforme el hardware continúa su mejora en la relación poder/precio, empieza a ser posible utilizar cada vez más hardware de propósito general en lugar de hardware dedicado para una solución específica. Cada vez son más los dispositivos embebidos que utilizan arquitecturas SoC (System-On-Chip) en lugar de circuitos integrados especializados. El uso de hardware de propósito general simplificará enormemente la portabilidad de software embebido en diferentes dispositivos.

La industria del software y sistemas embebidos es cada vez mayor y mantiene una creciente presencia en las diferentes actividades del ser humano. Las particularidades de este tipo de software son su alta confiabilidad en su operación, recursos de hardware limitado y respuestas en tiempo real, ha propiciado la búsqueda de mejores métodos, técnicas, herramientas y proceso de desarrollo que garanticen productos de calidad y con una amplia gama de aplicaciones y desarrollos tecnológicos. Los retos para desarrollar software embebido para los ingenieros de software y de hardware ha ocasionado que se amplíe la comunicación entre ambos dominios y más aún la aplicación de este tipo de sistemas involucra un trabajo interdisciplinario entre otras ramas de la ingeniería como la eléctrica, electrónica, mecánica, mecatrónica, biología entre otras. El futuro y aplicación de este tipo de software es un desarrollo que requiere la búsqueda de mejores herramientas de diseño, ampliar la cobertura de aplicación y tendencia para mejorar las prácticas para su construcción.

## Internet de las cosas

El Internet de las cosas (En inglés Internet of Things, abreviado IoT) está habilitado por software embebido para ser conectado a la Web. Su importancia es creciente y seguramente habría de necesitar de todo un libro para tratar el tema. Aquí lo hemos incluido en el capítulo de software embebido porque a final de cuentas es el software incrustado en un chip que forma parte integral de alguna cosa el que realiza las funciones de conectividad con la Web y de control del sistema. Nos enfocaremos en el tema de Internet de las cosas recordando siempre que el software es el alma del sistema.

Internet de las cosas es un concepto que se refiere a la interconexión digital de objetos de todo tipo con Internet. El concepto de Internet de las cosas lo propuso Kevin Ashton en el Auto-ID Center del Instituto Tecnológico de Massachusetts en 1999 donde se realizaban investigaciones en el campo de la identificación por radiofrecuencia en red (RFID) y tecnologías de sensores.

> Identificación por Radio Frecuencia (En inglés Radio Frequency IDentification RFID) es un sistema de almacenamiento y recuperación de datos remotos que usa dispositivos denominados etiquetas, tarjetas, transpondedores o tags RFID. El propósito fundamental de la tecnología RFID es transmitir la identidad de un objeto (similar a un número de serie único) mediante ondas de radio.

El Internet de las cosas está aumentando a una velocidad exponencial porque ofrece muchas ventajas en la actualidad y seguramente se encontrarán cada vez más en el futuro cercano. Por ejemplo, si los termostatos, refrigeradores, botiquines, partes automotrices, etc. estuvieran conectados a Internet y equipados con dispositivos de identificación no existirían, en teoría, artículos fuera de stock o medicinas caducadas; sabríamos exactamente la ubicación, cómo se consumen y se compran productos en todo el mundo; el extravío sería cosa del pasado y sabríamos qué está encendido o apagado en todo momento.

El Internet de las cosas debería codificar de 50 a 100 000 billones de objetos y seguir el movimiento de estos; se calcula que todo ser humano está rodeado de por lo menos 1,000 a

5,000 objetos. Según la empresa Gartner, en el año 2020 habrá en el mundo aproximadamente 26 mil millones de dispositivos con un sistema de adaptación al Internet de las cosas. Abi Research, por otro lado, asegura que para el mismo año existirán 30 mil millones de dispositivos inalámbricos conectados al Internet. Con la próxima generación de aplicaciones de Internet (protocolo IPv6) se podrían identificar todos los objetos, algo que no se podía hacer con IPv4. Este sistema sería capaz de identificar instantáneamente por medio de un código a cualquier tipo de objeto.

> El **Protocolo de Internet versión 6** (En inglés Internet Protocol versión 6 IPv6) es una versión del Internet Protocol (IP), definida en el RFC 2460 y diseñada para reemplazar a Internet Protocol versión 4 (IPv4) RFC 791 que actualmente está implementado en la gran mayoría de dispositivos que acceden a Internet. Diseñado por Steve Deering de Xerox PARC y Craig Mudge, el IPv6 está destinado a sustituir a IPv4 cuyo límite en el número de direcciones de red admisibles está empezando a restringir el crecimiento de Internet y su uso, especialmente en China, India y otros países asiáticos densamente poblados.

Cisco Systems, empresa dedicada a la fabricación, venta, mantenimiento y consultoría de equipos de telecomunicaciones está desarrollando la iniciativa del Internet de las cosas y ha creado un "contador de conexiones" que le permite estimar el número de "cosas" conectadas desde julio de 2013 hasta el 2020. El concepto de que los dispositivos se conectan a la red a través de señales de radio de baja potencia es el campo de estudio más activo del Internet de las cosas. Este hecho se explica porque las señales de este tipo no necesitan ni Wi-Fi ni Bluetooth. Sin embargo, se están investigando distintas alternativas que necesitan menos energía y que resultan más baratas bajo el nombre de "Chirp Networks".

Actualmente el término Internet de las cosas se usa con una denotación de conexión avanzada de dispositivos, sistemas y servicios que va más allá del tradicional M2M (máquina a máquina) y cubre una amplia variedad de protocolos, dominios y aplicaciones. El servicio touchatag de Alcatel-Lucent y el gadget Violeta Mirror puede proporcionar un enfoque de orientación pragmática a los consumidores del Internet de las cosas por el que cualquiera puede enlazar elementos del mundo real al mundo en línea utilizando las etiquetas RFID (y códigos QR en el caso de touchatag).

El horizonte del Internet de las cosas es amplio y no se contemplan sus límites. Puede llegar a ser una de los campos de mayor expansión del software en el futuro cercano. Atreverse a hacer una predicción sobre su futuro no es cosa fácil, pero Ahmed Banafa lo hace en su Web site y aquí lo reproducimos. Ahmed Banafa cuenta con una amplia experiencia en operaciones y gestión, y también ha realizado trabajos de investigación en una variedad de técnicas y análisis. Ha trabajado como crítico y colaborador técnico para la publicación de varios libros técnicos y sobre temas empresariales. Su experiencia en enseñanza superior incluye actividades como profesor de empresa y tecnología en varias universidades, incluidas la Universidad de California en Berkeley, la Universidad Estatal de California en East Bay, la Universidad Estatal en San José y la Universidad de Massachusetts. Ha recibido varios galardones, incluido el Premio al Profesor Titular Distinguido de 2013, el premio al Profesor de Programas de Empresa del año en 2013 y 2014, así como el premio Parthenon al mejor profesor en 2012, 2010 y 2003, y el Certificado de Honor de Profesor de la ciudad y el condado de San Francisco. Banafa figura en el Quién es Quién de 2000–2001 en Finanzas e Industria.

1. Plataformas

La plataforma es la clave del éxito. Las "cosas" tendrán cada vez más aplicaciones cuyo costo se reducirá y la conectividad llegará a costar céntimos. Cabe recordar que las plataformas de Internet de las cosas agrupan muchos de los componentes de infraestructura que ofrece un sistema de Internet de las cosas en un único producto. Los servicios que proporcionan estas plataformas corresponden a tres categorías principales:

- Control de dispositivo y operaciones de bajo nivel, tales como comunicaciones, monitorización y gestión de dispositivos, seguridad y actualizaciones de firmware.
- Adquisición, transformación y gestión de datos del Internet de las cosas.
- Desarrollo de aplicaciones para Internet de las cosas, incluyendo lógica controlada mediante eventos, programación de aplicaciones, visualización analítica y adaptadores para conexión a sistemas empresariales.

2. Estándares y ecosistemas

Gartner, una de las empresas de consultoría e investigación en el campo de la Informática más importantes en el mundo, señaló que, a medida que proliferen dispositivos de Internet de las cosas emergerán nuevos ecosistemas y se producirán "batallas comerciales y técnicas entre dichos ecosistemas" que "dominarán áreas tales como los hogares inteligentes, las ciudades inteligentes y la sanidad. Es posible que las organizaciones que crean productos tengan que desarrollar variantes para admitir diversos estándares y ecosistemas, al tiempo que deban prepararse para actualizar los productos durante sus respectivos ciclos de vida a medida que los estándares evolucionen y aparezcan nuevos estándares y APIs relacionadas". Se producirá una batalla por el reconocimiento de marca de las aplicaciones de Internet de las cosas. Con miles de millones de dispositivos proyectados generando petabytes de datos, los desarrolladores de aplicaciones harán su agosto lanzando miles o incluso millones de nuevas y atractivas apps. Todas estas apps lucharán por hacerse con el favor de los consumidores y solo unas pocas lograrán encaramarse al podio para ser valoradas por los negocios y los consumidores.

3. Procesamiento de corriente de eventos

Según Gartner, "algunas aplicaciones de Internet de las cosas generarán volúmenes de datos extremadamente altos que deberán analizarse en tiempo real. Los sistemas que crean decenas de miles de eventos por segundo son algo habitual y, en ciertas situaciones de telecomunicaciones y telemetría, pueden producirse millones de eventos por segundo. Para abordar dichos requisitos, se han creado las plataformas Informáticas de flujo distribuido (DSCP). Suelen utilizar arquitecturas en paralelo para procesar flujos de datos de muy alta tasa para efectuar tareas tales como analítica en tiempo real e identificación de patrones".

4. Sistemas operativos.

   Existe una amplia gama de sistemas que han sido diseñados para propósitos específicos.

5. Procesadores y arquitectura

   El diseño de dispositivos con una comprensión de las necesidades de los dispositivos requerirá "conocimientos técnicos profundos".

6. Redes de área extensa de baja potencia

   Las soluciones actuales son patentadas, pero aparecerán estándares y dominarán el mercado. Según Gartner, "las redes móviles tradicionales no proporcionan una buena combinación de funciones técnicas y costes operativos para aquellas aplicaciones de Internet de las cosas que necesitan cobertura de red de área extensa combinada con un ancho de banda relativamente bajo, una buena duración de la batería, bajo costo en términos operativos y de hardware, así como una elevada densidad de conexión. El objetivo a largo plazo de una red de área extensa de Internet de las cosas es proporcionar tasas de datos que van desde cientos de bits por segundo (bps) hasta decenas de kilobits por segundo (Kbps) cubriendo todo el país, una duración de batería de hasta 10 años, un costo de hardware de punto final de aproximadamente 5 dólares estadounidenses y soporte para cientos de miles de dispositivos conectados a una estación base o su equivalente. Las primeras redes de área extensa de baja potencia (LPWAN) estaban basadas en tecnologías patentadas, pero a largo plazo los estándares emergentes, como es el caso de Narrowband IoT (NB-IoT), probablemente dominarán este espacio".

7.  Redes de Internet de las cosas de corto alcance y baja potencia

    Las redes de corto alcance que conecten dispositivos de TI serán complejas. No existirá una sola infraestructura común para conectar dispositivos.

8.  Gestión de dispositivos (cosas)

    Los objetos del Internet de las cosas que no tienen un carácter efímero —que han llegado para quedarse— requerirán una gestión similar a la que precisa cualquier otro dispositivo (actualizaciones de firmware, actualizaciones de software, etc.), lo cual plantea problemas de escala.

9.  Analítica

    Internet de las cosas requerirá un nuevo enfoque respecto de la analítica. Hoy necesitamos nuevas herramientas y algoritmos analíticos, pero cuando el volumen de datos aumente hacia 2021, las necesidades de Internet de las cosas pueden diferir aún más de la analítica tradicional. La moneda de Internet de las cosas serán los "datos." Pero esta nueva divisa solo tiene valor si las masas de datos pueden transformarse en conocimientos e información capaces de convertirse en acciones concretas que transformarán los negocios, cambiarán la vida de las personas y producirán un cambio social.

10. Seguridad

    Internet de las cosas presenta un amplio abanico de nuevos riesgos y retos de seguridad en lo que respecta a los propios dispositivos de Internet de las cosas, sus plataformas y sistemas operativos, sus comunicaciones e incluso los sistemas a los que están conectados. Las tecnologías de seguridad deberán proteger los dispositivos y las plataformas de Internet de las cosas tanto de los ataques de información como de la manipulación física para encriptar sus comunicaciones y abordar nuevos retos tales como la suplantación de "cosas" o los ataques de denegación del sueño para agotar las baterías. La seguridad en Internet de las cosas se complicará por el hecho de que muchas "cosas" utilizan procesadores y sistemas operativos simples que pueden no admitir enfoques de seguridad demasiado sofisticados.

La necesidad que tienen las personas de estar conectadas en todo momento y lugar está provocando que la inversión en soluciones, plataformas y dispositivos relacionados con el Internet de las cosas esté creciendo exponencialmente y que existan grandes oportunidades en el país, aseguró el director general en México de IDC, Édgar Fierro. "Vemos alrededor de 223 millones de dólares de inversión para dispositivos conectados en el hogar", a lo que se deben añadir las inversiones en vehículos conectados, equipos para el cuidado de la salud y nuevas categorías como los wearables. El Internet de las cosas seguramente tiene un gran futuro para quienes se dedican a la industria del software.

# -17-

# HACKERS

El desarrollo del software está estrechamente ligado con la vida y en particular con la actividad intelectual de un grupo de aficionados a la computación que con su audacia, idealismo y talento, curiosa mezcla de ciencia y arte, han producido una revolución en la Informática y han cambiado para siempre la forma de utilizar la computadora y los dispositivos electrónicos de comunicación.

Este grupo surgió en los Estados Unidos en donde hizo que se desarrollara el software en forma tan rápida que causó un verdadero salto en su evolución, alejándose de lo que se dio en otros países. Varios años después, la industria del software, integrada por jóvenes convertidos en empresarios, habría de difundir a todo el mundo el concepto de la computadora personal y los programas de aplicación.

El nombre que identifica a estos jóvenes fanáticos de la computación es hacker. No existe una traducción que pueda representar en forma precisa su significado. El contenido de este concepto sólo se puede adquirir conociendo las anécdotas, aventuras, fracasos y triunfos de sus protagonistas. Definir un concepto resulta a veces tan difícil como definir las notas de un buen vino pero basta una copa para captar toda la magnitud de su cuerpo y sabor.

El origen de los hackers se remonta hacia finales de la década de los cincuenta, época en que se instalaron las primeras grandes computadoras en algunas de las más importantes universidades de los Estados Unidos. En algunos estudiantes surgió una verdadera pasión por la computadora que los hacía olvidar todo lo que les rodeaba para disponer de suficiente tiempo para escribir un programa aunque éste nunca les fuera suficiente para hacerlo.

El Instituto Tecnológico de Massachusetts fue la cuna y literalmente el hogar donde nacieron y vivieron los primeros hackers. Antes de que se iniciara la década de los sesenta su computadora era la TX-0, una máquina que podían operar directamente y que les permitía estar en contacto personal con la computadora. En 1961 el MIT recibió una computadora PDP-1 que tenía mayor capacidad y permitió a los hackers producir software más sofisticado. Tiempo después, el Laboratorio de Inteligencia Artificial del instituto recibió la computadora PDP-6 que constituyó la piedra angular sobre la que se desarrolló el proyecto de Inteligencia Artificial dirigido por John McCarthy. El "Tío" McCarthy, como se le conocía en el medio estudiantil, era un auténtico hacker y las aportaciones que hizo en el campo de la IA siguen constituyendo las bases de esta ciencia. En compañía de un grupo de colaboradores, sobre todo estudiantes, desarrolló el lenguaje LISP a principios de 1960. McCarthy dejó el MIT para integrarse a la Universidad de Stanford en California, el otro polo del desarrollo del software.

## La época romántica de los hackers

Las primeras computadoras que se instalaron en las universidades no tenían sistemas operativos tan poderosos como para administrar la ejecución de los programas, haciéndose necesario que los programadores permanecieran en la sala del centro de proces-amiento de datos en que se encontraba la computadora, lo que ocasionaba que los estudiantes tuvieran que escribir sus programas y operar la computadora para ejecutarlos. Era la época romántica en que se podía conversar directamente con la máquina, sentir cómo funcionaba internamente, conocer todos los sonidos y luces que generaban sus aparatos periféricos: la lectora de tarjetas, las unidades de cinta, la impresora. En ocasiones se podía saber lo que hacía la computadora si se aprendía a interpretar cada uno de sus sonidos, que parecían una melodía a los oídos de los hackers.

Era una gran suerte cuando se podía obtener tiempo libre de computadora en el turno de la noche, y entonces era posible tener toda la gran computadora a la disposición. Las primeras horas se empleaban en ejecutar el trabajo obligatorio, pero quedaba todo el resto de la noche para jugar con los programas, la memoria y la capacidad intelectual del operario. Escribir un programa en lenguaje ensamblador con el menor número de instrucciones para resolver un problema era todo un reto. Podía pasar el tiempo sin que se sintiera cansancio o aburrimiento y la mente se encontraba concentrada en la solución de un problema, lo que era el mejor estímulo para olvidar los efectos de una noche en vela. Con las primeras luces del nuevo día el encanto terminaba, pero siempre quedaba la esperanza de obtener de nueva cuenta un tiempo libre de computadora por la noche.

En el tablero de avisos de la universidad se exponían los programas para que todo mundo pudiera ver quién era el mejor en hacerlos con el menor número de instrucciones. Se podía empezar con un centenar para el cálculo de un problema matemático pero alguna mañana, después de pasar toda la noche en la computadora, alguien colocaba el nuevo programa que tenía solamente 96 instrucciones. El éxito que acompañaba al autor de la nueva marca era grande y comentado entre los estudiantes. Una íntima satisfacción era la única recompensa para quien había logrado tan señalado triunfo. Después de un mes aparecía en el tablero un programa con 93 instrucciones. Parecía que el reto, el esfuerzo y la capacidad intelectual permitirían encontrar siempre un mejor algoritmo para escribir un programa con un menor número de instrucciones. ¿Cuál era el verdadero límite? Nadie podía afirmarlo porque siempre existía la esperanza y el deseo de pensar mejores algoritmos y escribir mejores programas.

Cuando los nuevos y poderosos sistemas operativos permitieron que la computadora misma administrara la ejecución de los programas y controlara el equipo periférico, la oportunidad de operar la computadora se terminó. Las reglas de los centros de procesamiento de datos cambiaron radicalmente. En lo sucesivo sólo un operador podría permanecer en la sala con aire acondicionado donde se encontraba el equipo de computación y los estudiantes tendrían que entregar sus programas en la ventanilla de recepción y esperar pacientemente sus resultados. No más contacto personal con la computadora. Se había terminado la oportunidad de jugar y escribir programas interesantes. Sólo quedaba la obligación de escribir los programas que exigían los cursos normales en la universidad pero que no eran tan atractivos y estimulantes para los hackers. Por eso es que cuando surgió la computadora personal fue recibida con gran entusiasmo. Una pequeña máquina pero con la suficiente capacidad para escribir programas al gusto de cada quien.

## El código no escrito

Los hackers no escribieron ningún código con las normas que regirían su comunidad, pero si tenían un código de ética y, aunque no era palabra escrita, se cumplía cabalmente. La ética de los hackers revela su personalidad y permite comprenderlos mejor. Este es el código no escrito de la ética de los hackers:

- El acceso a las computadoras debe ser libre y sin restricciones. Para los hackers no es comprensible ni aceptable el hecho de que se impongan limitaciones al uso de las computadoras, del equipo, del software y de todo aquello que representa la oportunidad de escribir programas y ejecutarlos. Las normas establecidas por los centros de procesamiento de datos son algo que va en contra del código y, por tanto, se declaran enemigos del CPD y de toda burocracia que los administra.
- Toda la información sobre las computadoras o el software deben ser accesibles y gratuitos. El individuo que se oponga a esta norma queda considerado, por ese simple hecho, como persona non grata para los hackers y, por lo tanto, queda excluido de su medio. El software deberá compartirse en forma gratuita y su venta queda prohibida.
- Combatir a las grandes empresas que impiden el libre acceso a las computadoras. El enemigo número uno estaba representado por la compañía IBM a causa de su hermética

política de no permitir el libre acceso a sus computadoras y a su información.

- Promover la descentralización. La computación no debe centralizarse y quedar su control bajo el poder de una sola persona o compañía. La utilización de las computadoras debe ser descentralizada para que sean accesibles a cualquier persona. No es posible desarrollar programas de aplicación creativos y mejorar el hardware de la máquina cuando su uso se encuentra centralizado y las normas para su utilización son estrictas.

- Los hackers deben ser juzgados exclusivamente por su actuación como hackers y no por su edad, grado de educación, raza o posición social. Lo más importante es la actuación de la persona con respecto a la computadora y el software, lo demás es trivial. Algunos hackers eran directores de los más importantes laboratorios de Inteligencia Artificial y otros eran apenas unos jóvenes que no habían cumplido los 15 años de edad pero ya demostraban una gran capacidad para la computación y sobre todo tener un auténtico espíritu de hacker.

- Es posible crear arte y belleza con la computadora. Las instrucciones de un programa son como las notas de una melodía. El software es una creación artística y, por consiguiente, un programa puede alcanzar un alto grado de belleza.

- Las computadoras pueden mejorar la vida de las personas. El software que se escribe y que permite procesar información debe tener como característica y propósito mejorar la vida de las personas. No es admisible escribir programas en contra de la vida o el bienestar de los individuos o de la sociedad.

El código no escrito de la ética de los hackers revela la existencia de un vigoroso espíritu entregado de lleno a la Informática. Para quien ha sido ajeno a las computadoras o al software esta posición podría parecer extremista y hasta cierto punto increíble. Sin embargo, es una historia verdadera y sus resultados están a la vista. Los hackers consideran a la computación como la pasión de su vida y están dispuestos a dejar cualquier cosa que les impida el contacto con la computadora y la oportunidad de producir software.

Es importante destacar que el verdadero amor de los hackers es el software. La computadora es el medio necesario para escribir los programas, pero la obra maestra, plena de belleza, es el software. Es el resultado de una actividad creativa por lo que la consideran como una obra de arte. Un programa de aplicación se parece más a un poema que a una fórmula matemática. Para los hackers el software es poesía porque requiere más de la inspiración y la creatividad que del conocimiento y el rigor científico. La poesía requiere de la métrica y de la rima como el software necesita de la teoría de los algoritmos. Ambos requieren más de la inspiración que de las reglas de escritura porque es el espíritu del ser humano lo único que puede lograr que alcance la belleza.

Del mismo modo que los compositores necesitan tener un piano o instrumento musical para componer una melodía cuyas notas, escritas una tras otra de manera que sus sonidos combinen y sean agradables al oído, los autores de software necesitan un instrumento en el que se puedan ejecutar las instrucciones para que cumplan con el algoritmo. En música, una nota discordante puede hacer que se pierda la belleza de la melodía. En un programa, una instrucción no adecuada o un solo punto ausente o fuera de lugar puede hacer que se pierda la belleza o que no se obtenga el resultado esperado.

## Homebrew Computer Club

A mediados de la década de los setenta los hackers se reunían en grupos y formaban clubes para comentar sus experiencias, dar a conocer sus creaciones, compartir sus conocimientos y organizarse para promover mejores formas de utilizar las computadoras. Eran clubes a los que pertenecían solamente los auténticos aficionados.

Algunos movimientos de este tipo son los que han creado los estilos más genuinos en la historia del arte y las obras más bellas. En París, a mediados del siglo XIX se formó una corriente de pintura que, rompiendo con los moldes tradicionales, produjo uno de los cambios más radicales en la historia del arte pero también uno de los más bellos estilos: el impresionismo. Algunos pintores como Manet, Renoir, Gauguin, Monet y muchos más se reunían en el barrio parisino de Montmartre para comentar sus inquietudes, experiencias e ilusiones que culminaron con la creación del nuevo estilo. Sus primeras obras se vieron con escepticismo e incluso llegaron a ser rechazadas por los comerciantes en arte más tradicionalistas. Las galerías de arte no las aceptaban y sus autores no encontraban lugar para exponerlas y venderlas al público. Sin embargo, su espíritu juvenil, rebelde e innovador les llevó a reunirse para presentar ellos mismos una exposición con sus obras y abrir de esta forma el camino para el impresionismo. Famoso fue el Salón de Artistas Independientes que presentó varias exposiciones en París organizadas por los pintores del llamado grupo impresionista entre los años 1874 y 1886, en que dieron a conocer sus trabajos, al margen del Salón Oficial controlado por la Academia de Bellas Artes de Francia.

> **Impresionismo** es la denominación de un movimiento artístico definido inicialmente para la pintura impresionista a partir del comentario despectivo del crítico de arte Louis Leroy ante el cuadro "Impresión, sol naciente" de Claude Monet. Esta crítica se extendió a las obras expuestas en el salón de artistas independientes de París entre el 15 de abril y el 15 de mayo de 1874 entre quienes se encontraban Camille Pissarro, Edgar Degas, Pierre-Auguste Renoir, Paul Cézanne, Alfred Sisley y Berthe Morisot. Aunque el adjetivo «impresionista» se ha aplicado para etiquetar productos de otras artes como la música y la literatura, sus particulares rasgos definitorios (luz, color, pincelada, plenairismo) lo hacen de muy difícil extensión, incluso para otras artes plásticas como la escultura y la arquitectura; de tal modo que suele decirse que el Impresionismo en sentido estricto sólo puede darse en pintura y quizá en fotografía (pictorialismo) y cine (cine impresionista francés o première avant-garde).

Resulta interesante destacar el paralelismo que existe entre el Salón de Artistas Independientes de París y el Homebrew Computer Club de California. Es cierto que en París se agrupaban artistas y que en California se reunían técnicos, pero en ambos existía un espíritu de innovación, de protesta contra los viejos moldes, de rebeldía y de cambio. Impresionistas y hackers que no buscaban la riqueza material sino la oportunidad de expresar sus ideas, compartir sus ideales, promover el cambio. Y ambos lo lograron. El impresionismo surgió como un gran estilo artístico y ahora las pinturas de Vincent van Gogh son las mejor valuadas en las principales galerías del mundo. La empresa Apple, surgida del genio empresarial de Steve Jobs es una de las diez mejores empresas del mundo. Así las cosas, bien vale conocer algo más del Homebrew Computer Club para descubrir los orígenes de la fuerza que cambió para siempre la historia del software y de la computación.

Los clubes de computación crearon el ambiente adecuado para estimular la creación de software para las computadoras personales que iniciaban su aparición en el mercado. De estas agrupaciones salieron los programadores más famosos, los que después formarían las grandes compañías productoras de software o venderían sus programas para recibir, por concepto de regalías, miles de dólares cada día.

Uno de los clubes más importantes fue The Homebrew Computer Club. Homebrew se traduce como cerveza hecha en casa o casera. Por extensión, se denomina homebrew al software casero no oficial y a las aplicaciones y juegos creados por programadores -aficionados y expertos- para cualquier plataforma, generalmente videoconsolas propietarias y se caracteriza por ser gratuito.

El club se formó en Menlo Park, condado de San Mateo, en la costa Oeste de los Estados Unidos, cerca de San Francisco, California, en una región que más adelante se haría famosa por ser la capital mundial de la producción de computadoras y software. **El club se constituyó en una memorable reunión que tuvo lugar el día 5 de marzo de 1975.**

A pesar de que estaba cercana la primavera, la noche era un poco fresca debido a la pertinaz llovizna que caía incesantemente. **En la cochera de la casa de Gordon French se encontraban 32 de los mejores hackers.** El piso era de cemento, frío y duro, muy diferente a las gruesas alfombras que habrían de tener las oficinas de esos jóvenes apenas algunos años después cuando formarían las grandes compañías cuyas acciones llegarían a ser de las mejor cotizadas en el mercado bursátil y cuyos nombres aparecerían en la lista de las 500 empresas más importantes del mundo.

El primer punto de la orden del día indicaba que debían presentarse y mencionar su nombre. Ahí se encontraban entre otros Steve Wozniak (Apple Inc), Harry Garland y Roger Melen (Cromemco), George Morrow (Morrow Designs), Adam Osborne (Osborne Computer), Bob Marsh (Processor Technology), John Draper (el famoso "Captain Crunch"), Li-Chen Wang, creador de "Palo Alto Tiny Basic" y Jerry Lawson, inventor del primer sistema de video juegos basado en cartuchos. Lee Felsenstein fue el moderador de las reuniones del club y portador de "la gran vara", un indicador de pizarra usado como apoyo para su forma de moderación.

El boletín de noticias del Homebrew Computer Club era una de las fuerzas más influyentes en la formación de la cultura de Silicon Valley. Creado y editado por sus miembros, inició la idea de la computadora personal y ayudó a sus miembros a construir los kits de computadores originales, como la Altair 8800 que debutó en la revista Popular Electronics. Uno de tales eventos influyentes fue la publicación del Open Letter to Hobbyists (Carta abierta a los aficionados) de Bill Gates, que arremetió contra los primeros hackers de la época por piratear programas informáticos comerciales. La primera aplicación del boletín de noticias fue publicada el 15 de marzo de 1975 y continuó con varios diseños, terminando después de 21 ediciones en diciembre de 1977. En los comienzos el boletín de noticias fue publicado desde una variedad de direcciones, pero emisiones posteriores fueron a una dirección de P.O.Box en Mountain View, California.

La segunda reunión del club se celebró en el Laboratorio de Inteligencia Artificial de la Universidad de Stanford con el apoyo de su director John McCarthy. En esa ocasión acudieron 40 personas que tenían un creciente interés en participar. El nombre del club, como siempre ha sido, fue uno de los temas que generó más opiniones. Nombres de todo tipo se registraron como prospectos y finalmente se aceptó Homebrew Computer Club. Sus estatutos no eran difíciles de acordar: No se requieren requisitos especiales para ser miembros, la cuota para ser miembro del club es voluntaria y no hay reglas para la elección de los representantes. (Ojalá fuera así de fácil con las organizaciones políticas de nuestro tiempo).

La siguiente reunión del club se llevó a cabo en una de las aulas de Península School a fin de tener más espacio para los miembros que ya eran más de un centenar. Steve Dompier preparó su computadora Altair, que había logrado adquirir con grandes dificultades, para presentarla en el club y dejar que sus compañeros pudieran observarla. En el curso de la sesión Steve preparó la computadora, ajustó los interruptores para introducir un programa y colocó un pequeño radio sobre la Altair. El murmullo de voces que siempre era difícil de acallar se transformó en un profundo silencio cuando las luces de la computadora empezaron a brillar y se escuchó una melodía de los Beatles interpretada por la Altair. Más de cien hackers guardaron absoluto silencio para escuchar la melodía producida por un programa en una computadora personal. Sólo al término de la última nota pudieron salir de su asombro y brindaron un entusiasta aplauso a la computadora, al programa y al programador

El club se convirtió en un centro de información. Las últimas noticias de los programas o de las computadoras que se producían podían encontrarse ahí. En el curso de los años el club logró consolidarse y de él salieron los jóvenes empresarios que formaron compañías tan grandes como Apple, Commodore y Cromemco. En otros sitios de California y de los Estados Unidos se formaron agrupaciones de aficionados a la computación que dieron un giro al desarrollo de la Informática y produjeron una revolución en la producción de software.

**Al principio los hackers no aceptaban que se vendiera el software** porque de acuerdo con su código no escrito debería ser algo libre y accesible a todos. Sin embargo, poco a poco fueron comprendiendo que eran dueños de una mina de oro y que finalmente sus obras de arte deberían entrar al mercado para recibir dinero a cambio de ellas. El hecho de que una obra de arte se pusiera en venta no significaba que perdiera su valor. Algunos lo comprendieron rápidamente, como Bill Gates, y otros se tardaron un poco más de tiempo, pero a fin de cuentas casi todos ellos lo aceptaron.

Algunos hackers se convirtieron en empresarios, otros lograron su satisfacción personal al demostrar su capacidad técnica en hazañas cibernéticas y otros llegaron a cometer delitos cibernéticos, pero todos contribuyeron de alguna forma al desarrollo del software. Veamos la historia de algunos de ellos.

Los hackers más famosos

**Bill Budge**. Budge es una mezcla de artista, maestro, técnico y artesano de la programación. Su formación como programador es sólida porque empezó con el lenguaje ensamblador en los viejos tiempos de la computadora IBM 1401. Su primer contacto con la computadora lo tuvo a la edad de 16 años cuando estudiaba la preparatoria en la escuela Piedmont y tuvo la buena suerte de tener un maestro de matemáticas interesado en enseñar computación a sus alumnos en una época en que esta materia todavía no era común en las escuelas. Antes de producirse la primera computadora personal, Bill ya era conocido en el medio de los hackers por la calidad de sus programas. Su vocación le llevó a estudiar computación en la universidad de Berkeley en donde inició estudios en 1975. El medio ambiente de la universidad le puso en contacto con las grandes computadoras y los lenguajes de programación de alto nivel. Budge soñaba con desarrollar complejos sistemas de procesamiento de datos para alguna empresa. Sin embargo, en 1977 tuvo en sus manos una computadora Apple y desde ese momento sintió que se le abría un mundo nuevo de posibilidades.

Hacia fines de 1979 había logrado producir cuatro programas de juegos para la computadora y viajó a la ciudad de Cupertino para acudir a las oficinas de Apple y ofrecer sus programas. Apple los compró para integrarlos como software de sus computadoras y le entregó a Bill una impresora en calidad de pago por el software. A partir de entonces Bill meditó en la posibilidad de escribir programas y venderlos.

Se inspiró en el famoso juego de pinball, favorito de los jóvenes de antaño. El pinball es un juego mecánico que consiste de un tablero en el que una pelota, impulsada por un resorte, se mueve de un lado a otro y se controla mediante unas pequeñas palancas que el jugador utiliza para dirigir la pelota hacia ciertos puntos del tablero en los que debe caer para alcanzar los máximos puntos. Era un juego mecánico y seguramente a muy pocos se les hubiera ocurrido que se podría escribir un programa para jugarlo en la computadora, pero ahí estaba el genio de Bill Budge para demostrar el poder de la microcomputadora y la magia de las gráficas en la pantalla que podían lograr efectos fascinantes. Creó una empresa y lanzó el programa al mercado con el nombre de Raster Blaster. Su éxito fue inmediato. En algún momento llegó a superar a VisiCalc en volumen de ventas. Después produjo otro programa exitoso con el nombre de Pinball Construction Set, una obra de arte para su tiempo. Este juego permitía a los usuarios modificar el programa para realizar acciones diferentes de tal manera que una persona podía jugar y aprender al mismo tiempo.

**John Drapper.** Legendario programador considerado como uno de los auténticos héroes de los hackers. Una de las figuras más representativas del fabuloso mundo del software. Se le conoce como el Capitán Crunch porque logró modificar un silbato que se incluía en las cajas del Cereal Cap'n Crunch para emitir un sonido semejante al utilizado por la compañía de teléfonos y de esta manera entrar en las líneas telefónicas en modo de operador para hacer llamadas gratis. Es importante considerar que en su época juvenil no había Internet y el servicio telefónico era la mejor forma para comunicarse a larga distancia pero con un costo tan alto que los estudiantes no podían pagar. Diseñó un aparato al que le puso el nombre de bluebox cuya función consistía en emitir diversos tonos para entrar en las líneas telefónicas y realizar phone phreaking o hacking telefónico. El tono básico es un silbido de 2600 Hz que fue imitado por John Draper con el silbato que regalaban en las cajas de cereal. Su pasión por aprender el funcionamiento de los teléfonos y controlar el sistema telefónico le ocasionó más de un problema con la ley pero también le hizo ganar fama con los estudiantes de la universidad de California entre quienes se encontraba el famoso Steve Wozniack. El Capitán Crunch aprendió a programar en FORTH y escribió el programa Easy Writer para el procesamiento de textos. Se asoció con Bill Baker y juntos crearon una empresa que en poco tiempo registraba ventas por varios millones de dólares.

**Jude Milhon**, mejor conocida por su seudónimo de **St. Jude**, es la mujer hacker más famosa en la historia del software. Nació en Washington D. C. el 12 de marzo de 1939 pero pasó la mayor parte de su infancia y adolescencia en Anderson, Indiana, donde participó activamente en pro de los derechos civiles, hasta el punto de ser encarcelada en diversas ocasiones por desobediencia civil. Comenzó a programar tras la lectura de un libro titulado "Teach Yourself Fortran", pasando más tarde a trabajar como programadora para una empresa de máquinas expendedoras para los establecimientos de autoservicios "Horn and Hadart" de Manhattan. Influida por la cultura hippie se unió al movimiento que se extendía por California y se estableció en Berkeley, donde se unió y animó a unirse a otras mujeres a la cultura cibernética que comenzaba a expandirse, dando origen al primer sistema público de Red, el conocido como proyecto de la Comunidad de memoria 1973. Milhon acuñó el término cypherpunk y fue miembro fundadora de los cypherpunks, asociación que agrupaba a los defensores de la privacidad digital. Fue miembro de la asociación Computer Professionals for Social Responsability y autora de varios libros, entre ellos The Cyberpunk Handbook y junto a R.U.Sirius, escribió How to Mutate and Take Over the

World. En 1994 publicó un libro dirigido a las mujeres que querían iniciarse en el hacking, tratando de desmitificar el funcionamiento de la Red, titulado: "Hacking the Wetware: The Nerd Girls Pillow-book" (Hackeo a la red húmeda: El libro de cabecera de la joven en red). En aquel tiempo la red de computadoras estaba manejada por los militares y un pequeño grupo de universidades. Los hacker se revelaron ante esta situación y proclamaron la libertad de la red. Milhon falleció el 19 de julio del 2003.

**Kevin Mitnick**. Sin duda uno de los hackers más famosos y recordados por diferentes generaciones. Conocido como "El Cóndor", fue calificado como "el criminal informático más buscado de la historia" por el Departamento de Justicia de los Estados Unidos. Es uno de los hackers, crackers y phreakers más famosos de la historia. Su nick o apodo fue Cóndor. También apodado por él mismo como "fantasma de los cables". Si bien su ilegal actividad cibernética comenzó en los 70 – cuando utilizaba el sistema de acceso para los autobuses en Los Ángeles y así poder viajar gratis–, fue a partir de los 80 cuando ganó fama, luego de que penetró sistemas ultra protegidos, como los de Nokia y Motorola, para robar secretos corporativos, incluso se sabe que hasta "hackeaba" a otros hackers. Fue apresado en 1995 y su encarcelamiento alcanzó gran popularidad entre los medios por la lentitud del proceso y las estrictas condiciones a las que estaba sometido; recibió una condena de más de 5 años tras las rejas. Actualmente se dedica a la consultoría desde la óptica particular de la ingeniería social. Mitnick considera que más allá de las técnicas de hardware y software que se pueden implementar en las redes, el factor determinante de la seguridad de las mismas es la capacidad de los usuarios de interpretar correctamente las políticas de seguridad y hacerlas cumplir. Considera que todos podemos fallar fácilmente en este aspecto ya que los ataques de ingeniería social, muchas veces llevados a cabo sólo con ayuda de un teléfono, están basados en cuatro principios básicos y comunes a todas las personas:

- Todos queremos ayudar.

- El primer movimiento es siempre de confianza hacia el otro.
- No nos gusta decir No, solo decir sí.
- A todos nos gusta que nos alaben.

**Adrián Lamo.** Originario de Boston, fue conocido en el mundo informático como el "hacker vagabundo" debido a que viajaba a diferentes centros de Internet (cibercafés o bibliotecas) para realizar sus ataques "en diversas jurisdicciones" y con la menor exposición posible. Su actividad no era del todo ilegal, pues consistía en infiltrarse a las redes de diferentes empresas para encontrar fallos e informarles al respecto, como The New York Times, Microsoft, Yahoo!, Fortune 500 y Bank of America, entre otros. Sin embargo, en el caso del emblemático diario, Lamo robó información y por ello fue sentenciado a seis meses de arresto domiciliario. Saltó a la fama por haber delatado a Bradley Manning, el soldado que presuntamente filtró a WikiLeaks el vídeo que mostraba a soldados estadounidenses asesinando a un fotógrafo de Reuters y a otros civiles en Afganistán, así como otros muchos documentos clasificados del ejército de los Estados Unidos que mostraban actitudes delictivas. Irónicamente, actualmente trabaja como periodista.

**Kevin Poulsen.** Originario de Pasadena, California, se le conocía por su apodo de "Dark Dante". Poulsen ganó el reconocimiento por su "hackeo" de las líneas telefónicas de los Angeles y de la radio KIIS-FM, garantizando que él sería la persona que llamaría al 102 para ganar el premio de un Porsche 944 S2. Fue arrestado en abril de 1991. En junio de 1994 fue declarado culpable de los delitos de escuchas ilegales, espionaje electrónico, fraude, blanqueo de dinero y obstrucción a la justicia; la sentencia fue de 51 meses de prisión, y multa de 56,000 dólares en restitución a la emisora de radio por el Porsche. Continuó cometiendo actos en contra de medios de comunicación locales, pero tiempo después fue arrestado por atacar una base de datos del FBI en 1991. Su detención se realizó en un supermercado y recibió una sentencia de 5 años en prisión. Actualmente es periodista y editor de la revista Wired, y ha recibido varios premios por sus publicaciones. En

2006 volvió a ser parte de los titulares al ayudar a identificar a 744 abusadores de niños vía MySpace.

**Lloyd Blankenship.** Conocido como "El Mentor", miembro del grupo hacker Legion of Doom –que se enfrentaba a Masters of Deception–, es el autor del manifiesto que todo pirata informático debía leer: "La conciencia de un hacker", el cual escribió en prisión luego de ser detenido en 1986. Las acciones de este personaje no solo tuvieron repercusiones en el mundo digital, sino también en el cinematográfico, ya que sus ideas inspiraron la cinta "Hackers", donde actuó Angelina Jolie. Actualmente es programador de videojuegos.

**George Hotz.** Originario de New Jersey, se le conoce como "Geohot". Desarrolló un famoso sistema para el iPhone OS que, a partir de un comentario suyo en un chat, fue conocido como Jailbreak (literalmente, "escapar de la cárcel"). La empresa Sony demandó a Francis George Hotz por ser uno de los hackers responsables de "hackear# la consola de videojuegos PS3 en 2010. GeoHot pidió donaciones a la comunidad de seguidores para afrontar la defensa legal. Tras el acuerdo extrajudicial, el hacker donó el dinero que había recibido a la Electronic Frontier Foundation. En 2011 Facebook lo contrató para desarrollar aplicaciones en la plataforma del iPad y en 2014 crea Towelroot, una aplicación con la cual se puede rutear de forma sencilla decenas de dispositivos Android, razón por la cual Google en julio del 2014 anunció su contratación para formar parte del Proyecto Zero, este proyecto está destinado a encontrar bugs por todo Internet, trata de encontrar en cada recoveco un posible bug e informa a la empresa correspondiente para que en un plazo máximo de 90 días corrijan el error, tiempo tras el cual si no ha sido erradicado, Project Zero lo comunica de manera pública en su blog, quedando al alcance de los usuarios estos fallos de seguridad.

**Robert Tappan Morris.** Conocido por sus iniciales RTM es famoso por haber creado el gusano informático Morris, uno de los primeros en Internet. Fue descubierto, detenido y condenado a tres años de libertad condicional y retribuir con

400 horas de servicio comunitario, además de pagar una multa de 10,000 dólares, sin olvidar que se convirtió en la primera persona en ser condenada por violar la Ley de Abuso y Fraude Informático de los Estados Unidos. Tras su liberación en 1994, Morris cofundó la tienda en línea ViaWeb -adquirida por Yahoo! en 1998 por 45 millones de dólares- y también fundó Y Combinator. Se reincorporó a la facultad de Ingeniería y probó suerte en la iniciativa privada como asesor técnico. Actualmente es profesor asociado en el Instituto Tecnológico de Massachusetts, en el departamento de Ingeniería Electrónica y Ciencias de la Computación.

**Sven Jaschan.** Siendo aún adolescente escribió el gusano Netsky que causó el 70% de la propagación de malware a través de Internet y luego el Sasser que afectaba directamente a las computadoras con sistema Windows. Fue detenido debido a que sus vecinos lo delataron para conseguir la recompensa que ofreció Microsoft. Recibió una sentencia de tres años de cárcel por sus crímenes.

**Stephan Gary Wozniak**, mejor conocido como Woz, El Mago de Woz o iWoz, nació el 11 de agosto de 1950 en Sunnyvale, California. Su padre era de origen polaco, la madre era de origen alemán y ambos se mudaron a los Estados Unidos después de la Segunda Guerra Mundial. Lo incluimos en este capítulo no solamente por haber sido el cofundador de Apple junto a su socio y amigo Steve Jobs, sino porque comenzó su carrera como hacker de sistemas telefónicos para realizar llamadas gratis; incluso cuenta la leyenda que hasta llamó al Papa en los años 70 fingiendo la voz de Henry Kissinger aunque no recibió respuesta. Wozniak aprendió acerca de la Bluebox del Capitán Crunch a través de un artículo en la revista Esquire en octubre de 1971 escrito por Ron Rosenbaum que encabezaba una entrevista al principal «phreak telefónico». Wozniak era muy hábil en la electrónica y decidió construir su propia Bluebox. Se asoció con su amigo Steve Jobs quien era excelente para las ventas y los negocios habiendo logrado colocar algunos aparatos para obtener utilidades que repartieron entre los dos. Sus inventos, aparatos electrónicos y máquinas están reconocidos como grandes contribuciones a la revolución de la computadora personal en los años setenta. Fundó Apple Computer junto con Steve Jobs y Ronald Wayne en 1976 y creó las computadoras Apple I y Apple II a mediados de los años setenta. Se afirma que Steve Jobs y Wozniak son los creadores de una nueva cultura Informática.

Steve Wozniak ha sido reconocido como uno de los padres de la era de la computadora personal. Ha recibido reconocimientos de varias instituciones entre los que mencionamos la Medalla Nacional de Tecnología de manos del presidente de los Estados Unidos de América en 1985. En septiembre del año 2000 Steve Wozniak fue investido en la galería de la fama de inventores nacionales. En 1997 fue nombrado miembro del museo de historia de la Informática. Wozniak fue donante y benefactor del San José's Children Discovery Museum (y la calle frente a este museo recibió el nombre de Woz Way en su honor). Desde que dejara Apple Computer, Woz ha proporcionado todo el dinero, así como una gran parte del soporte técnico del distrito local de Los Gatos School (el distrito en el que vive y en el que sus hijos van al colegio). En 2001 Woz fundó Wheels of Zeus, cuyo acrónimo es "WoZ", una empresa que crea tecnología GPS sin cables con el fin de ayudar a la gente a encontrar las cosas de todos los días. En ese mismo año se unió a la directiva de Danger, Inc., fabricante del Hip Top (también conocido como T-Mobile). En mayo de 2004, tras el nombramiento del Dr. Tom Millar, Woz fue nombrado Doctor Honoris Causa de Ciencias por la Universidad estatal de Carolina del Norte por su contribución en el campo de las computadoras personales. En 2005 le concedieron el honoris causa de Ingeniería en la Universidad de Kettering en Flint, Michigan.

## Clasificación de hackers

El concepto de hacker ha evolucionado con el tiempo y ha dado lugar a diferentes tipos de hackers según su actividad. Algunos de ellos se dedican a ciertas actividades subversivas que llegan a configurar delitos y son sujetos de un castigo por la ley. Otros realizan actividades para promover la innovación tecnológica, la difusión del conocimiento, la libertad de Internet y la seguridad Informática. Para poder distinguirlos se han creado algunos nombres que mencionamos a continuación:

**White Hat hackers.** Hackers de sombrero blanco. Este concepto identifica a los hackers que han usado sus conocimientos para fines positivos aunque en alguna ocasión han cometido alguna falta. Entre los más reconocidos se encuentran Steve Wozniak (Apple), Tim Berners-Lee (World Wide Web), Linus Torvalds (Linux), Richard Stallman (Software libre).

**Black Hat hackers.** Hackers que han utilizado sus conocimientos para realizar delitos cibernéticos o actividades fuera de la ley. Aquí mencionamos a Jonathan James (Entró a servidores de la NASA y fue el primer adolescente en caer en la cárcel por un delito cibernético), Kevin Mitnick (Intervino las redes telefónicas, robó secretos de varias empresas y entró al sistema de alerta nacional de la defensa de los Estados Unidos), Adrián Lamo (Entró a las computadoras de Microsoft y del New York Times), Robert Tappan Morris (Creador del gusano Morris).

Un hacker disfruta el reto intelectual de resolver problemas complejos y eludir las limitaciones de los sistemas en una forma creativa y aun artística para demostrar su capacidad. Con esta idea en mente, los hackers de sombrero blanco aportan su conocimiento y su talento en beneficio de la cultura del software y de la sociedad en su conjunto.

En México existe conocimiento y talento en Informática que se ha demostrado en la solución de retos nacionales e internacionales. En estas competencias los hackers mexicanos han salido airosos demostrando que tienen la capacidad para competir en cualquier foro y resolver cualquier reto. Un botón de muestra es la competencia StartupBus, en la que participan México, Estados Unidos y Canadá y que consiste en crear una aplicación durante un viaje de tres días en autobús. Un ejemplo de la positiva participación de los hackers en la sociedad es el movimiento "Hacking cívico" que promueve la organización Codeando México y que mantiene una invitación abierta para que los hackers y los aficionados a la Informática participen en actividades positivas en bien de la sociedad. ¡Participa!

# -18-

# ROBÓTICA

Cuando vemos un robot nos impresiona a primera vista su aspecto exterior y su funcionamiento. Sin embargo, lo más importante en un robot no es lo que vemos a primera vista, sino el software que le da calidad de robot al mecanismo que logra moverse y actuar por sí mismo. En este ingenio de la mente humana encontramos al software como la esencia para otorgarle a un ente inanimado el calificativo de robot. Todavía no nos atrevemos a decir que el software le otorga el calificativo de ente animado, pero ya estamos tentados a hacerlo.

Este es un capítulo muy interesante porque describe la historia del robot, los pasos que el hombre ha dado para crear un ente a su imagen y semejanza, para conocer los resultados visibles hasta ahora, pero sobre todo, porque siembra la duda y plantea el futuro. ¿Hacia dónde se encamina la humanidad?

## Definiciones en robótica

Aquí será necesario iniciar con la definición de algunos conceptos para marcar límites y fronteras, para clarificar las ideas y para sentar las bases a fin de hacer comparaciones o profundizar en la explicación.  La palabra en español robot viene del inglés robot, y a su vez éste del checo robot, de robota 'trabajo, prestación personal'. Seguramente no todos estarán de acuerdo con algunas definiciones porque siendo este campo de la ciencia tan nuevo, tan contradictorio y tan apasionante, cada quien tendrá su propia idea. Por lo tanto, acudiremos a diferentes fuentes para tomar la información y citaremos la fuente porque las definiciones no son nuestras en su mayor parte. En algunos casos presentaremos más de una definición para un mismo concepto si el caso así lo requiere.

### Robot

*Diccionario de la Real Academia Española*: "Máquina o ingenio electrónico programable, capaz de manipular objetos y realizar operaciones antes reservadas solo a las personas".

*Wikipedia*: "Un robot es una entidad virtual o mecánica artificial. En la práctica, esto es por lo general un sistema electromecánico que, por su apariencia o sus movimientos, ofrece la sensación de tener un propósito propio. La independencia creada en sus movimientos hace que sus acciones sean la razón de un estudio razonable y profundo en el área de la ciencia y tecnología. Limpieza y mantenimiento del hogar son cada vez más comunes. No obstante, existe una cierta ansiedad sobre el impacto económico de la automatización y la amenaza del armamento robótico, una ansiedad que se ve reflejada en el retrato a menudo perverso y malvado de robots presentes en obras de la cultura popular. Comparados con sus colegas de ficción, los robots reales siguen siendo limitados".

### Robótica

*Diccionario de la Real Academia Española*: "Técnica que aplica la Informática al diseño y empleo de aparatos que, en sustitución de personas, realizan operaciones o trabajos, por lo general en instalaciones industriales"

*Wikipedia*: "La robótica es la rama de la ingeniería mecánica, ingeniería eléctrica, ingeniería electrónica y ciencias de la computación que se ocupa del diseño, construcción, operación, disposición estructural, manufactura y aplicación de los robots. La robótica combina varias disciplinas como son: la mecánica, la electrónica, la Informática, la Inteligencia Artificial, la ingeniería de control y la física. Otras áreas importantes en robótica son el álgebra, los autómatas programables, la animatrónica y las máquinas de estados.

## Máquina

*Diccionario de la Real Academia Española*: Artificio para aprovechar, dirigir o regular la acción de una fuerza. También: Conjunto de aparatos combinados para recibir cierta forma de energía y transformarla en otra más adecuada, o para producir un efecto determinado.

*Wikipedia*: Una máquina es un conjunto de elementos móviles y fijos cuyo funcionamiento posibilita aprovechar, dirigir, regular o transformar energía, o realizar un trabajo con un fin determinado. Se denomina maquinaria (del latín machinarĭus) al conjunto de máquinas que se aplican para un mismo fin y al mecanismo que da movimiento a un dispositivo.

## Automático.

*Diccionario de la Real Academia Española*: Dicho de un mecanismo o de un aparato: Que funciona en todo o en parte por sí solo.

*Wikipedia*: Que funciona por sí solo o que realiza total o parcialmente un proceso sin ayuda humana.

## Los robots en la historia

La idea de construir seres artificiales con el funcionamiento de un ser humano o máquinas programables que pudieran ejecutar funciones bajo el control de un programa ha existido desde hace miles de años. Los antiguos egipcios unieron brazos mecánicos a las estatuas de sus dioses. Estos brazos fueron operados por sacerdotes, quienes clamaban que el movimiento de estos era inspiración de sus dioses. Los griegos construyeron estatuas que operaban con sistemas hidráulicos, los cuales se utilizaban para fascinar a los adoradores de los templos.

**La historia de Galatea y Pigmalión** también nos lleva a pensar en la idea de darle vida a un ser inanimado. El poeta Ovidio narra esta historia en el libro décimo de sus Metamorfosis. A Pigmalión, rey de Chipre, no le gustaban las mujeres porque las consideraba quisquillosas e imperfectas y llegó a la conclusión de que no quería casarse nunca y vivir sin ningún tipo de compañía femenina. Con el paso del tiempo el rey se sintió solo y comenzó a esculpir una bella estatua de marfil con rasgos perfectos. De tanto admirar su obra, se enamoró de ella. En una de las grandes celebraciones en honor a la diosa Afrodita que se celebraba en la isla, Pigmalión suplicó a la diosa que diera vida a su amada estatua. La diosa, que estaba dispuesta a atenderlo, elevó la llama del altar del escultor tres veces más alto que la de otros altares. Pigmalión no entendió la señal y se fue a su casa muy decepcionado. Al volver a casa, contempló la estatua durante horas. Después de mucho tiempo, el artista se levantó y besó a la estatua. Pigmalión ya no sintió los helados labios de marfil, sino que sintió una suave y cálida piel en sus labios. Volvió a besarla, y la estatua cobró vida, enamorándose perdidamente de su creador. Venus terminó de complacer al rey concediéndole a su amada el don de la fertilidad. De esa unión nació Pafo, que dio su nombre a la ciudad de Pafos.

Siglos más tarde, en las catedrales de Europa, maestros relojeros colocaron en los relojes de las catedrales bellas obras de arte con apariencia humana que funcionaban mecánicamente al compás del reloj. Tiempo después, el mecánico e inventor francés **Joseph-Marie Jacquard inventó máquinas cada vez más sofisticadas para mejorar los telares** y su fama creció hasta que en 1799 Napoleón le dio trabajo en el Conservatorio de Artes y Oficios como maestro inventor. En 1805 presentó el telar Jacquard, una máquina que permitía fabricar telas con hilos de distintos colores y complicados dibujos mediante el uso de tarjetas perforadas y podía ser manejada por un solo operario. Sin embargo, la palabra robot y la idea de un ser artificial con funcionamiento a semejanza del ser humano aparece por vez primera bajo la pluma de un escritor de teatro en los albores del siglo XX.

**Karel Capek** fue uno de los más destacados escritores checos de la primera mitad del siglo XX. Nació el 9 de enero de 1890 en Malé Svatoňovice, República Checa y falleció en 1930 en Praga. Estudió filosofía y, aunque publicó algunos ensayos en este campo, como El pragmatismo (1918), se dedicó principalmente a la literatura de ficción y al periodismo. Capek es conocido por su obra R.U.R. siglas de Rossumovi Univerzální Roboti o Robots Universales Rossum, escrita en1920. Esta obra es conocida por contener la primera aparición del término «robot». Dicha palabra había sido ideada por el hermano del autor, Josef Čapek (1887 - 1945) a partir de la palabra checa «robota», que significa «trabajo» (sobre todo el de los siervos de la gleba). Este término vendría a sustituir a «automat», que había empleado Josef en el relato corto de 1917 Opilec (El borracho). R.U.R es una obra de teatro sobre una empresa que construye humanos artificiales orgánicos con el fin de aligerar la carga de trabajo del resto de las personas. Aunque en la obra a estos hombres artificiales se les llama robots, tienen más que ver con el concepto moderno de androide. Se trata de criaturas que pueden pasar por humanos y que tienen el don de poder pensar. Pese a ser creadas para ayudar a la humanidad, más adelante estas máquinas entrarán en confrontación con la sociedad iniciando una revolución que acabará destruyendo la humanidad. La obra se estrenó en 1921 en el Teatro Nacional de Praga y en Nueva York en 1922

**Isaac Asimov** nació en Petrovichi, Rusia en 1920 en el seno de una familia judía, habiendo sido el primogénito del matrimonio formado por Judah Asimov y Anna Rachel Berman. Algunos biógrafos fijan erróneamente su nacimiento el día 4 de octubre de 1919, sin reparar en el hecho de que su madre modificó esta fecha con el propósito de que el pequeño Isaac pudiese ingresar en la enseñanza pública un año antes del que le correspondía por su edad. A comienzos de 1923 la familia Asimov abandonó la recién creada Unión Soviética para trasladarse a los Estados Unidos de América. Como muchos de los inmigrantes judíos de aquel tiempo, se establecieron en el barrio neoyorquino de Brooklyn. Instalaron una tienda de dulces con un anexo para vender revistas y libros de ciencia ficción. Con el paso de los años, algunas de esas revistas habrían de salir a la calle llevando en sus portadas el nombre de Isaac Asimov, autor de libros de ciencia ficción. Isaac aprovechó el material que tenía a la mano y devoró los libros fortaleciendo su intelecto y su capacidad como prolífico escritor de ciencia ficción. Estudió en la universidad de Columbia para obtener el título de Licenciado en Ciencias Químicas. Posteriormente obtuvo otra licenciatura en Ciencias y Artes y un doctorado en Filosofía para dedicarse finalmente al cultivo de la literatura.

**Escribió una serie de relatos sobre robots que incluyó en su famosa obra "Yo, Robot", publicada en 1950.** Siguió escribiendo sobre robots y construyó toda una saga que se ha recopilado en diversos volúmenes. En uno de ellos "El Robot Completo" se recopilan los relatos de robots positrónicos, posiblemente la creación más celebrada de la prodigiosa imaginación de Isaac Asimov, ordenados temáticamente por el propio autor. Desde los primeros modelos no humanoides hasta la paradójica complejidad de los robots que desean ser humanos, pasando por los intrincados recovecos de comportamiento robótico inducido por las Tres Leyes, e incluyendo los famosos relatos de Yo, robot; así como los protagonizados por la sagaz robopsicóloga Susan Calvin.

Además de extender el concepto del robot, Isaac estableció las leyes de la robótica que siguen siendo aplicables en nuestros días:

- Un robot no puede hacer daño a un ser humano o, por su inacción, permitir que un ser humano sufra daño.
- Un robot debe obedecer las órdenes dadas por los seres humanos, excepto si estas órdenes entran en conflicto con la Primera Ley.
- Un robot debe proteger su propia existencia en la medida en que esta protección no entre en conflicto con la Primera o la Segunda Ley.

### Los caminos del robot

Las herramientas, las máquinas, los motores y los robots han surgido de la mente del ser humano como respuesta a las necesidades que ha enfrentado en el curso de la historia. Fue la necesidad la que dio origen hace más de diez mil años a la agricultura, el pastoreo, la caza, la pesca y otras actividades primarias. Más adelante, la necesidad provoca la primera revolución industrial con el descubrimiento de la máquina de vapor de Watt. Luego viene el ferrocarril, la maquinaria textil, el automóvil y los fantásticos medios de comunicación como el teléfono, la radio y la televisión hasta llegar a la computadora y el software.

Inmersos en la era de la información, la imperiosa necesidad de aumentar la productividad y mejorar la calidad de los productos ha hecho insuficiente la automatización industrial rígida, dominante en las primeras décadas del siglo XX, que estaba destinada a la fabricación de grandes series de una restringida gama de productos. Hoy día, más de la mitad de los productos que se fabrican corresponden a lotes de pocas unidades. Al enfocarse la producción industrial moderna hacia la automatización global y flexible, han quedado en desuso las herramientas que hasta hace poco eran habituales para dar lugar a nuevas máquinas controladas por microprocesadores hasta llegar al robot. En el robot encontramos una bifurcación, una diferencia sutil entre producir una máquina sofisticada para satisfacer una necesidad y un ente que puede aprender por sí mismo y evolucionar también por sí mismo.

Esta bifurcación, además de la aplicación que se le da al robot, ha dado lugar a la producción de varios tipos de robots. Su clasificación no es fácil porque algunos se pueden traslapar y para los investigadores, creadores y aun para los filósofos, la diferenciación no es cosa sencilla. Aquí presentamos una clasificación tomando en cuenta su función. Más adelante regresaremos al interesante tema de los robots que pueden aprender por sí mismos.

**Industriales.** Los robots industriales son aparatos mecánicos y electrónicos destinados a realizar de forma automática determinados procesos de fabricación o manipulación. Han surgido de la necesidad de hacer más eficientes los procesos de fabricación de grandes cantidades de artículos con las mismas características. También reciben el nombre de robots algunos aparatos electrodomésticos capaces de realizar varias operaciones distintas de forma simultánea o consecutiva, sin la necesidad de intervención humana. Los robots industriales se han reproducido rápidamente en las naciones más desarrolladas y se les encuentra en la industria automotriz y en la fabricación electrodomésticos, computadoras, teléfonos, televisiones y muchos aparatos más. Japón y los Estados Unidos son los países en donde la población de estos robots ha crecido en forma vertiginosa.

Resulta interesante conocer las definiciones que se dan al robot tanto en Japón como en los Estados Unidos. La Asociación Japonesa de Robótica Industrial (JIRA): Los robots son "dispositivos capaces de moverse de modo flexible análogo al que poseen los organismos vivos, con o sin funciones intelectuales, permitiendo operaciones en respuesta a las órdenes humanas". El Instituto de Robótica de América (RIA): Un robot industrial es "un manipulador multifuncional y reprogramable diseñado para desplazar materiales, componentes, herramientas o dispositivos especializados por medio de movimientos programados variables con el fin de realizar tareas diversas". La definición de Japón es más amplia y genérica que la de los estados Unidos. Un robot manipulador que requiere un operador "mecánicamente enlazado" a él se considera como un robot en Japón, pero no encajaría en la definición de los Estados Unidos. Asimismo, una máquina automática que no es programable entraría en la definición japonesa y no en la americana. Una ventaja de la amplia definición japonesa es que a muchos de los dispositivos automáticos cotidianos se les llama "robots" en Japón. Como resultado, los japoneses han aceptado al robot en su cultura mucho más fácilmente que los países occidentales, puesto que la definición americana es la que se usa y acepta internacionalmente.

**Androides**. Un androide es un robot con aspecto, movimientos y algunas funciones propias de un ser humano. La Wikipedia se extiende un poco más en la definición pero concluye en los mismos términos: Un androide es un robot u organismo sintético antropomorfo que, además de imitar la apariencia humana, emula algunos aspectos de su conducta de manera autónoma. Etimológicamente, "androide" se refiere a los robots humanoides de aspecto masculino. A los robots de apariencia femenina se les llama ocasionalmente "ginoides", principalmente en las obras de ciencia ficción. En el lenguaje coloquial, el término "androide" suele usarse para ambos casos, aunque también se emplean las expresiones genéricas "robot humanoide" y "robot antropoide".

Desde hace cientos de años el hombre ha tratado de crear un ser a su imagen y semejanza. Quizá es un deseo inspirado en la necesidad de replicar su origen como lo narra La Biblia:

*Génesis 1:26-27 Reina-Valera 1960 (RVR1960)*

26 Entonces dijo Dios: Hagamos al hombre a nuestra imagen, conforme a nuestra semejanza; y señoree en los peces del mar, en las aves de los cielos, en las bestias, en toda la tierra, y en todo animal que se arrastra sobre la tierra.

27 Y creó Dios al hombre a su imagen, a imagen de Dios lo creó; varón y hembra los creó.

Y así encontramos que el hombre ha creado ya una multitud de androides. Algunos de ellos famosos por su aspecto, su actuación, su participación en libros, películas y obras de teatro e incluso por su espectacular actuación cada vez más cercana a su creador. El avance es lento pero constante. La clave se encuentra en el software. Algoritmos cada vez más sofisticados, complicados y poderosos permiten el reconocimiento de la voz, de los obstáculos del medio ambiente, de la percepción, de la solución de problemas. Pero quizá lo más importante sea su capacidad de aprendizaje. Cuando los androides disponen de algoritmos para el ciclo de prueba-error-aprendizaje y pasan a un ciclo superior es cuando podemos saber que el androide se encuentra más cercano al ser humano. Después vendrán los sentimientos, los valores, la moral, la ética, el amor y todas las capas superiores del intelecto, la razón y el sentimiento del hombre. Nos preguntamos cuándo llegaremos a ese punto. No lo sabemos. Pero la constante en el avance nos dice que algún día habrá de llegar. Y ahora nos podemos preguntar ¿Para qué? ¿Qué vendrá después? ¿Será simplemente que el hombre obedece a una Ley Universal que le obliga a crear a su sucesor como lo hizo Dios?

**Tele operadores**. Hay algunos robots que no encajan del todo bien en la definición pero son tan útiles que se les acepta y se les recibe bien en la familia de robots. Un ejemplo de estos parientes remotos son los tele operadores que funcionan controlados a distancia por un operador humano y que también reciben el nombre de tele robots. Son artilugios muy sofisticados y extremadamente útiles en entornos peligrosos tales como residuos químicos y desactivación de bombas.

**Poliarticulados**. En esta clasificación se agrupan los robots de formas diversas cuya característica común es la de estar anclados a una posición fija, aunque algunas veces pueden ser guiados para efectuar desplazamientos limitados. Otra característica que los distingue es la de estar estructurados para mover sus elementos terminales en un determinado espacio de trabajo y con un cierto grado de libertad. En este grupo se encuentran los manipuladores y algunos robots industriales. Se emplean cuando es preciso abarcar una zona de trabajo relativamente amplia o alargada, actuar sobre objetos con un plano de simetría vertical o reducir el espacio ocupado en la base.

**Móviles**. Cuentan con gran capacidad para desplazarse montados en carros o plataformas y dotados de un sistema locomotor de tipo rodante. Siguen su camino por telemando o guiándose por la información recibida de su entorno a través de sus sensores. Las tortugas motorizadas diseñadas en los años cincuenta fueron las precursoras y sirvieron de base a los estudios sobre Inteligencia Artificial desarrollados entre 1965 y 1973 en la Universidad de Stanford. Estos robots aseguran el transporte de piezas de un punto a otro de una cadena de fabricación. Guiados mediante pistas materializadas a través de la radiación electromagnética de circuitos empotrados en el suelo o a través de bandas detectadas fotoeléctricamente pueden llegar a sortear obstáculos y están dotados de un nivel relativamente elevado de inteligencia.

Uno de los más famosos robots móviles es Curiosity del inglés "curiosidad". Forma parte de una misión espacial a Marte que incluye un astromóvil de exploración marciana dirigida por la NASA. Fue lanzado el 26 de noviembre de 2011 a las 10:02 am EST y aterrizó en Marte exitosamente en el cráter Gale el 6 de agosto de 2012, aproximadamente a las 05:31 UTC enviando sus primeras imágenes a la Tierra. La misión se centra en situar sobre la superficie marciana un vehículo explorador tipo rover. Este vehículo es tres veces más pesado y dos veces más grande que los vehículos utilizados en la misión Mars Exploration Rover que aterrizaron en el año 2004. Este vehículo lleva instrumentos científicos más avanzados que los de las otras misiones anteriores dirigidas a Marte, algunos de ellos proporcionados por la comunidad internacional. El vehículo se lanzó mediante un cohete Atlas V 541. Una vez en el planeta, el Rover tomó fotos para mostrar que aterrizó con éxito. En el transcurso de su misión tomará docenas de muestras de suelo y polvo rocoso marciano para su análisis. La duración prevista de la misión es de un año marciano (1.88 años terrestres). Con un radio de exploración mayor que los vehículos enviados anteriormente, investigará la capacidad pasada y presente de Marte para alojar vida.

**Zoomórficos.** Los robots zoomórficos constituyen una clase caracterizada principalmente por sus sistemas de locomoción que imitan a diversos seres vivos. A pesar de la disparidad morfológica de sus posibles sistemas de locomoción es conveniente agrupar a los robots zoomórficos en dos categorías principales: los que pueden caminar y los que no caminan. El grupo que ha recibido más atención y por lo tanto ha registrado más progresos es el de los caminadores. Se han producido tanto de dos como de cuatro patas y en formas diversas.

Uno de los más famosos robots zoomórficos es Spot, un robot en forma de perro diseñado y construido por la empresa Boston Dynamics que recientemente adquirió Google. Spot es una versión mejorada de BigDog (2013). Es un robot cuadrúpedo diseñado para recorrer terrenos difíciles. A diferencia del modelo anterior, éste tiene un peso inferior de sólo 72 kilogramos. Comparte, con su «hermano» mayor sus cuatro piernas hidráulicas, una cabeza compuesta por sensores y una extraña habilidad para mantenerse de pie. Este robot camina con gran precisión y es capaz de mantener el ritmo. La compañía ha informado que su objetivo es la utilización de Spot para la búsqueda y rescate, la cartografía o acceder a las zonas de desastre. Incluso se puede utilizar tanto en exteriores como en interiores de los edificios. Este robot promete ser el más eficiente de la compañía en cuanto a consumo de energía se refiere, gracias a un sensor que lleva incorporado y que permite analizar el ambiente en el que opera para intentar adaptarse de la mejor manera posible.

**Médicos.** La utilización de robots en la medicina ha registrado un progreso espectacular. Se orienta hacia dos campos de aplicación de los que se derivan varias ramificaciones. Uno es la Cirugía y otro es la Bioingeniería.

La cirugía robótica o cirugía robotizada comprende la realización de cirugía utilizando robots. Es una técnica con la cual se pueden realizar procedimientos quirúrgicos con la más avanzada tecnología disponible hoy en día. El uso de esta tecnología le permite al cirujano realizar el procedimiento de una forma más precisa. Tres avances principales han sido la cirugía a control remoto, la cirugía invasiva mínima y la cirugía sin intervención humana. Entre las ventajas de la cirugía robotizada se encuentran su precisión, su miniaturización, incisiones menores, pérdidas sanguíneas reducidas, reducción del dolor y tiempo de recuperación menor. Otras ventajas son la articulación por encima de la manipulación normal e incremento ergonómico. Estos robots son utilizados en el ámbito de la cirugía cardiaca, gastrointestinal, pediátrica o de la neurocirugía.

Los robots médicos son, fundamentalmente, prótesis para disminuidos físicos que se adaptan al cuerpo y están dotados de potentes sistemas de mando. Con ellos se logra igualar con precisión los movimientos y funciones de los órganos o extremidades que suplen. Por su importancia en la salud y porque este campo de investigación promete ser uno de los más importantes en la aplicación del software para el bienestar de la humanidad nos extenderemos un poco más en su explicación.

**Las prótesis robóticas son un elemento artificial dotado de cierta autonomía e inteligencia**, capaz de realizar una función de una parte faltante del cuerpo. Dicha autonomía e inteligencia se logra al integrar sensores, procesadores, actuadores, y complejos algoritmos de control. Hacer una prótesis robótica requiere de la conjunción de conocimientos que abarcan varias ciencias y técnicas entre las que podemos citar la Informática, bioingeniería, mecatrónica, neurociencia, ingeniería eléctrica, ciencias cognitivas, procesamiento de señales, diseño de baterías, nanotecnología y ciencias del comportamiento. Para ejemplificar estos enormes avances de la ciencia existe una gran variedad de dispositivos que van desde piernas robóticas hasta ojos biónicos, sin dejar de lado la construcción de órganos internos electrónicos así como músculos artificiales para pie y tobillo. Aquí describimos algunos de los más interesantes.

*Transistores flexibles alrededor de tejidos.* Estos materiales soportan su implantación dentro de un cuerpo vivo y además cambian de forma a fin de afianzarse en el tejido deseado; por ejemplo, curvándose y enrollándose alrededor de un vaso sanguíneo o de un nervio. Se trata de una avanzada gama de componentes electrónicos con las mismas características revolucionarias que algún día podrían ser herramientas comunes para que los médicos aprendan más sobre lo que ocurre dentro del cuerpo de sus pacientes, e incluso estimular a éste en el marco de tratamientos médicos avanzados.

*Energía inalámbrica dentro del cuerpo.* Este sistema es capaz de utilizar la misma energía que un teléfono móvil para transmitir con seguridad energía a diminutos aparatos electrónicos médicos tales como marcapasos, estimuladores de nervios o nuevos sensores y dispositivos aún por desarrollar. Asimismo, puede abrir las puertas a una nueva generación de dispositivos médicos implantables para tratar enfermedades o aliviar el dolor.

*Motores minúsculos para cirugía.* El llamado motor Proteus, creación de científicos de la Universidad Monash, en Australia, podría ser capaz de "nadar" por las arterias humanas para tratar, por ejemplo, a pacientes que han sufrido un derrame cerebral o deshacer bloqueos en el flujo sanguíneo. Éstos podrían utilizarse para transportar a minirobots dentro del organismo para llevar a cabo ciertos procedimientos quirúrgicos que se dificultan por el tamaño o inflexibilidad de los instrumentos quirúrgicos.

*Chips para reparar neuronas.* Investigadores de las universidades de Edimburgo, Glasgow y Stirling en Escocia, lograron demostrar que es posible lograr el crecimiento de neuronas –las células básicas del sistema nervioso- en chips de computadora. Los científicos desarrollaron una técnica que permite el crecimiento de células en patrones finos y detallados sobre la superficie de pequeños chips.

*Chip capaz de actuar como un bazo.* Científicos españoles han logrado un gran avance en microingeniería al crear un chip que es capaz de actuar como un bazo para filtrar los glóbulos rojos de la sangre. El nuevo bazo en 3D, que es completamente funcional, imita el control de circulación de la sangre, filtrando y destruyendo selectivamente glóbulos rojos viejos, microorganismos y glóbulos rojos parasitados por malaria, por lo que podría ser utilizado para detectar posibles fármacos contra la malaria y otro tipo de enfermedades hematológicas.

*Lentillas para medir los niveles de glucosa.* Google acaba de informar de un proyecto de investigación que está en pleno desarrollo y que permitirá saber a quienes sufren diabetes los niveles de glucosa en sangre con solo llevar puesta una lentilla. Y es que la medición de este valor en los diabéticos es fundamental para su salud. Tanto una caída de glucosa como un aumento desmesurado de la misma en la sangre podrían provocar serios problemas en las personas que sufren esta enfermedad.

*Extremidades biónicas que permiten correr y bailar.* MIT Media Lab's Biomechatronics Group está creando una nueva generación de extremidades biónicas inspiradas en el diseño de la propia naturaleza. La BiOM no es una prótesis como las tradicionales que son sólo piezas que permiten a los discapacitados volver a caminar aunque no de manera natural, sino como la clásica pierna de palo de los piratas de antaño, que obliga a levantar la prótesis para que se mueva. Luego surgieron las mecánicas que tenían movimientos determinados, pero eran pesadas o limitadas en su movimiento. Esta prótesis permite a la persona incluso correr como si su pierna fuese normal, gracias a la comunicación con su sistema nervioso y los nuevos materiales. Estas nuevas prótesis ya tienen algún tipo de conexión con el sistema nervioso para la transmisión de señales.

*DEKA Arm.* Una de las prótesis robóticas más avanzadas es DEKA arm. (Su nombre completo es Luke Arm en honor a Luke Skywalker). Es un brazo robótico para restaurar la función en las personas que han perdido alguna de las extremidades superiores. Fue desarrollado bajo los auspicios del Departamento de la Defensa de los Estados Unidos en colaboración con la empresa DEKA y el laboratorio de física de la universidad Johns Hopkins. Para su construcción se utilizó software CAD y su funcionamiento se programó usando una combinación de varios tipos de software incluyendo de manera fundamental el lenguaje/sistema MATLAB que se utiliza para crear programas en el campo de la investigación científica. DEKA Research & Development Corporation es una empresa establecida en New Hampshire fundada en 1982 por Dean Kamen en donde trabajan  alrededor de 400 ingenieros, técnicos y personal administrativo en el desarrollo de proyectos de innovación.

Las prótesis inteligentes ya son una realidad. Ciertamente en etapa de investigación pero ya es posible afirmar que el software alojado en el cuerpo de una persona puede hacer que su prótesis responda a los estímulos que recibe del cerebro. En este prometedor campo de la investigación México ha realizado importantes avances. Una prueba es el proyecto de investigación que docentes y estudiantes de la **Universidad Autónoma de Querétaro** (UAQ) llevan a cabo para el desarrollo de prótesis robóticas inteligentes destinadas a personas que han perdido alguna extremidad o que presentan problemas en el sistema nervioso.

**César Ortiz, estudiante del doctorado en Ciencias de la Computación**, explicó que el proyecto se fundamenta en un equipo multidisciplinario de estudiantes y docentes de las facultades de Ingeniería, Informática, Psicología y Medicina de la UAQ, que lleva a cabo la referida investigación. Ortiz señaló que el objetivo es fabricar dispositivos o prótesis electromecánicas controladas por señales eléctricas cerebrales y musculares. Ello impactaría en el ámbito de la biomedicina para la rehabilitación de personas que han sufrido discapacidades motoras por amputación o pérdida de conexión entre el sistema nervioso y las extremidades. Detalló que este tipo de tecnología ya se está usando en Estados Unidos y en Europa, pero destacó que sigue siendo un tema abierto a la investigación porque el reto es procesar las señales. "La señal del encefalograma viene contaminada con mucho 'ruido' y la amplitud del ruido es mucho más grande que la de la señal, por lo que el propósito es diseñar filtros dinámicos y adaptativos", dijo. Diana Carolina Toledo Pérez, también estudiante del doctorado en Ciencias de la Computación, puntualizó, a su vez, que uno de los retos es clasificar las señales mioeléctricas (musculares) que permitan el movimiento de las prótesis.

Para ello, el equipo multidisciplinario trabaja en sensores que permitan captar las señales que envía el cerebro a los músculos para mover la extremidad. "La combinación de las señales genera la intención de un movimiento en específico y eso es lo que se va a diseñar: un clasificador para cada tipo de movimiento que quisiera realizar el paciente", precisó. Este proyecto cuenta con el financiamiento del Fondo para el Fortalecimiento de la Investigación (FOFI) de la máxima casa de estudios de la entidad y se espera que en cinco años pueda concluir con resultados positivos.

**El mexicano Max Ortiz Catalán**, quien radica en Suecia, ha creado la primera prótesis en el mundo que se conecta directamente al hueso, nervios y músculos, permitiendo a la persona tener sensaciones, libre movilidad y, lo más importante, prácticamente se maneja con la mente. El artefacto se convierte en una extensión del cuerpo humano por medio de oseointegración, esto quiere decir que se conecta directo al hueso a través de un implante de titanio y gracias a la unión de interfaces neuronales y musculares se logra un control robusto e intuitivo de la mano artificial, de esta forma con tan solo pensarlo es posible mover la extremidad.

El investigador mexicano, egresado del Tecnológico de Monterrey, campus Toluca, platica que Magnus, un paciente con el brazo amputado por encima del codo es la primera persona que usa esta tecnología y desde 2013 le ha permitido desarrollar una vida laboral normal, regresar a su actividad como conductor de maquinaria pesada entre la frontera de Suecia y Finlandia o manipular un huevo sin romperlo.

El doctor en ingeniería biomédica Ortiz Catalán explica que gracias al sistema de electrodos que se conecta en músculos y nervios se obtienen señales estables que permiten un control preciso; por ejemplo, que el paciente manipule un artículo pequeño y delicado sin romperlo o tirarlo, además brinda sensaciones como si fuera su propia mano y está protegida de interferencias como las de los sensores en tiendas de autoservicio.

**La investigación se desarrolló en la Universidad Tecnológica de Chalmers en Gotemburgo, Suecia**, en colaboración con el Hospital Universitario Sahlgrenska, y la compañía de implantes llamada Integrum AB, que trabaja con prótesis de anclaje óseo. El artefacto consiste en dos partes, un implante y una prótesis, la primera parte requiere una cirugía en la cual se coloca una pieza de titanio dentro del hueso y se instala un sistema de control que conecta electrodos a los músculos y nervios. La segunda corresponde a una prótesis desmontable que mantiene una conexión mecánica con el hueso y otra eléctrica con los electrodos implantados. "Si el paciente va a tomar un baño puede quitarse la parte robótica". Cerca de 400 personas en el mundo ya cuentan con implante de titanio y sólo dos con el sistema de electrodos implantados en nervios y músculos. Se espera que este año (2016) más de diez pacientes reciban el sistema de control neural. El implante de titanio para anclar la prótesis al hueso por el momento sólo está disponible en Europa, Australia, Chile y Estados Unidos, pero se pretende firmar un convenio para desarrollarla en México.

## El software en la robótica

En este apartado estableceremos la diferencia entre una máquina, una máquina automática, una computadora y un robot. Partiremos de las definiciones de cada uno de los conceptos para luego establecer las diferencias. El propósito es marcar las fronteras y resaltar la importancia del software como propiedad distintiva del robot.

**Una máquina** es un conjunto de elementos móviles y fijos cuyo funcionamiento posibilita aprovechar, dirigir, regular o transformar energía para realizar un trabajo con un fin determinado.

**Una máquina automática** es un mecanismo dotado de una serie de dispositivos destinados a la regulación y control del sistema diseñado, sin la necesidad de intervención humana.

**Una computadora** es una máquina electrónica programable que recibe y procesa datos para convertirlos en información conveniente y útil. Una computadora está formada físicamente por circuitos integrados y otros componentes de apoyo, extensión y accesorios, que en conjunto pueden ejecutar tareas diversas con suma rapidez y bajo el control de un programa (software). La constituyen dos partes esenciales: el hardware, que es su composición física (circuitos electrónicos, cables, gabinete, teclado, etcétera) y el software, siendo ésta la parte intangible (programas, datos, información). Una no funciona sin la otra. Desde el punto de vista funcional es una máquina que posee, al menos, una unidad central de procesamiento, una memoria principal y algún periférico o dispositivo de entrada y otro de salida. Los dispositivos de entrada permiten el ingreso de datos, la CPU se encarga de su procesamiento (operaciones aritmético-lógicas) y los dispositivos de salida los comunican a otros medios. Es así que la computadora recibe datos, los procesa y emite la información resultante, la que luego puede ser interpretada, almacenada, transmitida a otra máquina o dispositivo o sencillamente impresa; todo ello a criterio de un operador o usuario y bajo el control de un programa. El hecho de que sea programable le posibilita realizar una gran diversidad de tareas, esto la convierte en una máquina de propósitos generales (a diferencia, por ejemplo, de una calculadora cuyo único propósito es calcular limitadamente). Es así que, sobre la base de datos de entrada, puede realizar operaciones y resolución de problemas en las más diversas áreas del quehacer humano (administrativas, científicas, de diseño, ingeniería, medicina, música, etc.).

**Un robot** es una máquina o ingenio electrónico programable, capaz de manipular objetos y realizar operaciones antes reservadas solo a las personas.

Por lo tanto, el software, la capacidad de manipular objetos y la ejecución de operaciones antes reservadas sólo a las personas es lo que distingue a un robot de una máquina, una máquina automática y una computadora. Si una cosa, máquina o ente no tiene estos tres atributos no es un robot.

Ahora bien, tanto la posibilidad de ser programable como la capacidad de manipular objetos y la ejecución de operaciones antes reservadas sólo a las personas están caracterizadas y determinadas por el software. Ante la luz de estas definiciones y análisis de conceptos podemos concluir que es precisamente el software la parte fundamental de un robot. Es su esencia y es también lo que permite que un robot sea cada vez más inteligente. En este apartado estudiaremos el software aplicable a los robots.

La selección del lenguaje de programación es fundamental para programar las acciones del robot. Después vendrá el ingenio del diseñador y el programador para convertir los algoritmos en instrucciones ejecutables por el procesador a fin de que el robot pueda actuar y llegar a los resultados que se esperan.

No existe un lenguaje universal para su aplicación en la robótica. De acuerdo con las funciones del robot se selecciona un lenguaje de programación. Algunos programadores prefieren el lenguaje máquina o el ensamblador cuando las condiciones del procesador o la cantidad de memoria disponible así lo requieren. Otros se inclinan por lenguajes de alto nivel como Java, C o Visual Basic e incluso hay grandes empresas que desarrollan sus propios lenguajes de programación. Los lenguajes de primera generación como FORTRAN, BASIC o PASCAL generalmente no se utilizan por carecer de los comandos e instrucciones específicas que se necesitan para la programación en la robótica. Estos son algunos de los lenguajes de programación que se emplean en la robótica:

**Lenguaje máquina.** El lenguaje de máquina o código máquina es el sistema de códigos directamente interpretable por el microprocesador de una computadora o el microcontrolador de un robot. Este lenguaje está compuesto por un conjunto de instrucciones que determinan acciones a ser tomadas por la máquina. Un programa consiste en una cadena de estas instrucciones más un conjunto de datos sobre el cual se trabaja. Estas instrucciones son normalmente ejecutadas en secuencia con eventuales cambios de flujo causados por el propio programa o eventos externos. El lenguaje de máquina es específico de la arquitectura de la máquina, aunque el conjunto de instrucciones disponibles pueda ser similar entre arquitecturas distintas.

**Lenguaje ensamblador.** El lenguaje ensamblador o assembler es un lenguaje de programación de bajo nivel para las computadoras, microprocesadores, microcontroladores y otros circuitos integrados programables instalados en una computadora o en un robot. Implementa una representación simbólica de los códigos de máquina binarios y otras constantes necesarias para programar una arquitectura dada de CPU y constituye la representación más directa del código máquina específico para cada arquitectura legible por un programador. Esta representación es usualmente definida por el fabricante de hardware y está basada en los mnemónicos que simbolizan los pasos de procesamiento (las instrucciones), los registros del procesador, las posiciones de memoria y otras características del lenguaje. Un lenguaje ensamblador es específico para la arquitectura de una computadora física o virtual, estableciendo un contraste con la mayoría de los lenguajes de programación de alto nivel, que son portátiles.

**WAVE.** La organización Stanford Research International fue fundada en el año de 1946 como una rama de la Universidad de Stanford para el desarrollo de proyectos de investigación. En 1970 se convirtió en una organización independiente con el nombre de SRI International. En el año de 1973 desarrolló el primer lenguaje de programación de robots del tipo de computadora para la investigación con la denominación WAVE. Fue seguido por el lenguaje AL en 1974. Los dos lenguajes se fundieron en el lenguaje VAL para Unimation con la participación de Víctor Scheinman y Bruce Simano.

**Funky.** Creado por IBM para uno de sus robots (procesador IBM SYSTEM-7). Lenguaje interpretado, escrito punto por punto, que permite el movimiento de un único brazo. Transportable. Usa un mando del tipo "joystick" para el control de los movimientos. Dispone de un comando especial para centrar a la pinza sobre el objeto a fin de manipularlo con suavidad.

**T3.** Fue desarrollado por Cincinnati Milacrom de manera especial para su robot T3 Se ejecuta en un procesador AMD 2900 bit slice. Lenguaje escrito punto por punto que permite el movimiento de un solo brazo. Transportable. Puede ser interpretado, compilado y ensamblado.

**ANORAD.** Es una transformación de un lenguaje de control numérico de la empresa Anorad Corporation utilizado para el robot ANOMATIC. Utiliza el microprocesador 68000 de Motorola de 16/32 bits.

**RPL.** Aplicado a los robots PUMA fue desarrollado por SRI International. Lenguaje no transportable compilado e interpretado. Permite el movimiento de un solo brazo.

**EMILY.** Es un lenguaje creado por IBM para el control de uno de sus robots, con procesador IBM 370/145 System7. Escrito en ensamblador, permite el movimiento simultáneo de dos brazos. Puede ser interpretado y ensamblado. Es transportable.

**AL.** Proporciona definiciones acerca de los movimientos relacionados con los elementos sobre los que trabaja el brazo. Fue diseñado por el laboratorio de Inteligencia Artificial de la Universidad de Stanford, con estructuras de bloques y de control similares al ALGOL, lenguaje en el que se escribió. Está dedicado al manipulador de Stanford, utilizando como procesadores centrales a un PDP 11/45 y un PDP KL-10. Utiliza vectores, posiciones y transformaciones. Tiene comandos para el control de la sensibilidad del tacto de los dedos (fuerza, movimiento, proximidad, etc.).

**HELP.** Desarrollado por General Electric para su robot ALLEGRO y escrito en PASCAL/FORTRAN, permite el movimiento simultáneo de varios brazos. Dispone, asimismo, de un conjunto especial de subrutinas para la ejecución de cualquier tarea. Utilizando como CPU a un PDP 11. Carece de capacidad de adaptación sensorial.

**AUTOPASS.** Creado por IBM para el ensamblaje de piezas. Utiliza instrucciones muy comunes en el idioma inglés. Necesita de una computadora de varios Megabytes de capacidad de memoria y, además de indicar como el RAPT puntos específicos, prevé también colisiones y genera acciones a partir de las situaciones reales. El AUTOPASS realiza todos sus cálculos sobre una base de datos que define a los objetos como poliedros de un máximo de 20,000 caras. Está escrito en PL/1 y es intérprete y compilable.

**VAL.** Fue diseñado por UNIMATION INC para sus robots UNIMATE y PUMA. Emplea como CPU un LSI-II que se comunica con procesadores individuales que regulan el servocontrol de cada articulación. Las instrucciones, en idioma inglés, son sencillas e intuitivas.

**MAPLE.** Escrito como intérprete en lenguaje PL-1 por IBM para el robot de la misma empresa, tiene capacidad para soportar informaciones de sensores externos. Utiliza como CPU a un IBM 370/145 System. Permite la definición de puntos, líneas, planos y posiciones. Tiene comandos para el control de la sensibilidad del tacto de los dedos (fuerza, movimiento, proximidad, etc.).

**MATLAB.** Abreviatura de MATrix LABoratory, (Laboratorio de matrices) es una herramienta de software matemático que ofrece un entorno de desarrollo integrado (IDE) con un lenguaje de programación propio (lenguaje M). Está disponible para las plataformas UNIX, Windows, Mac OS X y GNU/Linux .Fue creado por el matemático y programador de computadoras Cleve Moler en 1984 habiendo desarrollado la primera versión con la idea de emplear paquetes de subrutinas escritas en FORTRAN en los cursos de álgebra lineal y análisis numérico, sin necesidad de escribir programas en dicho lenguaje. El lenguaje de programación M fue creado en 1970 para proporcionar un sencillo acceso al software de matrices LINPACK y EISPACK sin tener que usar Fortran. Entre sus prestaciones básicas se hallan la manipulación de matrices, la representación de datos y funciones, la implementación de algoritmos, la creación de interfaces de usuario (GUI) y la comunicación con programas en otros lenguajes y con otros dispositivos hardware. El paquete MATLAB dispone de dos herramientas adicionales que expanden sus prestaciones, a saber, Simulink (plataforma de simulación multidominio) y GUIDE (editor de interfaces de usuario). Además, se pueden ampliar las capacidades de MATLAB con las cajas de herramientas (toolboxes); y las de Simulink con los paquetes de bloques (blocksets). Es un software muy usado en universidades y centros de investigación y desarrollo. En los últimos años ha aumentado el número de prestaciones, como la de programar directamente procesadores digitales de señal o crear código VHDL. MATLAB es un software propietario de MathWorks. De forma independiente se ofrecen los toolboxes. Además, existen dos versiones para estudiantes. La primera incluye solo MATLAB y la segunda incluye Simulink y otros 10 módulos.

**Terrence W. Pratt en su libro "Programming Languages: Design and Implementation"** apunta seis características que debe presentar un lenguaje de programación apropiado para la robótica:

- Claridad y sencillez
- Claridad de la estructura del programa
- Sencillez de aplicación
- Facilidad de ampliación
- Facilidad de corrección y mantenimiento
- Eficacia

Para lograr un programa de tipo universal en robótica habría que agregar otras características. Aquí mencionamos algunas de ellas:

- Transportabilidad sobre cualquier equipo mecánico o informático
- Adaptabilidad a sensores (tacto, visión, etc.)
- Posibilidad de descripción de todo tipo de herramientas acoplables al manipulador
- Interacción con otros sistemas

En el aspecto de claridad y sencillez, la programación gestual es la más eficaz, pero impide la confección de programas propiamente dichos. Los lenguajes a nivel de movimientos elementales, como el VAL, disponen de bastantes comandos para definir acciones muy parecidas que han surgido según las necesidades y que, en gran medida, oscurecen su comprensión y conocimiento. Aunque, inicialmente, las técnicas de programación estructurada son más difíciles de dominar, facilitan extraordinariamente la comprensión y corrección de los programas.

Respecto a la sencillez de aplicación, hay algunos lenguajes (como el MCL) dedicados a las máquinas herramienta (APT) que pueden ser valorados positivamente por los usuarios conocedores de este campo. El PAL, estructurado sobre la matemática matricial, sólo es adecuado para quienes están familiarizados con el empleo de este tipo de transformaciones.

**Uno de los lenguajes más fáciles de utilizar es el AUTOPASS**, que posee un juego de comandos con una sintaxis similar a la del inglés corriente. Es imprescindible que los lenguajes para los robots sean fácilmente ampliables, por lo que se les debe dotar de una estructura modular, con inclusión de subrutinas definidas por el mismo usuario. La adaptabilidad a sensores externos implica la posibilidad de una toma de decisiones, algo muy interesante en las labores de ensamblaje. Esta facultad precisa de un modelo dinámico del entorno, así como de una buena dosis de Inteligencia Artificial, como es el caso del AUTOPASS. Aunque los intérpretes son más lentos que los compiladores, a la hora de la ejecución de un programa resultan más adecuados para las aplicaciones de la robótica por estas razones:

- El intérprete ejecuta el código como lo encuentra, mientras que el compilador recorre el programa varias veces, antes de generar el código ejecutable
- Los intérpretes permiten una ejecución parcial del programa
- La modificación de alguna instrucción es más rápida con intérpretes, ya que un cambio en una de ellas no supone la compilación de las demás

Finalmente, el camino para la superación de los problemas propios de los lenguajes actuales ha de pasar, necesariamente, por la potenciación de los modelos dinámicos del entorno que rodea al robot, acompañado de un aumento sustancial de la Inteligencia Artificial.

### Software y hardware para aficionados a la robótica

La robótica ha cautivado no solamente a los profesionales de la Informática, la bioingeniería y otras ciencias afines. También ha llegado a despertar interés en personas que tienen diversas actividades y esto incluye a jóvenes y niños de la escuela primaria. Esta situación ha generado una oferta de productos tanto de hardware como de software para armar robots en la escuela y también en la casa. Actualmente se pueden encontrar kits para armar un robot con movimiento a control remoto y software sofisticado para ejecutar funciones cada vez más complejas que sorprenden a chicos y grandes.

**Uno de los productos preferidos de hardware para armar robots es la tarjeta Arduino.** Su nombre y su historia, además de sus funciones y ventajas son interesantes. Inició como un proyecto de clase en el Instituto Ivrea ubicado precisamente en la pintoresca población de Ivrea al Norte de Italia. **Massimo Banzi**, profesor del Instituto, enseñaba a sus alumnos cómo desarrollar proyectos de electrónica utilizando el microcontrolador BASIC Stamp, cuyo precio era de 100 dólares estadounidenses, lo que se consideraba demasiado costoso para los alumnos. Así que se puso a trabajar para desarrollar una tableta electrónica con un costo menor para que fuera accesible a los alumnos. En el proyecto participó de manera importante el estudiante colombiano Hernando Barragán, quien desarrolló la tarjeta electrónica Wiring, el lenguaje de programación y la plataforma de desarrollo. Una vez concluida dicha plataforma, los investigadores trabajaron para hacerlo más ligero, más económico y disponible para la comunidad de código abierto (hardware y código abierto). El equipo de Banzi, Hernando Barragán y el español David Cuartielles tomaron el proyecto en sus manos y decidieron comercializarlo. Banzi afirmaría años más tarde que el proyecto nunca surgió como una idea de negocio, sino como una necesidad de subsistir ante el inminente cierre del Instituto de Diseño Interactivo Ivrea. Es decir, que al crear un producto de hardware abierto, éste no podría ser embargado.

El proyecto se desligó del Instituto Ivrea y fue creciendo por sí solo hasta llegar al conocimiento de Google y despertar su interés. Google decidió apoyarlo y el proyecto se expandió rápidamente. Poco tiempo después el equipo, ya bajo el amparo de Google, desarrolló el **Kit Android ADK (Accesory Development Kit)**, una placa capaz de comunicarse directamente con teléfonos móviles inteligentes bajo el sistema operativo Android para que el teléfono controle luces, motores y sensores. Para la producción en serie de la primera versión se tomó en cuenta que el precio no fuera mayor de 60 dólares, que fuera ensamblado en una placa de color azul, debía ser Plug and Play y que trabajara con todas las plataformas Informáticas tales como MacOSX, Windows y GNU/Linux. Las primeras 300 unidades se las dieron a los alumnos del Instituto Ivrea, con el fin de que las probaran y empezaran a diseñar sus primeros prototipos. En el año 2005 se incorporó al equipo el profesor Tom Igoe, quien había trabajado en computación física, después de que se enterara del mismo a través de Internet. Él ofreció su apoyo para desarrollar el proyecto a gran escala y hacer los contactos para distribuir las tarjetas en territorio estadounidense. En la feria Maker Fair de 2011 se presentó la primera placa Arduino 32 bit para trabajar en tareas más pesadas.

El nombre del proyecto y de la tarjeta electrónica es curioso y a la vez simpático. Viene del nombre del Bar di Re Arduino (Bar del Rey Arduino) donde Massimo Banzi pasaba algunas horas. El rey Arduino fue rey de Italia entre los años 1002 y 1014. **Banzi le puso a la tarjeta el nombre del rey Arduino y así se le conoce.**

Arduino es una plataforma de hardware libre, basada en una placa con un microcontrolador y un entorno de desarrollo diseñado para facilitar el uso de la electrónica en proyectos multidisciplinares. El hardware consiste en una placa con un microcontrolador Atmel AVR y puertos de entrada/salida. Los microcontroladores más usados son el Atmega168, Atmega328, Atmega1280 y Atmega que por su sencillez y bajo precio permiten el desarrollo de múltiples diseños. Por otro lado, el software consiste en un entorno de desarrollo que implementa el lenguaje de programación Processing/Wiring y el cargador de arranque que es ejecutado en la placa. Se programa en la computadora para que la placa controle los componentes electrónicos.

Desde octubre de 2012 Arduino se utiliza también con microcontroladoras CortexM3 de ARM de 32 bits, que coexisten con las más económicas AVR de 8 bits. ARM y AVR no son plataformas compatibles a nivel binario, pero se pueden programar con el mismo IDE de Arduino y hacerse programas que compilen sin cambios en las dos plataformas. Eso sí, las microcontroladoras CortexM3 usan 3.3V, a diferencia de la mayoría de las placas con AVR, que generalmente usan 5V. Sin embargo, ya anteriormente se lanzaron placas Arduino con Atmel AVR a 3.3V como la Arduino Fio y existen compatibles de Arduino Nano y Pro como Meduino en que se puede conmutar el voltaje. Arduino puede tomar información del entorno a través de sus entradas analógicas y digitales, puede controlar luces, motores y otros actuadores. **El microcontrolador en la placa Arduino se programa mediante el lenguaje de programación Arduino** (basado en Wiring) y el entorno de desarrollo Arduino (basado en Processing). Los proyectos hechos con Arduino pueden ejecutarse sin necesidad de conectar a una computadora.

**LEGO,** la famosa empresa de origen danés que fabrica los conocidos bloques de plástico, también produce kits para armar robots. Fundada en 1932 por Ole Kirk Kristiansen, LEGO se dedicó casi exclusivamente a producir juguetes de madera, luego introdujo la línea de bloques de plástico y actualmente maneja varias marcas entre las que se encuentran Bionicle, Exo-Force, LEGO Mindstorms, LEGO Hero Factory además de numerosos acuerdos con las marcas comerciales de las franquicias de Star Wars, Harry Potter, Indiana Jones y Speed Racer, entre otras. LEGO produce motores, engranajes, luces, cajas de sonido y cámaras disponibles para ser usados con otros componentes LEGO. Existen incluso piezas que pueden ser programadas con una computadora personal para construir robots que ejecutan funciones complejas.

### Robots que se han hecho famosos

Algunos robots han alcanzado la fama en la pluma de autores de novelas de ciencia ficción y de teatro; otros han llegado a la pantalla del cine y también los hay reales que se han hecho famosos en los laboratorios de las universidades o haciendo viajes al espacio para pisar el suelo de otros planetas antes que el ser humano. Es cierto que algunos de ellos nada tienen de real y tampoco hay cosa alguna de software en sus circuitos, pero con su imagen, su idea y su difusión han contribuido de manera importante al desarrollo de la robótica. Ya hemos comentado algunos de los más famosos; aquí pasaremos revista a otros y lo invitamos para que agregue algunos más que se pudieran encontrar en su propia memoria, su experiencia o su aportación al interesante mundo de la robótica.

**María.** Este fue el primer robot que vio la luz en la historia del cine, allá por el año 1927 gracias a Fritz Lang. En una ciudad futurista donde los hombres son esclavos de la tecnología, este androide o mejor dicho ginoide de malas intenciones, se encarga de sembrar la discordia entre los rebeldes. Su imagen inspiró a muchos robots posteriores. Metrópolis es una película del cine mudo alemán de 1927 realizado por la productora UFA. De ciencia ficción, la trama futurista filmada por Fritz Lang es considerada una de las grandes películas del cine expresionista alemán y de la historia del cine mundial. Fue el primer filme considerado Memoria del Mundo por la Unesco. El guion fue escrito por Fritz Lang y su esposa Thea von Harbou, inspirándose en una novela de 1926 de la misma Von Harbou. Metrópolis es uno de los pocos filmes considerados Memoria del Mundo por la Unesco (otros son los films documentales de los hermanos Lumière, Los olvidados, dirigida por Luis Buñuel en 1950 y El mago de Oz de Víctor Fleming de 1939). Fue el primero en poseer esta categoría, amparado en la vívida encarnación de toda la sociedad y la profundidad de su contenido humano y social.

**Número 5.** Apareció por primera vez en la película "Cortocircuito" (1986) como un robot militar equipado con orugas capaz de disparar su sistema de laser en espacios abiertos con gran precisión. Es uno de los cinco prototipos de robots destinados para el uso del Ejército de los EE.UU, aunque el principal científico responsable de su creación, Newton Crosby, está más interesado en los usos pacíficos de su Inteligencia Artificial, como por ejemplo la interpretación de instrumentos musicales. Sin embargo "Numero 5" sufre el impacto de un rayo en una tormenta y en vez de estropearse o quemarse experimenta una reprogramación de su software que le proporciona una capacidad intelectual propia de un ser humano. Número 5 es un robot equipado con dos orugas y capaz de rodar sobre terreno ligeramente abrupto. Su diseño era bastante avanzado para la época en que fue construido y durante los últimos años ha sido uno de los robots de Ciencia Ficción más querido por los aficionados a la robótica.

**El hombre bicentenario (Bicentennial Man)** es una película de 1999 de ciencia ficción estadounidense con un reparto protagonizado por Robin Williams, Sam Neill y Embeth Davidtz. Está basada en el cuento homónimo de Isaac Asimov y en la novela basada en el mismo "El hombre positrónico" de Asimov y Robert Silverberg. La trama explora cuestiones de la humanidad, la esclavitud, los prejuicios, la madurez, la libertad intelectual, la conformidad, el sexo, el amor y la muerte. El robot Andrew es introducido en la casa de la familia Martín para realizar tareas de mantenimiento y limpieza. Las reacciones de la familia van desde la aceptación y la curiosidad hasta el rechazo total y el vandalismo deliberado por su hija mayor quien llega al descubrimiento de que Andrew puede identificar las emociones de los seres humanos.

**Yo, robot**. Es una película inspirada en la obra de Isaac Asimov aunque en realidad está basada en un guion de Jeff Vintar, titulado Hardwired. Fue producida en 2004, dirigida por Alex Proyas y protagonizada por Will Smith. La película tuvo un éxito mediocre en taquilla porque no satisfizo a los seguidores de las historias originales de Asimov. Esto se debió a que, a pesar de que en ella aparecen las mencionadas tres leyes de la robótica y se muestran escenarios y personajes basados en sus historias (como los personajes de Susan Calvin, Lawrence Robertson y Alfred Lanning, y la compañía U. S. Robots) y aun cuando en los créditos se hace referencia al «libro de Asimov», en realidad el argumento no está basado directamente en ninguna historia o grupo de historias de las que él fue autor. Tampoco está relacionado con el guion del mismo nombre, desarrollado por Harlan Ellison en colaboración con el mismo

Asimov, en el cual realmente se capturaba el espíritu del libro. En definitiva, la película justamente termina utilizando el recurso que el doctor Asimov repudió toda su vida y que en el universo de sus libros llamó "El Complejo de Frankenstein".

**Hal 9000.** Se hizo de gran fama en la película "2001: Odisea en el Espacio". Aun cuando Hal no es un robot sino una super-computadora, lo incluimos en este apartado por el mérito de ser inteligente y tener sentimientos como un ser humano. Su nombre es un acrónimo en inglés de Heuristically Programmed Algorithmic Computer (Computador algorítmico heurísticamente programado), es una supercomputadora de tipo mainframe en las series de Odisea del espacio, que comenzó con la novela 2001 A Space Odyssey escrita por Arthur C. Clarke en 1968. HAL es la computadora encargada de controlar las funciones vitales de la nave espacial Discovery, cuya Inteligencia Artificial cambia drásticamente su comportamiento a lo largo del film ya que está programada para no recibir respuestas que tengan dudas ya que pese a ser una computadora heurística (lo cual la hace muy semejante al pensar humano) está programada de manera fundamental para cumplir sin objeciones la programación y por esto eliminar a los que dudan o son escépticos considerándolos "mecanismos fallidos". Ha sido una de las más interesantes películas de ciencia ficción

**C3P0 y R2D2.** Son la pareja de robots más simpáticos, conocidos y famosos. Forman parte inseparable de la serie de películas Star Wars, conocida en español como La guerra de las galaxias concebida por el estadounidense George Lucas, quien ha sido el principal guionista, director y productor de la saga con la que inició la franquicia en 1977. C3PO fue diseñado para interactuar con seres vivos pensantes, androides y máquinas. Es capaz de comunicarse con más de cien mil formas de vida. Fue construido por Anakin Skywalker en el planeta Tatooine para ayudar en las tareas del hogar a su madre. Es amigo, compañero, y contraparte del Droide astromecánico R2D2. Su principal función como androide de protocolo es ayudar a explicar las costumbres de otras culturas, la traducción y la comunicación en general. Desde su creación, y de acuerdo con las películas oficiales y el universo expandido, sirvió a más de cuarenta amos diferentes. R2D2 pertenece a un tipo de robots llamados droides astromecánicos (Astro Droides) que eran muy conocidos y apreciados a lo largo de la Galaxia. Los dos robots han inspirado cuentos, series animadas y juegos. Seguramente también han provocado el interés de niños y jóvenes en la robótica. Ese es uno de sus grandes méritos.

**TecO.** Un grupo de investigadores del Tec de Monterrey creó un robot a partir de Inteligencia Artificial para que los niños con autismo aprendan a reconocer expresiones faciales. TecO es el nombre de un robot humanoide que detecta señales neuronales gracias a un amplificador operacional que utiliza una diadema o una capucha con electrodos montados que se colocan en la cabeza del niño y registra señales neuronales; éstas son enviadas a una computadora que las traduce en información que interpreta un psicólogo o un neurólogo.

"Nos da herramientas para medir de forma cuantitativa lo que pasa, al ver cuántas veces el niño miró al robot. El robot puede ver lo que hace el infante, y de manera autónoma decidir qué necesita: si no está haciendo contacto visual puede emitir un sonido o realizar un movimiento para captar la atención del chico. Es así que el niño lee al robot y el robot al niño", puntualiza Demi Grammatikou, del equipo de investigadores.

David Balderas Silva, investigador de posgrado en Ciencias de la Ingeniería explicó que TecO detecta ciertas intensiones, como mover un brazo, si hay sueño y/o atención, pero no lee el pensamiento, si el robot registra tristeza en el niño, modifica su modo de actuar para que éste cambie ese sentimiento. TecO mide 50 centímetros de altura, tiene rostro y brazos de oso, no cuenta con piernas, está fabricado con aluminio y su funcionamiento es eléctrico. Su desarrollo inició en el 2012 y desde entonces es encabezado por el doctor Pedro Ponce Cruz, director de posgrado en Ciencias de la Ingeniería, en el campus Ciudad de México del Tec de Monterrey.

El robot puede tener un costo aproximado de 20 mil pesos, sin embargo, se pretende que el robot no cueste más que una

Tablet, al considerar que los padres de niños con autismo desembolsan por consulta entre 2 mil 500 y 3 mil pesos la hora, por lo que los investigadores consideran importante colaborar en la economía familiar y en la terapia para el mejoramiento del menor.

De acuerdo a la Organización Mundial de la Salud, uno por ciento de la población padece autismo. En México, específicamente, uno de cada 300 niños tiene autismo, y según cifras del Gobierno Federal, anualmente se reportan seis mil casos. "Desde un punto de vista social parece no impactar a tantas personas, pero cuando uno piensa en el uno por ciento de la población total, es un número significativo", indica el doctor Ponce Cruz.

**Grupo Golem.** Uno de los proyectos que mejores resultados ha logrado en el campo de la robótica es el Grupo Golem fundado en 1998 por el Doctor Luis Alberto Pineda Cortés, investigador del Departamento de Ciencias de la Computación del Instituto de Investigaciones de Matemáticas Aplicadas de la Universidad Nacional Autónoma de México y Presidente de la Academia Mexicana de Computación. En el Proyecto Golem se estudia la integración de información multimodal, principalmente lingüística y de lenguaje natural en español hablado, para la navegación de un robot en un espacio limitado. En particular, se pretende programar a un robot móvil para que de una visita guiada a los visitantes del Departamento de Ciencias de la Computación del IIMAS, UNAM.

Una prueba fehaciente del talento de los estudiantes e investigadores mexicanos es la obtención del primer lugar del Torneo de Robótica RoboCup, en la categoría CoSpace superteam, realizado en Leipzig, Alemania, del 30 de junio al 4 de julio del 2016. Los integrantes del equipo realizaron actividades y ejercicios durante tres días, en el que midieron sus destrezas, así como en el desarrollo y programación de software. El equipo ganador, integrado por investigadores y estudiantes de Jalisco superaron a participantes de países como Alemania, China, Reino Unido, Israel y Japón. El equipo está integrado por Perla Araceli Acosta García, Adrián Garibaldi Álvarez, Erick Rubén Tapia Navarro, José de Jesús Reyes Romero, Jorge Isaac Leautaud González, Juan Pablo Mudeci Huerta y Rafael Gallegos Morales. El equipo recibió asesoramiento de Nética Robotics & Education, empresa establecida en Guadalajara, Jalisco.

Sin duda alguna que la Robótica ha despertado el interés en México; maestros y alumnos están prendidos con esta interesante y productiva rama de la Informática y siguen cosechando triunfos en los concursos más importantes a nivel mundial. Otro gran éxito se obtuvo en Alemania.

Un grupo de estudiantes mexicanos consiguieron el primer lugar en la categoría de manipulación, así como el cuarto puesto en la clasificación general en la liga de robots de rescate del **RoboCup 2016 que se realizó en Leipzig, Alemania.**

Los alumnos miembros de la Universidad Panamericana (UP), campus Aguascalientes, representaron a México en el certamen con un robot que lleva por nombre "Ixnamiki Nahui".

**El profesor de ingeniería, Ramiro Velázquez Guerrero,** comentó que el robot ganador tiene como objetivo hallar a víctimas que quedaron atrapadas entre los escombros durante un desastre natural. "En particular, nosotros concursamos en la liga robot de rescate, esta liga tiene la intención de diseñar robots todoterreno compactos de bajo peso, pero resistentes y capaces de entrar en terrenos agrestes que simulen desastres".

Las pruebas consisten en que el robot pueda subir y bajar, así como andar sobre terrenos rústicos, piedras o pendientes pronunciadas, además de maniobrar entre los escombros y tener la capacidad de compactarse para ingresar en un agujero y después desplegarse. "La competencia, en particular, es una pista donde hay piedras, pendientes, agujeros, etcétera, y se trata de completar esta prueba; nosotros fuimos el único equipo que pudo lograrlo"

Ixnamiki Nahui contiene un brazo capaz de moverse y manipular ciertos objetos, lo que le permite menear piedras o escombros, así como realiza movimientos sutiles, ya sea prensar la ropa de la víctima o tocarla para sacar información de su condición. "Tiene sensores para identificar el dióxido de carbono y deducir si una persona sigue respirando; tiene cámaras de video de visión nocturna; tiene también cámara térmica, la cual da un mapeo de la temperatura de la imagen",

Velázquez Guerrero dijo que el robot, además de sus labores de rescate, lo puede usar la policía y el Ejército para examinar un ambiente antes de que los cuerpos de seguridad entren en acción. Por su parte, el estudiante Fernando Ochoa Ortiz señaló que el robot integra un micrófono y una bocina para interactuar de manera directa con los afectados, a fin de saber su situación actual y ofrecerles ayuda.

# -19-

# INTELIGENCIA ARTIFICIAL

Uno de los temas más apasionantes en el desarrollo del software es la Inteligencia Artificial. Quizá porque siempre ha despertado interés en el ser humano el dotar a un ente inanimado de funciones que asemejen su inteligencia.

La inteligencia es la facultad de la mente que permite aprender, entender, razonar, tomar decisiones y formarse una idea determinada de la realidad. La definición de Inteligencia Artificial ha evolucionado con el tiempo para ajustarse a los avances de la tecnología y de la comprensión del funcionamiento de la mente en el ser humano. En el curso de este capítulo revisaremos las definiciones más trascendentes como la de Alan Turing y la de John McCarthy, pero antes daremos una vista a vuelo de pájaro del pensamiento y las ideas que se han expresado a lo largo del tiempo sobre la inteligencia en el ser humano.

**Aristóteles.**

Aristóteles nació en 384 a. C. en la ciudad de Estagira no lejos del actual Monte Athos, en la península Calcídica, entonces perteneciente al Reino de Macedonia (actual región de Macedonia de Grecia). Su padre, Nicómaco, fue médico del rey Amintas III de Macedonia, hecho que explica su relación con la corte real de Macedonia, que tendría una importante influencia en su vida. En 367 a. C., cuando Aristóteles tenía 17 años, su padre murió y su tutor Proxeno de Atarneo lo envió a Atenas, por entonces un importante centro intelectual del mundo griego, para que estudiase en la Academia de Platón. Allí permaneció por veinte años. Tras la muerte de Platón en 347 a. C., Aristóteles dejó Atenas y viajó a Atarneo, donde vivió aproximadamente tres años.

En 335 a. C., Aristóteles regresó a Atenas y fundó su propia escuela, el Liceo (llamado así por estar situado dentro de un recinto dedicado al dios Apolo Licio). A diferencia de la Academia, el Liceo no era una escuela privada y muchas de las clases eran públicas y gratuitas. A lo largo de su vida Aristóteles reunió una vasta biblioteca y una cantidad de seguidores e investigadores, conocidos como los peripatéticos o itinerantes, llamados así por la costumbre que tenían de discutir caminando. La mayoría de los trabajos de Aristóteles que se conservan son de este período. Aristóteles dejó la ciudad en el año 323 a.C. y viajó a Calcis, en la isla de Eubea, donde murió al año siguiente, en 322 a. C., de causas naturales.

**Aristóteles fue un pensador y escritor prolífico.** Su pensamiento sigue vigente. Escribió cerca de 200 tratados, de los cuales solo nos han llegado 31 sobre una enorme variedad de temas, incluyendo lógica, metafísica, filosofía de la ciencia, ética, filosofía política, estética, retórica, física, astronomía y biología. Aristóteles transformó muchas, si no todas, las áreas del conocimiento que abordó. Es reconocido como el padre fundador de la lógica y de la biología, pues si bien existen reflexiones y escritos previos sobre ambas materias, es en el trabajo de Aristóteles donde se encuentran las primeras investigaciones al respecto.

Si bien Aristóteles admite, al igual que Sócrates y Platón, que la esencia es lo que define al ser, concibe la esencia como la forma que está unida inseparablemente a la materia, constituyendo juntas el ser, que es la sustancia, marcando así una diferencia con el pensamiento de Sócrates y Platón, quienes habían propuesto la existencia de dos dimensiones en la realidad: el Mundo sensible y el Mundo inteligible. Para Aristóteles, el mundo no tiene compartimentos.

**Aristóteles es ampliamente reconocido como el padre fundador de la lógica.** Sus trabajos principales sobre la materia, que tradicionalmente se agrupan bajo el nombre

Órganon («herramienta»), constituyen la primera investigación sistemática acerca de los principios del razonamiento válido o correcto. Sus propuestas ejercieron una influencia sin par durante más de dos milenios.

La noción central del sistema lógico de Aristóteles es el silogismo o deducción. Un silogismo es, según la definición de Aristóteles, un discurso (logos) en el cual, establecidas ciertas cosas (premisas), resulta necesariamente de ellas, otra cosa diferente (conclusión). Un ejemplo clásico de silogismo es el siguiente:

1. Todos los hombres son mortales
2. Todos los griegos son hombres
3. Por lo tanto, todos los griegos son mortales

En este ejemplo, tras establecer las premisas (1) y (2), la conclusión (3) se sigue por necesidad. La noción de silogismo es similar a la noción moderna de argumento deductivamente válido.

En el campo de la Ética, Aristóteles hizo importantes aportaciones filosóficas. Existen tres grandes obras sobre ética atribuidas a Aristóteles: la Ética Nicomáquea, que consta de diez libros; la Ética Eudemia, que consta de siete libros (tres de los cuales, los libros IV-VI, coinciden con otros tres libros de la Ética Nicomáquea, los libros V-VII); y la Magna Moralia (Gran ética), de la cual todavía se duda si fue escrita por él o por un recopilador posterior.

En la Ética Nicomáquea realiza un interesante análisis de la relación del carácter y la inteligencia con la felicidad. Aristóteles distinguía dos tipos de «virtud» o excelencia humana: moral e intelectual. La virtud moral es una expresión del carácter, producto de los hábitos que reflejan opciones repetidas. Una virtud moral siempre es el punto medio entre dos extremos menos deseables. El valor, por ejemplo, es el punto intermedio entre la cobardía y la impetuosidad irreflexiva; la generosidad, por su parte, constituiría el punto intermedio entre el derroche y la tacañería. Las virtudes intelectuales, sin embargo, no están sujetas a estas doctrinas de punto intermedio.

La influencia que Aristóteles ha tenido en el mundo es extraordinaria. Toda la antigüedad toma sus conocimientos y se hace dueña de su ingente enciclopedia. Su Metafísica ha sido el basamento filosófico de la posteridad. En el Renacimiento su filosofía se ve opacada por un eclipse histórico momentáneo. Los nuevos conceptos científicos lo llevan a un segundo plano. Pero su influjo, aunque ya no en la física, seguirá vigente en el pensamiento filosófico en sentido estricto en todos los grandes pensadores como Leibniz, Hegel y Emmanuel Kant.

### Ramón Llull

Conocido también como Raimundo Lulio, nació en Palma de Mallorca en el año de 1232 y falleció en la misma ciudad en 1315. Fue un laico cercano a los franciscanos y quizá fue miembro de la Orden Tercera de los frailes Menores. Uno de los filósofos más importantes de la Edad media. Fue también poeta, místico, teólogo y misionero. Se le considera uno de los pioneros en usar el catalán escrito y uno de los primeros en usar una lengua neolatina para expresar conocimientos filosóficos, científicos y técnicos, además de textos novelísticos. Se le atribuye la invención de la rosa de los vientos. Fue declarado beato por culto inmemorial y no por los cauces oficiales. Su fiesta se conmemora el 27 de noviembre.

Ramón Llull pasó una buena parte de su vida en la Corte pero hacia 1267 se separó de la vida fácil y mundana para dedicarse a la meditación. Esta transición en su vida la expresó en una serie de cinco visiones de Cristo crucificado que tuvieron lugar durante cinco noches consecutivas. A raíz de este suceso, Llull cambió radicalmente su estilo de vida y se dedicó a estudiar teología, moral, filosofía y, además, se adentró en el estudio de la lengua árabe. Sus obras se escribieron en catalán y fueron traducidas al árabe. Tras retirarse a un monasterio, Llull ejerció una importante labor misionera y viajó por Europa y África, además de desarrollar sus obras literarias y filosóficas (la mayor parte enfocada en la fe cristiana). Aunque la temática literaria y filosófica de Llull eran las doctrinas de la fe católica. Inspirándose en los trabajos de Roger Bacon, Ramón Llull terminó desarrollando una de sus obras clave desde la perspectiva de la ingeniería y la Inteligencia Artificial: el Ars Magna.

El filósofo mallorquino dejó plasmadas algunas ideas que se consideran parte de la historia de la Inteligencia Artificial. Entre ellas la idea de que el razonamiento podía implementarse de manera artificial en un artefacto mecánico con el que poder mostrar las verdades de la fe cristiana de una manera tan clara que no hubiese lugar a discusión. Es decir, Llull pretendía construir una máquina que demostrase que los dogmas de la fe cristiana eran correctos y una tesis, en forma de libro, que sin lugar a dudas pusiera sobre la mesa los errores que cometían los infieles. Ramón Llull llamó a este artilugio Ars Generalis Ultima o Ars Magna (Gran Arte) y supuso un punto de inflexión en su trabajo, convirtiéndose en uno de sus trabajos más importantes al que dedicaría gran parte de su obra para explicar su funcionamiento que combinaba la filosofía y la teología llegando, incluso, a contradecir a la propia Iglesia Católica.

Para Llull, el conocimiento consistía en la unión de una serie de ideas simples a las que denominó raíces y tabuló en 54 tipos (de las cuales un tercio estaban vinculadas a la religión cristiana). Combinando estas 54 ideas raíces se podía obtener el conocimiento científico (scientia generalis); así que la máquina representaba los sujetos, predicados y teorías teológicas mediante figuras geométricas consideradas perfectas (círculos, cuadrados y triángulos) y, operando unas palancas y ruedas, las proposiciones y teorías se movían a lo largo de unas guías para detenerse en una postura positiva (verdad) o negativa (falsedad) de manera que, según Llull, con esta máquina se podía verificar si un postulado era cierto o falso.

El Ars Magna era un autómata muy rudimentario, concretamente un autómata finito; aun así se considera el primer intento de utilización de medios lógicos para producir conocimiento y, aunque era una teoría que no podía ir más allá de los estados que se habían programado, fue una curiosa primera implementación de sistemas relacionados con la Inteligencia Artificial y, por tanto, de la búsqueda que una máquina fuese capaz de aprender y pensar o demostrar dogmas de fe.

## Alan Turing

Alan Mathison Turing, OBE 1946, (Oficial de la Orden del Imperio Británico) nació en Paddington, Londres el 23 de junio de 1912 y falleció en Wilmslow, Cheshire el 7 de junio de 1954. Es considerado uno de los padres de la ciencia de la computación, precursor de la Informática moderna y piedra angular de la Inteligencia Artificial. Fue un matemático, lógico, científico de la computación, criptógrafo, filósofo, maratoniano y corredor de ultra distancia británico. Proporcionó una influyente formalización de los conceptos de algoritmo y computación: la Máquina de Turing.

En el capítulo 2 de este libro hemos dedicado un espacio para estudiar algunos aspectos de la vida de Alan Turing y su contribución al desarrollo de la computación. **En este capítulo nos enfocaremos en su aportación a la Inteligencia Artificial y en su proyecto La Máquina de Turing.**

En su memorable estudio "Los números computables, con una aplicación al Entscheidungsproblem" (publicado en 1936), Turing reformuló los resultados obtenidos por Kurt Gödel en 1931 sobre los límites de la demostrabilidad y la computación, sustituyendo al lenguaje formal universal descrito por Gödel por lo que hoy se conoce como Máquina de Turing, unos dispositivos formales y simples. Turing demostró que dicha máquina era capaz de resolver cualquier problema matemático que pudiera representarse mediante un algoritmo. Las Máquinas de Turing siguen siendo el objeto central de estudio en la teoría de la computación. Llegó a probar que no había ninguna solución para el problema de decisión, Entscheidungsproblem, demostrando primero que el problema de la parada para las Máquinas de Turing es irresoluble: no es posible decidir algorítmicamente si una Máquina de Turing dada llegará a pararse o no. Aunque su demostración se publicó después de la demostración equivalente de Alonzo Church respecto a su cálculo lambda, el estudio de Turing es mucho más accesible e intuitivo. También fue pionero con su concepto de «máquina universal (de Turing)», con la tesis de que dicha máquina podría realizar las mismas tareas que cualquier otro tipo de máquina. Su estudio también introduce el concepto de números definibles.

**La Máquina de Turing modela matemáticamente a una máquina que opera mecánicamente sobre una cinta.** En esta cinta hay símbolos que la máquina puede leer y escribir, uno a la vez, usando un cabezal lector/escritor de cinta. La operación está completamente determinada por un conjunto finito de instrucciones elementales como "en el estado 42, si el símbolo visto es 0, escribe un 1; Si el símbolo visto es 1, cambia al estado 17; en el estado 17, si el símbolo visto es 0, escribe un 1 y cambia al estado 6; etc.". En el artículo original ("Sobre números computables con una aplicación al Entscheidungsproblem"), Turing no imagina un mecanismo, sino una persona a la que él llama la "computadora", quien ejecuta servilmente estas reglas mecánicas deterministas (o como Turing pone, "de una manera desganada").

Una Máquina de Turing consta de los siguientes elementos:

**Una cinta** que se divide en celdas, una al lado de la otra. Cada celda contiene un símbolo de algún alfabeto finito. El alfabeto contiene un símbolo especial llamado blanco (aquí escrito como 'B') y uno o más símbolos adicionales. La cinta se supone que es arbitrariamente extensible hacia la izquierda y hacia la derecha, es decir, la Máquina de Turing siempre es suministrada con tanta cinta como necesite para su computación. Las celdas que no se hayan escrito previamente se asumen que están rellenas con el símbolo blanco. En algunos modelos la cinta tiene un extremo izquierdo marcado con un símbolo especial; la cinta se extiende o es indefinidamente extensible hacia la derecha.

**Un cabezal** que puede leer y escribir símbolos en la cinta y mover la cinta a la izquierda y a la derecha una (y sólo una) celda a la vez. En algunos modelos el cabezal se mueve y la cinta es estacionaria.

**Un registro de estado** que almacena el estado de la Máquina de Turing, uno de los estados finitos. Hay un estado inicial especial con el que el registro de estado se inicia. Turing escribe que estos estados reemplazan el "estado de la mente" en que ordinariamente estaría una persona realizando cálculos.

**Una tabla finita de instrucciones** (llamada ocasionalmente tabla de acción o función de transición). Las instrucciones son usualmente 5-tuplas: qiaj→qi1aj1dk, (a veces 4-tuplas), que, dado el estado (qi) en que la máquina se encuentra actualmente y el símbolo (aj) que se está leyendo en la cinta (el símbolo actualmente debajo del cabezal) le indica a la máquina hacer lo siguiente en secuencia (para los modelos de 5-tupla):

- Borra o escribe un símbolo (reemplazando aj con aj1), y entonces
- Mueve el cabezal (que es descrito por dk y puede tener los valores: 'L' para un paso a la izquierda, o 'R' para un paso a la derecha, o 'N' para permanecer en el mismo lugar) y luego
- Asume el mismo o un nuevo estado como prescrito (ve al estado qi1).

En los modelos de 4-tupla, son especificadas como instrucciones separadas: borrar o escribir un símbolo (aj1) y mover el cabezal a la izquierda o la derecha (dk). Específicamente, la tabla indica a la máquina: (ia) borrar o escribir un símbolo o (ib) mover el cabezal a la izquierda o a la derecha, y luego (ii) asumir el mismo o un nuevo estado, pero no las dos acciones (ia) e (ib) en la misma instrucción. En algunos modelos, si no hay ninguna entrada en la tabla para la actual combinación de símbolo y estado, la máquina se detendrá; otros modelos requieren que estén llenas todas las entradas.

**Máquina Universal de Turing.** Una Máquina de Turing computa una determinada función parcial de carácter definido de manera unívoca, definida sobre las secuencias de posibles cadenas de símbolos de su alfabeto. En este sentido se puede considerar como equivalente a un programa de computadora o a un algoritmo. Sin embargo, es posible realizar una codificación de la tabla que representa a una Máquina de Turing, a su vez, como una secuencia de símbolos en un determinado alfabeto; por ello, podemos construir una Máquina de Turing que acepte como entrada la tabla que representa a otra Máquina de Turing, y, de esta manera, simule su comportamiento.

En 1947, Turing indicó:

"Se puede demostrar que es posible construir una máquina especial de este tipo que pueda realizar el trabajo de todas las demás. Esta máquina especial puede ser denominada máquina universal."

Con esta codificación de tablas como cadenas, se abre la posibilidad de que unas Máquinas de Turing se comporten como otras Máquinas de Turing. Sin embargo, muchas de sus posibilidades son indecidibles, pues no admiten una solución algorítmica. Por ejemplo, un problema interesante es determinar si una Máquina de Turing cualquiera se parará en un tiempo finito sobre una determinada entrada; problema conocido como problema de la parada, y que Turing demostró que era indecidible. En general, se puede demostrar que cualquier cuestión no trivial sobre el comportamiento o la salida de una Máquina de Turing es un problema indecidible. El concepto de Máquina de Turing universal está relacionado con el de un sistema operativo básico, pues puede ejecutar cualquier instrucción computable sobre él.

**Demostración de la Máquina Universal**. En esencia, la Máquina de Turing se compone de una cinta sobre la que se escribe información mediante una cabeza lectora y grabadora que puede adoptar distintos estados. La cabeza lectora se basa en un conjunto de reglas fijas para moverse, leer y escribir caracteres sobre la cinta. El número de caracteres distintos que puede escribir o "colores" se fija al inicio, al igual que el número de estados que la cabeza lectora puede adoptar. Estos dos parámetros determinan la complejidad de la máquina, de este modo una Máquina de Turing 10,8 puede adoptar 10 estados y usar 8 colores. Cuantos más estados y colores use más compleja será la Máquina de Turing en cuestión. En los años cincuenta y sesenta los científicos se plantearon cuál sería la Máquina de Turing más sencilla con capacidad de cómputo universal. Es decir, capaz de emular cualquier cálculo computable. A principio de los sesenta Marvin Minsky pudo demostrar que una Máquina de Turing 7,4 tenía la capacidad de cómputo universal.

En los ochenta Stephen Wolfram, matemático famoso por crear el programa Mathematica, estudió los autómatas celulares, que en algunos casos eran equivalentes a Máquina de Turing, sospechando que muchos de ellos tenían la capacidad de cómputo universal. Lo demostró para el autómata con la regla 101 y encontró además que la Turing 2,5 era universal.

Una de las consecuencias que se podían extraer de estos resultados era que la computación universal era particularmente ubicua, que debía de darse en muchos sistemas y por tanto que se debía de encontrar en la naturaleza. Según Wolfram todo esto estaría conectado con cuestiones fundamentales en la ciencia, la naturaleza, la matemática y las ciencias de la computación. Además podría explicar cómo a partir de reglas muy sencillas surge la complejidad en los sistemas. Más tarde demostró que la Turing 2,5 es universal y sospechó que la Turing 3,2 era demasiado simple para ser universal. Además, se sabe que las más sencillas, como la Turing 1,2 no son universales. Para poder rellenar el hueco Wolfram lanzó un reto dotado con un premio de 25,000 dólares para aquel que fuera capaz de demostrar que la Turing 2,3 era universal. En octubre del año 2007 el estudiante de electrónica y computación de 20 años **Alex Smith de la Universidad de Birmingham (RU) ganó el premio al ser capaz de demostrar que, efectivamente, la Máquina de Turing 2,3 es universal.** Se ha basado en otro modelo computacional denominado sistema de etiquetas (tag system) que se sabe es universal, demostrando su equivalencia con la Turing 2,3. La demostración completa ocupa 44 páginas.

**El Test de Turing.** La "inteligencia maquinaria" ha sido un tema que investigadores del Reino Unido han seguido desde 10 años antes de que se fundara el campo de investigación de la Inteligencia Artificial (IA) en 1956. Era un tema comúnmente discutido por los miembros del "Club de la razón", grupo informal de investigadores cibernéticos y electrónicos británicos que incluía a Alan Turing, quien había estado trabajando con el concepto de la "inteligencia maquinaria" desde al menos el año de 1941. Una de las primeras menciones de la "inteligencia computacional" fue hecha por Turing en 1947. En el reporte de Turing llamado "maquinaria inteligente", él investigó "la idea de si era o no posible para una máquina demostrar un comportamiento inteligente" y como parte de su investigación, propuso lo que se puede considerar como un predecesor de sus pruebas futuras: No es difícil diseñar una máquina de papel que juegue bien ajedrez. Hay que conseguir 3 hombres como sujetos para el experimento. A, B y C. A y C son dos jugadores malos de ajedrez mientras que B es el operador de la máquina. Se usan dos cuartos con algún arreglo para transmitir los movimientos y se lleva a cabo un juego entre C y ya sea A o la máquina. C puede tener dificultad al decidir contra quien está jugando.

El primer texto publicado escrito por Turing enfocado completa-mente en la inteligencia de las máquinas fue "Computing Machinery and Intelligence". Turing inicia este texto diciendo "Me propongo tomar en cuenta la pregunta ¿Pueden pensar las máquinas? Turing menciona que el acercamiento tradicional es empezar con definiciones de los términos "máquina" e "inteligencia", decide ignorar esto y empieza reemplazando la pregunta con una nueva que está estrechamente relacionada y en palabras no ambiguas. Él propone, en esencia, cambiar la pregunta de "¿pueden las máquinas pensar?" a "¿Pueden las máquinas hacer, lo que nosotros (como entidades pensantes) hacemos?". La ventaja de esta nueva pregunta es que "dibuja un límite entre las capacidades físicas e intelectuales del hombre."

Para demostrar este acercamiento, Turing propone una prueba inspirada en el "Juego de imitación", en este juego participan un hombre y una mujer quienes entran a cuartos separados y el resto de los jugadores intentaría distinguir entre cada uno por medio de preguntas y leyendo las respuestas (escritas a máquina) en voz alta. El objetivo del juego es que los participantes que se encuentran en los cuartos deben convencer al resto que son el otro. (Huma Shah argumenta que Turing incluye la explicación de este juego para introducir al lector a la prueba de pregunta y respuesta entre humano y máquina). Turing describe su versión del juego de la siguiente manera:

Nos hacemos la pregunta, "¿Qué pasaría si una máquina toma el papel de A en este juego?" ¿Se equivocaría tan frecuentemente el interrogador en esta nueva versión del juego que cuando era jugado por un hombre y una mujer? Estas preguntas sustituyen la pregunta original "¿Pueden pensar las máquinas?".

Más adelante en el texto se propone una versión similar en la que un juez conversa con una computadora y un hombre. A pesar de que ninguna de las versiones propuestas es la misma que conocemos hoy en día, **Turing propuso una tercera opción, la cual discutió en una transmisión de radio de la BBC, donde un jurado le hace preguntas a una computadora y el objetivo de la máquina es engañar a la mayoría del jurado haciéndolo creer que es un humano.**

El texto de Turing consideraba nueve objeciones putativas (Putativo: Que es considerado como algo legítimo, sin serlo realmente) las cuales incluyen a todos los argumentos mayores, en contra de la Inteligencia Artificial, que habían surgido en los años posteriores a la publicación de su texto.

El test de Turing (o prueba de Turing) es una prueba de la habilidad de una máquina de exhibir un comportamiento inteligente similar, o indistinguible, del de un humano. Alan Turing propuso que un humano evaluara conversaciones en lenguaje natural entre un humano y una máquina diseñada para generar respuestas similares a las de un humano. El evaluador sabría que uno de los miembros de la conversación es una máquina y todos los participantes serían separados de otros. La conversación estaría limitada a un medio únicamente textual como un teclado de computadora y un monitor por lo que sería irrelevante la capacidad de la máquina de transformar texto en habla. En el caso de que el evaluador no pueda distinguir entre el humano y la máquina acertadamente (Turing originalmente sugirió que la máquina debía convencer a un evaluador, después de 5 minutos de conversación, el 70% del tiempo), la máquina habría pasado la prueba. Esta prueba no evalúa el conocimiento de la máquina en cuanto a su capacidad de responder preguntas correctamente, solo se toma en cuenta la capacidad de ésta de generar respuestas similares a las que daría un humano. Desde 1950, la prueba ha servido de influencia y criticada, además de ser esencial en el concepto de la filosofía de la Inteligencia Artificial.

## Dartmouth College

La idea de producir software para hacer que una computadora "piense" había estado presente en los investigadores de algunas universidades de los Estados Unidos. En el verano de 1956 un grupo de estudiantes de Dartmouth College en New Hampshire, Estados Unidos, decidió organizar una conferencia a fin de analizar las posibilidades de producir programas para hacer que una computadora reaccione inteligentemente. En un documento que presentó a la Fundación Rockefeller para obtener el respaldo financiero que necesitaba, el grupo estableció el objetivo de la conferencia con estas **palabras "El estudio se fundamenta en la idea de que el aprendizaje y cualquier otra característica de la inteligencia pueden ser descritos en forma tan precisa que una máquina puede simularlas."**

La conferencia de Dartmouth College permitió establecer estrechas relaciones entre el grupo de entusiasmados estudiantes que asistieron. Del grupo de 10 organizadores, cuatro de ellos continuaron en su vida profesional un trabajo permanente de investigación en el campo de la Inteligencia Artificial y fundaron algunas de las más importantes instituciones para su investigación y desarrollo. John McCarthy organizó el Laboratorio de Inteligencia Artificial del Instituto Tecnológico de Massachusetts (MIT) en 1957 y en el año de 1963 fundó el Centro de Investigación de IA en la universidad de Stanford en California. Marvin Minsky tomó la dirección del laboratorio de IA en la universidad Carnegie Melon en Pittsburgh. El ambiente formado por estudiantes permitió mantener un aire fresco e informal que contribuyó a una libre expresión de las ideas. La escena de la computación había estado dominada por los grandes maestros John von Neumann y Alan Turing, así que los jóvenes estudiantes le dieron nuevo brío al pensamiento e impulsaron el desarrollo del software.

El objetivo de la conferencia consistía en demostrar que la computadora no era una máquina que sólo devoraba números, sino que podía utilizarse también para ejecutar procesos lógicos de información y, en cierto grado, hacer que la máquina tomara algunas decisiones sin la intervención del programador. Esta sigue siendo la idea central del principio de la Inteligencia Artificial. Arthur Samuel presentó un programa para jugar damas; Alex Bernstein demostró que la computadora podía jugar ajedrez; Nathan Rochester presentó un interesante programa para simular una red del sistema nervioso con la computadora y Marvin Minsky demostró la posibilidad de aplicar la computadora en la solución de los teoremas de Euclides.

Uno de los programas más interesantes fue el que presentaron Allen Newell y Herbert Simon para demostrar teoremas tomados de la obra Principia Mathematica de Bertrand Russell, notable filósofo y matemático inglés. El programa tenía registradas las reglas básicas de operación, las cuales eran una lista de axiomas y demostraciones de teoremas de tal manera que el programa podía recibir una nueva expresión y ejecutaba su demostración. **Aquí lo importante es que la computadora ejecutaba un procedimiento sin la intervención del programador para estudiar el problema, tomar alternativas, buscar la solución e imprimir el resultado.** La demostración del programa tuvo gran éxito De los 52 teoremas del capítulo II de los Principia logró hacer la demostración de 34 teoremas y uno de ellos con tanta elegancia que superó la calidad de Russell y Whitehead. Herbert Simon, uno de los autores del programa, le informó a Bertrand Russell acerca de este suceso y el matemático quedó sorprendido de que una máquina pudiera realizar un procedimiento que requería de un tratamiento lógico sofisticado. Todos estos programas significaron un paso importante para considerar a la máquina como ente inteligente.

Uno de los estudiantes más entusiastas durante la conferencia fue John McCarthy, quien hizo una aportación que ha sido una de las piedras angulares de este nuevo campo de la investigación: Acuñó y definió el concepto de Inteligencia Artificial.

## John McCarthy

John Patrick McCarthy nació en Boston, Massachusetts el 4 de septiembre de 1927 y falleció en Stanford, California el 24 de octubre de 2011. Fue el mayor de dos hermanos, hijos del matrimonio formado por un irlandés inmigrado y militante sindical, y de una judía lituana. A causa de la salud de John la familia emigró en 1944 a California. Fue educado en el pensamiento lógico y muy aficionado a los libros, mientras trabajaba como carpintero, pescador, organizador sindical e inventor. En 1948 el joven McCarthy se licenció en Matemáticas en el Instituto de Tecnología de California, doctorándose en la misma disciplina en 1951, en la Universidad de Princeton. Tras cortas estancias en Princeton, Stanford, Dartmouth y el MIT, pasó a ser profesor de tiempo completo en la Universidad de Stanford en 1962, en la que permaneció como docente e investigador hasta su retiro a finales del 2000. Tras su jubilación fue nombrado Profesor Emérito de dicha universidad.

Visionario es el calificativo que mejor definiría a McCarthy. Su mente era la de un matemático y él opinaba que esa era una disciplina imprescindible para desarrollar la Inteligencia Artificial. En un documento publicado en 2007 por la Universidad de Stanford explicó que él entendía por Inteligencia Artificial (IA) "la ciencia y la ingeniería de crear máquinas inteligentes, especialmente programas de computación inteligentes. Está relacionada con la tarea similar de utilizar computadoras para comprender la inteligencia humana, pero la IA no se limita a métodos que sean observables biológicamente". Las principales aportaciones de McCarthy son el lenguaje LISP que diseñó pensando en el desarrollo de la Inteligencia Artificial; introdujo el concepto de computación en la nube con la idea de la computación como un servicio público al afirmar que "Algún día la computación podrá ser organizada como un servicio público". Otra aportación importante fue el concepto de tiempo compartido en las computadoras que permite la ejecución de varios programas a la vez.

Pasos hacia la Inteligencia Artificial.

El desarrollo de la Inteligencia Artificial es un proceso de evolución y no de revolución que ha ido avanzando y encontrando en el camino su propia definición. Su historia nace con las ideas de los pensadores clásicos. En la Edad Media casi no avanza y en el siglo XX se acelera su desarrollo. Se fortalece con la invención de la computadora y se establece como una disciplina académica a partir de la conferencia de Darmouth College.

La definición y el alcance del concepto "Inteligencia Artificial" han evolucionado al paso de los años y reflejan los diferentes acercamientos a que han llegado los investigadores en la materia. A principios de la década de los cincuenta se pensaba en la posibilidad de que la computadora pudiera realizar actividades semejantes a las de un ser humano para considerarla como un ente inteligente. En este contexto, se eligió al ajedrez como la prueba crítica para asignar la calidad de inteligente a una máquina. Existe la idea de que si una persona puede jugar ajedrez o tiene capacidad para hacer la demostración de teoremas matemáticos se le puede considerar por este hecho que es inteligente. En consecuencia, es posible concluir que una computadora que realice estas actividades es inteligente. Este modo de pensar refleja la idea que tenían los investigadores de la IA al considerar que la inteligencia radica en el pensamiento lógico y matemático como si éstos fueran los únicos elementos de la inteligencia humana. Esta orientación puede tener su explicación en el hecho de que los primeros científicos fueron matemáticos y éste era su campo de acción.

Sin embargo, una persona que no juega ajedrez o no puede demostrar teoremas matemáticos no deja de ser inteligente por este hecho. Si puede hablar, comprender a otras personas, recordar, explicar sus experiencias, aprender, expresar sus sentimientos o tomar decisiones se le puede considerar inteligente. En cambio, cuando los investigadores de la IA lograron hacer que la computadora jugara ajedrez o demostrara teoremas matemáticos se dieron cuenta de que la computadora podía hacer eso, más no por ello se le podía considerar inteligente. **Una persona no es inteligente porque sabe jugar ajedrez; sino porque es inteligente, puede aprender a jugar ajedrez.**

Se había alcanzado el objetivo de que la computadora realizara actividades que parecían estar reservadas a los seres humanos pero no se había llegado a tener una máquina inteligente. Era necesario replantear los conceptos y sobre la marcha tratar de alcanzar el objetivo. Esto ha hecho que los investigadores de la IA vuelvan los ojos hacia el ser humano y se pregunten: ¿Qué es la inteligencia humana? ¿Qué significa para el hombre conocer, comprender, pensar, aprender? ¿Cómo se realizan estos procesos?

Para avanzar en el desarrollo de la Inteligencia Artificial ha sido necesario profundizar en la investigación de la inteligencia en el ser humano y en la tecnología para dotar a la máquina de inteligencia. Los avances en ambos campos han sido importantes y poco a poco se acercan a la meta de dotar de inteligencia a un ser inanimado. Las noticias dan cuenta de robots que aprenden, que responden a estímulos del medio ambiente y que pueden interactuar con un ser humano. ¿Cuánto falta para afirmar que una máquina es inteligente?

Aplicaciones de la Inteligencia Artificial

Las aplicaciones de la Inteligencia Artificial aumentan a velocidad vertiginosa y cubren diferentes campos de acción. Las encontramos en robots cada vez más sofisticados, asistentes que responden a preguntas de viva voz, edificios, casas y oficinas inteligentes; automóviles, barcos y aviones inteligentes, aparatos de todo tipo con cierto grado de inteligencia, sistemas expertos, asistentes médicos y la lista sigue creciendo.

Satya Nadella, el CEO de Microsoft, asignó un importante valor a la Inteligencia Artificial en los planes de la empresa durante una conferencia celebrada en San Francisco, California. Pronosticó una interacción creciente entre seres humanos, asistentes digitales y usuarios robóticos. **"Los usuarios robóticos son las nuevas aplicaciones móviles"**, dijo Nadella durante la conferencia de desarrolladores anual de la empresa y en la que participan unas 5,000 personas.

Nadella dijo que en el futuro que se avecina habrá cada vez más conversaciones entre seres humanos y asistentes digitales, usuarios robóticos e incluso entre asistentes digitales y usuarios robóticos. Varias de las demostraciones que se realizaron durante la conferencia ofrecieron una ventana a ese futuro, como una conversación a través de un teléfono móvil con la asistente digital de Microsoft, Cortana, sobre los preparativos de un viaje a Irlanda. Nadella pronosticó que las máquinas del futuro serán capaces de reconocer nuestro contexto y necesidades.

Esta apuesta de Microsoft para avanzar en sus investigaciones sobre Inteligencia Artificial se lanzó el 23 de marzo del 2016 con un amigo virtual en aplicaciones de mensajería. Al abrir cualquiera de estas aplicaciones y buscar el nombre de Tay (Acrónimo en inglés de "Think about you", (piensa en ti), aparece su contacto y los internautas pueden chatear o tuitear con él, ya que está diseñado para tener la personalidad de un adolescente.

Los riesgos de la Inteligencia Artificial

Dotar de inteligencia a una máquina pudiera parecer algo así como alcanzar la cumbre en el desarrollo de la tecnología. Sin embargo, **hay líderes del pensamiento y la filosofía quienes afirman que la Inteligencia Artificial augura el fin de la raza humana. Uno de ellos es Stephen Hawking.**

Stephen William Hawking es un físico teórico, astrofísico, cosmólogo y divulgador científico británico. Sus trabajos más importantes hasta la fecha han consistido en aportar, junto con Roger Penrose, teoremas respecto a las singularidades espacio temporales en el marco de la relatividad general y la predicción teórica de que los agujeros negros emitirían radiación, lo que se conoce hoy en día como radiación de Hawking.

Es miembro de la Real Sociedad de Londres, de la Academia Pontificia de las Ciencias y de la Academia Nacional de Ciencias de Estados Unidos. Fue titular de la Cátedra Lucasiana de Matemáticas (Lucasian Chair of Mathematics) de la Universidad de Cambridge desde 1979 hasta su jubilación en 2009. Entre las numerosas distinciones que le han sido concedidas, Hawking ha sido honrado con doce doctorados honoris causa y ha sido galardonado con la Orden del Imperio Británico (grado CBE) en 1982, con el Premio Príncipe de Asturias de la Concordia en 1989, con la Medalla Copley en 2006 y con la Medalla de la Libertad en 2009.

Hawking padece una enfermedad motoneuronal relacionada con la esclerosis lateral amiotrófica (ELA) que ha ido agravando su estado con el paso de los años, hasta dejarlo casi completamente paralizado y lo ha forzado a comunicarse a través de un aparato generador de voz. Ha estado casado en dos ocasiones y ha tenido tres hijos. Por su parte, ha alcanzado éxitos de ventas con sus trabajos divulgativos sobre Ciencia, en los que discute sobre sus propias teorías y la cosmología en general; estos incluyen A Brief History of Time, que estuvo en la lista de best-sellers del The Sunday Times británico durante 237 semanas.

**Stephen Hawking advirtió que los esfuerzos por crear máquinas inteligentes representan una amenaza para la humanidad.** El reconocido científico dijo que "el desarrollo de una completa Inteligencia Artificial podría traducirse en el fin de la raza humana". Su advertencia se produjo en respuesta a una pregunta acerca de la renovación de la tecnología del dispositivo que utiliza para comunicarse en virtud de que su enfermedad le impide hablar. Esta tecnología implica una forma básica de IA. El nuevo sistema de comunicación de Hawking fue desarrollado por la compañía Intel y la empresa británica Swiftkey. Se trata de una tecnología ya utilizada por los teléfonos inteligentes que aprende cómo piensa el científico para luego sugerirle las palabras que quisiera utilizar al momento de expresarse. Para Hawking, la Inteligencia Artificial desarrollada hasta ahora ha probado ser muy útil, pero teme que una versión más elaborada de IA "pueda decidir rediseñarse por cuenta propia e incluso llegar a un nivel superior". "Los humanos, que son seres limitados por su lenta evolución biológica, no podrán competir con las máquinas y serán superados", comentó el científico.

## La Súper Inteligencia Artificial

Durante varias décadas el ser humano ha producido computadoras cada vez más rápidas y con mayor capacidad de memoria. Ha logrado avanzar en la producción de software más sofisticado. Ha creado máquinas que pueden jugar al ajedrez, que pueden demostrar teoremas matemáticos, que pueden crear música y que pueden actuar como lo haría un ser humano. A pesar de todos estos adelantos, todavía no ha logrado afirmar que ha creado un ser inteligente a partir de un ente inanimado. Sin embargo, los avances en la tecnología nos permiten afirmar que antes de la terminación del presente siglo lo habrá de lograr.

Resulta interesante preguntarnos. ¿Qué sucederá después? Una vez que el ser humano logre producir una entidad con Inteligencia Artificial que sea capaz de aprender ¿será el final de esta aventura o apenas el principio de una nueva era?

Durante algo menos de cien años el ser humano ha estado trabajando de forma sistemática para dotar de inteligencia a un ente inanimado. Los resultados han sido espectaculares, sobre todo en los últimos sesenta años. Pero, ¿Qué son sesenta años en la historia del ser humano? Y lo más importante ¿Hasta dónde podrá llegar la Inteligencia Artificial en los próximos 30, 100 o 200 años?

Si tomamos en cuenta el ritmo de avance en los últimos 60 años y consideramos condiciones estables para la investigación y el desarrollo de la Inteligencia Artificial **nos atreveríamos a pronosticar que en el año 2084 el ser humano habrá creado entes (Robots, computadoras, máquinas) con inteligencia suficiente para hablar, aprender, recordar, comprender y actuar igual que un ser humano.**

Aquí podemos preguntarnos si una vez alcanzado el punto en el que se igualen la inteligencia del ser humano y la Inteligencia Artificial ¿se detendrá la investigación y el desarrollo en el campo de la Inteligencia Artificial? **Nuestra respuesta es una categórica negación porque creemos que continuará para alcanzar estratos superiores a los que podemos llamarles súper Inteligencia Artificial.**

Lograr la súper Inteligencia Artificial ya no será una tarea exclusiva del ser humano, porque también los seres inanimados a quienes les podremos llamar robots participarán en ese desarrollo porque para entonces tendrán la suficiente capacidad e inteligencia para desarrollarse a sí mismos. Nick Bostrom se ocupa de este tema. Bostrom es Director del Future of Humanity Institute fundado bajo el patrocinio de la universidad de Oxford. Nick nació en Helsingborg, Suecia el 10 de marzo de 1973. Es un filósofo de la Universidad de Oxford conocido por su trabajo del principio antrópico. Obtuvo el PhD de la LSE en el año 2000. Además de sus escritos que se publican en periódicos y revistas especializadas, Bostrom frecuenta los medios de comunicación y sus temas favoritos son la clonación, la Inteligencia Artificial, criónica, nanotecnología y otros temas afines. En 1998, Bostrom cofundó, junto con David Pearce, la Asociación Transhumanista Mundial. En 2004 cofundó, junto con James Hughes, el Institute for Ethics and Emerging Technologies.

Un importante aspecto de las investigaciones de Bostrom trata sobre el futuro de la humanidad. Bostrom introduce el concepto de riesgo existencial, al que define como un "producto adverso que podría alienar la vida inteligente originada en la tierra o cortar su potencial permanente y drásticamente". En su libro "Superintelligence: Paths, Dangers, Strategies" publicado en el 2014, Bostrom define la supe inteligencia como "el desempeño cognitivo que exceda, de gran manera, al de los humanos, en virtualmente todos los dominios de interés". Agentes supe inteligentes podrían prometer beneficios sociales sustanciales y presentar un riesgo existencial con relación a la Inteligencia Artificial significativo, por lo que es crucial acercarse a este tema con cuidado y tomar pasos activos para mitigar el riesgo que se enfrenta. En enero de 2015, Bostrom se reunió con Stephen Hawking, Max Tegmark, Elon Musk, Martin Rees, Jaan Tallinn, entre otros, para firmar la **carta abierta sobre potenciales peligros asociados a la Inteligencia Artificial del Instituto del Futuro de la Vida.** Quienes firmaron la carta "creen que la investigación sobre cómo hacer los sistemas de Inteligencia Artificial robustos y en beneficio de la humanidad debe incluir direcciones concretas de investigación basadas en principios que pongan a la humanidad por encima de todos los productos de la Inteligencia Artificial".

La tecnología avanza con paso firme y consistente hacia la Inteligencia Artificial. Nuestra predicción es que en el año 2084 la habrá de alcanzar. Para entonces la humanidad debe estar preparada para convivir con robots, máquinas y aparatos que habrán de ser inteligentes en grados diferentes y el ser humano para entonces deberá haber tomado las providencias necesarias para que prevalezca la humanidad.

# -20-

# LAS NUEVAS TECNOLOGÍAS DEL SOFTWARE

El software se extiende como la humedad llegando poco a poco a estar presente en todas las actividades del ser humano. En 1843 Ada Lovelace publicó una serie de influyentes notas sobre la Máquina Analítica de Charles Babbage que se consideran como el primer antecedente de la descripción del software. En 1948 Adele Goldstine escribió el primer programa almacenado que se ejecutó en la computadora ENIAC. A partir de entonces el software se ha desarrollado con vertiginosa velocidad para estar presente en las grandes computadoras, en las computadoras personales, en laptops, tabletas, relojes, teléfonos inteligentes, automóviles, aviones, barcos, instrumentos médicos, lavadoras, refrigeradores, juguetes, televisiones, cámaras fotográficas, robots, naves espaciales y miles de aparatos que funcionan con el software incrustado en un chip.

El software participa activamente en casi todas las actividades del ser humano: agricultura, pesca, minería, comercio, finanzas, administración, medicina, ingeniería y, en ahorro de espacio, mejor sería citar las actividades en donde no se encuentra presente. Pero quizá lo más importante es que su desarrollo no ha llegado ni con mucho a su límite máximo. El horizonte del software se contempla amplio, extenso y prácticamente sin límites. De aquí las grandes oportunidades que se abren para quienes se dedican a la producción de software. Tienen ante sí un campo extenso sin más límite que su ingenio, su creatividad y su capacidad.

El desarrollo del software ha dado lugar al surgimiento de nuevas tecnologías. Aquí hemos pasado revista a algunas de las que han alcanzado un grado de madurez como el comercio electrónico, el e-trading, la búsqueda del conocimiento, robótica o Inteligencia Artificial. Sin embargo, nuevas tecnologías se encuentran ya en pleno despegue o en la pista listas para despegar y volar para extender sus alas con amplitud. Pasaremos revista a algunas de ellas a riesgo de no cubrir todo el panorama porque estamos conscientes que más tarda el investigador en preparar una lista de las nuevas tecnologías apoyadas en el software que en aparecer alguna nueva que podría llegar a ser la más importante. Al estudiante, al investigador y al estudioso del software habrá de corresponder mantener el conocimiento actualizado. Nos incluimos en esa lista porque seguiremos investigando el desarrollo del software y publicando en diferentes medios las novedades y los avances que registre. Este mismo libro, aprovechando su edición como libro electrónico, se actualizará con los nuevos conocimientos de la magia del software.

## Computación en la nube

Cómputo en la nube es una bella metáfora para expresar la prestación de un servicio de computación en Internet. Los servicios de computación se han ofrecido tradicionalmente mediante una computadora en donde se almacena el software y la información que se debe procesar. La computación en la nube ofrece los servicios de computación a través de una red, que usualmente es Internet. De esta forma, el cómputo en la nube es un nuevo modelo de prestación de servicios de tecnología para las empresas y las personas que permite al usuario acceder a un catálogo de servicios estandarizados y responder con ellos a las necesidades de su negocio, de forma flexible y adaptativa. En caso de demandas no previsibles o de picos de trabajo, pagando únicamente por el consumo efectuado o incluso gratuitamente en caso de proveedores que se financian mediante publicidad o de organizaciones sin ánimo de lucro.

El empleo de recursos y servicio informáticos a través de una red global tiene sus orígenes en los años sesenta. Recordemos la idea de una **"red de computadoras intergaláctica" que introdujo en los años sesenta Joseph Licklider**, cuya visión era que todo el mundo pudiese estar interconectado y poder acceder a los programas y datos desde cualquier lugar. Esta visión se parece mucho a lo que llamamos actualmente computación en la nube. Otros expertos atribuyen el concepto científico de la computación en la nube a John McCarthy, quien propuso la idea de la computación como un servicio público, de forma similar a las empresas de servicios que se remontan a los años sesenta. En 1960 dijo: "Algún día la computación podrá ser organizada como un servicio público."

A partir de la idea de Licklider, la computación en la nube se ha desarrollado a lo largo de una serie de procesos diferentes. La Web 2.0 es la evolución más reciente. Sin embargo, como Internet no empezó a ofrecer un ancho de banda significativo sino hasta los años noventa, el desarrollo de la computación en la nube sufrió un desarrollo tardío. **Uno de los primeros pasos de esta tecnología es la llegada de Salesforce.com en 1999** que fue pionero en el concepto de la entrega de aplicaciones empresariales a través de una página web simple. Esta empresa allanó el camino para que tanto especialistas como empresas tradicionales de software pudiesen publicar sus aplicaciones a través de Internet.

**El siguiente gran paso en el desarrollo de la computación en la nube lo dio Amazon**, el gigante del comercio electrónico. Aquí es importante destacar el carácter visionario de Jeff Bezos. Siendo joven tuvo la visión de poner en marcha un proyecto para establecer una empresa de comercio para vender libros a través de Internet. La empresa tuvo éxito y poco a poco fue agregando productos hasta llegar a ser la empresa más importante del mundo en comercio electrónico. Después siguió con el cómputo en la nube y actualmente podemos encontrar su nombre ligado a los proyectos más audaces y visionarios. Su empresa Amazon Web Services se puso en marcha en 2002 para ofrecer un conjunto de servicios basados en la nube incluyendo en primera instancia almacenamiento, computación e incluso un concepto muy interesante para ofrecer conocimiento e inteligencia humana a través del Amazon Mechanical Turk. Posteriormente, en 2006, Amazon lanzó su Elastic Compute Cloud (EC2) como un servicio comercial que permite a las pequeñas empresas y los particulares alquilar equipos en los que se ejecuten sus propias aplicaciones Informáticas. Esto permite que una empresa no tenga que comprar una computadora, sino rentar una parte por el tiempo que necesite. **Amazon EC2/S3 fue el primer proyecto que ofreció servicios de infraestructura en la nube totalmente accesibles**. Todos estos servicios que ofrece Amazon permiten afirmar que la computadora personal como medio de almacenamiento y procesamiento de información pasará a la historia. Esto parece una afirmación increíble cuando apenas han transcurrido cuarenta años desde que se inició la revolución auspiciada por la computadora personal, pero así es de rápido el cambio en la tecnología.

Otro paso importante se dio en 2009 cuando Google entró al campo de batalla para ofrecer servicios en la nube. Más adelante entrarían otras grandes empresas ya conocidas en el mercado de la computación además de compañías de reciente creación que se han subido a la nube para tratar de conquistar una buena rebanada del creciente pastel. Aquí mencionamos algunas de las más importantes: Microsoft, AT&T, IBM, HP, Internap, Nirvanix, Rackspace y Softlayer.

El cómputo en la nube ofrece ventajas y desventajas. Para quienes se deciden subirse a la nube resulta conveniente hacer un balance entre unas y otras. Sin embargo, habrá que tomar en cuenta que esta tecnología está avanzando a paso acelerado y dejará atrás a la computadora personal y también a la computadora en la oficina. Aquí presentamos un resumen de unas y otras:

*Ventajas:*

- El cómputo en la nube permite un importante ahorro en la puesta en marcha de un nuevo proyecto de computación porque no hay que hacer inversiones en equipo, en software ni en instalaciones.

- Por su naturaleza, la tecnología de cómputo en la nube se puede integrar con mucha mayor facilidad y rapidez con el resto de las aplicaciones empresariales ya sean desarrolladas de manera interna o externa.

- Prestación de servicios en el ámbito mundial. Los servicio se pueden proporcionar prácticamente en cualquier parte del mundo y la información está disponible donde sea y a la hora que sea.

- Las infraestructuras de cómputo en la nube proporcionan mayor capacidad de adaptación, recuperación completa de pérdida de datos (con copias de seguridad) y reducción al mínimo de los tiempos de inactividad.

- Implementación más rápida y con menos riesgos ya que se comienza a trabajar más rápido y no es necesaria una gran inversión. Las aplicaciones del cómputo en la nube suelen estar disponibles en cuestión de días u horas en lugar de semanas o meses, incluso con un nivel considerable de personalización e integración.

- Actualizaciones automáticas que no afectan negativamente a los recursos de tecnologías de la información de la empresa. Con el cómputo en la nube no hay que decidir entre actualizar y conservar el trabajo, dado que esas tareas de personalización e integración se conservan automáticamente durante la actualización.

- Contribuye al uso eficiente de la energía. En los centros de procesamiento de datos tradicionales, los servidores consumen mucha más energía de la requerida realmente. En cambio, en la nube la energía consumida es sólo la necesaria, reduciendo notablemente el desperdicio.

*Desventajas*:

- La información de las personas, las empresas y los gobiernos queda en las computadoras que proporcionan el servicio de cómputo en la nube y esto genera desconfianza.

Es decir, los datos "sensibles" del usuario no residen en las instalaciones de las empresas, lo que podría generar un contexto de alta vulnerabilidad para la sustracción o robo de información.

- Factor seguridad. La información de la empresa debe recorrer diferentes nodos para llegar a su destino, cada uno de ellos es un foco de inseguridad.

- El cómputo en la nube incrementa la dependencia hacia el proveedor del servicio. La empresa que contrata el servicio en la nube seguramente crecerá en el futuro y necesitará de más capacidad y más servicios quedando en las manos de su proveedor. Por ello es importante contratar desde el principio una empresa que garantice seguridad y capacidad.

- La disponibilidad de las aplicaciones está sujeta al acceso a Internet.

- A medida que más usuarios utilicen la infraestructura del proveedor de servicios de cómputo en la nube se generará una sobrecarga en los servidores del proveedor. Si éste no dispone de un esquema de crecimiento y el suficiente capital para crecer a la par de la demanda, puede llevar a degradaciones en el servicio.

## Realidad Aumentada

La Realidad Aumentada es una de las nuevas tecnologías que está causando furor no solamente entre los adictos al juego de Pokémon Go, sino entre los estudiantes y profesionales de la Informática que ven interesantes aplicaciones en el futuro cercano. La Realidad Aumentada (RA) consiste en sobreponer objetos o animaciones generadas por computadora sobre la imagen en tiempo real que recoge una cámara web. De esta manera podemos "aumentar" en la pantalla, la realidad que mira la cámara con los elementos de una realidad virtual. Es el entorno real mezclado con el virtual. A diferencia de la realidad virtual, la RA es una tecnología que complementa la percepción e interacción con el mundo real y permite al usuario estar en un entorno aumentado con información generada por una computadora.

Los antecedentes de la realidad Aumentada se ubican a partir de los principios de la década de 1960. Fue en el año de 1962 cuando Morton Heilig, un experto en fotografía, crea un simulador de moto llamado Sensorama con imágenes, sonido, vibración y olfato. Veinte años después Myron Krueger crea Videoplace que permite a los usuarios interactuar con objetos virtuales por primera vez. En 1990 Jaron Lanier crea el término Realidad Virtual y produce la primera actividad comercial en torno a los mundos virtuales. **Pero no es sino hasta el año de 1992 cuando Tom Caudell acuña el término de Realidad Aumentada.** A partir de ese momento se suceden diferentes aplicaciones y plataformas para desarrollar más tecnología y aplicaciones de RA. En el siglo XXI cobra fuerza la Realidad Aumentada y entra en un periodo de auge que la convierte en una de las tecnologías más prometedoras en un creciente y extenso campo de aplicación. A continuación presentamos una cronología de los principales avances de la Realidad Aumentada a partir del año 1999 cuando Hirokazu Kato desarrolla la plataforma ARToolKit que registra un éxito sin precedente:

*1999.* Hirokazu Kato desarrolla ARToolKit en el HITLab y se presenta en SIGGRAPH ese año. Hirokazu Kato es un distinguido profesor en el Instituto Nara de Ciencia y Tecnología de Japón. Obtuvo su doctorado en la Universidad de Osaka en 1999. Realizó estudios en el Laboratorio de Human Interface Technology (HIT Lab).

*2000.* Bruce H. Thomas desarrolla el primer juego al aire libre con dispositivos móviles de Realidad Aumentada y se presenta en el International Symposium on Wearable Computers.

*2008.* Se pone a la venta la Guía Wikitude para el teléfono inteligente Android G1.

2009. El Toolkit para Realidad Aumentada es portado a Adobe Flash (FLARToolkit) por Saqoosha y la Realidad Aumentada llega al navegador Web.

*2009.* Se da un paso importante al crear el logo oficial de la Realidad Aumentada con el fin de estandarizar la identificación de la tecnología aplicada en cualquier soporte o medio por parte del público general. Desarrolladores, fabricantes, anunciantes o investigadores pueden descargar el logo original en la web oficial

*2012.* Google produce las famosas gafas de Realidad Aumentada que permiten comercializar el primer proyecto de RA. El proyecto recibe el nombre de Project Glass. Google se posiciona como uno de los principales actores de RA.

*2013.* Sony muestra la Realidad Aumentada en PS4 con The Playroom.

*2013.* Niantic, empresa de desarrollo de aplicaciones para RA establecida en San Francisco, California, lanza al mercado Ingress, un juego para móviles de RA.

*2014.* **ILLUTIO, empresa mexicana establecida en Guadalajara, Jalisco** y dedicada al desarrollo de aplicaciones en Realidad Aumentada, en colaboración con Farst, empresa Paraguaya, lanzó el primer CMS para apps de RA. (CMS es un sistema de gestión de contenidos, en inglés: Content Management System). Más adelante presentó BIC (Business Intelligent Card). Al apuntar la cámara del móvil hacia una tarjeta de presentación, la aplicación reconoce la imagen o logo de la empresa y muestra un video, animación o modelo 3D sobre la misma tarjeta. Además de este atractivo, guarda los datos de contacto en la nube para no tener que preocuparse por perder o guardar las tarjetas físicas. Es una idea práctica y muy útil para la mercadotecnia.

*2014.* Mahei, empresa española establecida en Pamplona y dedicada al desarrollo de proyectos con RA para educación y marketing, desarrolla una tecnología de realidad aumentada para interaccionar con juguetes físicos y video.

*2015.* Solinix, empresa Colombiana, lanza la primera App que revoluciona el concepto de Mobile Marketing aprovechando la Realidad Aumentada.

*2016.* Niantic causa sensación al lanzar el famoso juego con Realidad Aumentada Pokémon GO para móviles que alcanza un éxito sin precedentes.

**Los componentes de la RA.** La Realidad Aumentada es un sistema informático que se integra de hardware y software. Los elementos básicos que conforman un sistema de RA son los siguientes: un monitor, una cámara, el software adecuado y un marcador. El marcador es un símbolo escrito o impreso sobre objetos determinados que varía desde un código de barras de cualquier producto hasta datos codificados en la superficie de monumentos o edificios. La cámara se encarga de captar esos símbolos y transferirlos al software. Éste interpreta los datos de los marcadores captados por la cámara y los convierte en todo tipo de información: Texto, imágenes fijas, video en 3D o sonido.

**La tecnología de Realidad Aumentada se desarrolla actualmente a paso acelerado y se va haciendo más sofisticada.** Esta sofisticación requiere de elementos de hardware más elaborados. Los dispositivos de RA normalmente constan de un "headset" y un sistema de display para mostrar al usuario la información virtual que se añade a la real. El "headset" lleva incorporado sistemas de GPS que son necesarios para poder localizar con precisión la situación del usuario. Los dos principales sistemas de "displays" empleados son la pantalla óptica transparente (Optical See-through Display) y la pantalla de mezcla de imágenes (Video-mixed Display). Tanto uno como el otro usan imágenes virtuales que se proyectan al usuario mezcladas con la realidad o bien se muestran directamente en la pantalla. Los más modernos sistemas de RA utilizan una o más de las siguientes tecnologías: cámaras digitales, sensores ópticos, acelerómetros, GPS, giroscopios, brújulas de estado sólido, RFID, etc. El Hardware de procesamiento de sonido podría ser incluido en los sistemas de Realidad Aumentada. Los Sistemas de cámaras basadas en RA requieren de una unidad CPU potente y gran cantidad de memoria RAM para procesar imágenes de dichas cámaras. La combinación de todos estos elementos se da a menudo en los teléfonos inteligentes que se han convertido en una plataforma de Realidad Aumentada. En tanto más versátil y poderoso sea el teléfono inteligente más facilidades brindará al usuario.

Si bien el hardware para producir RA es importante, el software es la fuerza que le habrá de conferir la sofisticación y la calidad al sistema. Aquí debemos distinguir entre las plataformas que están disponibles para producir RA, así como la creatividad y la capacidad del programador. La suma de ambos conceptos permitirá la producción de aplicaciones en RA que cautiven al usuario, lo mantengan interesado y hagan suya la aplicación. Revisaremos algunas plataformas para la producción de Realidad Aumentada.

**ARToolKit** es una biblioteca GNU GPL que permite la creación de aplicaciones de realidad aumentada desarrollada originalmente por Hirokazu Kato en 1999 y publicada por el HITLab de la Universidad de Washington. Actualmente se mantiene como un proyecto de código abierto alojado en SourceForge con licencias comerciales disponibles en ARToolWorks. Permite la creación de aplicaciones de Realidad Aumentada, en las que se sobreponen imágenes virtuales al mundo real. Para ello utiliza las capacidades de seguimiento de vídeo con el fin de calcular, en tiempo real, la posición de la cámara y la orientación relativa a la posición de los marcadores físicos. Una vez que la posición de la cámara real se sabe, la cámara virtual se puede colocar en el mismo punto y modelos 3D son sobrepuestos exactamente sobre el marcador real.

**GNU es un sistema operativo de tipo Unix** desarrollado por y para el Proyecto GNU y auspiciado por la Free Software Foundation. Está formado en su totalidad por software libre, mayoritariamente bajo términos de copyleft. GNU es un acrónimo recursivo de "GNU's Not Unix" (en español: GNU no es Unix), elegido porque GNU sigue un diseño tipo Unix y se mantiene compatible con éste, pero se diferencia de Unix en que es software libre y que no contiene código de Unix.

**ATOMIC Authoring Tool** es una herramienta que permite la creación de aplicaciones de Realidad Aumentada desarrollada especialmente para quienes no son expertos en la programación. Fue creado como un Front end (Interfaz gráfica) para usar la biblioteca ARToolKit sin tener que saber programar. Fue escrito en el lenguaje de programación

Processing y está licenciado bajo GNU GPL. Es Multiplataforma lo que permite que se pueda usar en los sistemas operativos Microsoft Windows, Ubuntu y Mac OS X. La primera versión experimental de ATOMIC Authoring Tool fue desarrollada el 7 de septiembre de 2008 y la primera versión estable fue la 0.6 desarrollada el 6 de marzo de 2009. La principal motivación de ATOMIC es proporcionar a la comunidad una herramienta de código abierto que se pueda modificar con facilidad y que no exija demasiados conocimientos técnicos para acceder a la tecnología de la Realidad Aumentada.

**D.A.R.T.** (Designer's Augmented Reality Toolkit). Es un sistema de programación creado por el Augmented Environments Lab, en el Georgia Institute of Technology, para ayudar a los diseñadores a visualizar la mezcla de los objetos reales y virtuales. Proporciona un conjunto de herramientas para los diseñadores: extensiones para el Macromedia Director (herramienta para crear juegos, simulaciones y aplicaciones multimedia) que permiten coordinar objetos en 3D, vídeo, sonido e información de seguimiento de objetos de Realidad Aumentada.

**Zooburst**. Es una herramienta Web 2.0, que nos permite generar libros en 3D bajo tecnologías flash y exportarlos vía Web a través de un link a código HTML. La herramienta permite incluir imágenes, textos y otras opciones multimedia como grabar narraciones de sonido o usar imágenes y recursos de una galería que posee la aplicación para la generación de libros en 3D con figuras que poseen relieve y perspectiva aunque no volumen y que dan la sensación de enfrentarse a libros con imágenes que salen de sus páginas. Una de las funciones de la aplicación es poder generar publicaciones con las cuales el lector puede interactuar a través de avance y retroceso o de la interacción directa con las figuras La herramienta es gratuita y funciona completamente a través del navegador web. Por supuesto, la aplicación permite el uso de la realidad aumentada para la interacción con las publicaciones.

**Niveles de realidad aumentada.** Es muy importante determinar la orientación y posición exacta del usuario, sobre todo en las aplicaciones que así lo requieran: uno de los retos más importante que se tiene a la hora de desarrollar proyectos de Realidad Aumentada es que los elementos visuales estén coordinados a la perfección con los objetos reales, puesto que un pequeño error de orientación puede provocar una falta de alineamiento perceptible entre los objetos virtuales y físicos. En zonas muy amplias los sensores de orientación usan magnetómetros, inclinómetros, sensores inerciales y otros indicadores que pueden verse afectados gravemente por campos magnéticos y, por lo tanto, se ha de intentar reducir al máximo este efecto. Sería interesante que una aplicación de Realidad Aumentada pudiera localizar elementos naturales (como árboles, rocas, edificios o monumentos) que no hubieran sido catalogados previamente, sin que el sistema tuviera que tener un conocimiento previo del territorio. Como reto a largo plazo es posible sugerir el diseño de aplicaciones en los que la realidad aumentada fuera un poco más allá, lo que podemos llamar "Realidad Aumentada Retroalimentada", esto es, que la falta de coordinación resultante debido al uso de sensores de posición/orientación, fuera corregida midiendo las desviaciones entre las medidas de los sensores y las del mundo real. Imagine un sistema de Realidad Aumentada que partiendo de pares de imágenes estéreo obtenidas de dos cámaras solidarias al usuario (head-mounted) y de la posición del mismo, fuera capaz de determinar la posición y orientación exacta de la persona que mira.

La calidad de un sistema de RA depende del hardware, el software y la capacidad de quien lo programa. Carlos Prendes Espinosa ha publicado un interesante documento titulado "Realidad Aumentada y Educación. Análisis de Experiencias Prácticas", editado por la Consejería de Educación de la Región de Murcia. IES Beniaján. Departamento de Informática y comunicaciones. En este valioso estudio, Prendes Espinosa escribe: Lens-Fitzgerald, el cofundador de Layar, uno de los navegadores de RA más importantes del mundo, escribió un artículo en 2009 donde define los niveles de la RA. En

LensFitzgerald (2009) se mencionan cuatro niveles (del 0 al 3). Este autor introduce los códigos QR (Quick Response) como nivel 0 de RA. Su clasificación queda por tanto de esta manera:

**Nivel 0**. Hiperenlazando el mundo físico (physical world hyper linking). Basado en códigos de barra (enlaces 1D, Universal Product Code), códigos 2D (por ejemplo los códigos QR) o reconocimiento de imágenes aleatorias. Lo característico de este nivel 0 es que los códigos son hiperenlaces a otros contenidos, no existe registro en 3D ni seguimiento de los marcadores (básicamente funcionan como un hiperenlace html pero sin necesidad de teclear).

**Nivel 1**. AR basado en marcadores (marker based AR). Normal-mente es reconocimiento de patrones 2D, el reconocimiento 3D de objetos (por ejemplo, una silla) sería la forma más avanzada de nivel 1 de AR. (Los marcadores son unas imágenes en blanco y negro, generalmente cuadradas, con dibujos sencillos y asimétricos).

**Nivel 2**. RA sin marcadores (markerless AR). Mediante el uso del GPS y la brújula de los dispositivos electrónicos conseguimos localizar la situación y la orientación y superponer POI (puntos de interés) en las imágenes del mundo real. LensFitzgerald (2009) lo define como AR basada en GPS-brújula. También puede incluir el uso de acelerómetros para calcular la inclinación.

**Nivel 3**. Visión aumentada, citando a Rice (2009): «Debemos despegarnos del monitor o el display para pasar a ligeros, transparentes displays para llevar encima (de una escala como las gafas). Una vez la RA se convierte en VA (visión aumentada) es inmersiva. La experiencia global inmediatamente se convierte en algo más relevante, contextual y personal. Esto es radical y cambia todo». Este nivel no está todavía disponible.

Robert A. Rice, el visionario investigador de la Realidad Aumentada identifica un nivel 4 que Carlos Prendes expresa de esta forma:

**Nivel 4**. Rice (2009) incluso habla de un nivel 4 donde terminaremos usando «displays de lentes de contacto y/o interfaces directos al nervio óptico y el cerebro. En este punto, múltiples realidades colisionarán, se mezclarán y terminaremos con Matrix». Rice habla de un entorno donde podremos olvidarnos de nuestros cuerpos y que será la culminación de la realidad virtual. Por supuesto, este apunte en estos momentos es sólo una suposición para un futuro a muy largo plazo aunque ya existen proyectos para producir lentes de contacto que actúen como displays. La tecnología que Reinoso y otros denominan markerless (entendida como el uso de imágenes como activadores), aunque parecida a la de marcas, es mucho más robusta frente al movimiento, inflexiones y cambios en la iluminación, de la posición y a cambios extremos de perspectiva u oclusión de las imágenes que sirven de marcadores por lo que su resultado final es de mayor calidad.

**Aplicaciones de la Realidad Aumentada.** El horizonte de las aplicaciones de la RA es tan amplio y extenso como la imaginación del ser humano. La RA ofrece infinidad de nuevas posibilidades de interacción que le permiten estar presente en bastos y diversos ámbitos como la educación, mercadotecnia, arquitectura, arte, entretenimiento, televisión, medicina y muchos campos más. Algunas veces participamos en aplicaciones de Realidad Aumentada aun sin saberlo, sin tener gafas, teléfono inteligente o equipo especial. Una experiencia de RA la vivimos cuando vemos en la TV un juego de fútbol americano. La línea amarilla que marca el primero y diez yardas por avanzar que se ve en la pantalla de las transmisiones de los partidos muestra la línea que la ofensiva del equipo debe cruzar para recibir un primero y diez. Los elementos del mundo real son el campo de fútbol y los jugadores y el elemento virtual es la línea amarilla electrónica que aumenta la imagen en tiempo real. Esto ayuda a precisar el punto donde debe iniciar la siguiente jugada. Esta es una forma simple de Realidad Aumentada pero de gran utilidad. Al utilizar un teléfono inteligente o gafas especiales la RA empieza a demostrar el fantástico mundo que puede desplegar y la emoción crece y crece.

Entre las aplicaciones más famosas con RA se encuentra Pokémon GO, el juego que ha causado sensación. Es un videojuego de aventura en Realidad Aumentada desarrollado por la empresa Niantic, Inc. para dispositivos iOS y Android. Es una aplicación que se puede descargar gratuitamente. El juego permite al usuario buscar, capturar y luchar con varios Pokémon que se encuentran escondidos en el mundo real. El videojuego requiere que el jugador recorra el mundo para descubrir toda clase de Pokémon, cuyas distintas especies aparecen dependiendo de la zona visitada. Las calles del mundo real aparecen representadas en Pokémon GO en forma de mapa que muestra el lugar donde se encuentra el jugador. Además, los mapas de Pokémon GO integran diferentes Poképaradas que permiten conocer museos, instalaciones artísticas, monumentos y lugares históricos. El juego fue lanzado oficialmente en Australia y Nueva Zelanda el 6 de julio de 2016. El 7 de julio de 2016 en Estados Unidos. Tras el lanzamiento oficial del juego, millones de personas descargaron la aplicación y en las primeras 24 horas Pokémon GO se posicionó en el top de iTunes de Estados Unidos en las categorías de "Top Grossing" and "Free" Charts.

El informe Mobile Augmented Reality: Smartphones, Tablets and Smart Glasses 2013-2018 de Juniper Research, indica que el número de usuarios de aplicaciones de Realidad Aumentada se aproximará a los 200 millones para 2018. También destaca el hecho de que mientras los ingresos serán primariamente canalizados vía los teléfonos inteligentes, hay un considerable potencial para la monetización de las aplicaciones de realidad aumentada a través de otros dispositivos inteligentes. No cabe la menor duda que la realidad aumentada se suma a la lista de nuevas tecnologías con un gran potencial de crecimiento y facilitadoras de procesos para la vida personal y los negocios.

**Realidad Virtual.**

La Realidad Virtual (RV) es la representación de un entorno con escenas u objetos de apariencia real generado mediante tecnología Informática que crea en el usuario la sensación de estar inmerso en él. Este entorno virtual es contemplado por el usuario a través de un dispositivo que puede ser un casco de realidad virtual o unas gafas especiales y que puede acompañarse de otros dispositivos como guantes o trajes que permiten una mayor interacción con el entorno, así como la percepción de diferentes estímulos que intensifican la sensación de realidad.

> **Definición de Virtual** según el Diccionario de la Lengua Española, "Que tiene existencia aparente y no es real".

Un interesante estudio publicado en Internet por el Departamento de Tecnologías de la Información y las Comunicaciones de la Universidad de Coruña en España, arroja luz sobre los orígenes de la Realidad Virtual y nos informa que, si bien el concepto de Realidad Virtual surge en el 1965 cuando Ivan Sutherland publicó un artículo titulado "The Ultimate Display" en el que describía este concepto, en años anteriores los científicos ya comenzaban a asentar las bases de este concepto. En 1844, Charlse Wheatstone crea "el estereoscopio", que será la base de los primeros visores de realidad virtual. Consiste en obtener dos fotografías casi idénticas pero que se diferencian ligeramente en el punto de toma de la imagen; estas serán observadas por cada ojo de manera separada y el cerebro las mezclará en una sola creando un efecto tridimensional. En 1891, Louis Ducos du Hauron patenta el "Anaglifo" y realiza las primeras proyecciones. Ya a partir de 1915 se rodarán fragmentos de películas utilizando dicho sistema. En 1961, Corneau y Bryan, empleados de Philco Corporation, construyeron el que parece ser el primer casco de RV de verdad. Este dispositivo permitía ver imágenes en movimiento y estaba dotado de un sensor magnético que determinaba la orientación de la cabeza del usuario. **En 1962 se desarrolla el Sensorama**. Se trata del primer dispositivo que trataba de que el cine fuese percibido por todos los sentidos utilizando para esto visión 3D estereoscópica (dos imágenes ligeramente distintas para cada ojo), sonido estéreo, vibraciones mecánicas y aromas. En 1964, se crea el primer holograma (definido por Emmett Leith y Juris Upatnieks) con imagen tridimensional.

Ivan Sutherland, en un artículo publicado en 1965 afirma que "La pantalla es una ventana a través de la cual uno ve un mundo virtual. El desafío es hacer que ese mundo se vea real, actúe real, suene real, se sienta real". Sería Sutherland el creador del primer casco visor de realidad virtual utilizando tubos de rayos catódicos (uno para cada ojo) y de un sistema mecánico de seguimiento. Posteriormente en 1968 junto con David Evans crearán el primer generador de escenarios con imágenes tridimensionales, datos almacenados y aceleradores. Un año más tarde, en 1969, Myron Krueger creó el denominado "Artificial Reality" que permitía la interacción con elementos creados virtualmente.

La utilización de gráficos a través de la computadora tuvo que esperar aún algún tiempo, y se debe al trabajo realizado en el MIT por Roberts y Sutherland. Roberts escribió el primer algoritmo para eliminar superficies oscuras y ocultas de una imagen, abriendo así el camino a la utilización de gráficos 3D. Por su parte, el trabajo de Sutherland consistió en el desarrollo de algoritmos que pudiesen realizar esta tarea de manera eficiente. Uno de los frutos de estos esfuerzos se encuentra en el desarrollo por Henri Gouraud, en el año 1971, de un algoritmo de iluminación que aún es muy utilizado hoy en día. Este algoritmo hace posible que una superficie formada por polígonos cobre el aspecto de una superficie suave y continua.

Las primeras aplicaciones de la Realidad Virtual se hicieron en el área militar. En 1971 en el Reino Unido se comienzan a fabricar simuladores de vuelo con displays gráficos, pero será un año más tarde, en 1972, cuando General Electric desarrolle el primer simulador computarizado de vuelo. Estos operaban en tiempo real, aunque los gráficos eran bastante primitivos. Y pocos años después en 1979, los militares empezaron a experimentar con cascos de simulación. En 1977, aparece uno de los primeros guantes documentados Sayre Glove, desarrollado por Tom Defanti y Daniel Sandin. Este guante está basado en una idea de Richard Sayre. Tenía en cada dedo un tubo flexible de fibra óptica con un emisor de luz en un extremo y un receptor en el otro. En función de la cantidad de luz que llegaba al receptor se podía calcular la flexión de los dedos. **A principios de los 80's la Realidad Virtual es reconocida como una tecnología viable**. En estos años Andy Lippman junto con un grupo de investigadores desarrollaron el primer mapa interactivo virtual de la ciudad de Aspen, Colorado. La grabación fue realizada por medio de cuatro cámaras, tomando una foto cada tres metros y las reproducían a 30 fotogramas por segundo, simulando una velocidad de 330 km/h que más tarde se reduciría a 110 km/h.

En 1981 Thomas Furnes desarrolló la "Cabina Virtual". Se trataba del primer simulador de la cabina de avión para entrenar a pilotos. El problema inicial consistía en la creciente complejidad de las cabinas de estos aparatos, por lo que Furness comenzó a buscar la forma de facilitar la interacción con los pilotos. La solución fue el desarrollo de una cabina que proporcionaba información 3D a los pilotos, quienes podían controlar el aparato a través de una representación virtual del terreno con campo de visión de 120º en horizontal. Encendieron este aparato por primera vez en septiembre de 1981 y ha constituido la base para el desarrollo de los sistemas de entrenamiento militar creados a partir de ese momento. Este mismo científico solo un año más tarde presentó el simulador de vuelo más avanzado que existe, contenido en su totalidad en un casco y creado para U.S Army Air Force.

Silicon Graphics (SGI) anunció en 1993 un motor de Realidad Virtual. En 1994, Antena 3 es la primera cadena de televisión española en introducir espacios virtuales en sus programas. **En 2003 se crea el famoso mundo virtual en 3D "Second Life"** donde por medio de un programa para computadora personal los usuarios o residentes pueden moverse por él, relacionarse, modificar su entorno y participar en su economía. En 2004 Google compra Earthview, un programa desarrollado en 2001, para crear el Google Earth, una representación del mundo que combina la potencia de las búsquedas de Google con imágenes de satélites, mapas, terrenos y edificios 3D. En 2005 se anuncia el lanzamiento de WII de la empresa Nintendo, (con el nombre en clave de "Revolution") la videoconsola que nace con la idea de conseguir una interacción antes nunca experimentada en una videoconsola entre el jugador y el videojuego. Así como "Virtual Boy" fue un fracaso, WII al día de hoy ha sido un éxito rotundo

**Hardware para Realidad Virtual.** La proyección y visión de la RV requiere de hardware altamente especializado. **El componente clave es el visor de RV que se conoce como casco o gafas de Realidad Virtual.** El casco de RV o HMD (del inglés head-mounted display) es un dispositivo de visualización similar a un casco que permite reproducir imágenes creadas por la computadora sobre una pantalla muy cercana a los ojos o proyectando la imagen directamente sobre la retina de los ojos. En este segundo caso el casco de realidad virtual recibe el nombre de monitor virtual de retina. Debido a su proximidad con los ojos el casco de RV consigue que las imágenes visualizadas resulten mucho mayores que las percibidas por pantallas normales y permiten incluso englobar todo el campo de visión del usuario. Gracias a que el casco se encuentra sujeto a la cabeza, éste puede seguir los movimientos del usuario, consiguiendo así que éste se sienta integrado en los ambientes creados por la computadora. Existen gafas que se colocan solamente en uno de los ojos y otras que se instalan en los dos y así tenemos monocular y binocular. Las primeras han sido producidas por Google y la binocular por varias firmas y reciben una imagen estereoscópica.

De acuerdo con la función que realiza el visor de RV se han producido las que tienen pantalla propia y otras que son una carcasa que permite recibir un teléfono inteligente que proyecta la imagen. Existen varios conceptos clave en la tecnología que emplean los cascos de Realidad Virtual. Entre ellos podemos destacar:

- Resolución de pantalla: es un parámetro muy importante pues de ella depende la definición de la imagen percibida por el usuario del HMD. Una resolución típica son 1080x1200 píxeles para cada ojo del Oculus Rift y del HTC Vive.

- Campo de visión (en inglés field of view, FoV): es la amplitud del campo visual del usuario que es ocupada por la imagen virtual. Cuanto mayor sea mejor será la sensación de inmersión. El Oculus Rift DK2 por ejemplo, ofrece un campo de visión de 100º.

- Latencia (head tracking latency) es el tiempo que transcurre entre que el usuario mueve su cabeza y que la imagen mostrada se reajusta a ese movimiento. Los fabricantes intentan reducirla al mínimo pues una excesiva latencia puede producir mareos en los usuarios, además de un menor realismo. El PlaySation VR por ejemplo registra una latencia de 18 ms.

- Refresco de pantalla (refresh rate) es el número de imágenes mostradas por segundo. A partir de 60 Hz se considera un buen ratio. Así por ejemplo, el visor HTC Vive Pre y el Oculus Rift CV1 funcionan a 90 Hz, mientras el PlayStation VR alcanza los 120 Hz.

- Seguimiento de orientación (head tracking o rotational tracking) mediante sensores internos (giroscopio, acelerómetro, magnetómetro) el HMD detecta hacia dónde está orientada la cabeza del usuario.

- Seguimiento de posición (positional tracking) también conocido como posicionamiento absoluto, se logra mediante un sensor externo que detecta dónde está situada exactamente la cabeza del usuario y cualquier cambio que se produzca en esa posición. Es una característica que sólo incorporan los HMD más avanzados.

- Visión estereoscópica. Esta característica está presente en casi todos los aparatos de Realidad Virtual, que mostrando una imagen ligeramente diferente a cada ojo permite visualizar el entorno en tres dimensiones.

- Efecto rejilla (screen-door effect) es un efecto visual que sucede en pantallas cuando las líneas que separan los píxeles de la misma se vuelven visibles en la imagen proyectada. El resultado es similar al de mirar a través de una tela anti mosquitos. Es un efecto frecuente en visores de realidad virtual no suficientemente avanzados.

Uno de los mejores visores de Realidad Aumentada es el Oculus Rift. Para que pueda funcionar adecuadamente se requieren los siguientes requisitos:

- Procesador Intel i5-4590 o superior
- 8 GB de memoria RAM
- Tarjeta gráfica NVIDIA GTX 970 / AMD R9 290 o superior
- Salida de vídeo HDMI 1.3 (tarjeta gráfica)
- x USB 3.0 y 1 x USB 2.0
- Windows 7 SP1 64 bits o superior

Es importante darse cuenta de que la Realidad Virtual no tiene nada que ver con ponerse una pantalla en los ojos. Su tecnología debe conseguir que la mente crea que uno mismo está dentro del entorno virtual hasta el punto de que el cuerpo debe reaccionar como si realmente estuvieses en ese entorno.

**Software para producir Realidad Virtual**. La producción de un sistema de Realidad Virtual se facilita si se utiliza un Kit de desarrollo. Uno de los más accesibles es el VR SDK (Virtual Reality Software Development Kit) de Google para Android. El VR SDK de Android permite el desarrollo de aplicaciones que, con el uso de las gafas de Google, son capaces de mostrar imágenes en 3D que reaccionan ante el movimiento de la cabeza. El imán de las Cardboard, colocado en el lateral, permite interactuar con el smartphone Android, modificando el comportamiento de la brújula del teléfono y facilitando que la aplicación de realidad virtual funcione correctamente sin tocar el dispositivo. Según la información que facilita el propio buscador, el VR SDK simplifica algunas tareas importantes para el desarrollo de la realidad virtual:

- Corrección de la distorsión de las gafas de realidad virtual.
- Seguimiento del movimiento de la cabeza del usuario.
- Calibración en 3D.
- Renderización en paralelo.
- Configuración de la geometría estereoscópica.

Esta aplicación requiere estos elementos:

- Entorno de Desarrollo Integrado Android Studio 1.0 o posterior.

- La versión 19 del SDK de Android.
- Teléfono Android con sistema operativo Jelly Bean o posterior.

**La realidad virtual en México** ha despertado curiosidad e interés por sus aplicaciones en la educación, los juegos y también en la psicología. Una curiosa aplicación que ha rendido bondadosos frutos es el tratamiento de fobias y temores: arañas, altura, claustrofobia, etc. La aplicación de la RV en la capacitación se convierte en una herramienta que beneficia la transmisión del conocimiento asociado al seguimiento de procesos, a la configuración de espacios y a la composición de objetos que se pueden representar con detalle en entornos virtuales. Tornillos, bobinas, palancas, manivelas, brazos, motores, grúas, turbinas, hornos, bodegas, plantas, plataformas, fábricas, se pueden virtualizar y asociar a diversas formas de interacción, ya sea con pantallas, proyecciones, lentes de RV ayudados por controles, giroscopios o infrarojos permitiendo a los usuarios comprender el funcionamiento e interconexión con todos los componentes de un sistema cualquiera de una forma más inmersiva. Los resultados obtenidos han provocado un gran interés dentro de la sociedad. La Realidad Virtual en México se encuentra en un momento de gran crecimiento, grandes empresas de tecnología se encuentran invirtiendo en el desarrollo de contenido y de dispositivos para que en poco tiempo tengamos acceso a ella en nuestras rutinas diarias. Ya existen en México empresas para desarrollar esta tecnología para el uso en diferentes ámbitos principalmente como la publicidad. **Un ejemplo es la empresa INMERSYS** creada en el año 2010 por especialistas en cómputo gráfico que durante su trayectoria han utilizado su experiencia al servicio de necesidades de difusión y capacitación de empresas e instituciones como la Comisión Federal de Electricidad, la Universidad Nacional Autónoma de México, Ingenieros Civiles Asociados y el Palacio de Minería.

## Impresión en 3D

**La impresión en 3D es la tecnología de fabricación por adición** donde un objeto tridimensional es creado mediante la superposición de capas sucesivas de material. Los componentes principales que intervienen en la impresión 3D son el software, una impresora 3D y el material que se utiliza para la creación de un objeto tridimensional. Una impresora 3D es un dispositivo capaz de generar un objeto sólido de tres dimensiones mediante la adición de material. Y es precisamente aquí donde radica la gran diferencia con los sistemas de producción tradicionales que son sustractivos, es decir, generan formas a partir de la eliminación de exceso de material en tanto que la impresión 3D lo hace por adición de material imprimiendo o, mejor dicho, adicionando capas sucesivas hasta formar un objeto sólido de acuerdo con el modelo que indica el software.

**El antecedente de la impresión 3D lo podemos ubicar en las impresoras de inyección de tinta** que funcionan expulsando gotas de tinta de diferentes tamaños directamente sobre el papel. El concepto de impresión por inyección de tinta se originó en el siglo XX y la tecnología comenzó a ser desarrollada hacia principios de los años 50. Hacia finales de la década de los 70, las impresoras de inyección que podían reproducir imágenes digitales generadas por computadora fueron desarrolladas principalmente por Epson, Hewlett-Packard (HP) y Canon. En 1984 HP presenta la Thinkjet y a partir de entonces la impresora de inyección de tinta llega a ser la predominante en la oficina y el hogar al punto de ser la acompañante ideal de toda computadora personal.

**La Estereolitografía.** En 1986 Charles Hull inventa la Estereolitografía dando el gran paso para iniciar el largo camino de la impresión 3D. Hull patentó la Estereolitografía como un método y equipo para realizar objetos sólidos mediante impresión sucesiva de finas capas de un material que se cura mediante luz ultravioleta. La patente de Hull describía cómo un haz de luz ultravioleta se focalizaba sobre la superficie de una cuba rellena de líquido foto polimérico. Los rayos de luz dibujan el objeto en la superficie del líquido, capa por capa, usando fotopolimerización (o cross-linking) para crear el sólido. Cada capa es una sección transversal del objeto que el láser traza en la superficie de la resina, que es el material consumible más usado, aunque actualmente se emplean otros materiales. **La resina líquida se cura y se solidifica mediante la exposición al láser de luz ultravioleta**, quedando así la capa recién solidificada pegada a la capa previa que existía debajo. Una vez que la capa a imprimir ha sido creada, la plataforma de elevación del equipo desciende una distancia equivalente al grosor de una capa de resina solidificada (típicamente entre 0.05 y 0.15 mm). Una hoja barre la pieza dejando una nueva capa de resina líquida en la superficie de la cubeta, lista para la siguiente impresión del láser. De esta forma se va creando, capa a capa, una pieza tridimensional. Una vez que la pieza se ha completado, ésta se sumerge en un baño químico que retira el exceso de resina y, posteriormente, es curada en un horno de luz ultravioleta.

La Estereolitografía necesita de estructuras para soportar la pieza a la plataforma de elevación de forma que se evite la deflección de la pieza por gravedad. Estas estructuras también sujetan la sección transversal en el lugar correcto para que no se deslice cuando pasa la hoja de re-aplicación de resina. Los soportes suelen ser generados automáticamente durante la preparación del modelo por computadora con software CAD, aunque podrían requerir intervención manual. Los soportes deben ser retirados del modelo final de forma manual. Las resinas de diferente tipo son los materiales que se utilizan comúnmente, aunque nuevos y más interesantes materiales están siendo probados con éxito. Las resinas pueden ser:

- Resina blanca opaca tipo ABS especial.
- Resina blanca ABS especial con infiltraciones para mejorar sus propiedades.
- Resina translúcida.

**Charles Hull**, a quien todo mundo conoce como Chuck, cuenta cómo fue que se originó una tecnología que está revolucionando la fabricación de todo tipo de objetos desde adornos, muebles, envases, piezas para la industria mecánica, partes de automóviles, alimentos, enseres domésticos, naves espaciales y lo más sorprendente, órganos y partes de la anatomía del cuerpo humano.

Todo comenzó en un laboratorio donde Hull trabajaba en la década de 1980 como ingeniero para crear prototipos. Había estado usando resina para endurecer la superficie de los prototipos, cuando de repente se dio cuenta de que podía poner la resina en capas. **Una vez colocada en capas, la resina podía ser moldeada con luz ultravioleta.** Así nació la impresión 3-D, pero tendrían que pasar otros 30 años antes de que realmente despegara. Pasó cerca de una década hasta que Chuck lograra convertirla en algo útil a nivel industrial. Avanzando lentamente durante décadas, Hull se sorprendió cuando la impresión 3-D se convirtió en un boom en los últimos años. Actualmente no se preocupa mucho por el futuro, sino que se concentra en lo que se puede hacer aquí y ahora.

"El proceso de fabricación aditiva, de apilar secciones transversales de un objeto, se ha convertido en un proceso bastante universal... encendió la imaginación de la gente –hay todo tipo de formas y todo tipo de cosas que se pueden hacer de esta manera", dijo Hull. La industria del automóvil fue una de las primeras en adoptar la impresión 3-D. Pronto le siguieron los ámbitos dental y médico y cuando los precios de las impresoras bajaron, se sumaron los aficionados. Hull explicó cómo, en los años '90, los fabricantes de autos en Detroit tardaban hasta seis años en producir en serie un nuevo diseño que no era muy competitivo. Ahora, con la ayuda de la impresión 3-D y la fabricación digital en general, estas mismas empresas pueden producir un diseño de alta calidad en tres años. Hull dijo que la tecnología podría ayudar a las empresas estadounidenses y europeas a competir con las empresas asiáticas. **Actualmente Hull es el Director de Tecnología en 3D Systems, que co-fundó en 1986.** A pesar de haber rebasado los 70 años (2016) no muestra ningún signo de dejar de trabajar en el corto plazo. El primer objeto que imprimió fue una bañera ocular utilizada por optometristas y ahora 3D Systems imprime cualquier cosa, desde trajes EKSO, que ayudan a las personas con parálisis o discapacitados a caminar, hasta detalladas estatuillas del Hombre Araña. La empresa 3D Systems que fundó Charles Hull en 1986 tiene 2,500 empleados y un valor de capitalización de 1,500 millones de dólares.

**Evolución de la impresión 3D.** La impresión 3D está evolucionando a una velocidad impresionante. Nuevas impresoras, nuevos materiales, nuevas tecnologías y, sobre todo, un renovado entusiasmo de fabricantes, estudiantes, investigadores y aficionados a la impresión 3D están impulsando esta nueva tecnología que tiene un extenso horizonte de sorprendentes aplicaciones. Un gran número de tecnologías en competencia están disponibles para la impresión 3D. Sus principales diferencias se encuentran en la forma en la que las diferentes capas son usadas para crear piezas. Algunos métodos usan fundido o ablandamiento del material para producir las capas como el sinterizado selectivo de láser (SLS) y modelado por deposición fundida (FDM), mientras que otros depositan materiales líquidos que son curados con diferentes tecnologías. En el caso de manufactura de objetos laminados, delgadas capas son cortadas para ser moldeadas y unidas juntas. Cada método tiene sus propias ventajas e inconvenientes; por ello, algunas compañías ofrecen elegir entre polvos y polímero como material de fabricación de la pieza según sean las prioridades del cliente. **Generalmente las consideraciones principales son velocidad, costo del prototipo impreso, costo de la impresora 3D, elección y costo de materiales,** así como capacidad para elegir el color.

**El software para impresión 3D** se ha multiplicado y se ha diversificado a la par que las tecnologías para la impresión, las impresoras y los materiales. Se puede clasificar de acuerdo con su grado de complejidad en una amplia gama que va desde software para principiantes hasta profesionales. También puede clasificarse por la complejidad de la forma de los objetos que pueden ser sencillos o complicados; por el tipo de objeto a imprimir en donde podemos encontrar figuras geométricas, edificios, animales, piezas de ingeniería o formas libres. El software para impresión en 3D se puede clasificar también en dos grupos de acuerdo con la función que realiza y aquí tenemos el software de modelado y el que prepara el archivo para entregarlo a la impresora en forma de archivo STL para su impresión. Finalmente, tenemos el software gratuito que se puede descargar y usar libremente y el que se debe comprar con un distribuidor autorizado.

**STL (siglas del inglés "STereo Lithography")** es un formato de archivo de diseño asistido por computadora (CAD) que define geometría de objetos 3D, excluyendo información como color, texturas o propiedades físicas que sí incluyen otros formatos CAD. Fue creado por la empresa 3D Systems, concebido para su uso en la industria del prototipado rápido y sistemas de fabricación asistida por computadora. El formato STL está siendo utilizado ampliamente por el software de control de las impresoras 3D.

Para quienes se inician en la impresión en 3D existen varias opciones para obtener el software necesario. Aquí mencionaremos algunas que además tienen la posibilidad de obtenerlo en forma gratuita.

**TinkerCAD.** Probablemente sea el más amigable y fácil de usar por lo que se ha convertido en uno de los más populares entre los estudiantes y aficionados que se inician en la impresión 3D. TinkerCAD puede ser manejado por usuarios sin experiencia previa en la impresión 3D o CAD. Lo que lo hace tan sencillo es que utiliza formas básicas como bloques de construcción para formar diseños. Otra característica interesante es la posibilidad de importar una imagen vectorial en 2D y convertirla fácilmente en un diseño de impresión 3D. TinkerCAD es compatible con todas las impresoras 3D que utilizan el formato de archivo STL estándar. También permite exportar fácilmente los archivos que haya creado para un programa o dispositivo externo, si desea trabajar más en él o producir algo más complejo. TinkerCAD es propiedad de la empresa Autodesk y se puede descargar gratuitamente en este sitio: http://www.autodesk.mx/education/free-software/all

**SketchUp Make** es un software fácil de usar que permite dibujar formas simples y "ejercer presión" o "tirar" de las superficies para convertirlas en formas 3D. También se pueden crear diseños desde cero o utilizar su almacén de modelos 3D gratuitos y personalizarlos. SketchUp ofrece la facilidad de convertir el archivo de diseño a un archivo STL para imprimirlo. Su Website ofrece interesantes tutoriales para quienes se inician en la impresión 3D. SketchUp Make es una versión gratis y para los profesionales se presenta SketchUp Pro. La versión gratuita se puede descargar en este sitio: https://www.sketchup.com/es/products/sketchup-make

> Recuerde que para poder **imprimir en 3D** se requiere que el archivo de diseño se convierta a un archivo. STL que la impresora 3D acepte para convertirlo en un objeto tridimensional.

**Blender.** Uno de los favoritos para estudiantes, aficionados y profesionales de la impresión en 3D. Blender es un software dedicado especialmente al modelado, iluminación, renderizado, animación y creación de gráficos tridimensionales. También de composición digital utilizando la técnica procesal de nodos, edición de vídeo, escultura y pintura digital. Blender tiene muchas ventajas. Aquí mencionamos algunas de ellas pero seguramente quienes lo usan frecuentemente podrán agregar algunas más: Es multiplataforma, está en español y en 24 idiomas más, es amigable, tiene un motor de juegos interno, está escrito en C, C++ y Python pero además de todo esto es software libre.

La historia de Blender es interesante porque nos recuerda el espíritu de los maestros del software que no persiguen la riqueza material sino la producción de obras de arte en Informática para enriquecer al mundo del software. En el año de 1988, Ton Roosendaal, holandés nacido en 1960, co-fundó el estudio de animación NeoGeo que rápidamente se convirtió en el estudio más grande de animación 3D en Holanda y en una de las más destacadas casas de animación en Europa. NeoGeo creó producciones que fueron premiadas (European Corporate Video Awards de 1993 y 1995) para grandes clientes corporativos tales como Philips. **En NeoGeo, Ton fue el responsable tanto de la dirección artística como del desarrollo interno del software**. Después de una cuidadosa deliberación, Ton decidió que la actual herramienta 3D utilizada en el estudio de NeoGeo era demasiado vieja, voluminosa y difícil de mantener y necesitaba ser reescrita desde el principio. En 1995 esta reescritura comenzó y estaba destinado a convertirse en el software de creación 3D que ahora conocemos como Blender.

Mientras NeoGeo continuaba refinando y mejorando Blender, Ton se dio cuenta que Blender podría ser utilizado como una herramienta para otros artistas fuera del estudio NeoGeo y en 1998 decidió crear una nueva compañía llamada Not a Number Technologies (NaN) derivada de NeoGeo para fomentar el mercado y desarrollar Blender. En la base de NaN estaba el deseo de crear y distribuir gratuitamente una suite de creación 3D compacta y multiplataforma. En ese momento, esto fue un concepto revolucionario ya que la mayoría de los programas comerciales de modelado costaban miles de dólares. NaN esperaba conseguir una herramienta de modelado y animación de un nivel profesional al alcance del público en general. En 1999, NaN asistió a su primera conferencia en el Siggraph en un esfuerzo aún mayor para promocionar Blender. **La primera convención del Siggraph para Blender en 1999 fue un auténtico éxito** y provocó un enorme interés tanto de la prensa como de los asistentes a la convención. En alas del gran éxito del Siggraph, a principios del año 2000 NaN consiguió una financiación de 4.5 millones de euros procedente de unos inversores. Este gran aporte de dinero permitió a NaN expandir rápidamente sus operaciones. Pronto NaN llegó a tener más de 50 empleados trabajando alrededor del mundo intentando mejorar y promocionar Blender. En el verano del 2000 Blender 2.0 fue publicado. Esta versión integraba un motor de juegos a la suite 3D. Al final del 2000 el número de usuarios registrados en el sitio Web de NaN sobrepasó los 250,000. En marzo de 2002 Ton Roosendaal fundó la organización no lucrativa Blender Foundation. El 13 de octubre de 2002 Blender fue liberado al mundo bajo los términos de la

Licencia Pública General de GNU v2 (GPL). El desarrollo de Blender continúa hasta nuestros días conducido por un equipo de voluntarios procedentes de diversas partes del mundo y liderados por el creador de Blender, Ton Roosendaal.

**Los materiales para la impresión 3D** han evolucionado y están causando una verdadera revolución en la producción de todo tipo de objetos hasta llegar a los alimentos y partes de la anatomía del ser humano. Las originales resinas han sido sustituidas por materiales inimaginables que dan lugar a historias fantásticas de un futuro que parecía de ciencia ficción pero que ya se encuentra entre nosotros. Aquí presentamos algunas historias:

La empresa 3DomFuel en Fargo, Dakota del Norte, recicla diversos productos inusuales y los convierte en filamento que puede ser utilizado para la impresión 3D. "**Puedes imprimir en 3D productos hechos de cerveza, café y cáñamo**", dijo John Schneider, cofundador y director de marketing de 3DomFuel, fabricante de filamento para impresión denominado 3D-Fuel. Actualmente el 30% de la línea de productos de 3DomFuel incluye filamentos hechos de materiales inusuales.

Investigadores de la Universidad Huazhong de Ciencia y Tecnología de la provincia de Hubei, centro de China, lograron exitosamente fabricar piezas y moldes metálicos utilizando la nueva tecnología de impresión 3D, señalaron autoridades de la universidad. La nueva tecnología de impresión 3D de metal resuelve los problemas existentes en los tradicionales métodos 3D de impresión de metal, indicó Zhang Hai'ou, líder del equipo de investigación de tecnología de impresión 3D de la universidad. La tecnología cuenta con patentes nacional e internacional. Puede ser aplicada en las industrias aeroespacial, médica y de autos, entre otras.

Especialistas del Hospital Académico de la Universidad de Lovaina (Bélgica) acaban de aplicar soluciones de impresión 3D al sector de la oftalmología: la primera prótesis de ojo para un paciente de 68 años de edad y al costo de 1,300 euros, en buena parte cubierto por el seguro médico.

Las impresoras de alimentos en 3D sustituirán al microondas en las cocinas en los próximos años, ha asegurado Emilio Sepúlveda, CEO de Natural Machines, la firma española que ha desarrollado la impresora Foodini. Según explica Sepúlveda, Foodini es una nueva generación de electrodomésticos que combina tecnología, comida, arte y diseño, y que se ha concebido "para cocinar en casa sin tener que gastar tiempo, sin manchar la cocina y sin saber cocinar".

Estudiantes del área de la salud de la Universidad de Guadalajara podrán tener a su alcance réplicas de órganos humanos realizadas en una impresora 3D, con lo que tendrán acceso a nuevas herramientas de aprendizaje. "Podrán llevar a sus manos lo que están aprendiendo en los atlas de anatomía o en libros de biología molecular", explicó Carlos Arámburo, coordinador del proyecto denominado "Cursalia 3D", del Centro Universitario de Ciencias de la Salud (CUCS). La impresora se exhibió en el Pabellón de la Universidad de Guadalajara (UdeG) de Campus Party Jalisco 2016 y al respecto, el académico dijo que este trabajo busca aplicar la tecnología 3D en la educación. "Es muy distinto mirar un órgano del cuerpo humano en un libro que tenerlo en las manos. En el proyecto participan Adrián Zamora, Ilse Castro y Francisco Zúñiga, un equipo de expertos de la UdeG en el área de audiovisuales, ingeniería y medicina, que han trabajado en "Cursalia 3D" alrededor de 14 meses.

Tres ingenieros mexicanos desarrollaron la primera impresora completamente nacional que funciona con tecnología de filamento fundido que crea capas en forma de panal de abeja, ya sean sólidas o huecas. Resultado de su proyecto, **Ricardo Madrigal, Juan Pablo González y Francisco Martin del Campo fundaron la empresa Colibrí 3D.** Los jóvenes son ingenieros del Centro de Desarrollo de InterLatin, una compañía de tecnología de Guadalajara, Jalisco.

# LA MAGIA DEL SOFTWARE

Las nuevas tecnologías del software avanzan a un ritmo vertiginoso. Nunca antes en la historia se había contemplado un avance tan rápido y sostenido como ahora. Pero quizá lo más importante es que la tecnología ha permeado a la sociedad en forma extensa y profunda. Nunca antes la sociedad en su conjunto se había integrado al uso de la tecnología como ahora. Este había sido un campo reservado para el gobierno, las grandes empresas, las universidades y los investigadores. Sin embargo, a partir del año 1975, cuando entra al mercado la computadora personal y el software se hace accesible a la sociedad en su conjunto, la tecnología avanza a un ritmo acelerado. Los países que logran integrarse a este avance destacan también por su fortaleza económica y mayor bienestar de la población. México y los países de América Latina tienen una gran oportunidad de subirse al tren de la tecnología. Están en muy buen tiempo de hacerlo, sobre todo si orientan su esfuerzo a la producción de software porque en este campo no se requieren grandes inversiones para construir fábricas. **Se requiere sí, de una política de estado que fomente el desarrollo de la Ciencia y la Tecnología**, que destine al desarrollo de la Ciencia el 1% del PIB, que fortalezca en los estados a los Consejos de Ciencia y Tecnología, que apoye en forma decidida las ferias y exposiciones de tecnología, que facilite la creación y operación de empresas de base tecnológica, que premie a los estudiantes destacados en Ciencia y Tecnología con becas para continuar estudios de postgrado y que fortalezca los programas que apoyan el desarrollo del software como el ProSoft y el Fondo de Innovación Tecnológica.

Las nuevas tecnologías surgen por doquier. El común denominador de todas ellas es el software. El software descrito por Ada Lovelace, el software del primer programa escrito por

Adele Goldstine para la ENIAC. El software que controla las grandes computadoras, tabletas, laptops, relojes, teléfonos inteligentes, automóviles, aviones, barcos, instrumentos médicos, lavadoras, refrigeradores, juguetes, televisiones, cámaras fotográficas, robots, naves espaciales y miles de aparatos que funcionan con el software incrustado en un chip. El software que poco a poco también va formando parte de la anatomía de las personas. El software que es la esencia de las nuevas tecnologías como la realidad aumentada, la impresión 3D, la realidad virtual, el cómputo en la nube, el automóvil autónomo, la computación cuántica, el polvo inteligente, los ciborgs, los drones, la telepatía y la súper Inteligencia Artificial. El software que está cambiando el mundo en que vivimos… **La magia del software**.

# BIBLIOGRAFÍA

Aiken, Howard, "Proposed Automatica Calculating Machine", en The Origins of Digital Computers, Springer Verlag, Nueva York, 1975

Allen, John, "Anatomy of Lisp", McGraw-Hill Book Company, Nueva York, 1978

Arbib, Michael, "Computers and the Cybernetic Society", Academic Press, Nueva York, 1977

Atanasoff, John V, "Computing Machine for Solution of Large Systems of Linear Algebraic Equations". En The Origins of Digital Computers, Springer Verlag, Nueva York, 1975

Augarten, Stan, "Bit by Bit: An Ilustrated History of Computers", Ticknor and Fields, Nueva York, 1984

Babbage, Charles, "Passages from the Life of a Philosofer", Augustus M Kelley Publishers, Nueva York, 1969

Backus, John, "Programming in America in the 1950s-Some Impressions" en A History of Computing in the Twentieth Century, Academic Press, Nueva York, 1980

Barbier, Ken, "CP/M Techniques", Prentice Hall, Inc., Englewoods Clifs, Nueva Jersey, 1984

Barron, David, "Pascal The Language and its implementation", John Wiley and Sons, Nueva York, 1951

Bauer Friedrich, L, "Between Zuse and Rutishauser-The Early Development of Digital Computing in Central Europe", en A History of Computing in the Twentieth Century, Academic Press, Nueva York, 1980

Berstein, Jeremy, "The Analitical Engine", Random House, Nueva York, 1963

Bolter, U. David, "Turing's Man: Western Culture in the Computer Age", The University of North Carolina Press, Chapel Hill, North Carolina, 1984

Brand, Stewart, "Whole Earth Software Catalog for 1986", Quantum Press/Double Day, Garden City, Nueva Jersey, 1985

Brodie, Leo, "Thinking Forth", Prentice Hall, Inc., Nueva Jersey, 1984

Burks, Arthur W., "From ENIAC to the Stored Program Computer: Two Revolutions in Computers", en A History of Computing in the Twentieth Century, Academic Press, Nueva York, 1980

Carlston, Douglas G., "Software People", Simon and Schuster Inc., Nueva York, 1985

Couffignal, L., "Scheme of Asembly of a Machine Suitable for the Calculations of Celestial Mechanics" en The Origins of Digital Computers, Springer Verlag, Nueva York, 1975

Craig, Alan, "Understanding Augmented Reality: Concepts and Applications", Morgan Kaufmann, Burlington, Massachusetts, 2013

Curry, Haskell, "Foundations of Mathematical Logic", McGraw Hill Book Company, 1963

Dijkstra Edsger, "Selected Writings on Computing: A Personal Perspective", Springer Verlag, Nueva York, 1982

Eckert, W. J., "Electrons and Computation" en The Origins of Digital Computers, Springer Verlag, Nueva York, 1975

Ershov, Andrei P. & Shura Bura Mikhail R, "The Early Development of Programming in the USSR" en A History of Computing in the Twentieth Century, Academic Press, Nueva York, 1980

Evans Christopher, "The Making of The Micro", Van Nostrand Reinhold Company, Nueva York, 1981

Feigenbaum, Edward and McCorduk, Pamela "Land of Rising Fifth Generation" en The Information Technology Revolution, The MIT Press, Cambridge, Massachusetts, 1985

Ferguson, Charles H., "Chips: The US versus Japan, en The Information Technology Revolution", The MIT Press, Cambridge, Massachusetts, 1985

Forester, Tom, "The Information Technology Revolution", The MIT Press, Cambridge, Massachusetts, 1985

Freedman, Alan, "Glosario de Computación", Mc Graw Hill de México, México, 1984

Freedman, Peter, "Software System Principles", Science Research, Associates, Inc., Chicago, 1975

Gardner, Howard, "The Mind's New Science", Basic Books, New York, 1985

Gehani, Narain, ADA: An Advanced Introduction, Prentice Hall, Inc., Nueva Jersey, 1984

Glosbrenner, Alfred, "The Complete Handbook of Personal Computer Communications", St. Martin's Press, Nueva York, 1953

Goldsite, Herman H., "The Computer from Pascal to Von Neumann", Princeton University Press, Nueva Jersey, 1972

Greene, Laura, "Computer Pioneers", Franklin Watts, Nueva York, 1985

Grenader, Ulf, "Mathematical Experiments on the Computer", Academic Press Inc., Nueva York, 1982

Gutiérrez, Fernando, "Internet como herramienta para la investigación", Alfaomega Grupo Editor, México, 2008

Harbison, Samuel, A., "C Reference Manual" Prentice Hall Inc., Nueva Jersey, 1984

Hirsch Seymour, "COBOL: A Simplified Approach", Prentice Hall Inc., Reston, Virginia, 1984

Horvath, Joan, "Mastering 3D Printing", Apress, Nueva York, 2014

Hyman, Anthony, "Charles Babbage, Pioneer of the Computer", Princeton University Press, Princeton, Nueva jersey, 1983

Juley, Joseph, "The Ballistic Computer" en The Origins of Digital Computers, Springer Verlag, Nueva York, 1975

Kernighan, Brian W., & Pike, Rob, "The Unix Programming Environment", Prentice Hall Inc., Englewood Cliffs, Nueva Jersey, 1984

Knuth, Donald E. & Pardo, Luis Trabb, "The Early Development of Programming Languages" en A History of Computing in the Twentieth Century, Academic Press, Nueva York, 1980

Laudon, Kenneth C., "Essentials of E-Commerce", Pearson, Nueva Jersey, 2014

Levy, Steven, "Hackers: Heroes of the Computer Revolution", Anchor Press/Doubleday Garden City, Nueva York, 1984

Lewis Theodore, "Pascal Programming for the Apple", Prentice Hall Inc., Reston, Virginia, 1981

Liffick, Blaise, "The Byte Book of Pascal", Byte Publications Inc., New Hampshire, 1979

Martin, James, "Design of Real Time Computer Systems", Prentice Hall Inc., Nueva Jersey, 1967

Martin, John, "Fourth Generation Languages", Prentice Hall Inc, Englewood Cliffs, Nueva Jersey, 1985

Mauchly, John W., "The Use of High Speed Vacuum Tube Devices for Calculating", en The Origins of Digital Computers, Springer Verlag, Nueva York, 1975

McCarthy, John, "Recursive Functions of Symbolic Expressions and Their Computation by Machine" en Association for Computer Machinery, vol. 3, número 4, Nueva York, 1960

Meek, Brian, "Fortran, PL/1 and the Algols", North Holland Nueva York, 1978

Michie, D., "The Bletchley Machines", en The Origins of Digital Computers, Springer Verlag, Nueva York, 1975

Money, S., "Microprocessor Data Book", McGraw Hill Book Company, Nueva York, 1982

Moreau, R., "The Computer comes of Age", The MIT Press Cambridge Massachusetts, 1984

Moses, Joel, "The Computer Age", The MIT Press Cambridge, Massachusetts, 1984

Naisbitt, John, "Megatrends: Ten Directions Transforming Our Lives", Warner Books, Inc., Nueva York, 1982

Nuncio Limón, Reynaldo, "Historia y Perspectivas de la Programación", Editorial Trillas, México, 1991

Nuncio Limón, Reynaldo, "Cómo Escoger Software para Computadoras Personales", Editorial Claves Latinoamericanas, México, 1987

Nuncio Limón, Reynaldo, "Todo lo que Usted quiere saber sobre las computadoras personales pero teme preguntar", Editorial Trillas, México, 1991

Obudho, R. A., "The Computer and Africa", Preager Publishers, Nueva York, 1977

Perlis, Alan," A view of Programming Languages", Addison Wesley Publishing Company Inc., Reading Massachusetts, 1970

Petrocelli Orlando, "The Best Computers Papers of 1971", Auerbach Publishers, Nueva York, 1972

Poole, David, "Artificial Intelligence: Foundations of Computational Agents", Cambridge University Press, Cambridge, Massachusetts, 2010

Pugh, Emerson, "Memories that shaped and Industry", The MIT Press, Cambridge, Massachusetts, 1984

Ralston, Anthony, "Encyclopaedia of Computer Science an Engineering", Van Nostrand Reinhold Co., Nueva York, 1983

Randell, Brian, "The Origins of Digital Computers", Springer Verlag, Nueva York, 1975

Reid, T. R., "The Chip", Simon and Schuster, Nueva York, 1984

Reynolds, Janice, "The Complete E-Commerce Book: Design, Build & Maintain a Successful Web-based Business", CRC Press, Boca Ratón, Florida, 2004

Rheingold, Howard, "Virtual Reality: The Revolutionary Technology of Computer-Generated Artificial Worlds - and How It Promises to Transform Society", Simon & Schuster, Nueva York, 1992

Rhoton, John, "Cloud Computing Explained: Implementation Handbook for Enterprises", Recursive Press, Kent, Inglaterra, 2010

Rosen, Saul, "Programming Systems and Languages", McGraw Hill Book Company, Nueva York, 1982

Russell, Bertrand & Whitehead, Alfred, "Principia Mathematica", Cambridge University Press, Cambridge, 1962

Sammet, Jean E., "Programming Languages: History and Fundamentals", Prentice Hall Inc., Englewood Cliffs, Nueva Jersey, 1959

Sayers, Anthony, "Operating Systems Survey", Auerbach Publishers, Nueva York, 1971

Schank, Roger, "The Cognitive Computer", Addison Wesley Publishing Company Inc., Reading, Massachusetts, 1984

Schreyer, Helmut, "Technical Computing Machines" en The Origins of Digital Computers, Springer Verlag, Nueva York, 1975

Schmalstieg, Dieter and Höllerer, Tobias, "Augmented Reality: Principles and Practice", Addison-Wesley Professional, Boston, Massachusetts, 2016

Shurkin, Joel, "Engines of the Mind: A History of the Computer", W. W. Norton and Company, Nueva York, 1984

Simons, Geoff, "Are computers alive?", The Thetford Press Ltd., Norfolk, England, 1983

Smedema, C. H. "The programming Languages", Prentice Hall, Inc., Nueva Jersey, 1983

Stibitz, George R., "Early Computers" en A History of Computers in the Twentieth Century, Academic Press Inc., Nueva York, 1980

Styazhkin, N. I. "History of Mathematical Logic from Leibniz to Peand", The MIT Press, Cambridge, Massachusetts, 1969

Suekane, Ryota, "Early History of Computer in Japan" en A History of Computers in the Twentieth Century, Academic Press Inc., Nueva York, 1980

Tappen, David, "Forth: An Applications Approach", McGraw Hill Book Company, Nueva York, 1985

Taub, A. H., "John von Neumann: Collected Works", Pergamon Press, Elmsford, Nueva York, 1961

Taylor, Charles F., "The Master Handbook of High Level Microcomputer Languages", TAB Books, Philadelphia, 1984

Temple, George, "100 Years of Mathematics", Springer Verlag, Nueva York, 1961

Torres y Quevedo, Leonardo, "Essays on Automatics: Its definition Theoretical Extent of its Applications" en The Origins of Digital Computers, Springer Verlag, Nueva York, 1975

Traister, Robert, "The IBM Personal Computer", TAB Books Inc., Philadelphia, 1983

Ulam, S.M., "Von Neumann: the Interaction of Mathematics and Computing" en A History of Computing in the Twentieth Century, Academic Press, Nueva York, 1980

Walter, Isaacson, "Steve Jobs", Simon and Schuster, Nueva York, 2011

Wells, Mark B., "Reflections on the Evolution of Algorithmic Language" en A History of Computing in the Twentieth Century, Academic Press, Nueva York, 1980

Weisenbaum, Joe, "The Myths of Artificial Inteligence" en The Information Technology Revolution, The MIT Press, Cambridge, Massachusetts, 1985

Wikipedia, enciclopedia libre editada on line en forma colaborativa, es administrada por la Fundación Wikimedia, una organización sin ánimo de lucro cuya financiación está basada en donaciones. Sus más de 37 millones de artículos en 287 idiomas han sido redactados conjuntamente por voluntarios de todo el mundo totalizando más de 2,000 millones de ediciones, y prácticamente cualquier persona con acceso al proyecto puede editarlos.

Wilkes, Maurice, "Memoirs of a Computer Pioneer", The MIT Press, Cambridge, Massachusetts, 1985

Wilkinson, J.H. "Turing's Work at the National Physical Laboratory and the construction of Pilor ACE, DEUCE, and ACE" A History of Computing in the Twentieth Century, Academic Press, Nueva York, 1980

Winfield, Alan, "The Computer Forth", Sigma Technical Press, Nueva York, 1983

Wulforst, Harry, "Breakthrough to the Computer Age", Charles Scribner's Sons, Nueva York, 1982

Yourdon, Edward Nash, "Classics in Software Engineering", Yourdon Press, Nueva York, 1979

Zemanek, H., "Central European Computing" en A History of Computing in the Twentieth Century, Academic Press, Nueva York, 1980

Zuse, Conrad, "Method for Automatic Execution of Calculations with the Aid of Computers" en The Origins of Digital Computers, Springer Verlag, Nueva York, 1975